거시언어학 12: 담화·텍스트·화용 연구

비판적 담화 연구의 방법들

Methods of Critical Discourse Studies (3rd edition)

이 책은 2020년 연세대학교 인문사회 분야 학술연구비의 지원으로 이루어진 것임

거시언어학 12: 담화·텍스트·화용 연구

비판적 담화 연구의 방법들

Methods of Critical Discourse Studies (3rd edition)

워닥(Ruth Wodak)·메이어(Michael Meyer)
엮음

김현강·신유리·유희재·김주성·심주희·
공나형·박지현·이주희·진산산·당기·조태린
옮김

일 러 두 기

1. 이 책은 Ruth Wodak과 Michael Meyer가 엮은 〈Methods of Critical Discourse Studies〉 (3rd edition, 2016, SAGE)를 번역한 것이다.
2. 원서에는 절제목, 소제목 등에 번호가 없다. 독자들의 편의를 위해 삽입하였다.
3. 원서의 장별 차례는 삭제하여 '차례'에서 볼 수 있도록 하였다.
4. 원서의 각주는 각 장(Chapter)별 미주로 구성되어 있으나, 번역본에서는 모두 각주로 구성하였다. 그리고 옮긴이의 각주는 '(옮긴이)'로 표시하여 원서의 각주와 구분되게 하였다.

역자 서문

이 책은 워닥(Ruth Wodak)과 메이어(Michael Meyer)가 엮은 〈Methods of Critical Discourse Studies〉 제3판(2016, SAGE)을 번역한 것이다. 비판적 담화 연구에 대한 관심은 국외는 물론이고 국내에서도 날로 증가하고 있다. 2010년대 들어서는 분야를 대표하는 몇몇 학자의 주요 저작이 10권 가까이 번역되었고, 관련 이론과 방법론을 적용한 국내 연구서도 나오기 시작했다. 한국교육학술정보원에서 제공하는 한국연구정보서비스(RISS)에서 '비판적 담화 (분석)' 또는 '비판적 담론 (분석)'을 키워드로 검색하면, 관련 학술지 논문을 수백 편 확인할 수 있으며, 관련 학위논문도 수십 편에 이른다.

이러한 관심과 적용은 비판적 담화 연구의 학제적 성격을 증명하듯 매우 다양한 학문 분야에서 발견된다. 인문학 분야에서는 사회언어학을 비롯한 언어학(국어학) 영역에서의 논의가 가장 두드러지며, 최근에는 국어교육에의 적용이 눈에 띄게 증가하고 있고, 문학 비평 관련 논의도 등장하고 있다. 사회 과학 분야에서는 특정 학문 영역에 집중되기보다 사회학·정치학·언론학·광고홍보학·심리학·역사학 등 다양한 영역에서 두루 나타나고 있다. 이러한 시점에서 비판적 담화 연구는 지금까지의 양적 성장을 넘어 질적 발전을 모색해야 할 것이다.

그런데 그간의 국내 연구들을 살펴보면, 비판적 담화 연구가 무엇이고, 그것을 왜 하며, 어떻게 해야 하는지에 대한 이해와 훈련이 부족하거나 왜곡된 경우가 적지 않다. 이러한 경우는 크게 두 가지 경향으로 나눌 수 있는데, 그 하나는 비판적 담화 연구를 담화 또는 텍스트 분석의 기술적 도구로만 사용하는 경향이고, 다른 하나는 담화로 구성되는 사회적 부정과 이데올로기 비판의 대외적 명분으로 사용하는 경향이다.

첫 번째 경향은 비판적 담화 연구의 이론 또는 방법론 일부만을 필요에 따라 자의적으로 분리하여 사용한다는 점에서 문제가 있다. 이러한 경향은 비판적 담화 연구의 중요한 본질 중 하나를 간과하는 것인데, 그 본질은 이 책의 제목이 초판(2001)과 제2판(2009)에서는 '비판적 담화 분석(CDA)의 방법들'이었다가 지금의 제3판에서 '비판적 담화 연구(CDS)의 방법들'로 바뀐 이유와 밀접한 관련이 있다. 이 책에 따르면, 담화를 비판적으로 분석한다는 것은 단지 하나의 단일한 방법론을 적용하는 것이 아니라 다양한 이론, 방법, 분석, 적용, 기타 실행 등을 포함하는 연구의 관점과 태도를 표명하는 것이다(이에 대한 상세한 설명은 이 책의 1장 참조). 따라서 이러한 관점과 태도를 공유하지 못하는 연구는 온전한 의미에서의 비판적 담화 연구로 인정받기 어려울 것이다.

두 번째 경향은 비판적 담화 연구의 비판적 기능만을 강조할 뿐이지 그러한 비판의 객관성과 합리성을 확보하기 위해 필요한 연구 방법론을 소홀히 한다는 점에서 문제가 있다. 이 책이 초판과 제2판을 거쳐 그 내용과 구성을 전면적으로 수정하고 보강한 제3판에 이른 과정에서 확인할 수 있는 것처럼, 비판적 담화 연구는 담화를 구성하는 여러 가지 요소와 과정, 그리고 그 결과를 구체적으로 분석하기 위한 방법론을 끊임없이 개발하고 발전시켜 왔다. 객관적이고 체계적인 분석과 논증에 기반하지 않은 비판은 합리적 정당성을 획득하기 어렵고 당위적 주장이라는 비판에 직면할 수밖에 없다. 방법론의 측면에서도 비판적 자기 성찰이 끊임없이 이루어지지 않는다면, 비판적 담화 연구의 의의와 가치는 크게 손상될 것이다.

이상의 문제를 극복하는 데에 이 책이 적지 않은 도움을 줄 수 있을 것으로 기대한다. 이 책은 무엇보다도 비판적 담화 연구의 역사와 발전 과정, 그리고 목적과 지향점을 잘 정리하고 있다는 점에서 해당 연구가 무엇이고, 그것을 왜 하는지를 잘 이해하게 할 것이다. 또한, 이 책은 비판적 담화 연구의 최신 이론과 방법론을 이해하기 쉽게 제시하고 충분히 연습할 수 있게 해 준다는 점에서 해당 연구를 제대로 수행하기 위해 무엇을 어떻게 해야 하는지를 친절하게 안내해 줄 것이다.

이 책의 번역은 2016년 막 출간된 제3판을 읽으며 그 해 여름 방학부터 2학기 말까지 함께 공부했던 스터디 모임이 출발점이 되었다. 당시 스터디 모임에 참여했던 구성원 대부분(김현강·신유리·유희재·조태린)이 지금의 번역진에도 참여했다. 그리고 이 책은 2018년 1학기 연세대학교 국어국문학과 대학원에서 비판적 담화 연구의 이론과 방법론을 다루었던 〈응용언어학 연구〉 수업의 주교재로 사용되기도 했다. 이러한 스터디 모임과 대학원 수업을 통해, 이 책이 비판적 담화 연구의 방법론을 이해하고 공부하는 데에 매우 효과적인 수단이 될 수 있음을 재차 확인할 수 있었다.

이에 올해 연세대학교 '2020년 인문사회 분야 학술연구비 지원 사업'을 계기로 이 책을 번역하여 출판하기로 하고 번역 팀을 구성하였는데, 여기에는 기존의 스터디 모임 구성원 외에 7명(김주성·공나형·박지현·이주희·심주희·진산산·당기)이 새롭게 참여했다. 번역 팀의 모든 구성원은 단지 번역 작업을 분담하는 것에 그치지 않고 번역된 모든 내용을 함께 읽고 토론하는 과정에 참여했으며, 이를 통해 또 한 번의 확장된 스터디 모임이 이루어질 수 있었다. 그리고 번역 작업의 막바지에는 완료된 번역 원고의 오류를 교정하고 체제와 용어를 통일하기 위해 6명(김현강·신유리·유희재·김주성·심주희·조태린)으로 구성된 윤문 팀이 운영되어 번역서의 완성도를 높일 수 있었다.

본격적인 번역 기간은 1년이 되지 않지만, 이 책을 함께 그리고 또 각자 읽고 공부하며 보낸 시간은 벌써 5년이 흘렀다. 그 과정에서 번역 팀 구성원 중에는 비판적 담화 연구의 방법론을 적용한 박사학위논문이나 석사학위논문을 제출한 사람도 있고, 다수의 구성원이 여러 편의 학술지 논문을 발표한 바 있다. 정도의 차이는 있겠지만, 이러한 연구 성과가 나오는 데에 이 책을 읽고 공부한 것이 일정하게 기여했음은 분명한 사실일 것이다. 이러한 유용함을 비판적 담화 연구에 관심이 있는 이 책의 독자들도 경험할 수 있기를 기대한다.

이 책의 번역은 번역 팀만의 노력으로 완성될 수 없었을 것이다. 먼저, 번역 팀에는 참여하지 않았지만 스터디 모임과 대학원 수업에서 함께 공부하고 토론했던 구성원들에게 감사의 인사를 전한다. 그들이 제기했던 날카로운 질문과 구체적 제안이 이 책의 내용을 이해하고 번역하는 데에 적지 않은 영감과 도움을 주었다. 또한, 이 책의 번역은 앞서 언급한 연세대학교 지원 사업에 번역서에 대한 지원이 포함되었기에 가능했다는 점에서 연세대학교 연구처에도 감사드린다. 마지막으로, 빠듯한 번역 및 출판 일정에도 깔끔한 행정 처리와 꼼꼼한 편집 작업으로 역자들을 전폭적으로 지원해 준 경진출판에 이 자리를 빌려 감사를 드린다.

2021년 4월

역자들의 마음을 모아 조태린 씀

〈비판적 담화 연구의 방법들〉 제3판은 방대한 비판적 사회 과학 분야에서 큰 성과를 거두었다.

우리는 이전 판의 장 내용을 수정하고 그 접근법을 업데이트하거나 새로운 버전으로 다시 작성하는 것까지도 동의해 준 모든 필자(Teun van Dijk, Sigfried Jäger & Florentine Maier, Martin Reisigl & Ruth Wodak, Gerlinde Mautner)에게 매우 감사드린다. 실제로 소셜미디어에 관한 두 개의 새로운 장을 추가할 수 있었는데, 하나는 비판적 담화 지향적 관점에서 이를 분석하는 방법에 관한 장이고(Majid KhosraviNik & Johann Unger), 또 다른 하나는 다중모드 장르와 다중모드성을 분석하는 비판적 접근에 관한 장이다(Dennis Jancsary, Markus Höllerer & Renate Meyer). 이에 따라 제3판에서는 새로운 장이나 수정된 장과의 균형을 맞추기 위해 각 장의 '들어가기'를 바꾸고 수정하기도 했다. 두 개의 장만이 이전 판 그대로 남아 있다(Theo van Leeuwen, Norman Fairclough). 게다가 제3판에서는 검토자들과 SAGE 출판사의 제안을 종합하여 가독성을 높이고, 새로운 사례, 새로운 접근법, 몇 가지 교육적 요소 등을 제공하였다.

따라서 우리는 건설적인 제안을 해 준 익명의 검토자들에게 감사의 말을 전하고 싶다. 또한, 모든 장의 원고를 모으는 어려운 과정 내내 우리를 지지해 주고, 수정된 원고를 인내심을 가지고 기다려 준 SAGE 출판사와 Lily Mehrbod, Katie Metzler, Mila Steele에게 매우 감사드린다. Gerard Hearne는 영어 모어 화자가 아닌 필자들의 원고를 교정해 주었다. 마지막으로 꼭 덧붙일 말은 Martha Schöberl이 이 모든 장을 매우 세심하게 교열하고 형식을 맞추었다는 점이다.

지금까지 이 책은 스페인어, 일본어, 아랍어로 번역되었다. 이러한 번역본은 이 책이 국제적으로 널리 인정받고 있으며 비판적 담화 연구의 복잡한 이론, 방법론, 방법 등에 대한 모범적이고 교육적인 개론서가 필요함을 보여 준다.

우리는 훨씬 더 종합적이고 새로운 교육적 요소들을 많이 포함하고 있는 제3판이 CDS에 대해 업데이트된, 그리고 더 좋고 더 쉬운 입문 수단을 제공하기 바란다. 우리는 CDS가 세계화된 사회의 많은 복잡한 현상을 해체하고 이해하며 설명하기 위해 몇 년 전보다 최근 들어 훨씬 더 필요해졌다고 믿는 바이다.

2015년 1월, 비엔나와 랭카스터에서
Ruth Wodak, Michael Meyer

차례

제1장 비판적 담화 연구
: 역사, 의제, 이론, 방법론

Ruth Wodak & Michael Meyer

제2장 담화-역사적 접근법(DHA)

Martin Reisigl & Ruth Wodak

제3장 비판적 담화 연구
: 사회인지적 접근법

Teun A. van Dijk

제4장 사회 연구에서의 비판적 담화 분석
: 변증법적-관계적 접근법

Norman Fairclough

제5장 담화와 장치 분석하기
: 이론과 방법론에 대한 푸코식 접근법

Siegfried Jäger & Florentine Maier

제8장 시각 자료와 다중모드 텍스트의 비판적 분석

Dennis Jancsary, Markus A. Höllerer & Renate E. Meyer

제9장 비판적 담화 연구와 소셜미디어
: 변화하는 미디어 생태계에서의 권력과 저항, 그리고 비판

Majid KhosraviNik & Johann W. Unger

제1장 비판적 담화 연구

: 역사, 의제, 이론, 방법론

Ruth Wodak & Michael Meyer

< 핵심어 >

이데올로기(ideology), 권력(power), 담화(discourse), 비판(critique), 방법론(methodology), 이론의 층위들(levels of theory), 비판적 담화 연구의 접근법들(approaches to critical discourse studies)

1. CDS: 무엇에 관한 것인가?

비판적 담화 연구는 응용언어학과 화용론뿐만 아니라 수사학, 텍스트 언어학, 인류학, 철학, 사회심리학, 인지과학, 문학 연구, 사회언어학과 같은 여러 분야에 다양한 기반을 두고 있다. Teun van Dijk(2008)은 이런 담화 연구 분야에 대해 폭넓게 개괄하고 이 분야의 발전 양상에 대해 밝혔다. 1960년대 중반에서 1970년대 초반까지, 서로 긴밀하게 연결되어 있는 새로운 분야들이 인문학과 사회 과학에서 탄생하기 시작했다. 기호학, 화용론, 심리언어학, 사회언어학, 말하기의 민족지학, 대화 분석과 담화 연구의 이 새로운 분야 / 패러다임 / 언어학적 하위 분과들은 학문 분야에서의 배경이나 방법론, 분석의 목적이 매우 상이함에도 불구하고 모두 담화를 다뤄 왔고, 다루고 있으며, 최소한 아래의

일곱 가지 관점을 공유한다(Angermuller et al. 2014도 보라).[1]

- (추상적인 언어 체계와 만들어진 예문에 대한 연구보다는) 실제 언어 사용자들에 의해 '자연스럽게 발생하는' 언어 사용의 특성에 대한 관심.
- 개별 단어나 문장보다 더 큰 단위, 즉 분석의 새로운 기본 단위에 대한 초점: 텍스트, 담화, 대화, 화행, 의사소통적 사건.
- 문장 차원의 문법을 넘어서서 행위와 상호작용의 연구를 지향하는 언어학의 확장.
- 상호작용과 의사소통의 비언어적(기호학적, 다중모드적, 시각적) 양상으로의 확장: 제스처, 이미지, 영상, 인터넷과 멀티미디어.
- (사회)인지적이거나 상호작용적인 역동적 행동이나 전략들에 대한 관심.
- (사회적, 문화적, 상황적, 인지적인) 언어 사용 맥락의 기능에 대한 연구.
- 다양한 텍스트 문법과 언어 사용 현상에 대한 분석: 일관성, 대용, 화제, 거시구조, 화행, 상호작용, 말차례 교환, 기호, 공손성, 논증, 수사학, 정신 모형, 텍스트와 담화의 다른 많은 양상들.

위에 제시한 모든 사항들을 차치하고서라도, 담화 연구와 비판적 담화 연구의 중요한 차이점은 후자가 본질적으로 문제 지향적이며 학제적인 접근법이라는 것이다. 그러므로 CDS는 언어학적 단위를 그 자체로

---

1) (옮긴이) 언어학 분야에서는 '담화'라는 용어를 선호하는 반면, 사회 과학이나 문학 등의 다른 분야에서는 '담론'이라는 용어를 선호한다. 이러한 차이는 분야 간 용어 사용의 관습 차이뿐만 아니라 두 분야의 주요 관심사 차이에서도 그 이유를 찾을 수 있다. 언어학에서는 사회적 실행을 구현하는 형식으로서의 언어에 주목한다면, 다른 분야에서는 그러한 사회적 실행의 결과로 형성되거나 내용을 구성하는 총체적 관념 또는 이데올로기적 측면에 초점을 맞추기 때문이다. 그러나 두 용어는 영어에서 'discourse(s)'라는 하나의 단어이고 사회적 맥락 안에 존재하는 언어 자료라는 공통점을 지니므로, 이 책은 '담화'라는 용어를 통일적으로 사용하기로 한다.

탐구하는 것에 관심이 없으며, 필연적으로 복잡할 수밖에 없는 사회적인 현상들을 분석하고, 이해하고, 설명하는 것에 관심이 있다. 따라서 다학제적이고 다방법론적인 접근법을 필요로 한다(Wodak 2012c; van Dijk 2013). 탐구의 대상은 반드시 부정적이거나 특별히 '심각한' 사회·정치적 경험이나 사건일 필요는 없다. 이는 비판적 담화 연구, 그리고 '비판적'이라는 용어의 목적과 목표에 대한 흔한 오해 중 하나이지만, 여기서 '비판적'이라는 단어는 일반적으로 사용되는 것처럼 '부정적'을 의미하지 않는다(아래를 보라. Chilton et al. 2010). 모든 사회적 현상이 비판적인 탐구의 대상이 될 수 있으며 문제를 제기하고 의심해 볼 여지가 있다. 우리는 이 중요한 문제를 포함하여 CDS에 대한 또 다른 흔한 오해에 대해 다시 살펴볼 것이다. 이에 대해 Teun van Dijk(2013)를 인용한다.

일반적으로 생각하는 것과 달리, 또 담화 관련 학술지에 투고된 많은 논문들이 주장하는 바와 달리, CDA(Critical Discourse Analysis, 비판적 담화 분석)는 비판적 담화 분석의 방법이 아니다. 이는 모순적으로 들릴 수 있지만 사실이 그러하다. 생각해 보라. '비판적인' 분석을 하는 데 있어 무엇이 체계적이고, 명시적이며, 상세하고, 반복 가능한 방법이라 할 수 있는가? 그러한 방법은 없다. 일단, 비판적이라는 것은 마음가짐이나 태도, 이의를 제기하는 방식과 같은 것이며, 텍스트와 대화의 구조나 전략을 기술하기 위한 명확한 방법은 아니다. 따라서 이러한 의미에서 CDA를 수행하고자 하는 사람들은 저항의 관점에서, 예를 들어 담화를 통한 권력의 남용에 반대하는 방식으로 CDA를 수행할 수 있다. […] 방법론적으로 CDA는 일반적인 DA(Discourse Analysis, 담화 분석), 혹은 실제로 언어학, 심리학, 사회 과학의 여러 방향만큼이나 다양하다. 따라서 CDA 연구는 한편으로는 문법(음운, 형태, 통사), 의미, 화용, 상호작용적 수사학, 스타일, 내러티브나 장르 분석의 관점에서 행해질 수 있고, 다른 한편으로는 실험, 민족지학, 인터뷰, 생애사, 표적 집단, 참여자 관찰 등을 통해 행해질 수 있다. 적합한 방법이란 연구 프로젝트의 질문에 대한 만족스러운(신뢰할 만한, 관련이 있는, …) 결과를 낼 수 있는 방법이다. 이는 연구지의 목적, 전문 지식, 시간과 목표, 수집할 수 있는 혹은 수집되어야 하는 데이터의 종류, 즉 연구 프로젝트의 맥락에 달려 있다. […] 그렇기 때문에 CDA는 하나의 방법을 의미하는 것이 아니라 많은 방법들을 가리킨다. 따라서 나는 비판적 담화 분석자들의 이론들, 방법들, 분석들, 적용들, 그리고 다른 많은 실행들을 지칭하기 위해 비판적 담화 연구라는 용어를 사용하고 혼란을 야기하는 용어인 'CDA'는 사용하지 않을 것을 제안한다. 그러니 제발 '이 글에서는 CDA를 적용하고자 한다'와 같은 서술은 하지 않도록 하라. 이는 말이 되지 않기 때문이다. 비판적 목표를 설정함으로써 비판적 담화 연구를 하고, 이 목표를 실현하기 위한 어떠한 구체적이고 명시적인 방법을 사용할 것인지를 설명하라. (강조는 필자)

이 책에서는 van Dijk의 제안을 매우 진지하게 받아들인다. 우리는 이 책에 소개된 각각의 접근법들이 탐구의 대상이 되는 구체적이고 복잡한 사회적 이슈와, 그리고 연구 문제 및 연구 관심과 분리될 수 없음을 강조하고자 한다. 아래에서 우리는 '비판'이라는 개념이 사회 과학에서, 따라서 비판적 담화 연구에서 의미하는 바에 대해 서술하겠다.

텍스트와 담화의 개념은 이와 같은 맥락에서 면밀하게 논의되어야 한다. 이들 용어의 사용은 사회 과학에서 매우 급증해 왔다. 대부분의 연구와 논문에서 Michel Foucault, Jürgen Habermas, Chantal Mouffe, Ernesto Laclau, Niklas Luhmann 등과 같은 학자들을 인용하면서 이 개념들을 재검토하고 있다. 이러한 맥락에서 담화는 역사적 기념비, 기억의 장소(lieu de mémoire),[2] 정책, 정치적 전략, 광의적 또는 협의적 내러티브, 텍스트, 말, 연설, 화제 중심 대화에서부터 언어 그 자체에 이르기까지 다양한 것을 의미해 왔다. 우리는 인종차별적 담화, 젠더 담화, 실업/취업에 대한 담화들, 미디어 담화, 포퓰리즘 담화, 과거사에 대한 담화들, 그 외의 수많은 담화에 대한 개념을 찾아볼 수 있으며 담화의 의미는 장르로부터 사용역이나 스타일로, 하나의 구조물에서부터 정치적 강령으로 확장된다. 이러한 양상은 많은 비판과 오해를 낳는 혼란을 야기할 수밖에 없다(Flowerdew 2014; Hart & Cap 2014; Richardson et al. 2013, Wodak 2012a를 보라). 이는 우리가 이 책의 저자들에게 그들의 구체적인 접근법에서 이 용어를 어떻게 사용하는지 정의해 달라고 요청한 이유이기도 하다.

1.1. '연구 그룹'의 간략한 역사

학자들의 네트워크로서의 CDS는 1990년대 초, 1991년 1월 암스테르담에서 열린 작은 심포지엄 이후에 생겨났다. 암스테르담 대학의 지원을 통해 Teun van Dijk, Norman Fairclough, Gunther Kress, Theo van Leeuwen과 Ruth Wodak은 이틀에 걸쳐 담화 분석, 특히 (1990년대와 2000년대에 사용되었던 용어인) 비판적 담화 분석(CDA)의 이론과 방법들을 논의하였다. 이 모임을 통해 매우 다른 성격의 동떨어져 있는 접근법들이 한데 모여 토론될 수 있었다. 물론 이 접근법들은 1991년

---

2) (옮긴이) '기억의 장소'란 프랑스의 정체성을 구성하는 다양한 기억들을 매개하는 공간을 말한다(권윤경 2019: 338). 권윤경(2019), 「노예제의 보이지 않는 기억」, 〈역사학보〉 241, 335~367쪽.

이후 상당한 많은 변화가 있었지만 핵심 내용은 여전히 이어지고 있다. 또한 이러한 연구 그룹이 형성되는 과정에서 차이점과 공통점이 드러나게 되었다. 담화 분석에서의 서로 다른 이론과 방법론에 관한 차이점(Renkema 2004; Titscher et al. 2000; Wetherell et al. 2001; Wodak & Krzyżanowski 2008)과 보다 프로그램적 방식에서의 공통점—두 가지 모두 이론적 접근법의 범위를 형성하였다(Wodak 2012a). 한편 이전에 CDS와 함께 했던 몇몇 학자들은 다른 이론적 체계를 택하여 CDS로부터 거리를 두기도 했다(Gunther Kress나 [안타깝게도 2008년에 작고한] Ron Scollon이 그 예이다). 다른 한편으로는 새로운 접근법들이 탄생했고, 이들은 대개 더 전통적인 이론을 통합시키거나 정교화하는 혁신적인 방법들을 제시하였다(아래를 보라).

일반적으로 학파나 패러다임으로서의 CDS는 몇 가지 원칙에 의해 구분된다. 예를 들어 모든 접근법은 문제 지향적이고, 따라서 필연적으로 학제적이며 다방면에 걸쳐 있다. 더 나아가 CDS의 접근법들은 기호학적(구어적, 문어적, 시각적) 데이터의 체계적이고 재현 가능한(retroductable)[3] 탐구를 통해 이데올로기와 권력을 해체하는 것에 공통적으로 관심을 가진다는 특징이 있다. CDS 연구자들은 각자의 과학적인 방법론을 유지하고 연구 과정에 대한 자기 반성을 지속하면서 본인의 입장과 관심사를 명시적으로 밝히려고 한다.

CDS 네트워크의 시작은 van Dijk가 창간한 학술지인 〈Discourse &

---

3) (옮긴이) 명확하여 어떤 독자이든지 철저하고 상세한 텍스트적 분석을 따라하고 이해할 수 있는 것을 의미한다(Kendall 2007). Kendall, Gavin(2007) "What is Critical Discourse Analysis?", Ruth Wodak in Conversation With Gavin Kendall. *Forum: Qualitative Social Research*, 8(2).

Society〉(1990)와 몇 권의 책들로 알려져 있다. 이 책들은 비슷한 연구 목적에 따라 같은 시기에 출판되었는데 이는 우연이었을 수도 있고, 시대정신(Zeitgeist) 때문이었을 수도 있다(Wodak 1989를 보라).4) 암스테르담에서의 이러한 만남은 제도적 차원에서의 시작을 확립했으며, 다른 나라의 학자들 사이의 공동 프로젝트나 협업뿐만 아니라 교환 프로그램(3년 동안 지속되는 ERASMUS)5)을 구성하고자 하는 노력으로도 이어졌다. 앞서 언급한 접근법들을 제시한 〈Discourse & Society〉(1993)의 특별 호는 이들의 가시적이고 실질적인 첫 성과였다. 이후로 새로운 학술지들이 창간되었고, 다수의 개론서들이 쓰였으며, 많은 안내서나 교재에서 해당 방법론에 대한 글을 의뢰해 왔다. 이제 비판적 담화 연구는 하나의 확립된 언어학의 패러다임으로 볼 수 있다. 현재 우리는 〈Critical Discourse Studies〉, 〈The Journal of Language and Politics〉, 〈Discourse & Communication〉, 〈Discourse & Society〉, 〈Visual Communication〉과 같은 여타의 학술지를 접할 수 있으며, CADAAD6)와 같은 여러 전자 학술지 또한 비판적인 연구를 싣는다. 학술 서적 시리즈 역시 매우 비판 지향적인 연구를 이끌었으며(이를테면 〈정치, 문화, 사회에 대한 담화 접근법〉), 정기적인 CDS 회의와 학술 대회가 열리고 협력적인 학제적 프로젝트 역시 진행 중이다. 요약하자면 CDS는 전 세계적으로 많은 학과와 커리큘럼으로 제도화된 하나의 확립된 분야가 되었다.

---

4) Fairclough 1991; van Dijk 1984; Wodak 1989를 보라.
5) ERASMUS 네트워크는 Siegfried Jäger(뒤스부르크), Per Linell(린셰핑), Norman Fairclough (랭카스터), Teun van Dijk(암스테르담), Gunther Kress(런던), Theo van Leeuwen(런던), Ruth Wodak(비엔나) 간 협력으로 구성되었다.
6) Critical Approaches to Discourse Analysis Across Disciplines의 약자이다.

1.2. 공통 기반: 담화, 비판, 권력, 이데올로기

CDS라는 연구 프로그램의 명칭을 들여다볼 때, 우리는 우선 CDS의 '비판적(critical)'과 '담화(discourse)'라는 용어가 무엇을 의미하는지를 정의할 필요가 있다. CDS는 단 하나의 특정한 이론을 제공하는 것이 아닐뿐더러 그렇게 하려고 한 적도 없다는 사실을 강조할 필요가 있다. 어떤 하나의 특정한 방법론이 CDS 연구의 특징이 되는 것도 아니다. 오히려 이와 반대로 CDS에서의 연구는 다채로우며, 다양한 데이터와 방법론을 지향하는 상당히 상이한 이론적 배경에서 유래되었다. 또한 CDS 연구자들은 다양한 문법적 접근법에 기댄다. 따라서 '담화', '비판적', '이데올로기', '권력' 등의 용어에 대한 정의 역시 다양할 수밖에 없다. 그렇기 때문에 CDS에 대한 비판은 항상 어떤 연구나 연구자에 대한 비판인지를 명시할 필요가 있다. 그래서 우리는 CDS에 대해 '학파' 혹은 프로그램이라는 개념을 사용할 것을 제안하는데, 이는 많은 학자들이 유용하다고 생각하며 공감하는 바이기도 하다. 물론 이 프로그램이나 일련의 원칙들은 시간에 따라 변해 왔다 (Fairclough & Wodak 1997; Wodak 1996, 2012a를 보라).

이러한 다채로운 학파는 일부 사람들에게는 혼란스러울 수 있지만, 반면에 끊임없는 토론, 목표와 목적의 변화, 혁신을 이끌어내기도 한다. Chomsky의 변형생성문법이나 Michael Halliday의 체계기능문법과 같은 '닫힌' 이론들과는 달리, CDS 학자들은 독단적인 '분파'라는 평판을 들은 적이 없으며, 적어도 우리가 아는 한에는 그러한 명성을 원하지도 않는다.

이 분야에서 찾아볼 수 있는 이러한 방법론적·이론적 접근법에서의 다양성은, CDS와 비판적 언어학이 "언어학적, 기호학적, 담화적

분석에 대한 관점을 공유하는 정도일 뿐"(van Dijk 1993: 131, 위의 내용
도 보라)이라는 van Dijk의 지적을 뒷받침한다. 아래에서 우리는 대부
분의 연구자들이 추구하는 이러한 원칙 중 몇 가지를 요약하겠다.

1.3. 담화라는 개념

비판적 담화 연구는 "언어를 사회적 실행"(Fairclough & Wodak 1997)으
로 보며, '언어 사용의 맥락'을 중요하게 생각한다. 우리는 CDS 연구
자들 사이에서 '굉장히 유명해진' 하나의 정의를 인용하겠다.

> CDS는 담화, 즉 구어와 문어에서의 언어 사용을 '사회적 실행(social
> practice)'의 한 형태로 본다. 담화를 사회적 실행으로 기술하는 것은 특정
> 담화적 사건과 그 사건을 감싸고 있는 상황(들), 제도(들), 사회 구조(들)
> 사이의 변증법적 관계를 암시한다. 담화적 사건은 이들에 의해 형성되며,
> 반대로 이들을 형성하기도 한다. 즉, 담화는 사회적으로 조건지어질 뿐만
> 아니라 사회를 구성한다. 담화는 상황, 지식의 대상, 그리고 사람들이나
> 집단의 사회적 정체성과 이들 간의 관계를 구성한다. 담화는 사회적 현
> 상황을 유지하고 재생산하는 것을 돕는다는 점에서 구성적일 뿐 아니라,
> 이를 바꾸는 것에 기여한다는 점에서도 구성적이다. 이처럼 담화는 사회
> 적 의미가 크기 때문에 권력이라는 중요한 이슈도 제기한다. 담화적 실행
> 들은 주요한 이데올로기적 효과를 가질 수 있다. 즉, 이들은 사실을 표상
> 하고 사람들을 위치 짓는 방법들을 통해 (예를 들면) 사회 계층, 여성과
> 남성, 민족적/문화적 다수자와 소수자들 사이의 불공평한 권력 관계를
> 생산하거나 재생산할 수 있다. (Fairclough & Wodak 1997: 258)

따라서 CDS의 접근법에서는 담화를 사회적 삶을 조직화하고 구조화
하는 것을 돕는, 상대적으로 안정된 방식의 언어 사용으로 이해한다.

그러나 독일과 중유럽에서는 텍스트 언어학과 수사학적 전통에 따라 '텍스트'와 '담화'를 구분한다(Angermuller et al. 2014; Wodak 1996을 보라). 이와는 다르게 영어권에서 '담화'는 주로 구어 및 문어 텍스트 모두를 칭하기 위해 사용된다(Gee 2004; Schiffrin 1994를 보라). 다른 연구자들은 추상성의 층위로 구분하기도 한다. Lemke(1995)는 '텍스트'를 지식의 추상적 구성물('담화')이 구체적으로 실현된 것으로 정의하여 보다 푸코적(Foucauldian) 접근법을 따른다(이 책의 Jäger & Maier도 보라). (이 책에서) van Leeuwen은 담화 개념의 실행적 측면을 강조하는 한편, 담화-역사적 접근법은 '담화'를 지식의 구조화된 구성물로 보며 '텍스트'는 구체적인 구어 발화 및 기록 문서로 간주한다(이 책의 Reisigl & Wodak).

1.4. 비판적 원동력

CDS에서 공유하고 있는 관점과 프로그램은 '비판적'이라는 용어와 관련되며, 이는 프랑크푸르트학파와 Jürgen Habermas로 거슬러 올라가는 일부 '비판 언어학자들'의 연구에서 발견된다(Anthonissen 2001; Fay 1987: 203; Thompson 1988: 71ff.). 프랑크푸르트학파에서 말하는 '비판 이론'은 Max Horkheimer의 영향력 있는 1937년 논문에 기반하는데, 사회를 이해하거나 설명하는 것만 지향하던 전통적 이론과는 대조적으로 사회 전체를 비판하고 변화시키는 것을 지향하는 사회 이론을 의미한다. 비판 이론(Critical Theory)을 이처럼 이해하는 데 필요한 핵심 개념은 다음과 같다. (1) 비판 이론은 그 사회의 역사성을 고려하면서 사회의 전체를 다루어야 하고, (2) 비판 이론은 경제학, 사회학, 역사학, 정치 과학, 인류학, 심리학을 포함한 모든 주요 사회 과학들을 통합함으로써 사회에 대한 이해를 증진시켜야 한다.

비판에 대한 이러한 이해에서 거의 고려되지 않는 것은 바로 분석가의 입장 자체이다. 연구나 학문의 사회적 배태성은 Pierre Bourdieu (1984)에 의해 강조되어 왔다. 연구 체계 그 자체가 사회 구조에 기반하기 때문에, CDS도 당연히 사회 구조에 좌우되며, 비판은 결코 외부자의 입장에 기댈 수 없을뿐더러 그 자체로 사회적 영역에 잘 통합된다는 것이다. 연구자, 과학자, 철학자들은 권력과 지위에 의한 사회적 계층의 밖에 위치하는 것이 아니라 이 구조의 대상이 된다. 이들은 많은 경우에 사회에서 상당히 우세한 위치에 있어 왔고 여전히 그러하다.

언어 연구에서 '비판적'이라는 용어는 비판 언어학(Critical Linguistics)이라고 불리는 접근법의 특징을 설명하기 위해서 처음 사용되었다 (Fowler et al. 1979; Kress & Hodge 1979). 이들 학자들은 언어 사용이 사회적 사건의 신비화로 이어질 수 있으며 이는 체계적으로 분석되어 설명될 수 있다고 주장하였다. "예를 들어 영어 수동태 문장에서 'by' 구문이 생략된 것은 능동주에 대한 언급을 숨기거나 '신비화'하려는 이데올로기적 수단으로 볼 수 있다"(Chilton 2008)는 것이다. CDS에서 가장 중요한 신념 중 하나는 언어의 사용이 사회 구조에 의해 결정되기도 하고 이와 동시에 구조를 견고히 하거나 바꾸는 것에 기여하는 '사회적 실행'이라는 관점이다.

비판적 이론들, 그리고 CDS 역시 인간이 자기 반성을 통해 지배 방식으로부터 해방될 수 있는 비판적 지식을 생산하고 전달하려 한다. 따라서 이들은 '계몽과 해방'을 꾀하는 것을 목표로 한다. 이러한 이론들은 단순히 사실을 기술하고 설명하는 것에 그치지 않고 특정한 종류의 잘못된 생각을 근절시키고자 한다. 이데올로기에 대한 개념이 서로 다름에도 불구하고, 비판적 이론은 행위자가 자신의 필요와 이익을 인식하게 하는 데 힘쓴다. 이 역시 Pierre Bourdieu의 '상징적 폭력 (violence symbolique)'과 '오인(méconnaissance)'이라는 개념으로 설명된 바 있다(Bourdieu 1989).

비판 이론이 앞서 추구했던 것과 마찬가지로 CDS도 학제적 연구의 필요성을 강조한다. 연구의 학제성은 지식의 구성 및 전파의 측면에서, 그리고 사회적 제도의 조직과 권력 행사의 측면에서 언어가 어떻게 기능하는지에 대한 적절한 설명을 가능하게 한다. 어찌하였든 CDS 연구자들은 다른 모든 학문적 연구가 그러한 것처럼 자신들의 연구가 사회적, 경제적, 정치적 동기에 의해 이루어지며 자신이 우월한 위치에 있지 않다는 것을 알아야 한다. 스스로가 '비판적'이라고 말하는 것은 특정한 윤리 기준을 암묵적으로 드러내는 것뿐이다. 즉, 이는 연구에 비판적 입장을 취하고 있음을 변호하는 것이라기보다 연구자의 위치, 연구 관심 및 가치를 명확히 하여 연구자의 기준을 가능한 한 투명하게 하려는 의도이다(van Leeuwen 2006: 293).

Andrew Sayer(2009)에 따르면 사회 과학에는 비판의 다양한 개념이 존재한다.

간단히 말하자면 비판이란 사회 연구에 대한 접근법으로, 다른 것이나 이전 것에 대한 비판적인 태도를 나타낸다. 따라서 모든 사회 과학은 비판적이어야 한다. 더 자세히 보자면 비판은 사회 현상을 설명하는 영향력 있는 개념들이 거짓이거나 중요한 내용을 간과하고 있음을 보여 준다. 이러한 의미에서 비판적 연구는 사회 본연의 환상(illusion)을 제거하려 한다. 이는 '지배적' 지식에 대항하는 '예속적' 지식을 지지한다. 이와 같은 비판은 규범에 대한 최소한의 관점을 내포한다. 설명적 비판은 특정한 거짓 신념과 관념이 어떻게 유지되는지를 설명함으로써 발전한다.

이러한 의미에서 비판은 사회적 현상이 달라질 수 있으며 변형될 수 있음을 보여 준다. 사회는 가변적이며 인간은 의미를 생성해 내고 비판적 주체는 사회에서 동떨어진 관찰자가 아니라 새롭고 의심하는 시각으로 사회를 바라볼 뿐이다. 따라서 이 주체는 그/그녀가 탐구하는 담화에서 외부적 존재가 아니다. 이러한 관점에서 성찰성은 많은 주목을 받아 왔다.

그럼에도 불구하고 오늘날의 많은 학자들은 명시적으로 비판적 관점을 취하는 데 어려움이 있다(Sayer 2009). 이는 본질주의(essentialism)와 민족중심주의(ethnocentrism)에 대한 우려뿐만 아니라 근대적 사고인 사실과 가치, 과학과 윤리, 실증과 규범의 이원성과 같은 보다 심층적인 차원과도 관련된다. "비판의 위기는 선과 윤리에 대한 이해를 회피하는 데서 비롯된다."(2009: 783)

1.5. 이데올로기와 권력: 만화경과 같은 관점

CDS의 비판적 원동력은 계몽의 유산으로 볼 수 있다(Horkheimer & Adorno 1991[1969; 1974]). 비판은 대부분의 경우 권력의 구조를 밝히고 이데올로기의 정체를 드러내는 것을 목적으로 한다. 더욱이 이데올로기는 실증적인 방식으로 이해되는 것이 아니다. 달리 말하면 반증의 대상도 될 수 없다. 또한 경제 기반 / 상부 구조의 이분법을 따르는 마르크스적(Marxian) 이데올로기 역시 CDS에서 특별히 관심을 두는 부분이 아니다.

정치 과학 연구자들은 이데올로기의 네 가지 주요 특징을 다음과 같이 규정한다.
1. 이데올로기는 인지를 지배하는 권력을 가지고 있어야 하며,
2. 사람들의 평가를 보여 줄 수 있어야 하고,
3. 행위에 대한 지침을 제공하며,
4. 논리적으로 일관되어야 한다(Mullins 1972).

일관되고 상대적으로 안정된 신념이나 가치의 집합체라는 이데올로기의 중심 정의는 시간이 지나도 정치 과학에서 여전히 이어지고 있지만 이 개념과 관련된 함의들은 많은 변화를 겪어 왔다. 파시즘, 사회주의, 냉전의 시대에 전체주의적인 이데올로기는 민주주의와 충돌하였으며 이는 곧 나쁜 것과 좋은 것의 대립을 나타냈다. 우리가 '신자본주의의 이데올로기'라고 말할 때에도(이 책의 Fairclough를 보라) 이데올로기는 '나쁜'의 함의를 가진다. 이데올로기를 신념의 체계로 이해하면서 이와 동시에 부정적 함의에 매이지 않는 것은 분명 쉬운 일이 아니다(Knight 2006: 625).

그러나 CDS에서 관심의 대상이 되는 것은 이러한 명시적인 유형의 이데올로기가 아니라 일상적인 신념에 내재되어 숨겨지고 잠재되어 있는 이데올로기이다. 이들은 보통 개념적 은유와 유추의 모습으로 가장하여 나타나기 때문에 언어학자들의 관심의 대상이 되어 왔다(예를 들면 인생은 여행, 사회 조직은 식물, 사랑은 전쟁과 같은 것이다)(Lakoff 1987; Lakoff & Johnson 1980, 1999). 일상적인 논의를 할 때, 특정한 방식으로 생각하는 것이 다른 식의 발상보다 좀 더 흔하게 나타난다. 많은 경우에, 다양한 배경 및 관심사를 지닌 이들이 놀랄 만큼 비슷한 사고를 하는 것을 볼 수 있다. 지배적인 이데올로기는 '중립적'인 것으로

보이며 대부분의 경우에 의심 받지 않는 가정과 연결되어 있다. 사회의 대부분의 사람들이 특정 문제에 대해 비슷한 방식으로 사고하고, 더 나아가 현 상황에 대한 대안이 존재한다는 것을 잊어버릴 때 우리는 그람시적(Gramscian) 관점의 '헤게모니'에 이르게 된다. 이와 같은 이데올로기의 핵심 개념과 관련하여 van Dijk는 이데올로기를 '사회적 인지'를 구성하는 '세계관'으로 이해한다. 즉 "사회적 세계의 특정 양상에 대한 표상과 태도를 구조적으로 조직한 복합체, 이를테면 흑인에 대해 백인이 가지고 있는 스키마"(van Dijk 1993: 258)인 것이다. 더 나아가 일상적 삶에서의 이데올로기가 지닌 기능은 CDS 연구자들의 흥미를 끈다. Fairclough는 이데올로기에 대해 보다 마르크스적 관점을 가지며 특정 관점에서 이루어지는 실행의 구성물로 이해한다.

> 이데올로기는 세계의 양상에 대한 표상으로, 권력, 지배, 착취의 관계를 성립하고 유지하는 데 기여한다. 이데올로기는 상호작용의 방식으로 (따라서 장르에서) 작동할 수 있으며 정체성 형성의 방식으로 (따라서 스타일로) 주입될 수 있다. 텍스트 분석은… 이데올로기 분석과 비판의 중요한 측면이다…. (Fairclough 2003: 218)

여기에서 이데올로기(혹은 태도 / 신념 / 의견 / 세계관 / 입장과 같은 자주 사용되는 다른 용어들)와 담화를 구분하는 것이 중요하다(Purvis & Hunt 1993: 474ff.). Purvis & Hunt는 이러한 개념들이 "각기 따로 존재하는 것이 아니라 다양한 개념 및 이론적 전통과 관련을 맺고 존재함"을 정확히 언급하였다. 따라서 '이데올로기'는 보통은 (대체적으로) 마르크스적 전통과 더 긴밀히 연관되는 한편, '담화'는 현대의 사회 이론이 맞이한 언어적 전환과 매우 밀접한 관계를 갖는다. '담화'라는 용어는

"언어 및 다른 형식의 사회적 기호들이 사회적 경험을 단지 전달하는 것만 아니라 사회적 대상(주관성, 이와 관련된 정체성), 사회적 대상들 간의 관계, 사회적 대상이 존재하는 영역을 구성하는 데 핵심적으로 기능하는 측면을 포착해준다"(Purvis & Hunt 1993: 474). 그렇기 때문에 우리는 '이데올로기'와 '담화'의 융합은 두 개념의 인플레이션을 초래할 것으로 예상한다. 이 두 개념은 신념 체계, 지식 구조, 사회적 실행뿐 아니라 텍스트, 입장 취하기, 주관성을 뜻하기도 하므로 무의미한 기표가 되어 버리는 경향이 있다(Wodak 2012a를 보라). CDS 접근법의 다양하고 학제적인 인식론적 토대에 대한 논의는 이 책의 다른 부분에서 다룰 내용이기도 하다(Wodak 2012c, Hart & Cap 2014를 보라).

권력은 CDS의 또 다른 핵심 개념이다. 일반적으로 CDS 연구자들은 담화가 사회적 지배를 (재)생산하는 방식에 관심을 가지며 이는 주로 다른 이들에 대한 한 집단의 권력 남용으로 이해되었다. 또한 지배받는 집단이 이러한 남용에 대해 담화적으로 저항하는 방식에 대해서도 관심을 가졌다(이를테면 이 책의 van Dijk가 그러하다). 이러한 관심은 CDS가 어떻게 권력을 이해하는지, 어떤 규범적 관점이 연구자로 하여금 권력 사용과 남용의 차이를 구별하게 하는지의 문제를 제기하며 이는 아직도 해답을 찾지 못한 채 남아 있다(Billing 2008).

권력은 사회 과학에서 가장 핵심적이고 논쟁적인 개념 중 하나이다. 권력에 대한 특정한 관념을 담거나, 제시하거나, 암시하지 않는 사회 이론은 거의 존재하지 않는다.

권력에 대한 Max Weber의 관념은 공통분모로 작용한다. 권력은 사회적 관계에 있는 개인이 다른 사람들의 저항에도 불구하고 자신의 의지를 관철시킬 수 있는 기회인 것이다(Weber 1980: 28).

권력의 원천에 대해서 적어도 세 가지의 개념들이 달리 구분되어야 한다.

1. 개별적 행위자의 구체적인 자원의 결과로서의 권력(예: French & Raven 1959).
2. 각 상호작용에서의 사회적 교환의 구체적 자질로서의 권력(예: Blau 1964; Emerson 1962, 1975). 이는 서로 다른 행위자들이 가지는 자원의 관계에 달려 있다.
3. 사회에 널리 퍼져 있으며 보이지 않는, 체계적이고 구성적인 속성으로서의 권력(예: 매우 다른 시각에서, Foucault 1975; Giddens 1984; Luhmann 1975).

권력의 결과(Max Weber의 관점에 따르면 지배라 칭한 것)와 관련해서도 세 가지 차원이 구분되어야 한다(Lukes 1974, 2005).

1. 명시적 권력, 일반적으로 의사 결정을 할 때 갈등 상황에서 나타나며, 권력은 다른 사람보다 우세한 승자에게 존재한다.
2. 숨겨진 권력, 존재하는 불만을 무시하거나 회피함으로써 결정을 통제하는 데 작용한다.
3. 욕망과 신념을 형성하는 권력, 따라서 불만과 분쟁을 불가능하게 만든다.

이러한 관점에서 담화는 야누스의 얼굴과 같다. 담화는 권력과 지배의 결과이기도 하지만, 권력을 행사하는 기술이 되기도 한다.

Michel Foucault는 권력과 담화의 결합을 제시하였는데 '권력의 기술'에 초점을 두었다. 즉, 규율은 18세기와 19세기 동안 발전되어 온 권력 기술의 복잡한 묶음이라는 것이다. 따라서 권력은 의도를 가지고 행사되지만 이것이 개개인의 의도를 뜻하는 것은 아니다. Foucault

는 권력을 행사하는 방식과 관련하여 받아들여지는 지식이 무엇인지에 초점을 둔다. 이를 시행하는 방법 하나는 다른 사람이나 대상을 무력으로 협박하는 것이다. 그러나 사람들이 특정 소비재를 구입했을 때 얼마나 행복해하는지를 제시하는 것 역시 권력의 행사로 인식될 수 있다(마케팅은 오늘날 우리에게 영향력 있는 기법에 대한 많은 사실을 보여 준다). 비록 Foucault는 Weber의 전통에서 권력과 지배의 관념을 결합했지만 주로 구조적인 차원에 집중한다. 이러한 맥락에서 지배는 한 사람이 다른 사람들에게 행사하는 명시적인 압력에 그치지 않는다. 지배의 다양한 형태들이 사회 안에서 동시에 행사될 수 있으며, 참여자들이 이를 알아채지 못한 채로 다양한 행위자들에 의해 행사될 수 있다(Foucault 1975). 현대 사회에서 권력과 지배는 담화 안에 내재되어 있으며 담화에 의해 수행된다. 담화는 말과 글의 일관성 있고 이성적인 묶음일 뿐만 아니라 사회에서 권력과 지배를 전달하고 이행하는 담화적 형태로서 중요한 역할을 한다(예: Hall 1992). 따라서 담화와 담화적 장치(이 책의 Jäger & Maier를 보라)는 보이지 않는 거미줄처럼 사회에 침투해 있는 '권력의 미시물리학'의 핵심 요소이다(예: Foucault 1963, 1975, 2004; Sauvêtre 2009).

보다 최근에 이르러 Holzscheiter는 권력-담화 상호작용의 도구적이고 낙관적이며 해방적인 개념을 제시하였다(예: Holzschetier 2005, 2012). 그녀는 담화를 물질적 실체가 없는 권력에 근거한 효과적인 사회적, 언어적인 실행으로 본다. 그녀는 종속된 행위자들이 (그녀의 연구에서는 국제 관계 영역에서의 비정부기구들이) 비물리적 속성을 지닌 권력이라는 자원을 추구할 때 힘 있는 위치를 확보하기 위해 담화를 다루어야 함을 주장한다. 기존의 권력 이론들은 "상호주관적 권력 관계를 성립하고 유지하는 데 있어 언어의 역할(의사소통 수단으로든 집단이 공유한 의미 구조로든)을 충분히 고려하지 않기 때문에"(Holzscheiter 2005: 723) 이를 제한적으로 보았다.

위에서 언급한 권력의 다양한 개념들을 대부분 통합시킬 수 있는 이론틀이 Pierre Bourdieu에 의해 제시되었으며 그는 언어-권력-관계의 다면적인 관점을 제공하였다(예: Bourdieu 1982, 1991). Bourdieu에 따르면 모든 사회적 장(social fields)은 권력과 지배의 관계에 의해 구조화된다(Bourdieu 1977, 1980). 사회적 장은 역동적인 체계이며 그 안에 존재하는 행위자들 사이의 자원 배분을 둘러싼 투쟁으로 특징지어진다. 이러한 배분은 이 사회적 장에서의 지위의 속성을, 즉 권력을 설명한다. 더 나아가 사회적 장에 대한 이러한 관념은 실행이라는 뚜렷한 논리에 부합하며, 이 실행 논리란 규칙, 신념, 실천들의 집합체이다.

따라서 Bourdieu는 자원과 상호작용 중시하는 관점을 취한다. 사회적 장에서 중요한 자원은 경제적·문화적·사회적 자본이며(Bourdieu 1986) 이는 상속이나 투쟁을 통해 획득되고, 사회적 장은 다양한 방식으로 행위자가 지닌 자본의 자산을 평가하고 분류한다(예로 Bourdieu & Passeron 1977). 행위자들의 자본 중 일부는 제도화되어 있고(재산, 학위, 단체에서의 멤버십) 또 일부는 병합되어 있다.

자본의 '병합(incorporation)'을 설명하기 위해 Bourdieu는 그의 가장 흥미로운 개념을 소개한다. 바로 아비투스(habitus)이다. 아비투스는 오래 지속되는 특성을 지니는 동시에 진화하는 성향 체계로 간주되며, 이 성향 체계는 잠재적인 활성화되어 있고 특정한 사회적 장에 완벽히 들어맞아야 한다. 특정한 아비투스는 한 행위자가 그 장의 규칙에 따라 행동하고 인식하고 사유하도록 하며 사회생활의 각 장에서 그/그녀의 행동이 '자연스러운' 것으로 보이도록 한다. 그는 "의도 없이 의도적으로"[7] 행동한다(Bourdieu 1987; 1990: 12). 행위자들은 사회적 장과 관련된, 담화 게임의 규칙을 따르는 담화에 참여한다. 그들은 자신들의 자본에 기반한, 언어 능력으로 이루어진 언어적 아비투스를 갖추고 있다. 이러한 규범적 틀 안에는 행위자가 전략적으로 행동하거나 권력 관계를 변화시키도록 하는 어느 정도의 자유가 존재한다. 이러한 의미에서 행위자들은 위에서 언급한 담화의 해방적 기능을 활용할 수도 있다.

CDS에서 권력은 주로 푸코식(Foucauldian)의 의미로 인식된다. 그리고 담화는 사회 구조에 의해 결정되는 사회적 행위의 발현이자 사회 구조를 강화하거나 약화시키는 사회적 행위의 발현으로 폭넓게 이해된다. 이러한 맥락에서 CDS에서 분석의 핵심은 개별적인 자원도 아니고 독특한 상호작용에 대한 세부 내용도 아니며 사회적 장 혹은 사회 전반의 구조적인 특징이다. 권력은 현대 사회에서의 (행위의) 통제에 대한 역학 관계와 세부 사항을 이해하기 위해 매우 중요하지만 대부분이 보이지 않는 형태로 존재한다. 그러나 CDS에서는 이러한 권력의 언어적 발현이 분석된다. 사회적 권력과 언어 사이의 상호의존성은 CDS(Fairclough 1991; Wodak 1989)에서뿐만 아니라 사회학(Bourdieu 1991)이나 사회언어학(예: Talbot 2003; Youg & Fitzgerald 2006)에서도 끊임없이 다루는 주제이다.

담화적 차이는 많은 텍스트에서 협상된다. 이들은 권력에서의 차이에 의해 통제되며 이 차이는 담화와 장르에 의해 어느 정도 부호화되고 또 결정된다. 따라서 텍스트는 지배를 위한 서로 다른 담화와 이데

---

7) (옮긴이) 권력은 사회 내에서 특정한 의도를 가지고 행해지지만, 반드시 개개인이 사회 안에서 명시적으로 의도를 품고 권력을 실행시키는 것은 아니다. 개개인은 이러한 권력의 의도에 대해 무지하거나 중립적일 수 있지만, 사회 전체에서의 권력은 의도를 가지고 실행된다는 것이다.

올로기들이 겨루고 투쟁하는 흔적을 보여 준다는 점에서 종종 투쟁의 장소가 된다.

요약하자면, CDS를 규정하는 특성은 권력을 사회적 삶의 핵심 조건으로 보는 것, 그리고 이러한 현상을 언어 이론의 주요 전제로 통합하여 발전시키려는 것에 있다. CDS에서는 권력과 통제에 대한 투쟁의 관념뿐 아니라 여러 공적 영역과 장르에서 서로 경쟁하는 담화들의 상호텍스트성과 재맥락화 또한 중요한 것으로 간주한다(Iedema 1997; Iedema & Wodak 1999; Muntigl et al. 2000; 이 책의 Fairclough, Reisigl & Wodak, 그리고 van Leeuwen을 보라). 권력은 차이로 인해 만들어지는 관계에 대한 것이고, 특히 사회 구조에서 차이가 만들어 내는 영향에 관한 것이다. 언어는 사회적 권력과 여러 방식으로 얽혀 있다.

- 언어는 권력을 표시하고 또 표현하기도 한다.
- 언어는 권력에 대한 논쟁 및 문제 제기와 관련된다.
- 권력이 반드시 언어에서 나오는 것은 아니지만, 언어는 단기간 또는 장기간에 걸쳐 권력에 도전하고 권력을 전복하고 권력의 분배를 바꾸는 데 사용될 수 있다.
- 언어는 위계적 사회 구조에서 권력의 차이를 나타내기 위해 섬세하게 표현되는 수단을 제공한다.

CDS는 궁극적으로 언어 안에 숨겨져 있거나 불투명하게 또는 가시적으로 존재하는 지배, 차별, 권력, 통제의 구조를 분석하는 데에 관심을 갖는 것으로 정의될 수 있다. 다시 말해서 CDS는 언어 사용(혹은 담화)에 의해 표현되고 구성되고 합법화되는 사회적 불평등을 비판적으로 탐구하는 것을 목표로 한다. 따라서 대부분의 비판적 담화 분석자들은 "언어는 지

배(domination)와 사회적 힘(social force)의 수단이기도 하다. 언어는 구조
적 권력 관계를 합법화하는 데 기여한다. 권력 관계의 합법화는 … 명백
하게 드러나지 않으며 … 언어 역시 이데올로기적"(Habermas 1967: 259)
이라는 Habermas의 주장을 지지할 것이다.

2. 연구 의제와 도전 과제

이 장에서 우리는 현재 CDS의 특징을 갖는 연구에서의 몇 가지 중요
한 연구 의제와 도전 과제를 요약할 것이다. 비록 우리는 방대한 양의
연구와 다양한 방법론적, 이론적 접근법과 제안들을 접할 수 있지만,
아래의 여섯 가지 주요 영역 및 이와 관련된 도전 과제들로 제한하기
로 한다.

- 우리 사회의 여러 영역에서 신자유주의와 지식 기반 경제의 영향을 분석
하고 이해하고 설명하는 것. 이와 관련하여 지식 기반 경제가 세계의
여러 곳과 다른 사회에서 재맥락화되는 것을 분석하고 이해하고 설명
하는 것(예: Drori et al. 2006).
- 세계의 여러 곳에서 관찰될 수 있는 글로컬라이제이션(glocalization)과
재국가화(renationalization)의 상반되는 경향뿐만 아니라 우리 삶 대부
분 영역에서의 세계화의 영향을 분석하고 이해하고 설명하는 것. 흥미
롭게도 우리는 역사상 가장 빠르고 모두를 망라할 수 있는 의사소통
수단과 이와 관련된 24시간 네트워크를 가지고 있기는 하지만(Hassan
& Purser 2007), 동시에 동질적인 공동체에 대한 시대착오적이고 국가
주의적이며 심지어는 이민 배척주의적인 허상이 전 세계적으로 점점

더 강화되고 있음.

- 기후 변화와 대체 에너지 자원과 같은 것들의 생산을 둘러싼 많은 논쟁적인 논의를 분석하고 이해하고 설명하는 것.

- 디지털로 매개된 의사소통의 사용을 분석하고 이해하고 설명하는 것, 이러한 사용이 기존 의사소통 방식과 새로운 의사소통 방식(새로운 형태의 참여와 새로운 공적 공간을 가능하게 함)에 미치는 영향을 분석하고 이해하고 설명하는 것. 최신 연구들은 이러한 새로운 의사소통 네트워크가 사회적, 정치적 변화에 실제로 어떤 영향을 주는지를 체계적이고 상세하게 탐구해야 할 것임.

- 인지과학에서의 접근법을 CDS에 포함시키는 것. 이는 복잡한 인식론적 이해와 새로운 이론, 방법론, 도구의 개발을 필요로 함.

- 복합적, 역사적 과정과 헤게모니적 내러티브의 관계를 분석하고 이해하고 설명하는 것. 모든 층위에서의 정체성 정치(identity politics)는 항상 우리 삶의 많은 영역에서의 과거 경험, 현재 사건, 그리고 미래에 대한 비전을 통합해야 함.

3. 방법론적 문제: 이론, 방법, 분석, 해석

CDS는 스스로가 이론에 견고한 기반을 두고 있다고 생각한다. 그러나 우리는 CDS에서의 하나의 지배적인 이론이 아니라 절충적인 접근법을 찾고자 한다. 서로 다른 방법들은 어떤 이론에 주목하는 것인가? 여기에서 우리는 보다 광범위한 이론적 전통에서 빌려온 개별적인 개념뿐만 아니라 Michel Foucault 전통의 사회와 권력에 대한 이론에서부터 사회적 인지에 대한 이론, 기능 문법에 대한 이론과 같은 아주 다양한 이론들을 발견한다. 우선 이 장에서는 이러한 다양한 이론의 영향을 체계화하는 것을 목표로 한다(〈그림 1.4〉도 보라).

이 장의 두 번째 부분은 이론적 개념을 운용해 나가는 것에 초점을 둔다. 당면한 가장 중요한 사안은 CDS의 다양한 접근법들이 어떻게 자신들의 이론적 주장을 분석 도구와 방법으로 변환하는지를 이해하고 이에 도전해 보는 것이다. 특히 사회에 적용되는 거대 이론들과 (분석될) 텍스트를 생성하는 사회적 상호작용의 구체적인 예시 사이의 매개에 주목한다. CDS에는 방법론에 대한 다양한 관점들이 존재한다. 우리는 해석학적 변형으로 보이는 것 이외에도, 양적 절차(이 책의 Mautner가 쓴 장을 보라)를 비롯하여 다양한 측면을 강조하는 설명적 관점을 접하게 된다.

특히 논의할 만한 점은 CDS에서 표본을 추출하고 정당화하는 방식이다. 대부분의 연구들은 '전형적인 텍스트'를 분석한다. 무엇이 전형적인 사회적 상황이며 사회적 문제의 전형적인 측면인지는 종종 모호한 상태로 남는다. 분석의 구체적 단위와 관련된 가능성과 한계는 표본 추출의 이론적 맥락 안에서 논의될 것이다. 어떤 저자들은 현장 연구의 민족지학적 전통을 명시적으로 언급하기도 한다(예: 이 책에서의 Reisigl & Wodak).

CDS에서 이론과 담화 사이의 관련성은 〈그림 1.1〉에서 제시된 이론적이고 방법론적인 연구 절차 모델로 기술될 수 있다. 여기서 이론은 데이터 선택, 데이터 수집, 데이터의 분석과 해석을 이끄는 연구 문제를 수립하는 데에만 필요한 것이 아니다. 이론은 실증적 분석과 해석의 근간이 되어야 한다. 따라서 CDS는 이론과 담화 사이의 순환적이고 반복귀추적인[8] 관계를 상정한다.

다른 모든 사회 연구가 그러하듯 CDS에서 이론, 방법, 분석은 서로

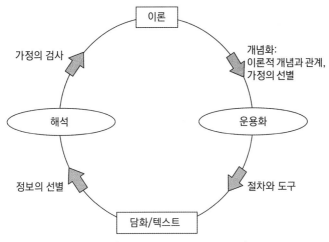

〈그림 1.1〉 순환적 과정으로서의 비판적 담화 연구

밀접한 관계에 있으며, 하나의 결정이 다른 것에 영향을 준다. 데이터, 즉 CDS의 경우 담화와 텍스트는 중립적인 성격의 것이 결코 아니다. 어떤 데이터를 수집하고 어떤 해석을 할지는 이론적 관점에 달려 있다. 이론, 개념, 실증적 지표는 체계적으로 연관되어 있다. 우리는 이론 안에서 개념을 연결하며 이는 기능적 관계나 인과 관계와 같은 것에 의해 이루어진다. 이러한 개념을 관찰하고 운용해 나가기 위해 우리는 실증적인 지표를 사용한다(Gilbert 2008: 22).

〈그림 1.2〉는 실증적 사회 연구에서 연구 과정의 전형적인 단계들을 보여 준다. 새로운 것을 발견하는 맥락에서 우리는 연구 목적을 설정한다. 이 단계에는 이론적 접근법의 전개뿐만 아니라 실증적 연구 범위, 결과의 잠재적인 적용 가능성이 포함될 수 있다. 이로써 우리는 결론과 해석 / 설명이 분석의 단위에 대해서만 유효한지 그 이상으

---

8) (옮긴이) 반복귀추(recursive-abductive)는 관찰된 것으로부터 시작하여, 관찰된 현상을 설명할 수 있는 가장 자연스럽고 간단한 방법을 찾아 나가는 논리적 추론의 한 방법.

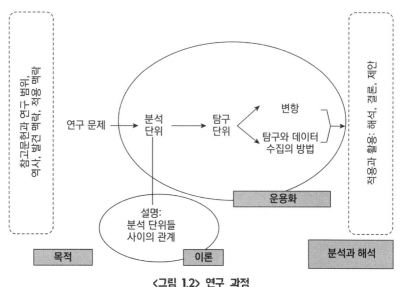

<그림 1.2> 연구 과정
(Titscher, Meyer & Mayrhofer 2008: 308에서 가져옴)

로도 유효한지(일반화 가능성)를 결정할 수 있다.

운용화의 과정은 질적, 양적 연구 모두에서 CDS 연구의 유효성뿐
아니라 검증 가능성이나 정당화를 위해서도 핵심적이다. 분석의 단위
는 무엇이며(예: 내집단/외집단의 구별, 차별, 화자의 사회적 지위), 탐구의
단위는 무엇이고(예: 그룹 회의, 인터뷰, 신문), 어떤 방법에 의해(예:
내용 분석, 수사학적 분석, 설문 조사 등) 어떤 변항을 수집할 것인가(예:
내집단/외집단의 구별을 나타내는 표지, 차별을 나타내는 표지, 화자/저자의
교육적 배경)를 생각한다. 그리고 마침내 데이터를 분석하고 결과를
해석한다.

<그림 1.3>은 방법론, 인식론, 방법 사이의 간략한 관계를 보여 준
다. 이 세 가지의 개념은 선행 연구에서 서로 다르게 정의된다. 이
책에서 우리는 간단하고 정확한 정의를 통해 이러한 모호성을 명확히

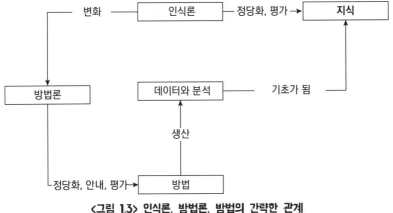

〈그림 1.3〉 인식론, 방법론, 방법의 간략한 관계
(Carter & Little 2007: 1317에서 가져옴)

하려고 한다.

- 인식론(epistemology)은 지식과 정당화의 본질에 대한 연구다. 인식론은 인간 지식의 선행 사건, 조건, 경계를 분명히 설명하려 한다. 이를테면 사회적 현상이 실재하는지, 아니면 관찰자의 구성물일 뿐인지, 그리고 이러한 사회적 현상이 실재여야만 하는지, 우리가 이 사회적 현실을 충분히 관찰할 수 있는지와 같은 질문에 답한다.
- 방법론(methodology)은 연구가 지식을 생성하기 위해 어떻게 수행되어야 하는지에 대한 (규범적인) 이론으로 정의된다. 방법론은 우리에게 어떻게 연구가 진행되어야 하는지를 알려준다. 방법론은 방법(기술, 설명, 정당화)을 연구하지만 방법 자체를 알려주지는 않는다. 예를 들어 방법론은 〈그림 1.2〉에서 제시된 것과 같은 과정 모델을 만든다.
- 방법(methods)은 증거를 모으는 기술일 뿐 아니라(예: 사례, 분석 단위와 같은 데이터의 수집과 선택) 관계를 설명하는 기술이며(예: 독립 변항에 따른 종속 변항) 명확하고 반복 가능한 방식으로 해석하는 기술이다. "방법은 연구 행위로 생각될 수 있다(Carter & Little 2007: 1317)."

〈그림 1.3〉에서 보이는 것처럼 특정한 방법론은 데이터를 생산하고 분석하는 특정 방법들을 제시하고 정당화한다. 이 분석은 해석의 근간이 되며 따라서 지식을 창출한다. 구성주의나 실재론과 같은 특정 인식론은 방법론을 수정할 수 있는 영향력을 가질 뿐만 아니라 지식을 정당화하고 평가한다. CDS는 일반적으로 사회 구성주의적 입장에 서 있다. CDS는 담화를 세계에 대한 의미를 공동으로 구성한 결과로 인식한다. CDS에서는 이해(understanding), 의의(significance), 의미(meaning)가 각 개인에게서 제각기 발생되는 것이 아니라 다른 사람들과의 조정에 의해 발생된다고 본다. 여기에는 헤게모니적 경향이 존재하며, 서로 다르거나 반대되는 관점 또한 존재한다. 따라서 담화는 사회적 구성물로서 나타나기도 하지만 사회 구조에 실질적인 결과를 가져오기도 한다(예: 이민자에 대한 차별).

3.1. 이론적 기반과 목적

이 책에서 소개된 접근법들에서 학자들은 '그들의 CDS라는 성을 짓기' 위해 서로 매우 다른 기원을 가지고 있는 이론적 토대를 활용한다. CDS에서 꾸준히 활용해 온 기준이나 이론적 관점이 있는 것도 아니고, CDS의 주창자들이 이론의 장에서 담화의 장으로, 그리고 다시 이론의 장으로 일관되게 나아가는 것도 아니다(〈그림 1.3〉을 보라).

여기에 제시한 CDS의 접근법에서도 다양한 층위의 사회학적, 사회 심리학적 이론(Merton[1967: 39~72]의 전통에 기반을 둔 서로 다른 이론적 층위의 개념)을 발견할 수 있을 것이다.

- **인식론**, 즉 전반적으로는 인간의 인지, 특별하게는 과학적 인지의 조건

과 불확실성,9) 한계의 모델을 제공하는 이론들. 간략하게는 이 이론들은 실재론과 구성주의의 양 극단 사이에 놓여 있다.

- **일반적 사회 이론들**은 '거대 이론(Grand Theories)'으로 불리기도 하는데, 사회 구조와 사회적 행동 사이의 관계를 개념화하고, 따라서 미시사회학적 현상과 거시사회학적 현상을 연결한다. 이 단계에서 우리는 좀 더 구조주의적인 접근법과 좀 더 개별적인 접근법을 구분할 수 있다. 전자는 보다 결정론적인 하향식의 해석(구조→행위)을 제공하며, 후자는 상향식의 해석(행위→구조)을 선호한다. 대부분의 현대 이론들은 이러한 입장을 절충하며, 사회 구조와 사회적 행위 사이의 일종의 순환적 관계를 암시한다(예: Pierre Bourdieu, Antony Giddens, Niklas Luhmann).
- **중간 영역대의 이론들**은 특정한 사회적 현상(예: 갈등, 인지, 사회적 네트워크)이나 사회의 특정한 하위 체계(예: 경제, 정치, 종교)에 집중한다.
- **미시사회학 이론들**은 이중적 불확실성10) 문제의 해결(Parsons & Shils 1951: 3~29)과 같은 사회적 상호 작용이나, 사회의 구성원들이 그들 자신의 사회적 질서를 수립하기 위해 사용하는 일상적인 절차의 재구조화(민족지학 방법론)를 이해하고 설명하려고 한다.
- **사회심리학 이론들**은 감정과 인지의 사회적 조건들에 집중하며, 미시사

---

9) (옮긴이) 불확실성(contingency)은 무언가가 어떠한 선택에 달려 있다는 것을 의미하며, 이는 다시 다른 가능성들이 존재하거나 존재하지 않을 확률을 암시하기도 한다. 하나의 사실은 이러한 사실이 다른 가능성으로부터의 선택으로 볼 수 있을 때 불확실하다고 할 수 있으며, 이러한 가능성들은 선택이 이루어졌음에도 불구하고 어떠한 의미에서는 여전히 가능성으로 남아 있게 된다(Luhmann 1976: 506).

10) (옮긴이) 이중적 불확실성(double contingency)은 상호작용에 필연적으로 내재된 특성이다. 한편으로 자아는 자신이 선택할 수 있는 대안들에서 무엇을 선택하게 될지 불확실하다. 한편으로 나의 행동에 대한 타인의 반응 역시도 불확실하며, 타인의 선택에 달려 있다는 것이다. 이렇게 서로가 상대방의 선택을 알 수 없는 상황은 그 누구도 어떠한 선택도 할 수 없도록 만든다. Luhman(1981)은 이를 의사소통을 통해 해결할 수 있다고 제안한 바 있으며, Parsons는 공유된 문화를 통한 일반화로 해결할 수 있다고 제안하였다(1951: 105).

회학과 비교했을 때 의미에 대한 해석학적 이해보다는 인과적 설명을 선호한다.

- **담화 이론들**은 담화를 사회적 현상으로 개념화하는 것을 목표로 하며 그 기원과 구조를 설명하려 노력한다.
- **언어학 이론들**은, 예를 들어 의미론, 화용론, 문법론, 수사학의 이론들은 언어 체계와 구어 의사소통에서의 세부적인 패턴들을 기술하고 설명한다.

이러한 모든 층위의 이론을 CDS에서 찾을 수 있으며, CDS를 결속하는 기준은 이론적 입장보다는 연구 문제의 세부 내용(즉, 비판)인 것으로 보인다. 아래에서 우리는 이 책에서 소개한 CDS 접근법들의 이론적 입장과 방법론적 목표에 대해 개괄하겠다.

3.2. CDS의 주요 접근법들

비판적 담화 연구(CDS), 담화 분석(DA), 화용론, 사회언어학적 접근법 간의 차이점은 CDS를 아우르는 원리에 의해 가장 명확히 설명될 수 있다. 우선, CDS가 관심을 갖는 문제들의 속성은 연구 관심사를 사전에 명시적으로 밝히지 않는 다른 접근법과는 상당히 다르다. 일반적으로 비판적 담화 연구는 이들과는 다른 연구 문제를 제기하며 일부 CDS 학자들은 사회적으로 차별 받는 집단을 옹호하는 역할을 하기도 한다. 이 책에서 다루고 있는 CDS의 업적을 봤을 때, 정치적 주장과 명확하고 재현 가능한 사회 과학 분야 연구 사이의 경계가 흐릿해지는 것을 알 수 있다.

구체적으로 우리는 연역적으로 이루어지는 접근법과 좀 더 귀납적인 관점을 택하는 접근법을 구별한다. 이러한 구분은 탐구 대상의 선택과 관련되어 있다. 닫힌 이론적 틀을 제공하며 보다 연역적인 방식을 추구하는 이론들은 그들의 주장에 가장 적합한 몇몇의 예시를 통해 그들의 가정을 설명할 가능성이 높다(예: 이 책에서의 변증법적-관계적 접근법과 사회인지적 접근법). 귀납 중심의 접근법들은 대개 '중간 층위' 에서 '호기심을 끄는' 문제들을 선택하며, 면밀한 사례 연구와 방대한 데이터 수집을 통해 새로운 통찰을 발견하려 한다(예: 이 책에서의 담화 -역사적 접근법, 사회적 행위자 접근법, 코퍼스언어학적 접근법, 장치 분석). 물론 모든 접근법은 귀추적으로 진행된다. 즉, 이론과 데이터 분석 사이 를 재현 가능한 방법론을 통해 왔다갔다하는 것이다. 그러나 연속선 상에서 보면 우리는 진입점과 주제를 선택하는 데 있어서의 명확한 우선순위를 구별할 수 있다.

〈그림 1.4〉는 이 책에서 제시한 모든 접근법을 포함하지는 않는 다. 코퍼스언어학에 대한 Mautner의 장이나, 소셜미디어에 대한

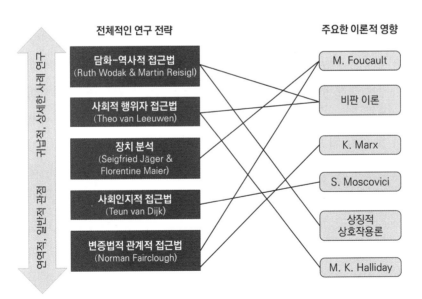

〈그림 1.4〉 전체적인 연구 전략과 이론적 배경

KhosraviNik과 Unger의 장, 다중모드 텍스트에 대한 Höllerer와 Meyer 의 장은 크게 분명한 이론적 배경에 기대지 않고도 특정 데이터 세트 를 분석할 수 있는 방법론과 방법들을 제공해 준다.

서로 다른 접근법들의 개별적인 체계화로 인해 접근법들 간의 상호 연결성이 간과되었다는 비판은 타당하다(Hart & Cap 2014의 서론). CDS는 사회 이론과 언어학 이론의 혼합체로 탄생했으며 Halliday의 체계기능문법의 영향력이 매우 컸다. Hart & Cap(2014)는 CDS에 대한 서로 다른 접근법들이 다양한 언어학적 이론에 기반한다는 정확한 지적을 하였다. Halliday의 체계기능문법(Halliday 1985), 화용론, 인지 언어학, 코퍼스언어학이 이에 해당하며, 여기에 후기 구조주의와 인 지심리학과 같은 보다 일반적인 이론이 결합한 것이다. 간단히 말하 면 다양한 접근법들을 CDS에 적용하는 것은 더욱 복잡해졌다. 이는 각기 다른 저자들이 자신들의 관심과 연구 문제에 따라 여러 방면으 로부터 이론에 진입하기 때문이다.

보다 '거시적'이거나 '중간 층위의' 주제('세계화'나 '지식' 대 '실업/취 업'이나 '우파 포퓰리즘'과 같은 것)를 선정하는 것과 관련하여, 선택한 주제에 대해 평가하는 것과 탐구 대상에 대해 평가하는 것은 차이가 있음을 알게 되곤 한다. 거시 주제는 상대적으로 해당 국가나 국제적 인 학문적 맥락에서 논쟁의 여지가 적다. 그러나 어떤 중간 주제는 연구자가 속한 해당 국가 공동체의 핵심을 건드릴 수도 있다. 예를 들어, 반유대주의, 외국인 혐오, 인종주의의 발생에 대한 연구는 특정 학문이나 국가라는 맥락에서 훨씬 더 논란의 여지가 있으며 때로는 '반애국적이거나' 적대적인 것으로 간주된다. 이는 일부 비판적 학자 들이 이렇게 민감한 영역으로 뛰어들 때 겪어 온 심각한 문제를 설명 해 준다(Heer et al. 2008).

어찌했든 비판적 담화 연구는 문제에 대해 다른 연구들과 구분되는 비판적인 접근법을 따른다. 왜냐하면 CDS는 대부분의 경우 파악하기 쉽지 않고 숨겨져 있는 권력 관계를 분명하게 드러내기 위해, 그리고 실천적인 문제와 관련될 수 있는 결론을 도출하기 위해 분투하기 때문이다. 이뿐만 아니라 일부 CDS 접근법을 특징지을 수 있는 하나의 중요한 가정은 모든 담화는 역사적이며 그렇기 때문에 맥락을 통해서만 이해될 수 있다는 것이다. 따라서 맥락이라는 개념이 CDS에 있어 핵심적이다. 이는 맥락의 개념이 사회심리학적, 정치적, 역사적, 이데올로기적 요소를 분명히 내포하고 있고, 이로 인해 학제적인 절차를 필요로 하기 때문이다.

학제성은 이 책의 CDS 접근법들에서 여러 다양한 방식으로 성취된다. 어떤 경우에는 이론적 틀의 특성이며(장치 접근법, 변증법적-관계적 접근법, 사회인지적 접근법), 또 다른 경우에는 팀 연구, 그리고 데이터 수집과 분석에 적용된다(사회적 행위자 접근법, 담화-역사적 접근법). 뿐만 아니라 CDS 접근법은 상호텍스트성과 상호담화성의 개념을 사용하여 다른 텍스트와의 복잡하고도 복합적인 관계를 분석한다. 요약하자면, 비판적 담화 연구는 의미 생산에 영향을 주는 폭넓은 범위의 요인들 받아들인다고 결론지을 수 있을 것이다.

CDS와 여타 DA의 접근법은 언어와 사회 사이의 관계가 어떻게 구성되는 것으로 보는가의 측면에서도 차이가 있다. CDS는 이 관계가 단순히 결정론적인 것이라고 믿지 않으며 매개(mediation)라는 개념을 취한다. 변증법적-관계적 접근법은 Halliday의 다기능적인 언어 이론(Halliday 1985)과 Foucault의 담화 질서의 개념에 기대는 한편, 담화-역사적 접근법과 사회인지적 접근법은 사회적 인지 이론을 활용한다(예: Moscovici 2000). 언어와 사회 구조 사이의 매개에 대한 성찰은

대화 분석과 같은 다른 여러 언어학적 접근법에서는 이루어지지 않는
다. 이는 사회적 집합체의 층위와 일부 관련된다. CDS의 접근법이
이데올로기나 권력과 같은 사회 현상에 집중하기는 하지만, 학자들은
서로 다른 분석 단위를 선택한다. 즉 각 개인(또는 집단)이 정신적으로
(인지적으로) 담화를 인식하는 방식이나 사회 구조가 담화를 결정하는
방식을 선택할 수 있다(〈그림 1.5〉를 보라). 다시 말하자면 매우 개략적
인 구분이기는 하지만 우리는 더 인지-사회심리학적 접근법과 더 거
시-사회구조적 접근법을 구분한다.

이뿐만 아니라 대부분의 연구자들은 언어적 범주를 분석에 통합시
키지만 서로 다른 범위와 초점, 그리고 강도를 가지고 연구를 수행한
다. 비판적 담화 연구의 모든 분석에 광범위한 범위의 언어적 범주를

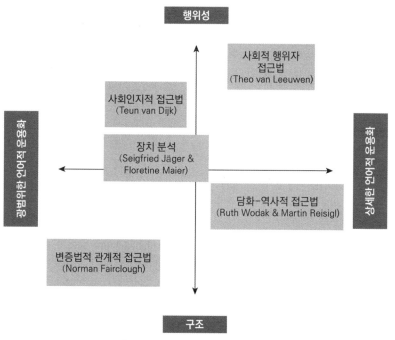

〈그림 1.5〉 언어적 관여와 집합체의 층위

포함시킬 필요는 없다. 그래서 혹자는 다만 소수의 언어학적 장치만 연관된다는 인상을 가질 수 있다. 예를 들어 많은 CDS 학자들이 대명사, 한정사, 동사의 법, 시간과 시제에 초점을 두는 사회적 행위자 분석을 지속적으로 사용한다. 한편, Halliday의 타동성 분석, 그리고 토포스에 대한 분석은 이 개념들이 언어학적 배경 지식을 많이 필요로 하지 않고 쉽게 적용할 수 있어 보이기 때문에(이는 지극히 그릇된 생각임) 사회 과학자들에 의해 자주 이용된다. 그러나 예외들 역시 문제의 핵심을 보여 줄 수 있다. (이 책의) Reisigl & Wodak, 그리고 van DIjk는 다양하고 폭넓은 거시언어학적, 미시언어학적, 화용론적, 논증적 특성이 어떻게 텍스트 분석에 운용되고 통합될 수 있는지를 보여 주기 때문이다(〈그림 1.5〉를 보라).

비록 모든 연구자의 입장에서 항상 명백히 드러나는 것은 아니지만 CDS는 일반적으로 그들의 절차를 해석학적 과정으로 인식한다. 자연 과학의 (인과적) 해석과 반대로 해석학은 의미 관계를 이해하고 생산하는 방법이다. 해석학적 순환, 즉, 한 부분의 의미는 전체의 맥락에서 이해되고, 이 전체는 다시 부분에 대한 이해로 접근 가능하다는 것은 해석학적 이해에 대한 명료성의 문제를 드러낸다. 따라서 해석학적 이해는 명확히 입증할 수 있는 세부적인 고증이 필요하다. 실제로, CDS를 지향하는 많은 연구에서 해석학적 이해 과정의 세부사항들이 항상 투명한 것은 아니다.11) 만약 분석을 거칠게 '텍스트-확대' 방법과 '텍스트-축소' 방법으로 구분한다면, CDS는 그들만의 고유한 형식적 특징에 초점을 맞추고 이와 관련해 텍스트를 축약하여 보기 때문에

---

11) 비록 몇몇 저자들(Oevermann et al. 1979)이 해석학적으로 지향하는 방법을 잘 정리된 절차와 규칙과 함께 발전시키기는 했지만 해석학적 절차를 명확하고 이해 가능하게 만드는 것이 애초에 가능한지의 문제는 결론 나지 않은 채로 남아 있다.

'텍스트-축소'로 특징지을 수 있을 것이다.

3.3. 데이터 수집

우리는 위에서 CDS가 잘 정의된 실증적 방법으로 이루어졌다기보다 이론적 유사성과 특정한 종류의 연구 문제를 가진 광범위한 접근법이라고 결론을 내렸다. 데이터를 수집하는 CDS만의 방법이 존재하는 것도 아니다. 어떤 연구자들은 데이터 표본 추출 방법을 언급조차 하지 않기도 하며, 또 어떤 연구자들은 사회언어학 분야 밖에 기반을 둔 전통에 강하게 의존한다.[12] 근거 이론(Glaser & Strauss 1967)과 마찬가지로, 어떤 경우에나 데이터 수집은 분석이 수행되기 전에 반드시 마무리되어야 하는 단계가 아니다. 첫 번째 데이터 수집 후에 연구자는 파일럿 분석을 수행하고 특정 개념을 나타내는 표지를 찾고 이 개념들을 범주로 확대하며, 이러한 첫 번째 결과에 근거하여 보다 많은 데이터를 수집해야 할 것이다(이론적 표본 추출). 이 절차에서 데이터 수집은 결코 완전히 끝나지도 않고 중단되지도 않으며, 이전 데이터의 재검토나 새로운 데이터를 요구하는 새로운 질문이 언제나 발생할 수 있다(Strauss 1987; Strauss & Corbin 1990).

대부분의 CDS 접근법은 데이터 표본 추출의 과정을 명시적으로 설명하거나 권고하지 않는다. 코퍼스언어학의 경우는 텍스트의 거대 코퍼스에 대해 구체적으로 언급한다. 그리고 이 책에 소개된 다른 접근법들은 매스미디어 의사소통이나 제도적 문서와 같이 이미 존재

---

12) 표본 추출과 텍스트 선택의 문제에 대한 일반적인 개괄은 Titscher et al.(2000)에서 찾아볼 수 있다.

하는 텍스트를 활용한다. 이를 넘어 일부는 (특히 DHA는) 향후 연구 및 이론화에 필요한 전제 조건으로서 연구 대상을 탐구하기 위해, 현장 연구나 민족지학을 포함시킬 것을 추가적으로 제안하기도 한다. 한편 이미 존재하는 데이터에 집중하는 것은 분명한 강점을 내포하고 있지만(예: 비반응적 데이터[13]를 제공하는 것, Webb et al. 1966을 보라), 텍스트 생산 및 수용의 조건들에 대한 정보와 필수 맥락 정보의 측면에서 한계도 지니고 있다.

4. 요약

이 장의 목적은 CDS 접근법에 대해 요약하고 이들의 유사점과 차이점을 논하는 것이었다. CDS는 다양성, 발전의 지속성, 정교함의 속성을 지닌다. 따라서 이 장이 CDS의 전반적인 내용을 개괄한다고 말하는 것은 아니다. 물론 우리는 이 책에서 다루는 접근법들에 초점을 두었다. 그러나 이러한 다양성 가운데서도 몇 가지의 일반적인 사항들을 추려낼 수 있다.

- CDS의 작업은 다양한 이론적 배경을 토대로 이루어진다. 각각의 접근법이 다른 층위를 강조하기는 하지만, 근거 이론에서부터 미시언어학적 이론에 이르는 전 범위가 다뤄진다.
- 데이터 표본 추출 절차에 대해 공인된 규범은 없다. 실제로 많은 CDS

---

13) (옮긴이) 관찰이나 이미 존재하는 문서를 활용하는 것과 같이, 연구자나 다른 관찰 대상들의 반응이 들어가 있지 않은 데이터를 의미한다.

접근법들은 이미 존재하는 데이터, 즉 해당 연구 프로젝트를 위해 생산되지 않은 텍스트를 가지고 작업한다.

• 운용화와 분석은 문제 지향적이며 언어학적 전문 지식을 필요로 한다.

가장 명확한 유사점은 권력, 포함, 배제, 종속의 사회적 과정에 대한 공통된 관심이다. 비판 이론의 전통에서 CDS는 사회적 격차와 불평등의 담화적 양상을 밝히고자 한다. 비판적 담화 연구는 종종 사회에서 불평등을 강화하고 심화시키기 위해 엘리트에 의해 사용되는 언어적 수단을 탐구한다. 이러한 연구는 주의를 요하는 체계적인 분석, 연구의 모든 단계에서의 자기 반성, 탐구 대상이 되는 데이터와의 거리 유지를 필요로 한다. 기술, 해석, 설명은 서로 구분이 필요하며, 이를 통해 해당 분석의 투명성과 재현 가능성이 용이하게 된다. 물론 이러한 권고 사항들이 일관되게 지켜지는 것은 아니며, 시간적 압박이나 이와 유사한 구조적 제약으로 인해 상세하게 시행되지 않을 수 있다.

그러므로 어떤 이들은 CDS가 항상 사회 연구와 정치적 행동주의 사이의 경계에 있다고 계속 비판할 것이다(Widdowson 2004a; Wodak 2006a). 또 어떤 이들은 일부 CDS 연구가 너무 언어학적이라거나 충분히 언어학적이지 못하다고 비난할 것이다. 우리의 관점에서 이러한 비판들은 오히려 CDS의 영역을 살아있게 만든다. 이러한 비판은 더 많은 자기 반성을 촉진시킬 수밖에 없고 새로운 반응과 혁신적인 발상을 북돋기 때문이다.

제2장 담화-역사적 접근법(DHA)

Martin Reisigl & Ruth Wodak

〈 핵심어 〉

논증(argumentation), 기후 변화(climate change), 맥락(context), 담화-역사적 접근법 (discourse-historical approach), 담화 전략(discourse strategy), 행위의 장(field of action), 온라인 뉴스 보도(online news reporting), 댓글(posting), 토포스(topos/topoi), 타당성 주장(validity claim)

1. 주요 개념과 용어 소개

'비판', '이데올로기', '권력'의 개념을 소개하면서 이 장을 시작하려고 한다. 이 세 가지의 개념은 CDS/CDA의 모든 접근법에서 핵심적이지만, 대개 서로 다른 의미를 가지고 사용된다. 따라서 이들이 담화-역사적 접근법(DHA)에서 어떻게 개념화되는지를 명확하게 밝히는 것이 중요하다. 다음으로는 '담화', '장르', '텍스트', '재맥락화', '상호텍스트성', '상호담화성'과 같은 다른 핵심적인 용어의 정의들을 살펴보겠다.

두 번째 부분에서는 DHA의 분석 도구와 일반적 원리들을 정리할 것이다. 세 번째 부분에서는 '기후 변화 담화'를 중심으로 우리의 방법론을 단계별로 제시하고, DHA의 강점과 한계를 언급한 후 DHA가 미래에 마주할 도전 과제를 제시할 것이다.

1.1. '비판', '이데올로기', '권력'

비판, 이데올로기, 권력 이 세 가지는 CDS의 모든 접근법들에 있어서 중요한 개념이다.

'비판'은 여러 다양한 의미를 지닐 수 있다. 어떤 학자들은 프랑크푸르트학파의 입장을 따르며, 다른 학자들은 문학 비평에서의 개념을 사용하기도 하고, 또 다른 학자들은 마르크스주의적 이론을 지지하기도 한다. '비판적' 관점을 취한다는 것은 (비판이 대개 '특정 상황에서의 비판'이기는 하지만) 데이터에 더 가깝게 접근해서, 사회적 맥락 속에서 데이터를 살펴보며, 담화 참여자들의 입장을 분명하게 하고, 연구 과정 안에서 끊임없는 자기 성찰을 멈추지 않는 것으로 이해되어야 한다. 더 나아가서 우리가 이해하는 비판은, 연구의 결과가 교사, 의사, 관료들을 위한 실용적 세미나나 전문가의 의견을 담은 글, 교과서 제작 등 실제 현실에 적용되어야 함을 의미한다.

비판은 규범적 관점에서 사람, 대상, 행위, 사회 제도 등에 대해 조사, 평가, 감정하는 것을 뜻한다. 비판은 진리 탐구, 특정 가치나 윤리, 텍스트에 대한 적절한 해석, 자기 성찰, 계몽과 해방, 사회 변화의 특정 양상, 생태 보호, 미적 지향 등과 관련될 수 있다. Kant에 따르면 '비판'은 지식의 조건과 가능성에 대한 준비('예비') 조사를 나타내기도 한다. 이 용어는 프랑스 혁명과 마르크스주의의 출현과 함께 정치적 중요성을 획득하였다. 그 이후로 줄곧 사회적 비판은 이상적인 규범이나 대안이라는 관점에서 사회의 결점과 모순을 진단하기 위해 정치적이고 사회적인 현상들을 평가해 왔다(Chilton, Tian & Wodak 2010을 보라). 이러한 관점에서 비판은 저항과 통합될 수 있다. 여기에서 우리는 비판이 "이러한 특정 방식으로, 그리고 이러한 특정 대가에 지배받지 않는 기술"이라는 Foucault의 개념을 상기하게 된다(Foucault 1990: 12).

DHA는 비판 이론의 사회·철학적 지향점을 고수한다.[1] 따라서 DHA는 아래 세 가지의 관련 양상을 통합하는 사회적 비판의 개념을 따른다.[2]

> 1. '텍스트 혹은 담화 내적 비판'은 텍스트 내부, 혹은 담화 내부 구조의 불일치, (자기)모순, 역설, 딜레마를 찾아내고자 한다.
> 2. '사회 진단적 비판'은 담화적 실행에서 (특별히 드러나는) 설득적이고 '조작적인' 특성을 밝히는 것을 관심사로 한다. 여기서 우리는 담화적 사건을 해석하기 위해 우리의 맥락적 지식에 의존하며, 다양한 학문에서의 사회 이론과 기타 이론적 모델에 의존한다.
> 3. 미래와 연관된 전망적 비판은 의사소통을 향상시키는 것을 목적으로 한다(예: 성차별적 언어 사용을 반대하는 지침을 정교화하거나 병원, 학교 등에서의 '언어 장벽'을 낮추는 일 등).

비판에 대한 우리의 이해에 따르면, DHA에서는 탐구의 대상과 분석자 자기 자신의 입장을 명확하게 하고, 왜 담화적 사건에 대한 이러한 해석과 이해가 다른 해석이나 이해보다 더 타당한지를 이론적으로 정당화해야 한다.

Thompson(1990)은 이데올로기의 개념을 논의하며 이데올로기와 다른 개념의 관련성, 특히 매스미디어의 여러 측면을 아주 상세하게 논의하였다. 그는 이데올로기의 개념이 18세기 후반 프랑스에서 처음 나타난 이래로, 다양한 기능과 의미를 지니게 되었음을 지적한다. Thompson에게 이데올로기는 사회적인 형식과 과정을 의미하는데, 이러한 과정을 통해, 또는 이러한 과정 안에서 헤게모니를 지닌 상징

---

1) Horkheimer & Adorno(1991[1969; 1974]); Habermas(1996)을 보라.
2) 더 상세한 논의에 대해서는 Reisigl & Wodak(2001: 32~35), Reisigl(2003: 78~82), Reisigl (2007: 483~487)을 보라.

적 형식들이 사회적 세계 안에 유포된다.

DHA의 관점에서 이데올로기는 (대개 한쪽으로 치우친) 관점으로 볼 수 있다. 즉, 이데올로기는 관련된 정신적 표상, 신념, 의견, 태도, 가치, 평가들로 이루어진 세계관이나 체계이며, 이는 특정 사회 집단의 구성원에 의해 공유된다. 공산주의, 사회주의, 보수주의나 자유주의 같은 고도로 발달된 이데올로기는 (종종 '거대 내러티브'로도 불리는데) 서로 밀접한 관계에 있는 세 가지의 상상계를 포함한다. (1) 사회가 어떠한지에 대한 표상 모델, 즉 현 상황에 대한 모델(예: 착취적인 자본주의 사회에 대한 공산주의적 모델), (2) 사회가 미래에 어떤 모습이어야 한다는 비전 모델(예: 계급이 사라진 사회에 대한 공산주의적 모델), (3) 상상된 미래가 현재에서 미래로 가는 '길 위에서' 어떻게 성취될 수 있는지에 대한 과정 모델(예: 프롤레타리아 혁명에 대한 공산주의적 모델). 이데올로기는 공유된 사회적 정체성을 만들어 내는 데에 중요한 수단으로 작용한다. 또한 담화를 통해 불평등한 권력 관계를 성립하고 유지하는 데에 중요한 역할을 하며, 이는 예를 들어 헤게모니적인 정체성 내러티브를 확립하거나 특정 담화나 공적 영역에 대한 접근을 제한('게이트 키핑')함으로써 이루어질 수 있다. 또한 이데올로기는 권력 관계를 전환하는 수단으로 기능하기도 한다.

우리는 언어를 포함한 여러 기호적인 실행이 다양한 사회 제도에서 이데올로기를 매개하고 재생산하는 방식에 특별히 관심을 기울인다. DHA의 주된 목적 중 하나는 지배 관계를 세우고 영속시키거나 그것에 저항하는 이데올로기를 해독함으로써 특정 담화의 헤게모니를 무너뜨리는 것이다.

DHA에 있어서 언어는 그 자체로 힘을 가지는 것이 아니다. 언어는 권력을 가진 사람들이 사용함으로써 힘을 획득하거나 유지하는 수단이자, 권력 관계의 표상인 것이다.

권력은 서로 다른 사회적 위치를 점하거나 여러 가지 사회 집단에 속한 사회적 행위자 사이의 비대칭적 관계를 가리킨다. Weber(1980)에 따르면, '권력'은 사회적 관계 안에서 자기 자신의 의지를 타인의 의지나 이익에 반하여 행사할 수 있는 가능성으로 정의될 수 있다. 더 나아가서 권력은 사회적 관계와 이들의 속성, 즉 "집단들 사이의 상호 의존적 관계"(Emerson 1962: 32)의 관점에서 기술할 수 있으며, 또는 권력의 네트워크, 즉 "둘 이상의 권력 의존 관계"의 관점에서 기술할 수 있다. 권력이 행사되는 근본적인 방식에는 '행위적 권력'(물리적인 힘과 폭력), 협박과 회유를 통한 사람들의 통제, 권위에 대한 지지(권위의 행사와 그에 대한 복종), 사물들을 통한 기술적 통제(예: 생산 수단, 교통수단, 무기 등)가 있다(Popitz 1992).

권력은 사회적으로 어디에나 존재한다. 권력은 생산적일 수도 있으나, 대개는 파괴적이다. 권력은 담화에서 정당화되거나 탈정당화되지만, 권력 관계 역시 여러 종류의 통제 절차를 거쳐 담화를 제한하거나 통제한다. 텍스트들은 흔히 사회적 투쟁의 장소이기도 한데, 그것이 지배나 헤게모니에 대한 여러 이데올로기적 저항의 흔적을 잘 보여주기 때문이다. 우리는 언어 형식이 권력의 여러 표현과 조작에 사용되는 방식에 초점을 맞추고자 한다. 권력이 담화적으로 실현되는 방식은 문법적 형태로만이 아니다. 권력은 사회적 상황에 대한 한 개인의 통제에 의해서, 텍스트 장르라는 수단에 의해서, 특정 공공 영역에 대한 접근을 제한하는 것에 의해서도 담화적으로 실현된다.

1.2. '담화', '텍스트', '맥락'

DHA를 수행함으로써 우리 사회의 다면적인 현상들을 탐구할 수 있다. 즉 (구어직, 문어직, 시각직) 언어 사용에 대한 연구는 전체 과업의 여러 측면 중 하나에 불과하다는 것이다. 따라서 우리의 연구는 학제 적이어야 한다. 더 나아가서, 탐구 대상의 복잡성을 분석하고, 이해하고, 설명하기 위해서는 여러 분석적 시각에서 매우 다양하고 접근 가능한 데이터 자원을 고려해야 한다. (물론 이것은 가능한 시간, 자원 등과 같은 외부 요인들에 따라 좌우되기는 한다.) 우리는 다각화(triangulation)의 원리를 따르는데, 이는 모든 범위의 경험적 관찰이나 다양한 학문과 방법의 이론은 물론이고 배경 정보도 고려한다는 것을 뜻한다(예를 들어 Heer et al. 2008; Wodak 2011b, 2015b; Wodak et al. 2009를 보라). 이에 대한 구체적인 선택은 구체적인 문제에 따라 달라질 수 있는데, 이 장에서는 기후 변화에 대한 논란을 다룰 것이다.

> 우리는 '담화'를 다음과 같이 간주한다.
> • 특정한 사회적 행위의 장에 위치해 있는 맥락 의존적인 기호적 실행의 집합체
> • 사회적으로 구성되기도 하며 사회를 구성하기도 함
> • 거시 주제에 관련됨
> • 서로 다른 관점을 가진 여러 사회적 행위자와 연관되는 진리나 규범적 타당성과 같은 타당성 주장에 대한 논증과 연결되어 있음

따라서 우리는 (a) 거시 주제와의 관련성, (b) 복수 관점성(pluri-perspectivity), (c) 논증성을 담화의 구성 요소로 간주할 것이다. CDS의

다른 접근법들은 '담화'를 거시 주제나 하나 이상의 관점과 명시적으로 연결하지는 않으며(Reisigl 2003: 91ff.; 2014: 71ff.을 보라), 종종 '담화'를 '이데올로기'나 '입장'과 동일시하기도 한다(Wodak 2012b의 논의를 보라).

중요한 것은 담화의 경계를 확인하고 그것의 한계를 정하며, 특정한 담화를 다른 담화와 구별할 수 있는 방법을 고찰하는 것이다. 예를 들어 기후 온난화 담화나 기후 변화 담화의 경우, 그 경계는 일정 부분 유동적이다. 분석적 구성물로서의 담화는 항상 담화 분석자의 관점에 달려 있다. 탐구 대상으로서의 담화는 닫힌 단위가 아니며, 오히려 재해석과 확장이 가능한 역동적인 기호적 실재로 보아야 한다.

> 우리는 '담화'와 '텍스트'를 구별한다. 텍스트는 담화의 일부이다. 텍스트는 발화 행위에 영속성을 부여하며, 따라서 두 가지의 서로 멀어진 발화 상황, 즉 발화 생산 상황과 발화 수용 상황 사이의 간극을 이어 준다. 다시 말하면, 텍스트는 (그것이 시각화되든, 쓰이든, 말해지든 간에) 언어적 행동을 물질화한다고 볼 수 있다(Ehlich 1983). 텍스트는 여러 장르로 분류될 수 있다. '장르'는 특정한 사회적 맥락에서 특정한 사회적 목적을 성취하는 의사소통의 관습화된 유형과 양식으로 특징지어진다. 이에 더해 장르는 특정한 텍스트의 기능과 텍스트 생산, 분배, 수용의 과정에 대한 특정한 절차적 지식을 나타내는 정신적 스키마로도 볼 수 있다.

따라서 기후 변화에 맞서는 성명서는 특정 규칙과 사회적 관습에 따른 기대치를 제공하며, 특정한 사회적 목적을 가지고 있다. 기후 변화에 대한 담화는 여러 장르와 텍스트를 통해 실현되는데, 예를 들면 기후 변화에 대한 정부의 정책을 다루는 TV 토론, 에너지 소비를 줄이기 위한 지침, 기후학자들의 연설이나 강의, 신문 기사에 대한 온라인 댓글 등이 있다.

DHA는 또한 발화, 텍스트, 장르, 담화뿐만 아니라 언어 외적인 사회적/사회학적 변항, 단체나 기관의 역사, 상황적 틀(frame) 사이의 상호텍스트적이고 상호담화적인 관계를 탐구한다. 이러한 모든 관계에 집중하면서 어떻게 담화들, 장르들, 텍스트들이 사회정치적 변화와 관련하여 변화하는지를 알아보고자 한다.

- '상호텍스트성'은 과거와 현재 모두에 있어 텍스트가 다른 텍스트들과 연결된다는 것을 의미한다. 이러한 연결성은 여러 다른 방법으로 실현된다. 이는 하나의 주제나 주요 행위자에 대하여 명시적인 언급을 하거나 동일한 사건들에 관해 언급함으로써 행해질 수 있고, 다른 예를 끌어오거나 환기함으로써 실현될 수 있으며, 주요한 논거들을 하나의 텍스트로부터 다른 텍스트로 옮겨 놓음으로써 이루어질 수 있다. 주어진 요소들을 새로운 맥락에 전이하는 과정은 '재맥락화'로 불린다. 만약 하나의 요소가 특정한 맥락으로부터 빠져 나간다면, '탈맥락화'의 과정을 보는 것이고, 이 요소가 그 후 새로운 맥락에 삽입된다면, 재맥락화의 과정을 보는 것이다. 해당 요소는 (어느 정도) 새로운 의미를 획득하는데, 이는 의미가 사용을 통해 형성되기 때문이다(Wittgenstein 1989[1952]를 보라). 예를 들어, 하나의 정치 연설을 그것이 실린 여러 신문사의 보도와 대조해 보면 재맥락화를 확인할 수 있다. 기자는 그 기사의 일반적인 목적에 가장 잘 맞는 특정 인용구를 선택할 것이다(예: 논평). 따라서 이러한 인용구들은 탈맥락화되고 재맥락화된다. 즉, 새롭게 짜맞춰지면서 언론 보도라는 특정 맥락 속에서 어느 정도 새로운 의미를 획득한다.
- '상호담화성'은 여러 가지 방식으로 담화들이 서로 얽혀 있다는 것을 뜻한다. '담화'를 ('x에 대한 담화'와 같이) 일차적으로 주제와 관련된

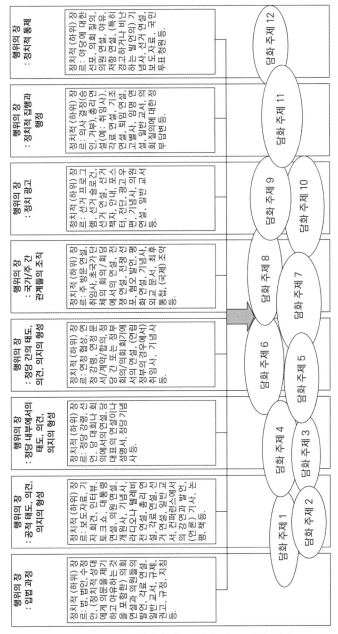

〈그림 2.1〉 정치적 행위의 장, 정치적 장르, 담화 주제
(Reisigl 2007: 34~35를 보라)

것으로 생각한다면, 예컨대 기후 변화에 대한 담화가 흔히 국제 경쟁이나 건강과 같은 다른 담화의 주제나 하위 주제를 언급한다는 것을 확인할 수 있을 것이다. 담화들은 열려 있으며 대개 혼종적이다. 새로운 하위 주제들은 여러 지점에서 생겨날 수 있다.

- '행위의 장'(Girnth 1996)은 담화의 (부분적인) '틀'을 구성하는 사회 현실의 한 부분을 나타낸다. 서로 다른 행위의 장은 담화적 실행의 여러 가지 기능들을 통해 정의된다. 예를 들어 정치적 행위의 영역에서는 여덟 개의 서로 다른 정치적 기능들을 여덟 개의 서로 다른 장들로 구분할 수 있다(〈그림 2.1〉을 보라). 특정 주제에 대한 '담화'는 하나의 행위의 장에서 시작하여 다른 행위의 장으로 나아갈 수 있다. 이후 담화는 다른 장들로 '퍼져 나가며' 다른 담화들과 연관되거나 겹쳐지게 된다.

〈그림 2.1〉은 정치적 행위의 영역에서 행위의 장, 장르, 거시 주제 사이의 관계를 나타내고 있다.[3]

더 나아가서 〈그림 2.2〉는 담화들, 담화 주제들, 장르들, 텍스트들 사이의 상호담화적이고 상호텍스트적인 관련성을 보여 준다. 이 도표에서 상호담화성은 서로 겹치는 두 개의 큰 타원형으로 나타난다. 상호텍스트적 관계들은 두꺼운 화살표(←)로 표현되어 있다. 텍스트가 어떤 장르에 속하는지는 얇은 화살표(↑)로 표시되어 있다. 텍스트가 나타내는 주제는 점선으로 된 화살표(⋯→)와 작은 타원형으로 표현되어 있으며, 서로 다른 텍스트들에서 주제가 겹치는 부분은 서로 겹치는 작은 타원형으로 표시되어 있다. 마지막으로, 하나의 텍스트

---

3) 우리는 여덟 개의 장 가운데 세 장에 관하여 태도, 의견, 의지를 구별한다. 이 구별은 감정적, 인지적, 의지적 차원에서의 차이를 강조하기 위함이다.

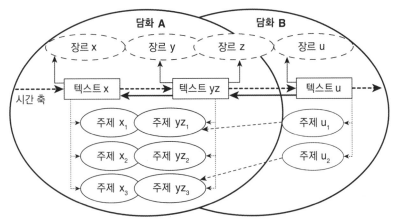

〈그림 2.2〉 담화, 담화 주제, 장르, 텍스트 사이의 상호담화적, 상호텍스트적 관계

에서 다른 텍스트로의 주제 참조와 관련된 상호텍스트적 연관성은 끊어진 화살표(◄---)로 표시되어 있다.

영국의 디지털 타블로이드지인 〈Daily Star〉에 실린 지구 온난화에 대한 매스미디어 담화를 분석하는 우리의 사례 연구에서 〈그림 2.2〉에 나타난 관계 중 많은 부분이 설명될 수 있을 것이다. 우리는 2014년 8월 8일에 〈Daily Star〉의 온라인 판에서 Dave Snelling이 작성한 '**세계의 종말?** 정상급 과학자가 폭로하다 "우리는 ㅈ*다!"'라는 제목의 온라인 기사를 분석할 것이다. 이 텍스트(=텍스트 yz)는 제목에서도 알 수 있듯이 (아마도 저자가 의도한 바는 아니겠지만) 지구 온난화(=담화 A)와 세계의 종말에 대한 종말론적 담화(=담화 B) 모두에 연결되어 있다. 이는 자극적인 온라인 신문 보도(=장르 y)와, 텍스트와 이미지가 다중 모드로 혼합되어 실현되는 종말론적이고 공포심을 부르는 묵시(=장르 z)를 섞어 버린다. 이 기사는 기후학자이자 덴마크-그린란드 지질 연구소 교수인 Jason Box의 특정 트윗(=텍스트 x)을 언급하고 있다. 트윗은 마이크로블로그인 트위터를 통해 게시되고 전파되는 140 글자의 짧은 디지털 메시지이다(=장르 x). 이 트윗은 2014년 7월 29일에 게시되었으며, 지구 온난화에 대한 담화(=담화 A)를 언급한다. 또한 이 트윗은 지구 온난화의 영향에 대한 간접적 경고라는 화용적 형식을 지니고 있다. 많은 공통점들 중에서도 텍스트 x와 텍스트 yz는 모두 지구 온난화가 불러올 수 있는 결과를 언급한다. 텍스트 yz는 24개의 댓글이 있는데, 그 중 작성자 3의 댓글은 수많은 '세계의 종말' 선언에 대해 불만을 제기하고, 피할 수 없는 것처럼 보이는 세계의 멸망에 대해 보다 쾌락주의적 자세를 견지한다("인생을 즐기라고, 애들아"). 이 텍스트 u는 2014년 8월 8일에 게시되었으며, 일차적으로 세계의 종말에 대한 담화(=담화 B)에 속한다. 텍스트 yz와 텍스트 u는 모두 (다른 여러 사항 중에서도) 세계가 멸망할 수도 있다는 것에 대한 예상을 주제로 삼고 있다.

우리의 접근법은 네 가지 차원을 가지는 '맥락' 개념에 기초하고 있다.
1. 바로 인접한 언어 또는 텍스트 내부에 함께 나타나는 텍스트와 담화
2. 발화들, 텍스트들, 장르들, 담화들 사이의 상호텍스트적이고 상호담화적인 관계
3. 특정한 '상황 맥락'에서의 사회적 변항과 제도석 틀
4. 담화적 실행들이 녹아들어 있거나 관련되어 있는 더 넓은 사회정치적이고 역사적인 맥락
우리는 분석에 있어서 맥락에 대한 네 가지 차원 모두를 회귀적인 방식으로 보고자 한다(Wodak 2007, 2011b도 보라).

2. DHA의 몇 가지 원리와 분석 도구

DHA에 대한 연구는 1986년 Kurt Waldheim의 오스트리아 대통령 선거 운동이라는 공적 담화에서 출현한 반유대주의적 고정 관념의 이미지를 분석하면서 처음 발전하였다(Wodak et al. 1990).[4] 전 UN 사무총장이었던 Waldheim은 오랫동안 자신의 국가 사회주의자 전력을 숨겨 왔다. 이 연구 프로젝트에서 DHA의 몇몇 핵심적인 특징이 처음 확립되었다. (1) 특별히 역사적 연결성에 초점을 맞추는 학제적 연구, (2) 연구 대상에 대해 다양한 시각들을 결합하는 방법론적 원칙으로서의 다각화. 여기에는 팀워크를 이루는 서로 다른 데이터(데이터의 다각화)와 서로 다른 이론들(이론의 다각화), 서로 다른 방법들(방법의 다각화), 서로 다른 연구자들(연구자 다각화)이 포함된다(Flick 2004), (3) 결과의 실제 적용을 지향하는 것.

이러한 학제적 연구는 언어적 분석을 역사적이고 사회학적인 접근법에 통합시켰다. 더 나아가 연구자들은 프로젝트에서 분석된 많은 장르 및 텍스트 분석에 기초하여, 1987년 봄 학기 비엔나대학에서 '전후 반유대주의'에 대한 전시회를 개최하기도 했다.

DHA는 여러 연구들에서 더 정교화되었는데, 예를 들면 1989년 이른바 철의 장막이 몰락한 후 루마니아에서 온 이주민들에게 행해진 인종차별이나, 오스트리아에서 이뤄진 국가 및 국가 정체성에 대한 담화 연구가 그것이다(Matouschek et al. 1995; Reisigl 2007; Wodak et al. 2009). 비엔나의 '담화, 정치, 정체성(Discourse, Politics, Identity, DPI)'이라

---

4) DHA의 발전에 영감을 주었던 가장 첫 번째 비판적 연구는 오스트리아의 전후 반유대주의에 대한 프로젝트였다(Wodak et al. 1990).

는 연구 센터는 유럽의 정체성과 과거의 유럽 정치 연구와 관련하여 비교 학제적이고 초국가적인 프로젝트로의 전환을 가능하게 했다 (Heer et al. 2008; Kovács & Wodak 2003).

오스트리아의 전후 반유대주의에 대한 연구 이후로 이 접근법을 특징짓는 여러 원리가 발전되어 왔다. 여기서 우리는 열 가지의 가장 중요한 원리들을 정리하여 제시하겠다.

1. 이 접근법은 학제적이다. 이 학제성은 이론, 방법, 방법론, 연구 실행과 실제 적용에 모두 해당한다.
2. 이 접근법은 문제 지향적이다.
3. 연구 대상에 대한 적합한 이해와 해석을 가능케 한다면 얼마든지 다양한 이론과 방법들이 통합될 수 있다.
4. 이 연구는 탐구 대상에 대한 정밀한 분석과 이론화에 필요하다면, 현장 조사와 민족지학('내부'로부터의 연구)을 포함할 수 있다.
5. 연구는 반드시 이론과 실증적 데이터 사이에서 회귀적으로 진행되어야 한다. 따라서 우리는 귀추적 추론(데이터를 관찰하고 이들을 이전의 이론적 모델에 시험적으로 적용함으로써 설명적 가설을 세우는 것)과 귀납적 절차(이러한 가설들의 강점에 대하여 실증적으로 검토하는 것), 그리고 (가능하다면) 연역적 방법(이론에 기초하여 예상되는 결과를 도출하는 것)을 결합하는 복합적 연구 전략을 세울 것을 장려한다.
6. 다양한 장르와 공적 공간뿐만 아니라 상호텍스트적이고 상호담화적인 연계성 역시도 연구된다.
7. 텍스트와 담화를 해석함에 있어 역사적 맥락이 고려된다. 이러한 역사적 지향은 재맥락화가 시간이 지나면서 텍스트와 담화들을 상호텍스트적, 상호담화적으로 연결하는 중요한 절차로서 어떻게 기능하는지 재구성할 수 있게 한다.
8. 범주나 방법들은 최종적으로 고정된 것이 아니다. 이들은 탐구의 대상이 되는 특정 문제에 따라 각 분석에 맞게 정교해져야 한다.

DHA는 세 차원으로 구성된다. (1) 특정 담화의 특정한 내용이나 주제(들)를 식별하고, (2) 담화 전략들을 탐구한다. 그 후 (3) (유형(type)으로서의) 언어적 수단과 맥락 의존적인 (실례(token)로서의) 언어적 실현이 분석된다.

특정 담화를 분석할 때 특별히 주의를 기해야 하는 전략들이 있다(아래의 단계 5를 보라). 분석에 있어 우리의 방법론적 틀로 이러한 전략들에 접근할 때, 대개 아래 다섯 가지 질문들을 제기할 수 있다.

1. 어떻게 사람, 대상, 현상/사건, 과정, 행위가 언어적으로 명명되고 지칭되는가?
2. 사회적 행위자, 대상, 현상/사건, 과정에 어떠한 특징, 특성, 속성이 부여되는가?
3. 해당 담화에서 어떠한 논거가 사용되는가?
4. 어떠한 관점에서 이러한 명명, 속성 부여, 논거가 표현되는가?
5. 이러한 각각의 발화가 명시적으로 표현되거나, 강화되거나, 완화되는가?

이러한 다섯 가지 질문에 따라 다섯 가지 유형의 담화 전략을 상세화할 수 있다.

우리는 '전략'을 특정한 사회적, 정치적, 심리적, 언어적 목표를 이루기 위해 취해진 (담화적 실행을 포함한) 실행의 어느 정도 의도적인 계획이라는 의미로 사용한다. 담화 전략들은 언어적 조직과 복잡성의 다양한 층위에 자리한다.[5]

〈표 2.1〉 선택 가능한 담화 전략

전략	목적	장치
명명 (NOMINATION)	사회적 행위자, 대상, 현상, 사건, 과정, 행위에 대한 담화적 구성	• 구성원 범주화 장치, 직시, 인명 등 • 은유, (부분으로 전체를, 전체로 부분을 나타내는) 환유와 제유 같은 비유 • 과정이나 행위 등을 표현하는 데에 사용되는 동사나 명사
서술 (PREDICATION)	사회적 행위자, 대상, 현상, 사건, 과정, 행위에 대한 (긍정적이거나 부정적인) 담화적 자질 부여	• (예를 들어 형용사, 동격화, 전치사구, 관계절, 접속절, 부정사절, 분사구/절 등의 형태로의) 부정적 또는 긍정적 특성에 대한 (정형화된) 평가적 속성 부여 • 명시적 서술이나 서술성 명사/형용사/대명사 • 연어 • (환유, 과장법, 완서법,[6] 완곡어법을 포함하는) 비교, 직유, 은유 및 다른 수사적 장치들 • 다른 예를 끌어오기, 환기, 전제/함축 등
논증 (ARGUMENTATION)	진리(truth)[7]와 규범적 옳음에 대한 주장의 정당화나 문제 제기	• (형식적이거나 보다 내용적인) 토포스 • 오류(fallacies)
관점화 (PERSPECTIVIZATION)	화자나 필자의 관점을 정하고 관여나 거리를 표현하기	• 직시 • 직접, 간접, 자유 간접 화법[8] • 인용표지, 담화표지/담화 불변화사 • 은유 • 생동감을 부여하는 운율 등
강화 또는 완화 (INTENSIFICATION OR MITIGATION)	발화수반력을 조정(강화 또는 완화)하고, 이에 따라 발화의 인식 내지 의무의 정도를 조정하기	• 지소사나 확장사[9] • (양태) 불변화사, 부가의문문, 가정법, 망설임, 모호한 표현 등 • 과장법 또는 완서법 • 간접 화행 (예: 단언을 대신하는 질문) • 말을 전달하거나, 감정, 생각 등을 나타내는 동사

---

5) 이러한 전략 중 많은 것들이 Reisigle & Wodak(2001)에 설명되어 있다. 이 장에서는 주로 명명 전략, 서술 전략, 논증 전략에 집중하도록 한다.

6) (옮긴이) 직접적인 주장을 하지 않고, 그 반대의 의미를 부정하는 방법. 예를 들어 '맛없지는 않아', '나쁘지는 않아' 등이 있다.

3. '기후 변화 담화'에 대한 분석

3.1. 8단계의 DHA

철저하고 이상적이며 전형적인 담화-역사적 분석은 여덟 단계의 프로그램을 따라야 한다. 일반적으로 이 여덟 단계는 회귀적으로 적용된다.

1. 선행하는 이론적 지식에 대한 활성화와 참조(즉, 선행 연구를 떠올리고, 읽고, 이에 대해 토론하는 것).
2. (연구 문제, 다양한 담화와 담화적 사건, 사회적 장과 행위자, 기호학적 측면에서의 미디어, 장르와 텍스트에 따른) 데이터 및 맥락 정보에 대한 체계적인 수집.
3. 구체적 분석을 위한 데이터의 선택과 준비(관련 기준에 따라 데이터를 선정하거나 축소하는 것, 녹음된 자료를 전사하는 것 등).
4. (선행 연구를 조사하고 데이터를 우선 훑어본 후) 연구 문제들을 구체화하고 가설을 세우기.
5. 맥락 분석, 거시 분석, 미시 분석을 포함한 질적 파일럿 연구(이는 범주화나 일차 가설의 검증뿐만 아니라 더 구체화된 가설의 검증 역시 가능하게 해 준다. 아래의 파일럿 연구를 보라).
6. (전체 데이터에 대한, 주로 질적이지만 부분적으로는 양적인) 상세한 사례 연구.

---

7) (옮긴이) 여기에서의 진리는 논리학적인 용어로, 반드시 이루어져야만 하는 규범적인 이상을 나타내는 것이 아니라, 참/거짓과 관련된 진실성을 나타내는 개념이다.
8) (옮긴이) 3인칭 절대자 화법에서와 같이 1인칭 직접 화법과 3인칭 간접 화법을 넘나드는 화법을 의미한다.
9) (옮긴이) 작은 느낌이나 큰 느낌을 더하는 접사를 말한다.

7. 비판의 형성(관련된 맥락 정보를 고려하고 비판의 세 가지 차원과 연계되는, 결과에 대한 해석과 설명).
8. 분석적 결과에 대한 실제 적용(가능하다면 이 결과는 일종의 사회적 영향을 목적으로 하는 실제 적용을 위해 활용되거나 제안될 수 있다).

이러한 이상적이고 전형적인 목록은 시간, 인력, 자본과 같은 자원이 충분한 큰 규모의 학제적 프로젝트에서 가장 잘 실현될 수 있다. 자본이나 시간 등에 제약을 받는 더 작은 규모의 연구들도 역시 유용하고 정당한 연구가 될 수 있다. 어떠한 경우라도 완전한 전체 연구 설계에 대해 알고 있는 것이 좋으며, 이를 통해 박사 논문을 쓸 때처럼 자신만의 프로젝트를 진행할 때도 확실한 선택을 할 수 있을 것이다. 박사 논문의 목적을 위해서 물론 연구자는 몇 개의 사례 연구만을 하거나 부득이 데이터 수집의 범위를 (몇 가지 장르로) 제한할 수 있다. 어떤 경우에는 파일럿 연구가 더 종합적인 사례 연구로 확장될 수 있을 것이고, 때로는 처음 계획했던 사례 연구가 후속 프로젝트로 남겨지기도 한다.

아래에서는 여덟 가지의 연구 단계 중 네 가지에 초점을 맞춘다(1, 2, 4단계와 특히 5단계). 파일럿 연구에서는 〈표 2.1〉에 제시된 담화 전략들 가운데 특히 논증 분석에 대해 상술할 것이다.[10] (이 글에서도 고려하고 있는) 명명이나 서술 전략 같은 다른 전략들은 논증 전략에 통합될 수 있으며, 아래에서 분석하는 텍스트(들)의 설득적 목적에 종속되기 때문이다. 논증 분석에 대한 우리의 관찰은 순수한 언어학적 지평을 뛰어넘는 중간 범위의 규범적 이론이 어떻게 구체적인 분

---

10) Forchtner & Tominc(2012), Boukala(2013), Reisigl(2014), Wodak(2014, 2015b)도 보라.

석에 적용될 수 있는지를 보여 준다.

논증은 문제 해결에 대한 언어학적이면서 인지적인 패턴이다. 이는 복잡하고 일정 정도 일관성 있는 진술들의 네트워크를 형성하는 발화 행위의 (어느 정도 규제된) 연속체 속에서 실현된다. 논증은 진리나 규범적 옳음과 같은 타당성 주장에 조직적/체계적으로 문제를 제기하거나 그것을 정당화하는 데 기여한다(Kopperschmidt 2000: 59ff.). 논증의 목적은 설득력 있는 (견실한) 논거, 그리고/또는 암시적인 오류를 통하여 청자를 설득하는 것이다. 진리에 대한 타당성 주장이 지식, 확실성의 정도, 이론적 이해에 대한 질문과 관련된다면, 규범적 옳음에 대한 타당성 주장은 무엇이 이루어져야 하는지, 혹은 이루어지지 말아야 하는지, 무엇이 권장되거나 금지되는지에 대한 질문, 즉 실천적 규범이나 윤리적이고 도덕적인 기준에 대한 문제와 관련된다.11)

논증에 대한 포괄적인 분석은 적어도 아래의 차원들을 포함한다.

A. 기능적 범주(예: 주장, 논거/전제, 도출 규칙, 양태)

B. 형식적 범주(정의, 권위, 비교, 사례의 도식 같은 형식적 토포스/오류. 아래 '토포스'와 '오류'의 개념에 대한 설명을 참조하라)

C. 내용과 연관된 범주(무지, 자연, 조작의 도식 같은 내용과 연관된 토포스/오류)

D. 논증적 중간구조와 거시구조를 기술하기 위한 범주(논증의 단계, 논증의 복합성과 논거의 [상호]의존성). 지금 맥락에서는 특히 내용과 연관된 토포스와 오류에 초점을 둘 것이다.

---

11) '타당성 주장'이라는 개념은 Habermas(1972: 137~149)에서 이미 논의된 바 있다. 그는 타당성 주장의 네 가지 유형을 소개한다. 이에는 진리에 대한 주장, 규범적 옳음에 대한 주장, 성실성에 대한 주장, 이해가능성에 대한 주장이 있다.

토포스(topos, 복수 형태는 '토포이(topoi)', '장소(place)'를 뜻하는 그리스
어)는 요구되는 전제에 속하는 논증의 일부로 이해될 수 있다. 이것은
형식이나 내용과 관련된 근거 또는 '도출 규칙'이다. 이와 같이 토포스는
논거(들)를 결론, 즉 주장과 연결시킨다. 이러한 방식으로 토포스는 논거
(들)에서 결론으로의 이행을 정당화하는 것이다(Kienpointner 1992: 194).
그것은 사회적으로 관습화되어 있으며 관습적으로 일어난다. 토포스는
항상 명시적으로 표현되는 것은 아니지만, '만약 x라면, y이다', 혹은 'x이
기 때문에 y이다'와 같은 조건절이나 인과절로 늘 명시될 수 있다. (더
자세한 사항은 Reisigl 2014; Reisigl & Wodak 2001: 69~80; Rubinelli
2009; Wengeler 2003; Wodak 2014, 2015b를 보라.)

토포스는 합당한 것일 수도 있고 틀린 것일 수도 있다. 만약 후자의 경우라
면 우리는 그것을 '오류'라고 부른다. 이러한 토포스를 오류로부터 구
별할 수 있게 하는 '이성적 논의와 생산적 논쟁을 위한 열 가지 규칙'
이 있다(van Eemeren & Grootendorst 1992; van Eemeren et al. 2009의 화용-변
증법적 접근법을 보라).

1. 논쟁의 자유: 모든 참여자는 상대가 주장을 발전시키거나 자신의 주
   장에 도전을 제기하는 것을 막지 말아야 한다.
2. 근거 제시의 의무: 주장을 제시하는 참여자들은 그 주장에 대한 방어
   가 요청될 경우 이를 거부해서는 안 된다.
3. 상대편의 이전 담화에 대한 옳은 언급: 상대방이 실제로 하지 않은
   주장을 공격해서는 안 된다.
4. '사실성의 문제'에 대한 의무: 주장은 논증적이지 않거나 해당 주장과
   관련되지 않은 논증으로 방어해서는 안 된다.
5. 암시적 전제에 대한 정확한 언급: 참여자들은 상대의 숨은 전제를 거

짓되게 설정해서는 안 되며, 자신의 숨은 전제에 대한 책임을 회피해
서도 안 된다.

6. 공유하는 시작점에 대한 인정: 참여자들은 시작점으로 받아들여진 것
을 잘못 제시하거나, 어떤 것이 받아들여진 시작점임을 거짓으로 부
인해서도 안 된다.

7. 개연성 있는 논증 도식의 사용: 만약 개연성 있는 논증 도식이 올바르
게 적용되지 않고 방어가 이루어진다면, 결론적으로 해당 논증에 대
한 방어가 이루어지지 않은 것으로 간주된다.

8. 논리적 타당성: 명시적이고 완전한 방식으로 표현된 논증은 논리적
규칙에 어긋나지 않아야 한다.

9. 토론 결과의 인정: 주장에 대한 결정적이지 못한 방어는 이러한 주장
이 유지되지 못함을 뜻하며, 주장에 대한 결정적인 방어는 이러한 주
장과 관련된 의심을 더는 표현할 수 없다는 것을 뜻한다.

10. 표현의 명확성과 정확한 해석: 참여자들은 충분히 명료하지 못하거나
모호한 진술을 사용해서는 안 되며, 상대방의 진술을 고의적으로 오
독해서는 안 된다.

만약 이러한 규칙들을 어긴다면, 오류가 발생할 것이다. 그러나 해당
논증 도식이 합리적인 토포스인지 오류인지를 정확한 맥락 지식 없이
판단하기란 항상 쉬운 것은 아니다.

3.2. 기후 변화에 대한 온라인 뉴스 보도의 파일럿 연구

1단계: 선행하는 이론적 지식에 대한 활성화와 참조

'지구 온난화'라는 매우 중요한 연구 주제는 다양한 방식으로 접근할 수 있다.

- a. 기존의 (과학적) 연구에 따르면 '기후 변화'는 무엇을 의미하는가? 즉 '기후 변화'는 어떻게 정의되는가?
- b. '기후 변화'와 현대 사회의 관계에 관하여 기존 연구는 어떠한 것을 보여 주는가? 즉 인간의 행위가 세계 기후에 미친 영향은 무엇인가?

이러한 질문에 접근하기 위해서 우선 관련 연구를 참조해야만 한다. 어떠한 연구가 관련이 있는지는 연구 관심사에 달려 있을 것이다. 두 개의 질문은 과학적 지식(이를테면 기후학 연구가 관련 있음)과 기후 변화 및 사회의 관계에 대한 지식(이를테면 사회 과학 연구가 관련 있음)을 언급한다. 더 나아가서 '기후 변화'의 의미에 대한 언어학적 접근을 위해서는 '일상적 언어 사용(혹은 '상식')'에서의 의미 역시 논의해야 한다. 각각의 선행 연구에 대한 일차적 참조를 통해 다음과 같은 답변들을 얻을 수 있다.

- a. '일상' 언어에서, '기후 변화'는 압도적으로 '지구 온난화'를 의미하지만 다른 의미를 가지기도 한다. '기후 변화'는 때때로는 '새로운 빙하기로 접어드는 지구 한랭화'를 가리키거나 '일시적으로 온난화나 한랭화로 이어지는 자연스러운 기후 변이'와 관련되기도 한다. 과학적 용어로서

의 '기후 변화'는 보다 긴 시간에 걸친 (예를 들어 30년간) 연평균 기온의 변화를 가리키지만, 이 기간 동안 일어나는 강수량 변화, 해수면 상승, 기상 이변의 증가, 오존 감소와 같은 다양한 기후적 변화 역시 의미할 수 있다. 역사적인 의미 재구성을 통해 '기후 변화'의 과학적이고 정치적 인 의미가 확장되어 왔음을 확인할 수 있다. 기후 변화에 관한 정부 간 협의체(Intergovernmental Panel on Climate Change, IPCC)에 따르면 "기후 변화는 수치의 평균, 그리고/또는 가변성의 변화로 (예컨대 통계 적 검정을 통해) 확인될 수 있으며 오랜 기간 동안, 일반적으로는 몇 십 년 이상 지속되는 기후 상태의 변화를 나타낸다. 기후 변화는 태양 순환기의 변조, 화산 분출, 또는 토양의 사용이나 대기 구성에 대해 지속 적으로 인류가 끼치는 변화와 같이, 자연스러운 내적 과정이나 외부의 압력에 의해 나타날 수 있다". 이러한 넓은 개념에 비하여 1992년의 유엔기후변화협약(United Nations Framework Convention on Climate Change, UNFCCC) 제1조는 이 용어를 "지구 대기의 구성을 변화시키는 인류의 행동으로 인해 직·간접적으로 야기된 기후의 변화"로 제한하고 있으며, 비교 가능한 시간대에 걸쳐 관찰할 수 있는 자연스러운 기후의 바뀜은 '기후 변동성'이라는 용어를 붙였다(NN 2013: 1450).

b. 대부분의 과학자들은 자연이 점점 더 인류 문명에 의해 좌우되고 있다 고 본다. 또한 지구 온난화가 이산화탄소를 비롯한 기타 온실가스들의 배출이 전세계적으로 증가하며 불러일으킨 온실효과의 결과, 즉 (대부 분) 인류가 낳은 결과라는 점에서 '기후 변화'와 현대 사회를 인과관계 로 바라본다.[12]

---

12) IPCC(2013: 13~19)를 보라. Rahmstorf & Schellnhuber(2012), Latif(2012)도 보라.

이 첫 번째 결과를 통해 담화와 관련된 더 일반적인 연구 문제를 만들어 낼 수 있다. 우리가 초점을 맞추는 특정 공적 담화에서 '기후 변화'란 무엇을 의미하며, 어떻게 기후에 대한 인류의 영향이 이 담화에서 표상되며 논의되는가?

이 질문과 관련된 가정들은, 예를 들면 (기후 변화의 존재 자체, 기원, 결과 등) 기후 변화의 '본질'이나, 기후와 문명의 관계, 그리고 기후 변화에 대항하여 취해야 할 가능한 조치들에 대해 서로 다르고 아마도 모순적인 해석이 담화에 나타나 있을 것이라는 점이다. 만약 이것이 사실이라면, 기후 변화에 대한 이렇게 서로 다른 담화적 표상과 속성들이 정치적 의사 결정을 위한 전제 조건인 정치적 합의를 이루기 어렵게 만든다고 가정할 수 있다. 역사적인 관점에서 보자면, 이 담화(또는 담화의 일부 측면들)는 시간에 따라 변할 것이며, 이는 우리의 분석에서 식별될 여러 요소들에 달려 있다.

2단계: 데이터 및 맥락 정보에 대한 체계적인 수집

어떤 데이터가 (관찰, 녹음/녹취, 인터뷰, 문헌이나 인터넷 자료의 연구를 통해) 접근 가능한지와 얼마나 많은 데이터가 자신의 연구 프로젝트에서 분석 가능한지에 따라, 다양한 범위의 실증적 데이터를 수집할 수 있으며, 이는 다음의 기준을 고려해야 한다.

- 구체적인 정치 단위(예: 지역, 국민 국가, 국제 연합) 또는 언어 공동체
- 중요한 담화적 사건들과 관련된 구체적인 기간, 이는 문제가 되는 이슈와 연결되어 있어야 한다. (예) 기후정상회의, 국제기후협약이 발행한 보고서의 출판이나 그에 따른 공적 논의

- 사회적이며 특히 정치적이고 과학적인 특정 행위자들(개인이나 '집단적' 행위자나 조직, 예를 들면 서로 다른 정치 정당 출신의 정치인, 환경운동가, 기후학자, 기후 변화에 대한 국가적 국제적 협의체, 석유 회사, 자동차 회사 등)
- 구체적인 담화, 이 글에서는 기후 변화와 특히 지구 온난화에 대한 담화
- 구체적인 정치 행위의 장(위의 〈표 2.1〉을 보라), 특히 공적 태도, 의견, 의지의 형성(예: 미디어 보도), 국제 관계 관리(예: 국제 정상회담이나 협약), 정치적 통제의 장(예: 환경운동가의 행동), 정치 홍보(예: 에너지 산업 홍보), 정당 내부에서의 태도, 의견, 의지 형성(예: 환경 정책에 대한 정당 내 합의), 입법 절차(예: 탄소 배출에 대한 세법), 환경 정책, 에너지 정책, 경제 정책, 보건 정책, 이민 정책과 같은 구체적인 정책의 장
- 기후 발전에 대한 과학적 연구나 환경 정책들과 관련된 특정한 형태의 기호학적 미디어와 장르(전문가 보고서, 선거 공약, 의회 안팎에서의 정치 토론, 과학 기사, 신문 기사, 댓글, TV 인터뷰나 토론, 전단, 자동차 광고, 인기 있는 과학 텍스트 등)

이 절에서는 앞서 만들어 낸 넓은 연구 문제를 다음과 같이 좁히도록 한다. "탐구의 대상인 공적 담화 조각[13]들(discourse fragments, 본 연구에서는 언론 기사와 댓글들)의 특정 연쇄체에서 '기후 변화'는 무엇을 의미하는가? 어떻게 기후에 대한 인류의 영향이 담화 조각들에서 표상되고 논의되는가?" 다시 말해 하나의 담화 조각(Dave Snelling이 쓰고 2014년 8월 8일 〈Daily Star〉에 게재된 다중모드적 온라인 신문 기사)과 몇몇

---

13) (옮긴이) '담화 조각'에 대해서는 이 책의 5장을 보라.

독자들의 반응(2014년 8월 8일부터 올라온 24개 댓글)에 초점을 맞춘다. 우리가 이 기사와 관련 댓글을 선택한 것은 그것들이 비교적 짧고 인터넷으로 접근하기 쉬웠기 때문이다. 또한 이는 (댓글을 포함하는) 인터넷 미디어 사용이 기후 변화라는 주제와 관련하여 중요한 정보의 출처가 되고, 신문 기사와 댓글을 통한 기사의 수용 간 담화적 역동성이 비판적 수용에 대한 연구와 새로운 미디어에 대한 숙의적 가능성에 관심을 가지는 CDA 2.0에 흥미로운 원천이기 때문이다(Angouri & Wodak(2014), Dorostkar & Preisinger(2012, 2013), KhosraviNik & Unger(이 책)을 보라). 5단계에서는 온라인 기사와 관련 댓글의 담화적 특징 중 일부를 자세히 살펴볼 것이다.

3단계: 구체적 분석을 위한 데이터의 선택과 준비

분석을 위한 코퍼스를 준비할 때 수집된 자료는 빈도, 대표성,14) 전형성(원형성), 상호텍스트적 혹은 상호담화적 범위, 현저성, 고유성, 중복성과 같은 구체적인 기준에 따라 추려진다. 필요하다면 연구 문제에 따라 구어 데이터가 정해진 규약에 따라 전사되어야 한다. 여기에서는 하나의 텍스트 연쇄(뉴스 보도와 관련된 댓글)에만 집중하기 때문에 이 단계에 대한 논의를 더 할 필요는 없을 것이다.

---

14) '대표성'의 문제는 어려운 사안이다. 일반적으로 '대표성'은 무작위로 뽑은 표본이 (사회과학의 경우 범위를 정하기조차 어려운) 데이터 전체의 구조를 반영할 가능성을 뜻한다. 많은 담화 연구는 '대표성'의 이러한 통계학적 기준에만 의존하지는 않는다. 오히려 이들은 '대표성이 있는 데이터'를 그럭저럭 잘 정리된 코퍼스 안에서의 '일반적 경우'라는 의미로 사용한다. 어쨌든 '대표성'의 개념은 명백하게 사용되고 있지는 않으며 따라서 담화에 대한 대부분의 실증적 연구에서는 크게 중요하지 않다. 우리의 사례 연구 데이터 역시 대표성을 가지지는 않는다.

4단계: 연구 문제를 구체화하고 가설을 세우기

이제 연구 문제는 아래 차원과 관련하여 더 구체화할 수 있다.

  a. 기후 온난화가 담화 참여자들에 의해 반박의 여지없이 인식되고 있는가.
  b. 기후 변화가 자연스러운 과정으로 보이는가, 아니면 인류에 의해서 함
     께 촉발된 것으로 보이는가.

더 나아가서, 연구 주제는 남용이나 조작에 대한 투쟁적인 정치 고발이
나 행동을 촉구하는 대안적인 호소 역시 고려해야 한다(Gore 2007:
268ff.; Oreskes & Conway 2010: 169~215와 Klaus 2007: 79, 95, 97ff.을 대조하
라). 따라서 이렇게 논란이 되고 서로 상충하는 입장을 분석하는 것은
연구 문제를 더 상세화하기 위한 출발점이 될 수 있다. 비판적 담화
분석자로서 우리는 이러한 모순되는 입장과 그들의 설득적인 특징을
위에 제시한 합리적인 논증의 원리에 의하여, 그리고 그 기반에 깔려
있는 조작적인 전략들에 비추어 보면서 기술하고 평가해야 한다.
  두 번째 출발점은 미디어 보도와 지구 온난화에 대한 과학적 진술
및 미디어 수용자들의 지식 간 관계에 대한 분석이 될 수 있다. 실제로
Allan Bell(1994)는 이미 수년 전에 이러한 주제를 다룬 바 있다. 뉴질랜
드에서의 기후 변화에 대한 담화를 분석한 사례 연구에서 그는 과학
적 설명에 대한 미디어 보도와 이 보도에 대한 일반인의 이해 사이의
관계를 탐구하였다. Bell의 연구는 사회적 혜택을 누리고 있는 미디어
사용자들이 그렇지 못한 사용자들보다 기후 변화에 대한 지식이 더
많다는 것을 믿을 만하게 보여 주었고(Bell 1994), 이는 2015년의 현
상황에도 적용될 수 있다.[15] DHA는 시간의 흐름에 따른 이러한 비교

에 특별한 관심을 기울일 것이다.

이러한 차원들 모두를 고려하면서 기후 변화 담화에 대한 종합적인 연구를 실시하려면 연구 문제는 더 정교한 일련의 질문들로 나누어질 필요가 있다.

- 어떤 부류의 사회적 행위자가 기후 변화에 대한 구체적인 담화에 참여 하는가? 정치적 행위의 서로 다른 장에서 어떠한 입장들이 취해지는 가? (우리는 서로 다른 행위자들이 각이한, 그리고 종종 상충하는 이익을 좇는다고 가정한다.)
- 과학, 정치/정치학, 매스미디어로 매개되는 공적인 공간이라는 삼각관 계에서 과학자들은 어떠한 역할을 하는가? 그들은 어떻게 그들의 전문 지식을 일반인을 위해 '번역', 즉 재맥락화하는가? 과학자들의 진술은 그 내용에 대해 인식적, 의무적인 권위를 지니는데, 이러한 진술은 얼 마나 신뢰할 만한가? 과학자들이 현대 민주주의 사회에서 어떻게 '통 제'되는가? 어떤 기준을 가지고 일반인들이 과학적 진술을 판단하는 가? (여기서 우리는 과학자들이 정치적 의사 결정의 과정이나 대중의 태도, 의견, 의지를 형성하는 데에 전문가로서 중요한 역할을 한다고 가정한다.)
- 매스미디어는 일반인을 위해 전문 지식을 '번역'하는 것에 어떤 역할을 하는가? 어떠한 전문가들이 미디어에 의해 선택되고, 전문가의 어떤 목소리가 미디어에서 소거되는가? 미디어는 민주 사회에서 어떻게 통 제되는가? 기후 변화에 대한 매스미디어 텍스트를 이해하는 것은 어려 운가? 어떠한 사회적 행위자가 미디어에 접근할 수 있는가? (우리는 미 디어가 공적 태도, 의견, 의지의 형성뿐만 아니라 정치적 통제의 장에서도 핵심 적인 역할을 한다고 가정한다.)
- 진리와 규범적 옳음에 대한 어떠한 타당성 주장이 탐구의 대상이 되는 담화에서 명시적으로 표현되거나 전제되는가? 이러한 주장이 정당 정 치적인 지지와 (그리고 더 넓은 의미에서) 이데올로기적인 지지의 측

---

15) 예를 들어 Boykoff(2011), Carvalho(2005, 2008), Carvalho & Burgess(2005)를 보라.

면과 어떻게 연결되는가? (우리는 서로 다른 담화 참여자들은 기후 변화에 대해 서로 다르며 흔히 모순적이고 이데올로기에 영향을 받은 주장을 할 것으로 가정한다.)

- 담화의 주요 주제는 무엇인가? 인류가 세계 기후에 미치는 영향이 표상되는가, 만약 그렇다면 그것은 어떻게 논의되는가? 더 언어학적인 용어로 설명하자면, 전제된 타당성 주장들을 뒷받침하기 위하여 기후 변화의 기원, 진단, 예측, 예방에 대한 기술, 설명, 논증, 내러티브가 어떻게 표상되거나 보도되는가? 어떠한 기호적 (특히 언어적이고 시각적인) 수단이 수신자들을 설득하기 위해 사용되는가? 담화에서 어떠한 모순들이 구성되는가? (기본적으로 우리는 넓은 범위의 상이한 표상과 논증을 발견할 것이라고 가정한다.)
- 시간이 지남에 따라 담화의 어떤 측면이 바뀌는가? 변화의 이유는 무엇인가? (이 질문은 일부는 동일하게 남아 있고 일부는 새롭게 발전하는 통시적 변화가 있음을 가정한다.)
- 어떤 다른 담화들이 해당 담화와 서로 교차되고 연관되는가? (우리는 특정 담화는 다른 담화들과 상호담화적인 연결 고리가 있다고 가정한다.)

물론 본 절에서 이 모든 질문에 대한 적당한 답을 제공할 수는 없다. 큰 규모의 학제적 연구 프로젝트만이 앞서 제시한 복잡한 문제들을 종합적인 방식으로 탐구할 수 있다. 더 작은 프로젝트와 파일럿 연구에서는 필연적으로 몇 개의 측면만을 선택하여 집중해야 할 것이다.

5단계: 질적 파일럿 분석

파일럿 분석은 위에서 언급한 가정들을 탐색하는 것을 목표로 한다. 이에 따라 질적 파일럿 분석을 Dave Snelling 기자가 〈Daily Star〉의 온라인 판에 실은 하나의 기사로 좁히려고 한다. 또한 이 온라인 기사

에 대한 반응으로 게시된 24개의 댓글 역시 간략히 다룰 것이다(그것
들은 부록에 제시되어 있다). 〈그림 2.3〉에 제시된 해당 기사를 보도록
하자.

세계의 종말? 정상급 과학자가 폭로하다 "우리는 ㅈ*다!"
공포스러운 발견이 불과 몇 년 만에 지구가 재앙적 수준으로 온난화된다는 것을
알 수 있게 했다
Dave Snelling 작성 / 2014년 8월 8일 입력

이것은 당신이 기후 변화에 대한 최고 전문가로부터 듣고 싶은 말은 아닐
것이다.
그러나 덴마크/그린란드 지질연구소 Jason Box 교수는 "우리는 ㅈ*다!"
고 본다.
과학자들로 구성된 팀에서 심히 우려스러운 발견을 하자, 그는 자신의
트위터 계정에 이런 말을 올린 것이다.
북극 해저에서 엄청난 양의 메탄가스가 유출되어 대기로 유입된 것으로
보인다.

GLOBAL WARMING: The Earth is heating at an alarming rate [GETTY]

지구 온난화: 지구가 급속도로 뜨거워지고 있다 [게티 이미지]

메탄은 이산화탄소 등의 다른 가스보다 훨씬 더 많은 열을 가두기 때문에 가장
위험한 온실가스 중 하나이다.

북극 해저 탄소의 작은 부분이라도 대기로 방출되면, 우리는 ㅈ됐다.

이와 같은 온도 상승은 지구 일부를 놀랄 만한 속도로 온난화시키는 데에 원인이 된다.

Box는 웹사이트 〈Motherboard〉에서 "만약 이 북극 탄소의 작은 부분이라도 대기로 방출된다면, 우리는 ㅈ됐다"라고 말했다.

"메탄은 자연 온실효과의 일부로서 적외선을 붙잡아 두는 데 있어 이산화탄소보다 20배 강력하다."

"표면에 도달하는 메탄은—강력한 물질이다."

"일반적으로는 거품이 해수면에 도달하기 전 녹아버릴 것이라고 생각한다.[16]

"그러나 메탄 기둥이 지표면에 도달하면 우리가 걱정해야 할 만한 열 차단 가스의 새로운 원천이 된다."

이 뉴스를 더 우려스럽게 하는 것은 북극이 지구 어느 곳보다 더 빨리 따뜻해지고 있다는 것이다.

그리고 대양의 온도가 올라갈수록 더 많은 메탄이 대기로 유입된다.

이 모든 일들이 빠른 속도로 일어나고 있으며, Box는 이러한 상황에 급속한 변화가 생길 것이라고 본다. "나는 어쩌면 이 많은 일들을 피할 수 있을지 모르지만, 내 딸은 그렇지 못할 것이다. 그 애는 3살이다."

시베리아의 거대한 싱크홀들이 행성의 온도 변화와 연결되어 있다는 것이 발견되면서 이러한 뉴스가 나온 것이다.

그 싱크홀은 증가된 열로 인한 영구 동토층의 해빙으로 형성되어 그것을 둘러싼 지면이 붕괴한 것이다.

그리고 어떤 과학자들은 알맞은 조건이 주어진다면 다른 곳에서도 유사한 일이 일어날 것이라고 우려한다.

미국 지질조사 가스 하이드레이트 프로젝트 위원장인 Carolyn Ruppel은 NBC 뉴스에서 "지구 온난화가 진행되고 있으며 북극에서는 더 악화되고 있다고 말했다.[17]

"만일 이 분화구가 영구동토층의 해빙과 관련 있다면, 이는 지구에 일어나고 있는 일을 굉장히 가시적으로 보여 주고 있는 것이다."

〈그림 2.3〉 Dave Snelling 작성 기사
(2014년 8월 8일, 〈Daily Star〉 온라인판)

우리는 이 기사를 기사의 거시구조(거시 분석)와 미시구조(미시 분석), 기사의 맥락(맥락 분석)과 관련하여 분석할 것이다. 분석을 시작하기 전 기후 변화에 대한 담화의 구체적인 (미시) 분석을 위한 기본적인 분석 도구의 개관을 제시하려 한다. 이것들은 앞서 제시한 분석적 질문과 전략들을 적용한 결과로, 〈표 2.2〉에 요약되어 있다(오른쪽 행은 온라인 기사와 댓글에서 나온 일부 예문을 담고 있다).

〈표 2.2〉 기후 변화 관련 담화 분석을 위한 중요 범주들

담화 전략	목적
명명 전략: 기후 변화와 연관된 사람, 대상, 현상, 사건, 과정, 행위는 어떻게 언어적으로 명명되고 지시되는가?	사회적 행위자의 담화적 구성: • 고유명사: Jason Box/Box 박사, Carolyn Ruppel, Svante Arrhenius • 직시와 대용 표현: 나, 우리, 너, 그들 • 일반적 인명: 인간들, 사람들 • 전문적 인명: 교수, 과학자 • 관계적 인명: 내 딸, 당신의 아이들, 대자연 • 이데올로기적 인명: 석유 백만장자, 우리 동포 • 집합명사(환유에 쓰이는 지명 포함): 인류, 우리 종족, 인종, 화석 연료 산업, 탄소 기업 • 경제적 인명: 납세자 • 지정학적 단위를 가리키는 인명: 유럽인, 러시아인 대상/현상/사건의 담화적 구성: • 구체적: 세계/지구/행성, 해저, 대양, 북극, 빙산, 시베리아, 메탄, (메탄) 가스, 거품, 이산화탄소, 온실가스, 대기, 영구동토층, 태양폭풍, 쓰나미, 폭발, 별똥별, 표면 • 추상적: 　◦ 자연/환경: 자연, 기후, 물질, 온실효과 　◦ 정신적 대상/감정: 생각, 위협, 두려움, 우려 　◦ 경제적 문제: 농업 경제, 농업 사회, 탄소세 제도, 화석 연료 산업, 신용카드 　◦ 정치적 문제: 환경세, 규제/조치, 예방 원칙, 배출 감소 제도, 복지 　◦ 이데올로기적 문제: 판타지 종교, 계몽(enlightment),[18] '세계의 종말' 발표

16) 원문대로 인용. (옮긴이) 인용부호 누락.

17) 원문대로 인용. (옮긴이) 인용부호 누락.

담화 전략	목적

	과정과 행위의 담화적 구성:
	• 물질적:
	  ◦ 자연/환경: 기후 변화, 지구 온난화, 세계 온난화, 온실효과, 배출, 메탄 유출, 균형, 붕괴
	  ◦ 경제적: 카드값 결제(repament),[19] 소비
	• 정신적: 발견, 추론, 사고, 믿음
	• 언어적: 발표, 응답, 라라라라라

서술 전략: 사회적 행위자, 대상, 현상, 사건, 과정에 어떤 특징과 속성, 자질이 부여되는가?	사회적 행위자, 대상, 현상, 사건, 과정, 행위에 대한 담화적 특징짓기/속성화(긍정적 또는 부정적으로): • 사회적 행위자, 예를 들어 우리(=인간): 좆됐다, 모두 죽게 될 것, 무지한, 환경세를 계속 낼 필요가 없는, 이 땅을 누릴 자격이 없는, 같은 배에 탄, 노력해 보지 않고는 무엇을 할지 모르는 • 자연적/환경적 과정, 예를 들어 기후 변화: 세상의 종말로/붕괴로 이끄는, 재앙적 결과를 갖는, 놀랄 만한 속도로 도달하는
논증 전략: 기후 변화 담화에서 어떤 논거가 채택되는가?	진리와 규범적 옳음에 대한 특정 주장의 타당성을 독자에게 설득하기: • 기후 변화의 존재, 원인, 결과, 회피에 대한 진리 주장 • 기후 변화에 관한 인간의 행동이 옳은가에 관한 주장
관점화 전략: 어떤 관점에서 이러한 명명, 속성화, 논거가 표현되는가?	발화자 또는 저자의 관점을 정하는 것과 관여 또는 거리 표현: • 이데올로기적 관점: 신자유주의적 및 자본주의-소비주의적, 종말론적 (최후의 심판을 지향)

완화와 강화 전략:
각각의 발화는 명시적으로 이루어지는가, 강조되거나 완화되었는가?
	인식 또는 의무 정도에 있어 발화들의 발화수반력 조정:
	• 인식적:
	  ◦ 완화: 과학적 불확실성의 오류
	  ◦ 강화: "북극 해저 탄소의 작은 부분이라도 대기로 방출되면, 우리는 ㅈ됐다."(그러나 이와 동시에 ㅈ으로 시작하는 3음절 단어의 일부를 생략함으로써 완화)
	• 의무적:
	  ◦ 완화: "북극에 얼음이 없었던 적은 과거에도 수많이 있었지만 지금 우리는 여기에 있잖아. 나라면 그렇게까지 걱정하지는 않을 거야."
	  ◦ 강화: 성급한 일반화 ("상황이 안정되지 않으면 — 그래 — 우린 모두 죽게 될 거야.")

우선 우리는 텍스트의 주요 담화 주제를 식별해야 한다. 이들 중 대부분은 지구 온난화의 과정과 (이것이 가져올 수 있는) 효과와 관련되어 있다. 이들은 다음과 같다.

---

18) 원문대로 인용. (옮긴이) 'enlightment'의 규범적 표기는 'enlightenment'임.

19) 원문대로 인용. (옮긴이) 'repament'의 규범적 표기는 'repayment'임.

- 지구의 종말
- 북극의 메탄가스가 엄청난 양이라는 공포스러운 과학적 발견
- 가장 위험한 온실가스 중 하나로서의 메탄가스
- 대기 기온 상승
- 급속하고 당황스러운 북극 온난화
- 북극의 해저에서 메탄가스가 유출되는 것
- 메탄가스가 대기로 뿜어져 나오는 것
- 해수 온도의 상승
- 오랫동안 얼어 있던 영구동토층의 해빙
- 지구 온난화의 결과로부터 벗어나는 것 (과학자와 그의 딸)

이 주요 담화 주제들은 모두 긴밀한 상관관계를 지니고 있다.[20] 텍스트 어디에도 정책이나 정치에 대한 뚜렷한 언급이 없기 때문에, 이들은 명시적으로 정치적 행위의 장과 연결되지는 않는다. 그러나 우리는 암시적인 정치적 함축을 찾아볼 수 있는데, 이는 사람들이 Jason Box나 Carolyn Ruppel과 같은 과학자(기후학자)의 발언을 언급하기 때문이다. 이 학자들은 그들의 과학적 연구 결과로부터 정치적인 목적을 추구한다. 인류가 초래한 기후 온난화의 (잠재적으로) 부정적인 결과에 대하여 모든 사람에게 경고하려고 하는 것이다. 이러한 정치적 함축은 Snelling의 텍스트에서는 찾아볼 수 없는데, 왜냐하면 그의 텍스트는 운명론적인 어조를 띠고 있기 때문이다. 그러나 이는 상호 텍스트적이고 상호담화적인 경험에 근거한 독자의 배경 지식과 이 기사의 게시에 따른 댓글들로부터 추론될 수 있다.

---

20) '담화 주제'의 개념에 대해서는 van Dijk(1980: 44ff.)를 보라.

이 텍스트는 일차적으로 공적 태도, 의견, 의지를 형성하는 장에 위치하며, 정치적 통제의 장에 자리한다(이때 '정치적'은 넓은 의미로, 전문적인 정책의 범위를 넘어 상품을 소비하고 특정한 생활양식을 구축하는 개인의 '사적인' 삶까지 포괄한다). 이러한 특징은 신문 같은 매스미디어의 기능에서 오는데, 이는 의견의 교환과 토론을 가능케 하는 공적 구조로 기능한다. 이에 더하여, 매스미디어는 정치적 통제, 시위, 비판의 플랫폼을 만들기도 한다. 더 나아가 이러한 측면은 지금 다루는 경우와도 관련되는데, 이들은 자극적이고 부정적이며 예기치 않은 사건을 보도하고 실제 정보를 흥미적인 요소와 섞음으로써 대중의 관심을 받고 그 관심을 유지하려는 그들만의 뉴스 가치라는 '논리'를 따른다(Street 2001).

이 신문 기자는 세계의 종말이 임박하였는지를 묻고 있다. 따라서 그는 지구 온난화에 대한 담화(=담화 A)를 세계의 종말에 대한 종말론적 담화(=담화 B)와 엮고 있다. 보다 상세하게, 그는 과학 영역에서 사용되는 언어를 타블로이드지 영역에서 사용되는 자극적이고 과장된 미디어 언어나 구어적이고 꽤 상스러운 속어와 섞어서 사용하고 있는 것이다.

이 기사의 거시구조는 기술, 설명, 논증의 조합으로 구성되어 있다. 기술과 설명은 (이러한 주제가 으레 그러하듯) 자세하고 명확한 과학적 표상이 아니라, 오히려 과장되고 자신의 평가가 강하게 들어간 보도의 형식을 지닌다. 이와 상응하게, 논증은 타당한 결론으로 가는 정확한 논거들의 연속으로 이루어진 것이 아니라, 오히려 오류에 가까운 전체 주장("세계의 종말?")으로 이어지는 서로 비슷한 논거들의 목록에 가깝다(아래도 보라).

이러한 일반적인 거시구조와 관련하여, 다중모드적인 이 신문 텍스트는 여덟 가지의 요소를 지니고 있다.

- 두 부분으로 구성된 제목
- 한 줄짜리 머리글
- 성명으로 밝혀져 있는 저자의 신원과 게시일
- 독자를 위해 6개의 하이퍼링크가 있는 줄(페이스북에서 추천하기, 트위터, 구글 플러스로 공유하기, 12개의 [아이콘으로 표시된] 미디어로 공유하기, 메일, 인쇄)
- (아마도 북극을 나타내는) 지구 북반구 상단에 대한 컬러 사진과 이 지구 위로 증기를 내뿜고 있는 대기
- 단락으로 구분되지 않고 19개 문장으로 이루어진 주 텍스트
- 텍스트로의 삽입 1: 조그만 (컬러) 인물 사진이 들어 있는 트윗의 삽입
- 텍스트로의 삽입 2(이는 〈그림 2.3〉에 보이지 않음): 빨간 글씨로 된 인용구와 인용된 사람(과학자 Jason Box)의 전문적 직업 정보에 대한 설명

여덟 개의 기능적 부분으로 된 이 기사는 커뮤니케이션 포털에 대한 링크 기능을 지닌 온라인 신문의 레이아웃 속에 배치되어 있다. 텍스트 환경을 살펴보자면 왼쪽에는 일련의 광고들이 있고, 짧고 명료한 제목들로 이루어진 '더 보기' 안내와 (많은 경우 반라의 여성을 찍은) 관음증적 사진들이 있다. 댓글 목록은 24개로 구성되어 있다.

(두 개의 삽입 부분을 제외하면) 텍스트 자체는 370단어로 이루어져 있으며, 텍스트의 37.5%, 즉 139단어는 인용이다. 매우 빈번한 직접화법 형식의 담화 표상은 무엇보다도 과학적 권위를 통해 텍스트 내용을 정당화하는 데 기여한다. 이러한 인용문은 때때로 전달동사를

사용하지 않고 연이어 나열되곤 한다. 두 번에 걸쳐 닫는 인용 부호가 누락되었으며, 이러한 상호텍스트적 분석은 인용이 언제나 말 그대로 옮겨지지는 않는다는 것을 암시한다. 이는 신문 기자의 정확성이 부족하다는 것을 뜻한다. 마지막 관찰에서는 이미 이 거시 분석이 미시 분석과 맥락 분석으로 연결되고 있다.

미시구조에 대한 분석(미시 분석)

이 파일럿 분석에서는 텍스트 미시 구조의 몇몇 양상만을 보일 수 있을 뿐이다. 우리는 텍스트 및 사진과 관련하여 약간의 명명, 서술, 관점화 전략과 더불어 전체적인 논증 전략을 분석할 것이다.

기사의 사진은 지구의 둥근 윗부분을 보여(시각적으로 '명명'하여) 주는데, 아마도 하얀 얼음으로 덮여 있는 북극과 그 왼쪽의 그린란드를 담고 있는 듯하다. 지구의 해당 부분은 증기를 내뿜는 대기라는 (시각적 묘사를 통해) 온난화의 영향이 심각한 지역으로 특징지어진다. 온난화의 과정은 대부분의 대기를 덮고 있는 빨간색과 주황색으로—또한 은유적으로도—상징화된다. 사회 기호학(Kress & van Leeuwen 2006)에 따르면, 이 사진을 왼쪽에서 오른쪽으로 읽을 때 왼쪽 부분에는 '이미 주어진 것(현재)'을 상징하는 푸른 지구가 있고 이는 점차 '새로운 것(미래)'으로 바뀌어 나간다. 이 '새로운 것'은 빨갛고 주황빛을 띠는 구역뿐만 아니라 밝은 오로라와 지구 표면에서 위를 향해 대략 수직 방향으로 뿜어져 나오는 여러 줄들로 표상된다. 따라서 이 사진은 북극 지역이 급격한 온난화의 과정을 겪고 있다는 것을 보여 준다. "**지구 온난화**: 지구가 급속도로 뜨거워지고 있다"라는 사진 캡션은 이러한 진술을 강조한다. 텍스트 내용과 관련하여, 뿜어져 나오는 증기는 북극 해저에서 대기로 솟아오르는 온실가스들(특히 메탄가스와 이산

화탄소)을 상징할 수도 있다. 여기에서 이 사진이 과학적 연구의 맥락에서 생산된 것이 아니라는 점을 지적하는 것이 중요할 것이다. 사진이 이미 만들어져 있던 것이라는 사실은 굉장히 암시적인데, 해당 사진은 작은 캡션이 나타내는 것과 같이 게티라는 이미지 회사의 자료에서 의도적으로 선택되었다(관련 링크 http://cache3.asset-cache.net/xt/174694000.jpg?v=1&g=fs1|0|EPL|94|0000&s=1, 2014년 8월 22일 접속). 맥락 분석의 관점에서 요즘 기자들은 많은 경우 게티와 같은 전 세계적인 미디어 산업에서 제공되는 일반적인 사진을 그냥 이용하는 경우가 많다는 것을 고려할 필요가 있다(Machin & van Leeuwen 2007). 그러나 이러한 미리 만들어진 사진은 새로움이라는 뉴스 가치의 가능성과 상충하며, 기자의 신뢰성을 심각하게 손상시킬 수 있다.

그런데 신뢰성, 즉 (꼭 제목 작성자일 필요는 없는) 기자의 신뢰도는 그 기사의 제목 때문에 도전받는 것으로 인식될 수 있다. '세계의 종말? 정상급 과학자가 폭로하다 "우리는 ㅈ*다".' 여기서 텍스트의 가장 중요한 두 사회적 행위자가 언급된다. 즉 긍정적인 방식으로 정상급 과학자로서 제시되는 Jason Box와 전 지구적인 수준으로 확장될 수 있는 것으로 가정되는 모든 (살아 있는) 인류로서의 '우리-집단'이다. 전 지구적 수준으로의 확장이라는 해석은 텍스트 내적으로 추론될 수 있는데, '우리'가 제목의 첫 부분에서 언급된 '세계'와 연관되기 때문이다. '메탄가스'와 함께 '세계'는 텍스트에서 담화적으로 구성된 가장 중요한 대상 중 하나이다. 이렇게 두 부분으로 구성된 제목에서는 세 가지의 서술이 식별될 수 있다. '과학자'는 '정상급' 위치에 있다는 자질을 부여받으며, '세계'는 아마도 종말 단계에 가까운 것이라는 속성이 할당되고, '전 지구적 우리'는 좆된 상태, 즉 불행하고 피할 수 없는 상황에 처했다는 특징을 부여받는다. 과학자의 '좆됐다'

라는 저속한 서술은 ('됐' 부분을 *별표 처리하면서 그 저속성이 완화되는
데) 원래는 '만약에 −라면'이라는 형식의 조건절에 포함되어 있었기
때문에, 기자의 신뢰성에 의문을 제기해야만 한다. 이 형식의 '만약
에' 부분은 제목에서 드러나지 않는다. 더 나아가 과학자의 진술은
지구의 종말이 임박했는지 아닌지에 대한 결론으로 이어지는 것이
아니다. 부주의한 저널리즘만이 이 과학자가 실제로 쓴 것(아래를 보
라)에서 이같이 방어할 수 없는 주장을 이끌어낼 수 있을 것이다(이
주장은 스타일 강조로 인해 더 강화된다). 그러한 의미에서 이 제목은 '정
상급 과학자'의 말에 대한 잘못된 언급을 자격 있는 것으로 가장하
는, 권위에 따른 논거를 담고 있다. 다시 말하면, '정상급 과학자가
"우리는 좆됐다"라고 말했기 때문에 세계의 종말이 실제로 다가오고
있는지에 대하여 문제가 제기된다'는 권위에 의한 논증(argumentum
ad verecundiam) 오류를 마주하게 된다. 이러한 논증은 개연성 있는
논증 도식에 대한 규칙뿐만 아니라 과학자의 입장이 곡해, 즉 지나치
게 단순화되었기 때문에 이전 담화에 대하여 옳은 언급을 하라는 화
용-변증법적 규칙 역시 어기고 있다. 이 논증의 구조는 아래와 같이
설명될 수 있다.

논거: 정상급 과학자가 "우리는 ㅈ*다!"라고 폭로한다.
도출 규칙: 만약 정상급 과학자가 "우리가 ㅈ*다!"라고 말한다면, 세계의
           종말이 실제로 다가오고 있는지에 대하여 문제가 제기된다.
진리 주장: 우리는 세계의 종말이 다가오고 있는지 물을 필요가 있다.

이 논증에서 도출 규칙은 첫 번째 전제(논거)에서 주장으로의 도출을
보장하지 않는다. 도출 규칙은 과학자의 진술로 뒷받침되지 않으며,

이 과학자의 진술 역시도 기자가 자신의 담화 표상에서 왜곡한 것이다. 이 주장 자체는 단언 화행이 아닌 질문 화행을 선택하기로 한 기자의 결정으로 인해 다소 완화되었다.

이 기자가 Jason Box를 인용하기로 결정한 주요 이유 중 하나는 이 과학자의 속된 언어 사용("우리는 좆됐다")임이 분명하다. '좆되다'라는 성적 은유는 문자 그대로 성적으로 제압되었음을 나타내며, 은유적으로는 '지대한 영향을 가져오는 심각한 문제 상황에 있음'을 의미하고, 과학적 언어 사용이라는 사용역에는 어울리지 않는다. 따라서 과학의 '진지한' 언어와 대비되는 이런 언어 사용이 타블로이드 기자들에게는 더 긍정적으로 작용한 것으로 보인다. 그러한 은유와 '표준적인' 과학적 언어 사용 사이의 현저한 차이는 '좆되다'의 의미적 모호성과 학문적 언어는 더 정확해야 한다는 기대 사이에서도 드러난다. 이 '세 글자 단어'의 의미 해석에는 상당한 차이가 존재할 수 있다. 이 동사는 의미적으로 열려 있는 반면, 북극의 온실가스가 대기로 분출되었을 경우에 생길 수 있는 결과에 대해서는 상세히 설명해 주지 않는다. 이러한 극단적이지만 모호한 저속성은 담화적 강화 전략을 따른다. 이는 관련 문제의 시의성과 해결책 마련의 긴급성을 강조하기 위하여 '평범한' 사람들에게 더 잘 와 닿는 일상의 언어를 사용하고자 했던 과학자의 바람이 낳은 결과일 수 있다. 물론 이러한 동기는 이해할 만한데, 기후학자들이 수년 동안 지구 온난화의 끔찍하고 위협적인 효과에 대해 경고해 왔기 때문이다. 그러나 이렇게 극단적인 은유를 사용한 대가로 의미의 명확성은 떨어지게 되었다. 이에 따라 과학적 지식을 더 많은 일반 대중에게 전달할 때의 문제에 직면하게 된 것이다. 더 적절한 방식으로 소통하려면, 굉장히 복잡한 과학적 정보와 극도로 단순화된 표상을 서로 절충해야 할 것이다. 단순 표상은—위의 사례에서와 같이—불안을 조장하는 과장이나 잘못된 이해로 이어질 수 있다.

불안을 조장하는 과장은 짧은 머리글에서도 찾아볼 수 있다. "**공포스러운** 발견이 불과 몇 년 안에 지구가 재앙적 수준으로 온난화된다는 것을 알 수 있게 했다." 이러한 과장된 진술은 평가적이고 불안을 조장하는 서술인 '공포스러운'이 글자체를 달리하여 강조되는 것에 의해 더 강화된다. 흥미롭게도 '발견'은 가까운 장래에 재앙적인 결과를 낳을 수 있는 지구 온난화를 감각적으로 인지하는 존재로 의인화되어 있다. 따라서 이러한 발견 뒤에 있는 사회적 행위자는 언어적으로 배경화되었다. 결과적으로 기자는 과학자들을 언급할 필요가 없었는데, 이렇게 불안을 조장하는 과도한 진술이 비록 서상법과 중간 수준의 의무 양태 동사('-ㄹ 수 있다')로 완화되었을지라도, 과학자들은 아마도 확실히 여기에 동의하지 않았을 것이다.

암시적인 게티 이미지에 뒤이어 나오는 주 텍스트는 19개의 문장을 담고 있다. 글은 이 텍스트의 가장 중요한 사회적 행위자인 Jason Box에 초점을 맞추면서 시작하는데, 그는 ("기후 변화에 대한 최고 전문가"라는 서술을 통해) 중요한 과학자로 표상되고 있다. 이러한 초점은 제목에 드러난 권위에 의한 논거를 더 강화시키는 역할을 한다. 과학자의 정상급 역할에 초점을 맞추는 것은 권위에 의한 논거를 지지하기 위한 근거로 기능한다. 그 후 이 과학자의 저속한 단어 선택은 트위터의 트윗을 통해 반복적으로 드러난다. 이 트윗은 다섯 번째 문장 다음 부분에서 다중모드적인 삽입 1로서 시각화된다. 2014년 7월 29일에 게시되었던 트윗을 자세히 보면—기자가 이 트윗을 삽입하기 전에—원래 있던 '만약(if)' 절로 표현되어 있던 부분을 제목과 본문에서 두 번이나 삭제하기로 결정했음을 알아차릴 수 있다. "북극 해저 탄소의 작은 부분이라도 대기로 방출되면 […] (If even a small fraction of Arctic sea floor carbon is released to the atmosphere) […]." '만약' 으로 시작하는 절은 일곱 번째 문장에서 재생산되는데, 옳게 제시되지는 않는다. 이 원문을 기자가 재생산한 직접 화법과 비교하는 것은 많은 정보를 제공해 줄 수 있으며, 이는 매우 중요한 DHA의 절차이기도 하다. 해당 문장은 다음과 같다. "만약 이 북극 탄소의 작은 부분이라도 대기로 방출된다면, 우리는 ㅈ됐다(even if a small fraction of the Arctic carbon were released to the atmostphere, we're f**ked.)." 다섯 가지의 차이점이 이 트윗의 재맥락화에서 관찰될 수 있다. (1) 첫 번째 두 단어의 순서가 바뀌어 있다('if even/even if'). (2) 정관사 'the'가 삽입되었다. (3) ('해저'라고 하는) 탄소와 관련된 상세한 설명이 삭제되었다. (4) 서법이 직설법('is')에서 가정법('were')으로 바뀌었다. (5) 완곡을 위한 생략(f'd)이 일부는 취소되고('ke' 삽입) 일부는 표시되었다 ('**'). 기자가 짧은 직접 인용을 이렇게나 많이 바꾸었다는 사실은 상당히 놀랄 만한데, 특히 모든 독자가 삽입 1에서 재생산된 단어 그대로를 기자의 글과 비교할 수 있다는 맥락을 감안하면 더욱 그렇다. 이렇게 경솔한 기사 생산에 대한 더 많은 증거는 문장 10과 문장 18에 닫는 인용 부호가 없다는 사실에서도 찾을 수 있다.

텍스트의 직접 인용 여덟 개는 모두 권위에 의한 논거를 지지하는 기능을 한다. 그러나 Box 역시 그의 주장을 발전시키려고 다른 권위를 언급한다. 이 출처는 세 번째 문장에 언급되어 있다. Box는 "과학자들로 구성된 팀에서 심히 우려스러운 발견을 하자", 이에 대해 저속한 감상을 남긴 것이다. 문장 4, 5, 6에서는 이러한 발견이 상세하게 서술된다. 가장 강력한 온실가스 중 하나인 메탄가스가 엄청난 양으로 북극 해저에서 대기로 방출되고 있으며, 이는 지구의 다른 지역에서 일어나는 놀랄 만한 속도의 온난화에도 원인이 될 수 있다는 것이다. 이 과정의 결과가 매우 극적일 수 있다는 것은 문장 7의 Box의 인용으로 표현되어 있다. 이는 이미 분석된 바이기도 하다. 문장 7에서 기자는 그의 인용 출처가 웹사이트 〈Motherboard〉임을 명시한다. 이러한 상호텍스트적 언급에 따라 독자는 문장 8, 9, 10, 11, 14의 인용이 Brian Merchant가 쓴 텍스트에서 왔다는 것을 눈치 챌 수 있을지도 모른다(http://motherboard.vice.com/read/if-we-release-a-small-fraction-of-arctic-carbon-were-fucked-climatologist, 2014년 8월 27일 접속). 문장 8, 9, 10, 11의 인용 네 개는 어떠한 전달동사도 없이 연속적으로 나열되어 있다. 이러한 인용들에서, 기후학자 Box는 웹사이트 〈Motherboard〉의 인터뷰 진행자인 Brian Merchant에게 메탄가스는 온실효과의 기여도에서 이산화탄소보다 20배 더 강력하며, 이러한 메탄 기둥이 북극 지역에서 해수면에 도달하고 있고, 이후 대기로 방출된다는 사실이 '우리'(=전 지구적 우리)를 걱정하게 만들 것이라고 설명한다. 문장 12와 13은 직설법으로 제시된 논거들로서 이러한 우려를 강화시키며, 사실을 전달하는 것처럼 보인다. 이러한 논거들은 북극이 지구의 다른 지역보다 더 빠르게 온난화되고 있으며, 대양이 뜨거울수록 대기에 더 많은 메탄가스가 생긴다는 것을 뜻함을 강조한다. 문장 14에서 기자는 다시 Box를 인용하는데, Box는 이러한 과정들이 아주 빠르게 진행되고 있고, 모든 것들이 굉장히 빨리 변화할 수 있다고 생각하는 것으로 제시된다. 시간적 차원에 대한 초점은 사적인 인물을 끌어옴으로써 유지되고 구체화된다. Box 자신은 이러한 과정과 결과의 많은 부분에 영향을 받지 않을 수 있어도 그의 3살짜리 딸은 그러한 과정과 결과를 마주해야 한다는 것이다. 이 진술과 머리글의 내용을 연결시키면 시간적 서술과 관련된 차이점을 확인할 수 있다. Box는 생물학적 세대('내 딸')라는 시간 단위를 소개하지만, 머리글은 단지 몇 년 사이에 일어날 수 있는 끔찍한 수준의 지구 온난화를 얘기하고 있다. 이러한 텍스트의 내적 모순은 약화되지 않으며, 이에 대한 강조는 머리글과 제목이 불안을 조장하는 오류적 특성을 지니고 있음을 부각시킨다.

문장 15와 16은 사례에 기초한 논거에 해당하는데, 지금까지는 북극에 초점을 맞추었다면 이제부터는 다른 사례들로 확대되기 때문이다. 우선, 초점은 시베리아의 거대한 싱크홀과 이렇게 영구동토층이 붕괴된 땅 주변으로 옮겨 간다. 시베리아의 싱크홀은 오랫동안 얼어 있던 영구동토층이 지구 온난화(와 온실가스의 방출)로 인해 녹고 있기 때문에 생기는 것이고, 이러한 과정이 미래에 지구 온난화를 더 가속화시킬 것으로 가정된다. 이 두 문장은 그들의 진술이 지니는 인식적 권위로 인해 인용될 수 있는 어떤 전문적 행위자 없이, 다시 말해 과학적 지식의 출처 없이 제시되어 있다. 문장 15에서는 '뉴스가 나오며'(능동성 발화), 싱크홀은 '발견되고', '연결되어져 있다'(이중 피동). 문장 16의 설명은 이러한 현상이 필연적이라는 관점에서 형성된다. 이후 문장 17에서 사례에 기초한 논거가 이어지며 과학자들이 다시 한 번 지식의 출처로서 역할을 하게 된다. 이 과학자들은 이와 비슷한 전개가 지구의 다른 지역에서도 이루어질 수 있다고 걱정하는 '몇몇 과학자'들로 막연하게 수량화된다. 과학자나 다른 지역들에 대한 어떠한 언급도 구체적인 용어로는 표현되지 않는다. 마지막 두 문장(문장 18과 19)은 이름으로 식별할 수 있는 두 번째 기후학자 Carolyn Ruppel에 대한 것이다. 이 지질학자의 미국 방송사 NBC에서의 발언이 두 번 인용된다. 인용문은 이 기사의 핵심 주제를 권위 있게 요약한다.

간단히 요약하자면 이 텍스트에서 가장 중요한 현상은 대기에 온실가스가 증가하면서 유발된 '지구 온난화'이다. 이는 북극, 시베리아 및 아마 세계 다른 지역들에서도 특히 이산화탄소와 더불어 메타가스의 증가로 초래된다. 이 복잡한 과정은 주로 '위험하고', '놀랄 만하고', '단 몇 년 만에 재앙을 초래할 수 있고', '빨라지고 있으며', '곧 자연의 급변점을 넘어설 것이고', '북극에서 악화되고 있으며', '"내 딸"로 표상되는 미래 세대는 벗어날 수 없을 것'이라는 서술로 나타난다. 이 텍스트는 지구 온난화가 실제로 인류에 의해 어느 정도로 초래되는지는 다루고 있지 않다. 또한 이 문제의 정치적 차원이나 가능한 해결책에 대해서도 다루고 있지 않다.

　미시 분석에서 식별된 다양한 서술과 명명의 장치들은 텍스트의 논증 구조와도 연관성이 있는 요소들이다. 이들은 논증 도식들과 연결되어 그것의 기반을 형성한다. 논증에 있어 이 텍스트는 혼란을 크게 조장하는데, 특히 시작 부분의 제목과 머리글에서 주로 그렇다.

> 논증의 전체적인 구조는 권위에 의한 논거와 사례에 의한 논거로 뒷받침되는 인과적 논거의 혼합이다. 요약하자면 이 텍스트는 결과론적 논증(argumentum ad consequentiam)이라는 잘못된 인과관계 도식을 형성하고 있다. 이 오류는 다음과 같이 전개된다. '정상급 과학자인 Jason Box와 다른 과학자들이 북극 해저와 세계의 다른 곳에서 방출되고 있으며 대기로 방출되고 있고 따라서 지구 온난화의 원인이 되는 온실가스의 엄청난 양에 대해 경고했다. 따라서 세계가 곧 파멸될 위험에 처해 있는지 아닌지에 대한 문제가 제기된다.'

이러한 인과관계의 오류는 암시적인 합성의 오류와 미끄러운 비탈길의 오류(a slippery-slope fallacy)를 포함한다. 암시적인 합성의 오류는 논리적 타당성에 대한 화용-변증법적 규칙을 위반하며, 미끄러운 비탈길의 오류는 적절한 (인과적) 논증 도식을 사용하라는 규칙을 위반한다. 합성의 오류를 일반화하는 것은 다음과 같다. 만약 무엇(붕괴)이 세계의 몇몇 지역들에서 참이라면, 전체 지구에 대해서도 참일 것이다. 미끄러운 비탈길의 오류는 다음과 같다. 만약 초기 원인이 발생하면 연쇄적인 반응이 촉발될 것이고, 이는 모두를 포괄하는 결과를 낳을 것이다(즉, 강력하고 해로운 온실가스의 새 원천이 지구 온난화를 가속화한다면, 전 세계는 파멸할 수도 있다).

논증 도식의 전반적인 구조는 다음처럼 형식적으로 표시될 수 있다.

1 권위에 의한 논거(일반적 패턴)

논거: 정상급 과학자들(Box, Ruppel 등)이 X라고 말한다.
도출 규칙: 만약 정상급 과학자들이 X라고 말한다면, X는 참이다.
주장: X는 참이다.

제목(권위에 의한 논증 오류)

논거: 정상급 과학자가 "우리는 ㅈ*다!"라고 폭로한다.
도출 규칙: 만약 정상급 과학자가 "우리가 ㅈ*다!"라고 말한다면, 세계의 종말이 실제로 다가오고 있는지에 대하여 문제가 제기된다.
진리 주장: 우리는 세계의 종말이 다가오고 있는지 물을 필요가 있다.

문장 1~3

논거: 북극에서의 과학자들의 발견 이후, Box는 이에 따라오는 심각한 결과를 묘사하기 위해 외설적인 은유를 사용한다.
도출 규칙: 만약 정상급 과학자가 해당 주제에 대하여 말할 때 부정적이고 속된 말을 사용하지 않을 것이라는 기대를 어겼다면, 그가 논하는 주제는 매우 심각한 것이 틀림없다.
진리 주장: 이 주제는 매우 심각하다.

2 인과관계 도식(=X 부분)

논거:	원인 C.
도출 규칙:	만약 C라면, 결과 E.
주장:	결과 E.

문장 4, 5

논거:	엄청난 양의 북극 메탄가스가 대기로 방출되고 있다.
도출 규칙:	만약 엄청난 양의 메탄가스가 대기로 방출되고 있다면, 이는 지구 온난화의 원인이 될 것이다.
진리 주장:	엄청난 양의 메탄가스는 지구 온난화의 원인이 될 것이다.

문장 5, 8

논거:	메탄가스는 이산화탄소 같은 다른 가스들보다 많은 열을 붙잡아 둔다.
도출 규칙:	만약 메탄가스가 이산화탄소 같은 다른 가스들보다 많은 열을 붙잡아 둔다면, 메탄은 가장 위험한 온실가스 중 하나이다.
진리 주장:	메탄은 가장 위험한 온실가스 중 하나이다.

문장 4, 11

논거:	북극 메탄가스는 지면으로 방출되고 있는 것으로 보인다.
도출 규칙:	만약 북극 메탄가스가 지면으로 방출되고 있다면, 이는 열 차단 가스의 새로운 원천이 된다.
진리 주장:	북극 메탄가스는 열 차단 가스의 새로운 원천이 된 것으로 보인다.

문장 4, 11

논거:	북극 메탄가스는 지면으로 방출되고 있을 수 있으며 열 차단 가스의 새로운 원천이 될 것이다.
도출 규칙:	만약 북극 메탄가스가 지면으로 방출되고 열 차단 가스의 새로운 원천이 된다면, 우리는 이에 대해 걱정해야 한다.
옳음 주장:	우리는 북극의 메탄가스가 (아마도) 대기로 방출되는 것에 대해 걱정해야 한다.

문장 12

논거: 북극은 지구의 다른 지역들보다 빠르게 온난화되고 있다.

도출 규칙: 만약 북극이 지구의 다른 지역들보다 빠르게 온난화되고 있다면, 이러한 북극 메탄가스에 대한 뉴스는 훨씬 더 우려스러운 것이다.

진리 주장: 이러한 북극 메탄가스에 대한 뉴스는 훨씬 더 우려스러운 것이다.

전체적 오류(미끄러운 비탈길의 오류와 합성의 오류)

논거: 여러 장소에서 대기로 방출되고 있는 새롭게 발견된 많은 온실가스는 지구 온난화를 가속화하고 있다.

도출 규칙: 만약 여러 장소에서 대기로 방출되고 있는 새롭게 발견된 많은 온실가스가 지구 온난화를 가속화하고 있다면, 우리는 전체 지구의 종말이 임박했는지 물을 필요가 있다.

진리 주장: 우리는 전체 지구의 종말이 임박했는지 물을 필요가 있다.

3 실제 사례에 의한 논거

도출 규칙: 만약 X가 지구 여러 지역에서 사실이라면, 효과 E는 강력할 것이다.

논거: X는 북극에서 사실이다. X는 시베리아에서 사실이다. X는 또한 지구 여러 지역에서도 사실이다.

주장: 효과 E는 강력할 것이다.

도출 규칙: 만약 열 차단 가스가 지구의 여러 지역에서 지면에 도달하고 대기로 방출된다면, 열 차단 효과가 강력할 것이다.

논거: 열 차단 가스는 북극에서 대기로 방출되고 있다. 열 차단 가스는 시베리아에서 방출되고 있다. 열 차단 가스는 지구 여러 지역에서 방출되고 있다.

주장: 열 차단 효과가 강력할 것이다.

이러한 개요로부터 무엇을 알 수 있는가? Dave Snelling 기자가 권위에 의한 논증, 미끄러운 비탈길, 합성의 일반화라는 세 가지 오류를 피했다면, 이 기사는 논리적인 논증 구조를 가질 수 있었을 것이다.

맥락에 대한 분석(맥락 분석)

앞서 진행한 거시 분석과 미시 분석의 여러 지점에서 우리는 이 담화 조각의 맥락에 집중하지 않을 수 없었다. 이는 상호텍스트적이고 상호담화적인 관계를 고찰할 때, 특히 논증 분석과 관련해서 일어난다. 따라서 거시 분석, 미시 분석, 맥락 분석은 독립적인 것으로 간주되어서는 안 된다.

DHA의 틀 안에서 체계적인 논증 분석은 같은 담화, 예를 들어 기후 변화에 대한 담화에 속하는 담화 조각들의 연속체 안에서의 논증 내용에도 초점을 맞춘다. 내용과 관련된 전형적인 토포스와 오류들에 대한 분석은 담화의 거시 주제들에 따라 달라진다. 다양한 담화에서 해당 영역이나 내용과 관련된 논증 도식을 다루는 선행 연구는 굉장히 많이 존재한다(예를 들어 Kienpointner 1996; Kienpointner & Kindt 1997; Kindt 1992; Reeves 1983; Wengeler 2003을 보라). 여기에서는 다른 곳에서 논의된 몇몇 토포스를 언급하겠지만, 우리 데이터에서 나타난 새로운 토포스와 오류들 역시 새로 이름 붙여야 할 것이다.

이 온라인 기사에 대한 응답인 24개의 댓글을 보면, 기후 변화에 대한 매스미디어 담화에서 반복적으로 활용되는 논증 도식들을 발견할 수 있다. 여기에서는 이 중 두 가지만 언급하겠다.

• 자연에 의한 논거(자연의 토포스 혹은 오류)는 인류가 초래한 기후 변화나 지구 온난화의 부정적 효과에 대한 반론을 제기하기 위한 회의적 관점에서 흔히 활용된다. 자연/자연적 과정에서 기온이 오르내리는 반

복적인 패턴을 보이고 있기 때문에, '우리'는 (그렇게까지) 걱정하지 않아도 된다는 것이다. 이러한 선상에서, 한 댓글은 다음과 같이 지적한다. "북극에 얼음이 없었던 적은 과거에도 수많이 있었지만 지금 우리는 여기에 있잖아. 나라면 그렇게까지 걱정하지는 않을 거야."

• 무지에 의한 논거(무지의 토포스 혹은 오류)는 논의되고 있는 이슈에 대하여 (과학적인) 이해가 부족하다는 점을 강조한다. 회의적인 댓글들에서는 이 논거의 특별 버전이—비교에 의한 논거와 함께—실현되고 있는데, 즉 이전의 종말론적인 예측이나 예지가 이미 틀린 것으로 밝혀졌다고 주장하는 것이다. "또 다른 '지구 종말' 선언 좀 그만! 우리는 얼마 전에 엄청난 태양폭풍이 지구를 끝장내 버릴 거라는 얘기도 들었고, 유성이 지구를 파괴할 거라는 경고도 들었어. 그다음엔 쓰나미, 화산 폭발, 이 모든 것들에 더해서 과학자들이 우리를 겁주고 삶을 끝장내려고 뭘 들고 올지는 하늘만이 알겠지!"

철저한 사례 분석에서는 이러한 온라인 댓글을 상세하게 분석하고 담화의 수용 측면에 대한 연구를 수행할 수 있다. 이를 통해 해당 맥락에서 어떤 논거들이 문제가 되는 주제('기후 변화')와 관련하여 중요한지에 대해 많은 것을 얻을 수 있다(Angouri & Wodak 2014 참조). 지금 이 경우를 보자면, 몇몇 작성자들은 이 기사의 종말론적 뉘앙스를 받아들였는데, 여섯 개의 (몇 가지는 굉장히 긴) 댓글을 작성한 가장 활동적인 작성자가 특히 그러했다(댓글 중 하나는 삭제되었으며 현재는 웹사이트에서 보이지 않는다). 이들은 그들이 처해 있다고 하는 운명을 받아들인 것으로 보인다. 그들 중 둘은 임박한 종말에 대처하는 가장 좋은 방법은 "내가 이상한 행동을 해도"(예: "될 수 있는 대로 많은 신용카드를 만들러 가야겠어! 우리가 어차피 쩌 죽을 거라면 카드값 결제(repament)[21]

는 상관없겠지!", "인생을 즐기라고, 애들아—과학자들은 우리가(were)[22] 다 죽게 내버려 둘 테니까!!") 어떠한 결과가 따라올지 신경 쓰지 않는 것이라는 쾌락주의적 결론을 내리기도 했다. 다른 두 명의 작성자는 더 운명론적이다. 그들은 누군가 사람들이 서로를 대하는 모습을 지켜본다면 '인류'를 살아남을 가치가 없는 존재로 여길 것이라고 주장한다. 그러나 Snelling의 텍스트에 있는 잘못된 논거를 최소한 일부라도 해체하는 몇몇 주장 역시 존재한다. 이들은 (1) 이러한 현상이 세계를 종말까지 몰고 가지는 않고, '우리 문명'에 큰 퇴보를 가져올 것이라고 강조하거나 (2) "대자연은 몇 백만 년에 걸쳐 자신을(it self)[23] 다시 정화하고 진화할 것이기 때문에 항상 승리할 것"이라고 강조하거나 (3) 기사에서 제시한 것처럼 예상되는 부정적 결과가 빠르게 실현되지는 않을 것이라고 주장한다. 오직 한 명의 게시자만이 명시적으로 이러한 패배주의에 반론을 제기한다. "난 더 젊어지지는 않겠지만, 시도해 보지 않으면 우리가 할 수 있는 게 **무엇인지** 알 수 없을 거야—제일 중요한 건 포기하지 않는 거지."(부록을 보라).

지면의 제약으로 인해, 분석을 계속할 수는 없다. 그러나 더 큰 연구에서 우리가 어떠한 요소들을 탐구할 것인지를 명시하고자 한다. 예를 들자면 아래와 같다.

- 상호텍스트적이고 상호담화적인 관계, 예를 들면
  - 이 텍스트가 해당 신문 특정호의 다른 텍스트들과, 그리고 '지구 온난화'에 대한 〈Daily Star〉의 이전 텍스트들과 어떻게 연결되는가?

---

21) 원문대로 인용. (옮긴이) 'repament'의 규범적 표기는 'repayment'임.

22) 원문대로 인용. (옮긴이) 'were'의 규범적 표기는 'we're'임(축약 부호 누락).

23) 원문대로 인용. (옮긴이) 'it self'의 규범적 표기는 'itself'임(띄어쓰기 오류).

- 이 주제에 대한 다른 어떤 담화 조각들이 기사에서 언급된 사회적 행위자 및 의사소통 플랫폼(예: Snelling, Box, Ruppel, 〈Motherboard〉), 온라인 댓글 작성자(적어도 한 명 이상의 작성자는 지구 온난화 주제에 대하여 정기적으로 댓글을 올리는 것으로 보인다)에 의해 생산되었는가?
- 이 텍스트는 해당 신문의 온라인 판에 게시된 지구 온난화에 대한 다른 텍스트들과 어떻게 연결되는가? 이러한 텍스트들 중 어떤 것 [부분]이 인쇄판에 실렸으며 어떤 것이 실리지 않았는가?
- 타블로이드 신문 형태(인터넷에서의 다중모드적이고 멀티미디어적인 실현과 관련된 규칙적 또는 비규칙적인 특징)[24]
- 타블로이드의 장르와 그 위치(이 분석을 통해 타블로이드가 대개는 뚜렷한 정치적 이슈에 소홀하다는 것을 알 수 있는데, 이는 운명론적 어조가 강한 것에 대한 이유가 될 수 있다.)
- 인쇄판과 온라인판 신문의 판매 부수
- 영국에서 〈Daily Star〉와 다른 신문들의 관계
- 텍스트의 저자(같은 저자가 지구 온난화를 다룬 다른 텍스트가 있는가?)
- 하나의 장르로서 댓글의 효과(가상의 신분, 대답할 수 있는 공간의 제한, 상호작용적 기능, 관리의 정도, 댓글의 계층적 구조 유형 등. Dorostkar & Preisinger 2012를 보라)
- 영국, 유럽 연합, 전 세계적 수준에서 지구 온난화 담화에 대한 더 넓은 사회적, 정치적, 경제적, 심리적, 역사적 맥락(NN 2013).

파일럿 분석은 여기서 중단하려고 한다. 요약하자면, 비록 권위에 의한 논증, 미끄러운 비탈길, 합성의 오류가 타당한 논거들로 대체되어서 해당 논증이 꽤 타당한 논증이 될 수도 있었지만, Dave Snelling의 논증은 오류로 끝났다고 결론지을 수 있다.

---

24) 기후 변화에 대한 담화에서의 시각적이고 다중모드적인 논증은 비판적 담화 연구에서 점점 더 중요해지고 있다. 예를 들어 Sedlaczek(2012, 2014)를 보라.

6단계: 상세한 사례 연구

본 단계는 거시, 중간, 미시 차원의 언어적 분석뿐만 아니라 맥락 차원에서의 상세한 사례 연구를 포함한다. 이는 고찰 중인 담화(들)에 대한 사회적, 역사적, 정치적 맥락 속에서 서로 다른 분석 결과들을 해석할 수 있도록 해 줄 것이다.[25)

이 사례에서, 6단계는 다음과 같은 측면에서 기후 변화 담화에 대한 일반적인 논의로 이어질 수 있다.

- 사회적 행위자들과 정치적 행위의 장
- 의사소통의 장애물과 오해들
- 정치적이거나 이데올로기적 지향점을 가지고 있는 모순적인 정당성 주장
- 눈에 띄는 주제와 담화적 자질
- 역사적 변화의 양상
- 상호담화적 관계들, 특히 다른 담화들과 겹치는 경우(예를 들어 세계화, 이민, 경제, 자유/자유주의에 대한 담화)

이에 대한 전체적인 해석은 예컨대 매스미디어를 통한 기후 변화 및 지구 온난화 담화(들)가 2005년까지의 미국 미디어 보도에서 기업들의 로비가 자주 '편향적 균형'으로 이어졌던 담화들과 닮아 있는지를 포함할 수 있다. 당시 미디어에서는 지구 온난화에 인류가 미친 영향이 지대하다는 지배적인 과학적 합의가 충분히 다루어지지 않았고, 반대로 미디어 보도는 과학자들이 이 문제에 합의하지 않았다고 암시

---

25) 이러한 종합적인 연구에 대해서는, 예를 들어 Muntigl et al.(2000), Reisigl & Wodak(2001), Wodak et al.(2009)를 보라.

하는 것처럼 보였다.26)

더 나아가 이러한 전체적인 해석에 대해서는 다양한 기후 변화 담화들을 분석한 Weingart et al.(2008)과 Viehöver(2003/2010)의 연구를 참조할 수 있다. Viehöver는 1974년부터 1995년까지의 미디어 보도를 연구했다. 이러한 포괄적인 사례 연구를 기반으로, 그는 지구적 기후 변화와 그것의 정의, 원인, (윤리적) 영향 및 가능한 대책과 관련된 여섯 개의 '문제 내러티브'를 구분해 냈다. 그에 따르면 이 '내러티브'는 서로 다른 정도의 중요성을 각이한 시기에 획득하였다. 현재 지배적인 '내러티브'는 '지구 온난화 스토리'로 보인다. 이 '내러티브'와 경쟁하는 '스토리'27)들은 '지구 한랭화 스토리',28) '기후 천국 스토리',29) '주기적인 태양 흑점 스토리',30) '과학과 미디어가 만들어 낸 허구로서의 기후 변화 스토리', '핵겨울 스토리'31)가 있어 왔으며, 이것들은 현재도 존재한다(Viehöver 2003/2010을 보라).

7단계: 비판의 형성

우리의 '비판'은 민주주의적 규범, 인권, 사회적으로 혜택받지 못한

---

26) Boykoff(2011), Boykoff & Boykoff(2004), Oreskes(2004), Oreskes & Conway(2010)을 보라.

27) (옮긴이) '스토리'는 단순히 나타난 사건의 나열인 반면, '내러티브'는 이러한 이야기에 관련된 부분이나 중요한(또는 관련되거나 중요해 보이는) 부분들을 인지적으로 재구성한 구성물이다.

28) (옮긴이) 지구의 간빙기가 끝나고 점점 빙하기에 접어들 것이라는 주장을 담고 있다.

29) (옮긴이) 추운 기후는 인간들에게 좋지 않으므로, 오히려 지구 온난화는 인류에게 이득이 된다는 주장을 담고 있다.

30) (옮긴이) 지구 온난화가 인간의 영향이 아니라 태양의 주기적인 흑점 변화 때문에 일어나는 자연적 현상이라는 주장을 담고 있다.

31) (옮긴이) 지구 온난화보다 위험한 것은 핵전쟁이 터질 경우 핵폭발의 여파로 지구 전체 기후가 한랭화되는 핵겨울이 도래하는 것이라는 주장을 담고 있다.

집단에 대한 공감의 원칙, 논리적인 논증의 기준과 같은 윤리적 원리에 기반한다(Reisigl 2014). 이 비판은 의도적인 편향(들)과 (특히 미디어 보도에서의) 이러한 편향들의 표상, 담화와 권력 구조 사이의 모순적이고 조작적인 관계를 지적한다.

이론적 의미에서 비판은—우리의 실증적 분석과 담화적/숙의적 민주주의 이론에 기반하여—'집단의' 학습과 의사 결정이 달려 있는 공적 정치 담화의 '질'을 평가하는 분석적 기준 척도를 제공한다.

실천적 의미에서 비판은—우리가 희망하기로—현재의 기후 온난화 담화에 영향을 주며, 해당 문제와 잘못된 논증 도식에 대하여 관련 사회적 행위자들의 인식을 촉구할 수 있다.

8단계: 상세한 분석 결과의 활용

이러한 비판을 형성함으로써 분석 결과를 실천적으로 활용할 수 있다. 활용은 결과의 학술적 출판만을 의미하지 않는다. 이에 더하여 우리의 통찰은 (예컨대 권고, 신문 사설, 연수 세미나, 라디오 방송, 정치적 조언 등을 통하여) '일반 대중'에게도 접근 가능해야 한다. 이와 같이 지식을 '전달'하는 것은 이론, 방법론, 방법들 및 실증적 결과를 다른 장르와 의사소통적 실천으로 바꾸는 재맥락화를 요구한다. 이는 물론 많은 사람들에게 접근 가능한 방식으로 글을 쓰는 데에 익숙하지 않은 학자들에게는 도전적인 과제일 것이다.

4. 요약

담화-역사적 접근법의 강점은 다음과 같다.

- 학문 영역의 제한을 피할 수 있게 하는 학제적 지향
- 연구 대상에 대한 만화경과 같은 접근법을 내포하여 탐구의 여러 다양한 측면을 볼 수 있게 해 주는 다각화의 원리
- 담화적 변화에 대한 통시적 재구성과 설명에 초점을 두는 역사적 분석
- 해방적이고 민주적인 목적을 위한 결과의 실천적 활용

DHA는 여느 학제적, 또는 여러 학문 분야에 걸친 사업과 마찬가지로 이론적으로 서로 공존할 수 없는 접근법들의 결합은 피해야 한다. 이러한 문제는 주요한 이론적 도전 과제 중 하나로 남는다. 더 나아가서, 미래에는 (이 장에서 다룬 것과 같이) 많은 복잡다단한 사회 현상들이 더 체계적이고 상세하게 탐구되어야 할 것이다.

더 읽을거리

Reisigl, M.(2014) Argumentation analysis and the Discourse-Historical Approach: A methodological framework. In: C. Hart and P. Cap(eds.), *Contemporary Critical Discourse Studies*. London: Bloomsbury. pp. 67~96.

Reisigl, M. and Wodak, R.(2001) *Discourse and Discrimination: Rhetorics of Racism and Antisemitism*. London: Routledge.

Wodak R.(2011) *The Discourse of Politics in Action: Politics as Usual*, 2nd rev. edn. Basingstoke: Palgrave.

Wodak, R.(2014) Political discourse analysis—distinguishing frontstage and backstage contexts: A discourse-historical approach. In: J. Flowerdew (ed.), *Discourse in Context*. London: Bloomsbury. pp. 522~549.

Wodak, R.(2015) *The Politics of Fear: What Right-wing Populist Discourse Mean*. London: Sage.

Wodak R., De Cillia, R., Reisigl, M. and Liebhart, K.(1999/2009) *The Discursive Construction of National Identity*. Edinburgh: Edinburgh University Press.

과 제

1. '금욕에 대한 담화'를 분석하는 파일럿 연구를 설계하라. 주요 신문
   에서 몇몇 사설을 골라 다양한 논거(토포스와 오류)와 거기에 내재된
   이데올로기를 상세히 분석하라.

2. 당신의 나라에서 안보와 이민 문제에 초점을 둔 최근의 의회 토론
   을 선정하라. 이민을 찬성하거나 반대하는 다양한 논거와 그것들이
   선언문, 연설문, 공격적/논쟁적 투쟁에서 드러나는 여러 방식을 분
   석하라. 어떻게 이러한 논거(내용과 관련된 토포스)들이 여러 정당
   및 화자와 관련되는가? 해당 토론에 영향을 미친 최근의 사회정치
   적 맥락을 탐구하라.

3. TV 황금 시간대 뉴스에서 주요 정치인과의 최근 인터뷰를 골라서
   질문-대답 연속체를 분석하라. 어떠한 담화적 전략을 발견할 수
   있는가? 여러 책임 회피 전략을 발견할 수 있는가? 인터뷰 대상과
   인터뷰 진행자들은 어떠한 주요 논거를 내놓는가? 이 인터뷰를 관
   련된 각각의 정치적 이슈(들) 및 담화(들)와 연관시키라.

부록(원문): 24개의 댓글

1	Commentator 1 I would like to see all human life die we dont deserve the earth ⋯ Look how we treat it and each other ⋯ *3 replies to 1*
2	Commentator 2 (reply 1 to 1) So basically you are saying you would like to see yourself die?
3	Commentator 3 (reply 2 to 1)
4	Commentator 11 [anonymized by M.R. and R.W.] — We may not deserve the earth, as you put it, but it's the only planet we've got to live on. If a catastrophe hits, we'll all be in the same boat, so to speak, and I for one do not intend to lie down and play doggo!! I might not be getting any younger, but we never know WHAT we can do unless we try — but most important you should never just give up. :)
5	Commentator 4 (reply 3 to 3) Speak for yourself, i'm not the one murdering my own countrymen over a fantasy religion, unlike some people I could mention!
6	Commentator 3 Not another 'end-of-the-world' announcement! we've recently been told that a super solar sunstorm is going to end the world. We've been warned of a meteor that will devastate the earth, and then there are tsunami, eruptions, and heaven knows what else that the scientists will scare the living daylights out of us and end life as we know it ON TOP OF ALL THOSE! WHAT ARE WE SUPPOSED TO DO? COWER IN FEAR AND SPEND OUR LIVES WORRYING ABOUT SOMETHING THAT WE CANNOT DO ANYTHING ABOUT?? If the end comes, it will come — there isn't ONE LITTLE THING that any of us can do to prevent what happens. So enjoy your lives, folks — the scientists would have us all giving up the ghost!! *1 reply to 5*
7	Commentator 5 (reply 1 to 5) No — the solar storm would only wipe out most of our electronic systems. Again, our civilization would suffer a major set back and probably billions would die. I mean it's hard to run a global agrarian economy without computers and phones. But we wouldn't all die and society would eventually recover I suspect. And of course we could get struck by a meteor at any time — it's ready not a question of if but 'when'. Might not be for another 50 million year or it could be within a century. Who knows? Certainly not you — that much is obvious. But with regard to the methane cathrates — we DO have a choice. We could switch to carbon free power sources as soon as humanly possible. Something we should have begun doing 40 year ago when it first became obvious what was happening to the climate.

In fact we should have started taking it into account way back in 1896 when Svante Arrhenius first demonstrated that CO2 increases would warm the Earth.

8	Commentator 6

i be-leave this story mother nature will win all the time as it will just reset it self and evolve again over millions of years but humans will not see it as we be with the dinosaurs

9	Commentator 7

[this comment has not always been visible on the website, M.R. and R.W.]
Politicians are refusing to look at near-zero CO2 plans, that can prevent any more warming. The first of it's kind was self-funding, generating self billion a year, and can be seen at: http://www.kadir-buxton.com/page2.htm

10	Commentator 8

we are all going to die captain meanwearing dont panic dont panic dont panic lol
2 replies to 9

11	Commentator 3 (reply 1 to 9)

sunshine — That's chuckle time. Lol

12	Commentator 5 (reply 2 to 9)

Yep — we are all going to die. Well — probably about 90% of our species anyway. It depends if we get a runaway greenhouse effect from the release of the methane or if it levels out at some now equilibrium. Frankly — we just don't know.
If it doesn't level ot then — yes — we ARE all going to die.
Luckily most of us are too ignorant to even realise this yet.
I'll give it another 30 years before we start seeing the collapse — but then again — no-one really knows.

13	Commentator 9

Im off to apply for as many credit cards as possible!! Repaments wont be a problem if were all going to cook!
2 replies to 12

14	Commentator 3 (reply 1 to 12)

Ron007 — Won't the cards melt?

15	Commentator 5 (reply 2 to 12)

It's going to take at least another 20 years or more before large regions of the world become uninhabitable and probably at least a century before most of humanity has died off so I wouldn't be loo quick to apply for those credit cards.

16	Commentator 10

This might be the thing to happen because MAN has done this to his world — Look at the way people treat each other they DO NOT deserve to live — So if nature lakes over then all well and good they deserve it AND they will NOT listen and change their ways

17	Commentator 11

Ok then no need to keep paying all these green taxes, give us it all back before it's too late to enjoy it.
1 reply to 16

18	Commentator 5 (reply 1 to 16)

Personally I would rather have some of the 520 billion dollars per year that goes to subsidise the fossil fuel industry. But that's just me.
And by the way — a carbon tax is fiscally neutral so unless you are an oil billionaire

you would get a rebate under a carbon tax scheme.
That's the whole point — but of course the carbon corporations dont want you to know that.

19 Commentator 12
Still, at least it will kill all those man-eating spiders, rats, killer wasps etc and all the nasty diseases … that are not going to happen either!

20 Commentator 13
[this comment has not always been visible on the website, M.R. and R.W.]
This would be a headline news and front page if it was true and backed up, yet this is just a typical Daily Star article to create fanfare … no reliable scientific evidence backs these claims.

21 Commentator 14
The truly sad part about this is that Dr. Box truly believes the end is nigh. Alas, the Arctic has been ice free numerous times in the past and yet here we are. I wouldn't worry too much.
You have a greater chance of slipping in the shower and dying than being released from the mortal coil because of climate change.
1 reply to 20

22 Commentator 5 (reply to 20)
[this comment has been removed, M.R. and R.W.]
No — what Dr Bos actually said — and it's right there in front of you in black and white if you notice — is that 'if even a small part of the methane is released then were' f****d'
And that is perfectly true. It's a big 'if' I'll grant you that. But at the moment it is being released as the sea off the north of Siberia warms and the sea off the north of Siberia has been steadily warming for decades now so it's not likely that it will suddenly reverse that trend any time soon.
In fact the northern hemisphere sea surface temperatures are currently at a new record high of 1.47C above the already warm 1980 to 200 average and the seas north of Scandinavia are currently at 3C above that average. And rising.
And of course the last time the Arctic was ice free was 120,000 years ago and there was no global human civilizations of billions of people based predominately at less than 20 feet above sea level.
So — big difference there.
And your analogy of chance is waaay out I'm afraid. Over 100,000 Europeans and Russians alone have already died as a result of climate change in the last decade alone — mainly during the 2003 and 2010 heat waves … I'm sure your response to that fact will be to yell 'Lalalalala I can't hear you' but that doesn't change the facts.
The laws of physics dont give a damn who you vote for or what you think and believe.
CO_2 levels rise — the Earth warms.
Always has — always will.
Whether you think billions dying is a big deal or not — the laws of physics couldn't care less.

23 Commentator 5
No — it won't 'end the world' but it will destroy most of the trappings of civilization.
Pretty obvious really.
Our civilization took thousands of years to build up based on the last 7,000 years of a relatively stable climate and progress in agricultural techniques.

If the Earth warms by 3C or more by the end of the century then our agricultural system will only be able to support about one billion people.

I don't really care as I won't be here but your kids will witness the deaths of billions of people (if they live) and the collapse of agrarian society. Maybe you don't think that's a big deal but I expect your kids might.

And make no mistake — this methane release is probably the most important bit of news on the planet today. If it does continue — and I don't know of any mechanism that can prevent it — then he is perfectly correct — we're f****d!

| 24 | Commentator 15
Where I live, during the ice age, this place was full of icebergs ⋯ Now,!!! It's full of, Goldberg's, Bloombergs's, Mossberg's Sternberg's ect. !!!!!!!! |
| 25 | Commentator 16
who cares!!! |

부록(번역): 24개의 댓글

1	작성자 1 인간들이 다 죽는 것도 좋을 것 같아 우리는 지구를 누릴 자격이 없어… 우리가 지구와 서로를 어떻게 대하는지 보면… 1에 대한 답글 3개
2	작성자 2 (1에 대한 답글 1) 그니까 결론적으로 니가 죽는 걸 보고 싶다고 말하는 거니?
3	작성자 3 (1에 대한 답글 2)
4	작성자 11 [Reisigl과 Wodak에 의해 익명 처리됨] — 네가 말한 것처럼 우리는 지구를 누릴 자격이 없을지 몰라도 지구는 우리가 살 수 있는 유일한 행성이야. 만약 재앙이 다가온다면 우리는 다 한배에 탄 거야, 말하자면, 그리고 나는 그냥 누워서 쥐 죽은 듯이 있을 생각은 없어!! 난 더 젊어지지는 않겠지만, 시도해 보지 않으면 우리가 할 수 있는 게 **무엇인지** 알 수 없을 거야 — 제일 중요한 건 포기하지 않는 거지. :)
5	작성자 4 (1에 대한 답글 3) 난 그렇지 않아, 나는 상상의 종교를 위해 우리 국민들을 죽게 만들지는 않아, 생각나는 몇몇 사람들과는 다르게 말이지!
6	작성자 3 또 다른 '지구 종말' 선언 좀 그만! 우리는 얼마 전에 엄청난 태양폭풍이 지구를 끝장내 버릴 거라는 얘기도 들었고, 유성이 지구를 파괴할 거라는 경고도 들었어. 그다음엔 쓰나미, 화산 폭발, **이 모든 것들에 더해서** 과학자들이 우리를 겁주고 삶을 끝장내려고 뭘 들고 올지는 하늘만이 알겠지! **우리가 도대체 뭘 해야 되는 거야? 공포에 움츠린 채로 우리가 실제로 뭘 할 수도 없는 뭔가에 대해 걱정하면서 살아야 해??** 만약 종말이 온다면 오겠지. 그걸 막기 위해 우리가 할 수 있는 건 정말 **아무것도** 없어. 그니까 너네 인생을 즐기라고, 얘들아 — 과학자들은 우리가 다 죽게 내버려 둘 테니까!! 5에 대한 답글 1개
7	작성자 5 (5에 대한 답글 1) 아니야 — 태양 폭풍은 우리의 전자 기기 대부분을 파괴해 버리는 것밖에 못 하겠지. 다시 말하자면 우리 문명에는 큰 차질이 생길 거고 몇 십억 명의 사람이 죽을 수도 있겠지. 컴퓨터랑 핸드폰 없이 전 세계적인 농업 경제를 운영하긴 어려울 테니까. 그렇지만 우리가 전부 다 죽지는 않을 거고 아마도 사회는 결국에는 다시 되살아날 거야. 그리고 물론 언제라도 유성과 충돌할 수 있지. — 이건 만약의 문제가 아니라 '언제'의 문제야. 앞으로 5천만 년 동안 없을 수도 있고 백 년 안에 생길 수도 있지. 누가 알겠어? 확실한 건 너는 모른단 거야 — 그건 확실하네. 하지만 메탄 화합물과 관련해서 — 우리는 실제로 선택권이 **있어**. 우리는 화석 연료를 사용하지 않는 에너지 자원으로 가능한 한 전환할 수 있지. 화석 연료가 기후에 어떤 영향을 끼치는지가 분명해졌던 40년 전에 이미 시작해야 했을 일이야. 사실 우리는 Svante Arrhenius가 CO_2 증가는 지구 온도를 증가시킬 거라는 것을 처음 발견한 1896년부터 이미 시작했어야 해.

그러니까 우리는 이 특정한 위협에 대해서는 무언가를 **할 수 있다는 거야**. 우리가 인류의 생존을 위해 필요한 것보다 더 많은 화석 연료를 사용할지는 우리에게 달렸어. 나로 말할 것 같으면 이쪽이든 저쪽이든 상관없어.

8	작성자 6 대자연은 몇 백만 년에 걸쳐 자신을 다시 정화하고 진화할 것이기 때문에 항상 승리할 거라는 얘기를 믿-지만 인류는 그러한 대자연을 보지 못하겠지. 공룡들처럼 말이야.
9	작성자 7 [Reisigl과 Wodak에 따르면 이 댓글은 웹사이트에서 항상 볼 수 있는 것은 아님] 정치인들은 더 이상의 온난화를 막을 수 있는 제로에 가까운 CO_2 계획을 검토하기를 거부하고 있어. 이러한 계획 중 하나는 일 년에 몇 십억을 생산하면서 자체 비용을 조달할 수 있는 건데, 다음 주소에서 볼 수 있어. http://www.kadir-buxton.convpage2.htm
10	작성자 8 우린 모두 죽을 거야 meanwearing 대령님 패닉하지마 패닉하지마 패닉하지마 ㅋㅋㅋ[32] 9에 대한 답글 2개
11	작성자 3 (9에 대한 답글 1) 이봐 ― 웃기네. ㅎㅎㅎ
12	작성자 5 (9에 대한 답글 2) 맞아 ― 우리는 모두 죽을 거야. 아마도 ― 90% 정도의 인류가 어쨌든 죽겠지. 우리가 메탄 방출 때문에 온실효과가 폭주하거나 어떻게든 평형 상태를 유지하는 선에 맞춰지느냐에 달렸어. ― 솔직히 우리는 그냥 모르는 거야. 상황이 안정되지 않으면 ― 그래 ― 우린 모두 죽게 될 거야. 운 좋게도 우리 대부분은 아직 이걸 깨닫기에는 너무 무식하지. 아마 이러한 멸망을 보기 전까지 한 30년 정도 있다고 봐 ― 하지만 뭐 다시 말하자면 ― 아무도 모르는 거지.
13	작성자 9 될 수 있는 대로 많은 신용카드를 만들러 가야겠어!! 우리가 어차피 쪄 죽을 거라면 카드값 결제는 상관없겠지! 12에 대한 답글 2개
14	작성자 3 (12에 대한 답글 1) Ron007 ― 카드도 녹지 않을까?
15	작성자 5 (12에 대한 답글 2) 세계의 많은 부분이 살기 어려울 만큼이 되기 전까지는 최소 20년 정도가 더 걸릴 거고 대부분의 인류가 죽을 때까지는 아마도 100년 정도는 걸릴 거니까 나라면 그렇게 빨리 신용카드를 만들러 가지는 않을 거야.
16	작성자 10 이건 **인류**가 지구에 한 짓 때문에 벌어지는 걸 수도 있어. ― 사람들이 서로를 대하는 걸 봐 그들은 살 가치가 **없어**. ― 그니까 만약 자연이 개입하기로 결정한다면, 어쩔 수 없어 잘 된 거지. 그럴 만한 가치가 **있고** 사람들은 어쨌든 이런 것들을 귀담아 듣고 고치지 **않을** 테니까.
17	작성자 11 그래 그런 거라면 이 환경세를 계속 낼 필요도 없겠네. 즐길 시간도 없어지기 전에 빨리 돌려줘 16에 대한 답글 1개
18	작성자 5 (16에 대한 답글 1) 개인적으로 나라면 화석 연료 사업에 보조금으로 지급되는 연간 5천2백억 달러 중에

일부를 갖는 게 나을 것 같은데, 그냥 내 생각이야.
그런데 — 탄소세는 재정적으로 중립적이기 때문에 니가 석유로 억만장자가 된 게
아닌 이상 탄소세 제도에서는 환불을 받게 될 걸.
그게 탄소세의 목적이야 — 하지만 물론 석탄 산업들은 네가 그걸 모르길 바라지.

19 작성자 12
그래도 적어도 사람을 잡아먹는 거미나, 쥐나, 위험한 말벌 등과 모든 지독한 질병들도
같이 없어지겠지… 어차피 이런 일은 일어나지 않겠지만!

20 작성자 13
[Reisigl과 Wodak에 따르면 이 댓글은 웹사이트에서 항상 볼 수 있는 것은 아님]만약
이 내용이 사실이고 증명이 된 거라면 헤드라인 뉴스가 되고 신문 일 면에 실렸겠지만,
그냥 관심 끌려는 전형적인 〈Daily Star〉 기사야… 이런 주장을 뒷받침하는 믿을 만한
과학적 근거가 없잖아.

21 작성자 14
이 모든 것에서 제일 슬픈 부분은 Box 박사는 정말로 멸망이 가깝다고 믿는다는 거야.
신이시여, 북극에 얼음이 없었던 적은 과거에도 수많이 있었지만 지금 우리는 여기에
있잖아. 나라면 그렇게까지 걱정하지는 않을 거야.
샤워 중에 미끄러져서 죽는 게 이런 기후 변화로 인해 속세의 번뇌로부터 해방되는
것보다 더 가능성 높을 걸.
20에 대한 답글 1개

22 작성자 5 (20에 대한 답글)
[Reisigl과 Wodak에 따르면 이 댓글은 삭제됨]
아니지 — Bos 박사가 실제로 말한 건 — 네가 주의를 기울였다면 아주 선명하게 드러나
있지만 — '메탄가스의 작은 부분이라도 방출되면 우리는 ㅈ*다'라는 거야.
그리고 이건 완벽한 사실이야. 물론 '되면'에 불과해 그건 네가 맞아. 그렇지만 지금
메탄가스는 시베리아 북쪽 바다가 따뜻해지면서 방출되고 있고, 시베리아 북쪽 바다는
몇 십 년째 서서히 온도가 오르고 있어 그래서 이런 경향이 갑자기 빠른 시일 안에
바뀔 것 같지는 않아.
실제로 북반구 해수면 온도는 이미 온난했던 1980년보다 평균 200도로 1.47도 더 높은
새로운 최고 기온에 도달했고, 스칸디나비아 북쪽 바다는 그 평균보다 3도가 더 높아.
그리고 더 오르고 있고.
그리고 물론 북극에 얼음이 없었던 마지막은 120,000년 전이고 그때는 몇 십억 명에
달하는 전 세계적 인류 문명이 해수면에서 20피트도 되지 않는 곳에 주로 자리 잡고
있지도 않았지.
그니까 — 차이가 엄청 크지.
그리고 확률에 대한 너의 유추는 안타깝지만 굉장히 틀렸어. 유럽인들과 러시아인들만
따지더라도 100,000명이 넘는 사람이 지난 10년 동안에만 기후 변화의 결과로 이미
사망했어 — 주로 2003년과 2010년의 열파 때문에. 물론 이 사실에 대한 너의 반응은
'라라라라라 안 들려'일게 분명하지만 그렇다고 해서 이 사실이 바뀌지는 않아.
물리 법칙은 네가 누구에게 투표하거나 니가 어떻게 생각하고 믿는지에 대해서는 전혀
관심이 없어
이산화탄소 레벨은 계속 오르고 — 지구는 따뜻해지고
항상 그래왔고 — 앞으로도 그럴 거야
니가 몇 억 명이 죽는 게 큰일이라고 생각하든 말든 물리 법칙은 신경 안 써.

23 작성자 5
아니 — '세계의 종말'이 오지는 않겠지만 문명의 대부분의 측면은 파괴되겠지. 그건
꽤 확실해 사실.
우리 문명은 지난 7,000년 동안의 상대적으로 안정된 기후와 농업 기술 발전을 기반으로
몇 천 년에 걸쳐 발전해 왔어.

만약 이 세기 말까지 지구의 온도가 3도 이상 오른다면 우리 농경 시스템은 10억 명 정도만 부양 가능하게 될 거야.

나는 그때 거기 없을 거라서 그렇게 신경 쓰지 않아도 되지만 너희의 자식들은 몇십억 명의 사람들이 죽고 농경 사회가 무너지는 것을 목격할 거야(만약 걔들이 살아남는다면). 너는 그게 별 일이 아니라고 생각할지 모르겠지만 너네 자식들은 그렇게 생각할걸. 실수하지 않았으면 좋겠어 ― 이 메탄가스 방출은 아마도 오늘 이 행성에서 제일 중요한 뉴스일 거야. 만약 이게 지속된다면 ― 그리고 나는 이걸 막을 수 있는 어떤 기제가 있을지는 모르겠어 ― 그가 한 말이 완전 맞아 ― 우린 ㅈ*어!

| 24 | 작성자 15
내가 사는 데는, 빙하기 때, 여기는 완전 얼음 천지였어. 지금 여기는 온갖 종류의 마트들로 가득 차 있다고!!!!!!!!! |
| 25 | 작성자 16
아무도 신경 안 써!! |

---

32) (옮긴이) TV 드라마와 관련된 언급으로 보인다.

제3장 비판적 담화 연구

: 사회인지적 접근법

Teun A. van Dijk

< 핵심어 >

담화(discourse), 비판적 담화 연구(critical discourse studies), 사회인지적 접근법 (sociocognitive approach), 인지(cognition), 정신 모형(mental model), 이데올로기 (ideology), 지식(knowledge), 맥락(context), 인종주의(racism), 반인종주의(anti-racism), 브라질(Brazil)

1. 용어와 정의

이 장에서는 전통적으로 비판적 담화 분석(CDA)이라 불렸던 비판적 담화 연구(CDS) 영역 중에서도 사회인지적 접근법을 소개하고자 한 다. 내가 CDA라는 용어를 피하는 이유는 다음과 같다. CDA라는 말이 담화 분석의 한 방법임을 나타내기는 하나 비판적 관점이나 태도로 인문학과 사회 과학의 많은 다른 방법들까지 아우르는 담화 연구(DS) 라는 암시를 주지는 못하기 때문이다.

CDS의 비판적 접근법은 방법론보다 연구자들에게 특히 주목할 만 하다. CDS 연구자들과 그들의 연구가 사회정치적으로 사회 평등과 정의에 기여해 왔기 때문이다. 그들은 특히 권력의 남용이 담화적으 로 (재)생산되고 그렇게 지배가 이루어지는 것에 저항하는 데에 관심을 갖고 있다. 그들의 목표, 이론, 방법론, 자료 및 기타 학술적 실천들도 그런 저항에 학문적으로 기여하기 위해 선택된 것이다. CDS는 그래서 규칙 지향적이기보다 문제 지향적이며, 학제적 접근을 필요로 한다.

또, 담화에 대한 그들의 비판적 접근법은 윤리학을 전제한다. 따라서 권력을 지닌 텍스트나 말의 형식이 종종 인권과 사회권을 침해한다는 이유로 불평등하거나 부당하다고 결론내리기도 한다. 실제로 성차별주의나 인종주의 담화는 젠더와 인종 평등, 정의에 대한 기본적 규범과 가치를 무시하고 있음이 발견된다.

2. 담화-인지-사회의 삼각형

담화에 대한 사회인지적 접근법은, 더 넓어진 비판적 담화 연구라는 영역 속에서 담화-인지-사회의 삼각형적 접근을 취한다.

CDS 연구의 모든 접근법이 담화와 사회의 관계를 연구하지만, 사회인지적 접근법은 이러한 관계가 인지적으로 매개됨을 주장한다. 담화 구조와 사회 구조는 서로 다른 특성을 지니므로 이 둘은 한 사람의 개인이자 사회 구성원인 언어 사용자의 정신적 표상을 통해서만 연결될 수 있다.

따라서 사회적 상호작용, 상황, 구조는 그런 사회적 환경에 대한 사람들의 해석을 통해서만 텍스트와 말에 영향을 줄 수 있다. 그리고 역으로 담화도 정신 모형, 지식, 태도, 이데올로기라는 인지적 접점을 통해서만 사회적 상호작용과 사회 구조에 영향을 줄 수 있다.

대부분의 심리학자들에게 이런 인지적 매개는 근본적인 것이고 그

만큼 명확한 것이다. 그러나 오늘날에도 여전히 담화에 대한 수많은 상호작용주의적 접근법들은 수십 년 전 행동주의처럼 반인지적인 경향이 있으며, 직접 '관찰 가능'하거나 사회적으로 '쉽게 접근 가능한' 것에만 주목한다. 이런 경험주의의 한계는 문법적인 구조와 담화적인 구조들, 특히 의미, 화용, 상호작용적인 것들이 관찰 가능한 것이 아니며 실제 일어난 담화나 행동에 대한 언어 사용자들의 인지적 표상 또는 추론임을 무시한다는 점이다. 실제로 언어 사용자들은 그저 행위(의사소통, 말하기, 쓰기, 듣기, 읽기 등)만 하는 것이 아니라 행위와 동시에 생각을 한다.

삼각 모형에 따른 인종주의 담화의 사회인지적 해석

담화-인지-사회의 삼각 모형에 따른 사회인지적 접근법의 타당성은 인종주의 담화를 예로 설명할 수 있다. 먼저, 이 이론의 담화적 요소는 인종주의적 텍스트와 말하기의 여러 가지 구조들이다. 이를테면 '우리'와 '그들'을 이데올로기적으로 양극화한 많은 구조들 중에서도 특정 주제, 소수자나 이주자에 대한 부정적 기술, 책임 부인, 어휘와 문법 구조, 토포스, 논증, 은유 같은 것들이다. 둘째로, 담화 구조는 기저에 존재하여 사회적으로 공유되는 민족적 편견 및 인종주의 이데올로기, 그것들이 언어 사용자 개개인의 정신 모형에 영향을 주는 방식이라는 측면에서 해석되고 설명된다. 셋째로, 담화와 그 바탕에 깔려 있는 인지 구조는 소수집단이나 이주자들을 대상으로, 힘을 가진 백인 집단에 의해 행해지는 민족적 지배와 불평등을 사회적, 정치적으로 (재)생산하는 기능을 한다. 소수집단과 이주자들은 강력한 상징적 엘리트와 조직, 예를 들어 정치, 매스미디어, 교육 같은 공공 담화에 접근할 특권을 가진 이들에 의해 통제된다. 이 이론과 분석의 각 요소들은 그 사회의 인종주의 담화를 설명할 때 꼭 필요한 것들이다. 인종주의와 반인종주의 연구에 삼각 접근법이 필수적임을 다음 사례에서 살펴보겠다.

2.1. 사례: 2014년 유럽 의회 선거의 인종주의 프로파간다

2014년 유럽 의회 선거에서는 극우뿐만 아니라 다른 많은 정당들이 선거에서 이기기 위해 정도 차이는 있을지라도 인종주의와 외국인 혐오 프로파간다를 내세웠다. 예를 들어, 영국독립당(the United Kingdom Independence Party, UKIP)은 〈그림 3.1〉과 같은 광고판을 사용했다.

〈그림 3.1〉 2014년 유럽 의회 선거에 사용된
영국독립당의 선거 광고

이 광고판에 대한 비판적 관점의 사회인지적 분석은 먼저 **담화적이면서도 기호적인 구조**에 대한 것이다. 이를테면 숫자의 전략적 사용(2,600만 명), 수사적 질문(그들이 원하는 것은 누구의 일자리인가?), 명령 또는 권고

(되찾으십시오, 투표하십시오), 소유 대명사들(우리 나라)과, 또 한편으로는 독자를 손가락으로 가리키는 사진, 뚜렷이 구별되는 색깔이 그것들이다. 담화-기호적 분석의 이런 부분들은 프로파간다의 암시적이고 함축적인 의미를 다루는데, 예를 들어 유럽(영국에서는 유럽 대륙을 의미함)의 실업자들이 영국의 일자리를 원하고 있으며, 기호학적으로 이 의미는 손가락으로 영국의 광고판 독자들, 즉 당신을 가리키는 것으로 표현되어 있다는 것이다. 마찬가지로, '우리 나라'라는 표현은 맥락상 영국을 나타내고, '되찾으십시오'는 '우리'가 '우리' 나라의 통제력을 잃어 왔다는 것을 전제하고 있다.

이런 간단한 광고판 담화 분석조차 메시지를 해석하기 위해 다양한 **인지 구조**가 필요하다. 이 메시지는 이를테면 영국의 실업률 현황과 다수의 (그 중 대부분은) 동유럽 출신인 이주 노동자들의 유입, 그에 따른 끊임없는 논쟁과 권리 주장 등 사회문화적 지식을 모르면 의미가 잘 전달되지 않는다. 또한 이 광고판은 여러 규범과 가치들 중에서도 영국 노동자들이 외국 노동자들보다 우선시되어야 한다는 영국독립당의 외국인 혐오적 태도를 나타낸다. 이런 태도는 내집단과 외집단을 양극화하는 더욱 근본적인 인종주의 이데올로기에 근거한다. 이는 다른 여러 사회 정치 영역에서 (인종적으로) 내집단의 우월함 또는 우선권을 강조하면서, 한편으로 이주자들이나 소수자들을 범죄와 연관시키는 등의 다른 많은 외국인 혐오적이거나 인종주의적인 태도로 구체화되기도 한다.

마지막으로, 이런 담화적이고 인지적인 구조들은 영국독립당과 광고판의 독자들 특히, (아래에서 다룰) 참여자들의 맥락 모형에 따르면, 직시 표현 우리 (나라)에 의해 지시되는 (백인) 영국 시민들 간의 의사소통적 **상호작용**을 통해 비로소 그렇게 기능하게 된다. 이 맥락 모형은

배경(시간: 선거 일자—5월 22일로 표현됨, 공간: 우리 나라로 표현됨), 참여
자들(과 그들의 정체성: 영국독립당, 영국 시민), 행위(선거 광고와 되찾으십
시오라는 명령), 목표(영국독립당에게 투표하는 것)라는 요소로 이루어진
다. 맥락 모형에서 영국 독자들은 분노나 공포 같은 감정적 특징도
지니는 것으로 설정된다. 사회·정치적인 **거시구조**의 층위에서 영국독립
당의 광고 행위는 국가(영국)의 일부이자 국가들의 조직(EU) 및 그
기관(유럽 의회)의 일부로서 정치 체계의 한 부분을 담당하는 정당의
조직적 의사소통 행위의 한 형태(프로파간다)이며, 다른 한편으로는
이른바 공포 정치의 양상을 띠는 영국과 유럽의 백인 우월 인종주의
의 한 형태이기도 하다.

(사회인지적인 비판적 담화 분석을 어떻게 하는가에 대해 간단히 요약한) 지금
까지의 분석에 이어 담화에 대한 사회인지적 분석의 세 차원을 좀
더 자세히 살펴보겠다.

3. 인지적 요소

사회인지적 접근법 중 담화의 인지적 요소에 대해서는 일반적으로,
그리고 CDS 연구에서도 그리 주목하지 않았지만, 여기에서는 좀 더
특별한 관심을 기울여 보겠다. 인지적 요소는 정신과 기억을 다루며
특히 담화의 생산, 이해에 관여하는 인지적 처리 과정과 표상을 다
룬다.

인지 구조

기억(memory). 뇌에서 실행되는 기억 또는 정신 활동은 단기 기억(Short Term Memory, STM)이라고도 불리는 작업 기억(Working Memory, WM)과 장기 기억(Long Term Memory, LTM)으로 구분된다. 장기 기억은 한편으로는 자전적 경험에 대한 기억과 지식이 일화 기억(Episodic Memory, EM)으로 저장되고 사회적으로 공유되는 일반적 지식, 태도, 이데올로기는 의미 기억(Semantic Memory, SM)으로 저장된다는 특징이 있다.

정신 모형(mental models). 작업 기억에서 처리된 개인적 경험은 주관적이고 고유한 개인의 정신 모형에 표상되고, 일화 기억에 저장된다. 정신 모형은 시공간적인 배경, 참여자들(과 그들의 정체성, 역할, 관계), 행위/사건, 목표라는 표준적인 위계 구조를 지닌다. 그리고 이 범주는 그 경험을 기술하는 문장들의 의미론적 구조에도 나타난다. 정신 모형은 다중모드적이며 구체적인 형태로 드러난다. 그것은 경험에 대한 시각적, 청각적, 감각적, 평가적, 감정적 정보라는 특징을 띠고 뇌의 서로 다른 부분에서 달리 처리된다.

사회적 인지(social cognition). 인간의 정신 모형은 개인적이고 고유한 것이지만, 사회적으로 공유되는 다양한 형태의 인지적 측면 또한 지니고 있다. 그래서 우리는 모두 같은 인식 공동체의 구성원들과 공유하는, 세계에 대한 포괄적이고 추상적인 지식을 갖게 된다. 한 사회 집단의 구성원으로서 어떤 태도(예를 들어 낙태, 이주, 사형 제도에 대한 것) 또는 더 근본적인 이데올로기를 공유하기도 한다. 인종주의, 성차별주의, 군국주의, 신자유주의와 그 반대의 반인종주의, 페미니즘, 사회주의, 평화주의, 환경주의 같은 것들이 그 예이다. 우리의 개인적 경험은 해석되는 것이고, 그런 이유로 정신 모형으로 이해되고 표현될 수 있으며 이는 다양한 형태의 사회적 인지에 기반을 둔다. 따라서 개인의 고유한 정신 모형은 같은 공동체나 집단의 다른 구성원들과 거의 유사하다. 인간 인지의 이런 중요한 특징은 협력, 상호작용, 의사소통을 가능하게 하고 그리하여 담화가 이루어지게 한다.

3.1. 담화 처리 과정

담화는 이런 인지 구조를 기반으로 전략적으로 생산되고 이해된다. 담화의 단어, 구, 절, 문장, 단락 혹은 말차례는 작업 기억에서 연쇄적으로 처리되고, 장기 기억에서 정신 모형, 지식(그리고 때로는 이데올로기)에 의해 표상되고 통제된다.

담화 처리 과정의 정신 모형은 다음과 같이 두 가지 유형으로 구분된다.

a. **상황 모형**(situation models)은 담화가 다루는, 즉 그것이 언급하는 상황을 나타내며, 그렇기 때문에 **의미적 모형**이라고도 한다. 위에서 본 영국 독립당의 포스터는 다가오는 유럽 의회 선거에 대한 것이다. 이 모형은 담화에 대한 개인적 의미 이해나 해석을 처리하고, 의의나 (부분적, 전체적) 일관성을 판단한다. 언어 사용자들은 그들 사이에 공유되어 있는 지식을 적용해 상황 모형에 관련된 양상을 추론하기 때문에 정신 모형이 담화에 명시적으로 표현된 의미보다 더 복합적이고 온전하다.

b. **맥락 모형**(context models)은 역동적으로 변화하는 의사소통의 맥락이나 경험을 진행되는 그대로 반영하는 것으로, 언어 사용자들도 지속적으로 여기에 관여한다. 모든 정신 모형이 그렇듯이 맥락 모형도 주관적이며 그래서 각각의 참여자가 의사소통 상황을 어떻게 이해하고 인지하는지를 보여 준다. 또 의사소통의 상황에 관해 담화의 적절성을 판단하므로 **화용적 모형**이라고도 한다. 맥락 모형은 단지 상황 모형에서(예: 개인적 경험) 적절하게 이야기될 수 있는 또는 이야기되어야 하는 정보가 무엇인지 통제할 뿐만 아니라, 특히 그것이 어떻게 이루어져야 하는지도 통제한다. 실제로, 우리는 동일한 경험(따라서 정신 모형이 동일함), 예를

들어 같은 침입 사건에 대해 말할 경우에도 친구에게 말할 때는 경찰에게 말할 때와 다른 방식(또는 스타일)으로 이야기한다.

우리는 광고판의 경우, 참여자들(영국독립당, 영국 시민들)이 사용할 법한 맥락 모형의 요소가 무엇인지(배경 등)를 살펴보았다. 맥락 모형은 이 광고판의 장르를 정치적 선거 프로파간다의 한 형태로 규정하고 있다. 참여자가 지닌 맥락 모형의 변항들은 의사소통 상황의 배경, 참여자, 행위, 목표를 나타내는 지표적 표현들(영국독립당의 텍스트에서 우리 나라 또는 5월 22일, 영국독립당에 투표하십시오 등)뿐만 아니라 화행(명령과 권고: 투표하십시오!), 그리고 그런 정치적 프로파간다가 작동하는, 연관된 사회정치적 구조(선거 등)를 분석함으로써 채워질 수 있다.

그러므로 텍스트나 말의 이해는 의미 구조가 일화 기억 기저의 상황 모형과 관련되는 바로 그 지점 때문에, 작업 기억 내에서도 문장 단위, 담화를 연쇄적으로 분석, 해석하는 전략적 과정을 갖게 되는 것이다. 역으로, 개인적 경험에 대한 담화의 생산도 담화의 의미 구조 가운데 상황 모형에서 화용적으로 적절한 정보를 선택하는 데서 시작된다. 그리고 맥락 모형의 통제 과정을 거쳐 그 의미들이 어떤 담화 장르(대화, 이메일, 강의, 뉴스 보도, 또는 경찰 보고서)로, 어떻게 적절하게 만들어질지 결정된다.

3.2. 지식

모든 인지, 그리고 이에 따른 사고, 인식, 이해, 행위, 상호작용 및 담화의 기반은 우리의 생애를 통해 축적된 지식 체계이며 인식 공동체의 구성원들에 의해 공유되어 온 것이다. 비록 지식 체계의 정확하고도 전체적인 구조는 아직 알려져 있지 않으나 국부적으로는 다양한 유형의 개념과 스키마(schema)들의 위계적 범주, 예를 들어 매일 있었던 일들의 스크립트, 사물과 사람 또는 집단에 대한 스키마 등으로 조직되어 있다고 한다. 지식은 각 공동체의 (역사적으로 발전하는) 인식 기준을 충족시키는 믿음으로 정의할 수 있는데 이를테면 신뢰할 수 있는 인식, 담화, 추론 같은 것이다.

사회적으로 공유되는 일반적 지식들은 사건과 상황에 대한 개인의 경험, 인식 그리고 해석을 표상하는 개인의 정신 모형이라는 구성물 속에서 '구체적으로 사례화된다(적용된다)'. 지식은 부분적으로는 이런 정신 모형의 일반화, 추상화를 통해 습득되고 확장되는데, 이는 경험에 대한 담화(이야기, 뉴스)뿐만 아니라 예를 들어 부모-아이 간 담화, 교과서, 매스미디어와 같이 그런 지식을 직접적으로 표현하는 교육적이고 설명적인 담화에 의해서도 이루어진다.

지식과 담화의 관계는 서로에게 다 매우 결정적인 것이다. 경험에 기반하지 않은 대부분의 지식은 담화에 의해 습득되며, 담화의 생산과 이해 역시 사회적으로 공유되는 방대한 양의 지식을 필요로 한다. 담화의 많은 구조가 문장의 화제-초점 표시, (부)정관사, (지식의 출처를 나타내는) 근거, 함의, 함축, 전제, 논증 등의 예와 같이 인식론적 용어를 통한 기술과 설명을 필요로 한다.

참여자의 지식은 상호작용적 말하기뿐 아니라 담화의 모든 처리 과정에서 매우 중요하기 때문에 의사소통 상황의 일부일 수밖에 없다. 그래서 맥락 모형은 특별한 지식 장치를 지닌다. 이 장치는 담화 처리 과정의 각 순간마다 수신자들이 (이미) 공유하고 있는 지식은 무엇인지, 그에 따라 전제된 공통의 근거는 무엇인지, 그리고 어떤 지식이나 정보가 (아마도) 새로운지, 그래서 무엇이 주장되어야 하는지를 '계산'한다. 이 지식 장치는 위에서 언급한 방대한 양의, 인식과 관련된 담화의 구조들을 통제한다.

특히 CDS에 있어서 지식은 권력의 원천이다. 사회의 어떤 집단이나 조직은 전문적 지식에 접근할 수 있는 특권이 있으며 그래서 공공 담화와 그에 후속하는 행위들을 조작하거나 혹은 통제할 수도 있을 것이다. 위에서 분석한 광고판에서도 영국독립당은 그렇게 영국 시민들을 조종하기 위해 EU의 실업률 통계에 대한 지식을 사용한다. 수백만의 실업자들이 영국에 와서 일자리를 차지하길 원할 것이라는 점을 암시함으로써 말이다.

3.3. 태도와 이데올로기

사회적 지식이 인식 공동체나 문화의 모든 또는 대부분의 구성원들에게 공유되는 믿음으로 정의되는 반면, 특정한 집단에게만 공유되는 사회적 (대개의 경우 평가적인) 믿음의 형태도 존재한다. 그것이 바로 태도와 이데올로기이다. 대부분의 사람들이 낙태나 이주에 대한 생각을 갖고 있다. 그러나 어떤 집단들은 그에 대해 다른 태도를 가질 수 있다. 예를 들어 좋은 것인지 나쁜 것인지, 금지된 것인지 또는 허용된 것인지가 그들 내면의 이데올로기에 따라 달라지는 것이다.

비록 그렇게 공유된 사회적 태도의 명확한 정신 구조는 여전히 밝혀지지 않았지만 우리가 갖고 있는 대부분의 믿음들이 그러하듯이 이 역시 스키마를 통해 형성되었을 것이다. 예를 들어 이주에 대한 태도는 이주자의 정체성, 출신, 특성, 그들의 행위와 목표, '우리 내부' 집단과의 관계에 대한 믿음을 특징으로 하는 것이며 이는 각각 규범이나 가치에 근거한 긍정적 혹은 부정적 평가와 관련된다. 이에 따라 영국독립당의 프로파간다도 실업자인 외국인이 '우리의 일자리를 차지한다'는 외국인 혐오적 태도를 드러낸 것이다.

태도는 좀 더 구체적인 태도의 습득이나 변화를 지배하는, 더 근본적인 이데올로기에 바탕을 두며 이에 의해 조직되는 경향이 있다. 따라서 인종주의 이데올로기는 이주, 소수자 우대 정책, 할당제, 민족적 다양성, 문화적 관계와 다른 많은 것들에 대한 부정적 태도를 지배할 수 있다.

사회적 인지의 많은 부분에 대해 그러하듯이 우리는 여전히 이데올로기도 분명히 정신적으로 형성되는 것이라는 점을 가볍게 보는 경향이 있다. 그러나 정체성, 행위, 목표, 다른 집단과의 관계, 자원 또는 이해 관계 등의 보편적 범주들은 이데올로기적 담화에도 자주 나타난다. 이런 것들은 모두 집단을 사회적으로 판단하는 데에 결정적 작용을 하며 특히 '우리' 대 '그들'이라는 집단에 대한 양극화된 구조는 모든 이데올로기적 담화뿐 아니라, 집단 간의 권력 남용, 지배, 경쟁 그리고 협력도 통제한다.

특정한 태도뿐 아니라 보편적인 이데올로기도 개인의 경험들을 지배한다. 즉, 이데올로기적 집단 구성원들의 정신 모형을 지배하는 것이다. 그리고 이렇게 (편향된) 모형이 담화를 지배하면, 그것은 종종 양극화된 이데올로기적 담화 구조를 통해 표현된다. 우리는 그런 이데올로기적 담화에서 '우리(Our)' 집단의 긍정적 표상과 '타자(Others)' 집단의 부정적 표상을 관찰할 수 있다. 이는 언제나 의사소통의 상황 즉 이 글에서의 맥락 모형에 따른 것으로, 텍스트나 말의 모든 층위 이를테면 화제, 어휘, 기술, 논증, 스토리텔링, 은유 등에 나타나게 된다. 영국독립당의 광고판이 바로 그런 현상을 보여 주고 있다. '타자'가 '우리'를 위협하는 것으로 표상되는 것이다.

3.4. 인지적 요소의 관련성

개인적 인지와 사회적 인지를 간단히 요약하면서 우리는 이미 인지적 요소가 일반적인 담화 이론에서 그리고 특히 비판적 연구에서 매우 중요하다는 결론을 내릴 수 있었다. 담화, 상호작용, 의사소통의 부당한 형태들뿐 아니라 권력과 권력 남용, 지배와 조작도 사회 구조와 사회 집단의 관계에 뿌리를 두고 있다. 그러나 어떻게 그런 복합적인 사회 구조가 실제 텍스트와 말의 구조에까지 영향을 미치는지 또는 역으로도 그러한지 설명하기 위해서는 인지적 매개가 필요하다. 이러한 매개는 집단 구성원들이 공유하는 지식과 이데올로기의 측면에서, 그리고 결국 이것들이 개인의 담화 구조를 지배하는 정신 모형에 어떻게 영향을 미치는지의 측면에서 정의된다. 만일 담화가 (개인적이면서도 사회적인) 인지적 표상에 의해 매개되지 않고, 직접적으로 사회구조에 의해 좌우된다면, 동일한 사회적 상황에서 나오는 담화는 모두 똑같을 것이다. 그러므로 의미와 화용의 모형은 모든 텍스트와 말의 고유함을 설명해 준다.

기저의 인지 구조는 담화 구조를 통해 다양한 방식으로 표현되거나 담화 구조를 지배하기 때문에 인지 및 사회심리학, 사회 과학 같은 분야에서 그러하듯이 상세한 담화 분석은 결과적으로 인지 구조를 평가하는 타당하고 섬세한 방법론이 될 수 있다. 그러나 그런 방법론이 순환론적이지는 않은데, 그 이유는 내면의 인지 구조가 단지 담화에만 명백하게 나타나는 것이 아니라 차별, 배제, 폭력 같은 다른 사회적 관행에도 나타나기 때문이다. 또한 그런 인지 구조는 참여자들의 맥락 모형에 따라 텍스트와 말에 (많은 지식의 경우가 그러하듯이) 암시적으로 또는 변형되어 나타날 수도 있다. 이를테면 인종주의 이데올로기와 태도가 항상 담화에 있는 그대로 표현되는 것이 아니라 어떤 의사소통 상황에서는 전략적으로 조정되거나 부인될 수도 있는 것이다('나는 인종차별주의자는 아니지만…!').

4. 사회적 요소

담화에 대한 비판적 연구에서 사회적 요소는 분명히 중요한 역할을 한다. 우리는 지배 집단의 권력 남용이나 피지배 집단의 저항뿐만 아니라 거시 구조들 가운데 조직체, 제도, 기업, 국민국가에 대해서도 다룬다. CDS에서는 특히 공공 담화를 직간접적으로 통제하는 집단과 조직체뿐만 아니라 그것을 이끄는 사람들 예를 들어 정치, 매스미디어, 교육, 문화, 비즈니스 기업 같은 영역의 상징적 엘리트들에게도 관심이 있다.

담화적 지배와 저항에 대한 사회적 관점에서의 설명 중 일부는 사회적 인지 즉 이 사회적 조직체의 구성원들이 공유하는 특정한 지식, 태도, 이데올로기의 측면에서 이루어졌다.

더 사회학적인 접근법은 한편으로는 사회 구성원의 일상적 상호작용이라는 미시적 층위에 초점을 맞추고, 다른 한편으로는 집단과 조직체의 전반적 구조와 관계라는 거시적 층위에 초점을 둔다. 예를 들어 우리가 신문에서 읽거나 텔레비전에서 본 많은 정보는 한편으로는 미디어 조직 내부에서 뉴스를 생산하는 내적 체계에, 다른 한편으로는 그런 대기업들과 정부, 정당 또는 사회 집단의 관계에 의존한다.

이런 상층의 사회적 거시구조는 실제로 사회 체제의 가장 기본적인 미시적 층위에 있는 구성원들의 일상적 행위와 상호작용에 의해 작동되고 재생산된다. 그리고 이러한 국부적인 (상호)작용의 많은 부분은 텍스트와 말에 의해 수행된다.

담화, 인지, 사회의 관계에 대한 사회인지적 설명의 전체 구조는 〈표 3.1〉로 요약할 수 있다.

〈표 3.1〉담화에 대한 사회인지적 접근법의 구조

구조의 층위	인지	사회
거시적	사회적으로 공유된 지식, 태도, 이데올로기, 규범, 가치	공동체, 집단, 조직체
미시적	사회 구성원들의 (경험에 의한) 개인적 정신 모형	사회 구성원들의 상호작용/담화

4.1. 권력과 지배

CDS는 특히 담화적 권력 남용이나 지배에 대한 비판적 분석에 관심이 있으므로 이 이론의 사회적 요소를 이루는 복합적 개념들을 간단히 정의할 필요가 있겠다.

권력과 지배는 여기서 사회 집단이나 조직체 간의 통제라는 특정한 관계로 정의되며 사람과 사람 간의 관계가 아니다. 지금까지의 논의에서처럼 통제는 사회적 차원과 인지적 차원을 지닌다. 한편으로는 피지배 집단과 그 구성원들의 행위(따라서 담화)에 대한 통제이며 다른 한편으로는 그들의 정신 모형, 지식, 태도, 이데올로기 등 개인적 인지와 사회적으로 공유되는 인지에 대한 통제이다.

담화는 권력의 행사에 핵심적 역할을 한다. 이는 피지배 집단(의 구성원)을 통제할 수 있는 여타의 사회적 행위와도 유사하다. 말하자면 법, 명령, 금지 규정뿐만 아니라 담화를 통해서도 권력이 행사되는 것이다. 담화는 또한 사회적 인지를 표현하기에 어떤 집단과 그 구성원들의 '생각을 관리'할 수도 있다.

집단의 권력은 재산이나 자본 같은 물질적 권력 자원에 기반을 두지만 지식, 지위, 명성, 공공 담화에 대한 접근 같은 상징적 권력 자원에도 기반을 둔다. 인종과 피부색, 출신, 국적이나 문화가 그 예다.

권력이라는 중대한 개념을 정의하며 우리는 세 가지 핵심 요소가 필요함을 다시 한 번 확인한다. (i) 집단과 조직 통제의 거시적 층위, 구성원과 상호작용 통제의 미시적 층위로 정의되는 사회. (ii) 구성원들의 개인적 정신 모형, 또는 집단과 조직이 공유하는 지식과 이데올로기로 이루어지는 인지. (iii) 상호작용을 통제하는 형태이자 개인적, 사회적 인지를 유도하는 표현으로서 집단 또는 조직 구성원들에 의해 이루어지는 담화.

일반적으로 권력은 이를테면 민주 사회에서 또는 가정 내 부모와 아이들의 관계에서처럼 타당하게 작용하는 것으로 비치는 일면이 있으나 CDS에서는 **남용되는 권력**이나 **지배**라는 측면에 특히 더 주목한다. 권력의 이런 '부정적' 측면은 타당성, 규범 위반, 인권 침해 등의 관점에서 확인된다. 이는 통제가 전형적으로 권력을 가진 집단의 이익에 도움이 되고, 덜 가진 집단의 이익에는 반한다는 것과도 관련된다. 그러므로 인종주의는 백인(유럽인)의 이익을 위한 편에 서서 백인이 아닌(유럽인이 아닌) 사람들의 이익에 반하는 지배의 사회적 체계인 셈이다.

5. 담화적 요소

여기서 제시한 인지적 요소와 사회적 요소의 세세한 내용들은 심리학자, 사회학자와 협력하여 더 구체적 논의를 진행할 필요가 있겠으나 담화적 요소는 명백히 비판적 담화 분석자들의 주된 과업이다. 언어학자들의 심리언어학이나 사회언어학 연구 사례에서와 마찬가지로 담화분석 역시 다른 요소들과의 관계를 설정할 필요가 있다.

비판적 담화 분석자들은 담화 구조들에 대한 그들만의 이론을 꼭 필요로 하지는 않으며 대부분 다른 담화 분석자들과 폭넓게 이론을 공유하는 편이다. 그러나 일반적으로는 담화의 구조적 이론들을 넘어선다. 그리고 사회에서 남용되는 권력의 (재)생산 또는 그렇게 이루어지는 지배에 대항할 때 담화가 어떻게 관여하는지를 기술하고 설명하고자 한다. 이와 같은 접근법에서는 담화적 지배에서 지식, 태도, 이데올로기가 하는 역할을 설명하는 데 필요한 인지적 요소를 함께 다룬다.

5.1. 담화의 구조

이 절에서는 CDS에 한정되는 것만은 아닌, 담화에 대한 구조적 설명을 간단히 하고자 한다. 그 설명은 처음에는 문장의 음운론적, 형태론적, 통사론적, 의미론적 구조를 다루는 구조주의 문법, 기능주의 문법, 혹은 생성 문법을 확장하면서 이루어졌다. 이를테면 문장의 억양이나 통사 구조가 텍스트나 말 속에서 이전 문장이나 말차례 구조에 따라 달라질 수 있다는 것이다.

텍스트 또는 담화 문법 특유의 이런 설명은 담화가 국부적, 전체적으로 갖는 의미적 일관성에 대한 것이었다. 그것은 한편으로 (일반화나 특수화와 같은) 명제들 간의 기능적 관계, 또 다른 한편으로는 의미적 거시구조의 측면에서 이루어졌다. 그러나 다음 단계로 가면 일관성 같은 근본적인 개념은 명제들(의미들) 간의 관계만으로는 설명될 수 없고, 그 담화가 무엇을 다루는지에 관한 정신적 표상의 측면에서 설명될 필요가 있다. 그것이 바로 정신 모형이다. 예를 들어 정신 모형 안에서 사건들 간의 인과적 또는 시간적 관계가 표상되고 그렇게 해서 그 모형에 기반한 담화의 국부적 일관성의 토대도 제공되는 것이다.

문장 층위를 넘어선 담화 구조에 대한 초기의 문법적 설명 후에, 담화에 대한 여러 이론들이 문법 중심의 일반 언어학적 범주로는 기술될 수 없는 많은 구조와 전략들을 소개해 왔다. 그에 따르면 담화 장르들은 장르만의 특정한 범주와 함께 전체적인 스키마 조직(또는 상부 구조)을 가진다. 이야기, 뉴스 보도, 학술 논문 등의 경우 장르에 따라 요약(헤드라인, 제목, 개요, 발표문 등), 서론이나 도입, 전개, 흥미로운 사건이나 실험, 문제 해결, 논평, 결론이나 결말 등을 지닌다. 마찬가지로 일상적 토론, 과학 기사, 사설과 같은 논쟁적 장르는 다양한 종류의 논증과 결론을 특징으로 할 것이다.

대화 분석(Conversation Analysis)은 말차례, 부차적 연속체, 주제, 다양한 형태의 구조(예를 들어 어떻게 대화를 시작하거나 끝내는가 또는 주제를 바꾸는가)와 같은 특정한 상호작용적 말하기 단위와 구조, 전략들을 소개하였으며 예를 들어 동의(또는 반대), 지지 또는 준비를 하면서 각각의 말차례나 부분들이 그 앞이나 다음 부분과 어떻게 연관될 수 있는지를 다루었다.

이 각각의 분야에서는 지난 10여 년 간 전통적 언어학의 문장에 대한 문법을 훨씬 넘어서는, 텍스트와 말에 대한 정교하고 구조적인 설명, 곧 발전이 이루어졌다.

5.2. 담화의 이데올로기적 구조

CDS 연구 특유의 지점은 바로, 남용되는 권력의 (재)생산에 관여하는 담화의 구조를 분석하는 것이다. 권력과 권력 남용이 사회 집단이나 조직 간의 관계라는 측면에서 설명되고, 담화가 일반적으로 그에 관한 이데올로기적 기반을 형성하기 때문이다. 그럼 잠시 지배적 사회 집단의 내면에 있는 태도와 이데올로기를 드러내는 담화 구조에 초점을 맞춰 보자.

만일 이데올로기가 사회적 집단들의 정체성, 특징, 관계(친구 또는 적), 이해 관계에 대해 앞에서 가정한 기본 범주들(정체성, 행위 등)로 이루어진 스키마 구조를 지닌다면, 그렇게 화용적으로 통제된 표현들이 이데올로기적 담화의 특징이 될 수 있을 것이다. 다음은 담화의 이데올로기적 구조 중 일부이다.

- **양극화**. 기저의 이데올로기는 내집단을 긍정적 표상으로, 외집단을 부정적 표상으로 극단화한다. 이런 양극화는 담화의 모든 층위에 영향을 준다.
- **대명사**. 이데올로기화된 집단의 한 구성원으로서 언어 사용자(조직체 같은 집합명사도 포함)는 일반적으로 '우리'(we, us, our) 같은 '정치적' 대명사를 자신과 같은 집단의 구성원들을 지칭할 때 사용한다. 마찬가지로 이들은 경쟁 관계 또는 피지배 집단의 구성원들을 '그들'(they, theirs, them)이라는 용어로 지칭한다. 내집단과 외집단에 대한 담화 전체의 양극화를 바탕으로 대명사적 표현 '우리' 대 '그들'이라는 대립쌍이 나타난

다. 외집단에 대한 거리감이나 부정적 견해는 '그 사람들(Those people)…' 과 같은 표현에서처럼 소유격으로도 나타날 수 있다.

- **정체성 확인**. 집단과 관련된 이데올로기의 주요 범주는 정체성이다. 이데 올로기화된 집단의 구성원들은 '자신이 속한' 집단과 자신을 동일시하 며 여러 가지 방식으로 그것을 표현한다. 예를 들어 페미니스트로서 나는/ 우리는…, 평화주의자로서 하는 말인데 나는/우리는… 등의 표현들이다.

- **긍정적 자기 기술과 부정적 타자 기술의 강조**. 이데올로기는 보통 긍정적 자기-스키마로 구성된다. 내집단-외집단의 이데올로기적 양극화의 영 향 아래서는 긍정적인 자기 기술(예를 들어 국수주의적 담화에서는 전 형적으로 자기 나라에 대한 미화를 찾을 수 있음)과 부정적인 타자 기 술(예를 들어 인종주의 담화나 외국인 혐오주의 담화)이 강조될 것이 다. 그런 한편 우리의 부정적 속성(예를 들면 우리의 인종주의)은 그들 의 긍정적 속성의 경우와 마찬가지로 못 본 척 하거나 완화한다. 내집단 과 외집단의 좋은 점 혹은 나쁜 점에 대한 과장된 강조와 완화의 수사적 결합은 **이데올로기 사각형**(Ideological Square)이라고 불린다.

- **행위**. 이데올로기화된 집단은 보통 그들이 하는 일, 다시 말하면 그들의 전형적인 행위가 무엇인가에 의해 (스스로) 정체성이 확인된다. 그러므 로 이데올로기적 담화는 전형적으로 '우리'가 하는 일과 해야만 하는 일, 예를 들어 집단(또는 국가)을 방어하거나 보호하는 것 또는 어떻게 외집단을 공격, 주변화하거나 통제할지 등을 다룬다.

- **규범과 가치**. 이데올로기는 자유, 평등, 정의, 독립, 자율성의 경우에서와 같이 (좋은) 행동 규범이나 추구해야 할 가치를 기반으로 한다. 이러한 것들은 담화 특히 집단들에 대한 평가적 진술에서 다양한 방식을 통해 명시적 또는 암시적으로 표현되며 특히 우리가 성취하고자 하는 목표 로 드러난다.

- **이해 관계.** 이데올로기적 투쟁은 권력과 이해 관계에 대한 것이다. 그렇기 때문에 이데올로기적 담화는 일반적으로 기초적 자원(음식, 거주지, 건강)과 같은 이익의 문제뿐만 아니라 지식, 지위, 공공 담화에 대한 접근성 등 상징적인 자원에 대해서도 많은 언급을 한다는 특징을 보인다.

이런 이데올로기적 구조와 전략들을 위해, 담화 장르에 따라 그것을 표현하는 많은 국부적 단위와 방식들이 있다. 예를 들어 우리의 좋은 점과 그들의 나쁜 점을 강조하기 위해서는 헤드라인, 전경화, 주제어나 단락의 배열 순서, 능동문, 반복, 과장, 은유 등과 같은 것을 이용할 수 있다. 역으로 우리의 나쁜 점을 완화하기 위해서는 완곡법, 수동문, 배경화, 소문자, 암시적 정보 등을 이용한다.

6. 요소들의 통합

CDS의 사회인지적 접근법은 담화, 인지, 사회를 독립적인 요소로 다루지 않는다. 분석과 이론 모두에서 중요한 것은 이들의 통합이며 이것이 학제적 연구의 중요한 점이다. 담화 구조는 이론적 측면뿐 아니라 동일한 층위 또는 상이한 층위에서 다른 구조들과의 관계와 함께 기술될 필요가 있다. 뿐만 아니라 이러한 구조는 언어 사용자들에 의해 실제 생산, 이해되는 담화의 일부로서 정신 모형, 지식, 이데올로기 등의 정신적 표상이라는 측면에서도 이해될 필요가 있다. 담화 구조와 인지적 기반은 결국 지배나 저항의 (재)생산 같은, 의사소통적이고 사회적인 맥락 안에서 사회정치적이거나 문화적인 기능으로 설명된다.

사례: '파도' 같은 이주

구체적인 사례를 통해 사회인지적 접근법의 세 가지 요소가 통합되는 것을 살펴보겠다.

정치나 미디어에서 이주에 대한 다수의 공공 담화는 파도(WAVE)와 같이 많은 이주자들의 유입에 대한 부정적인 측면을 강조하는 은유로 가득하다. 이러한 어휘 항목들은 의미 또는 수사적 분석의 일부로서, 은유를 통해 그 의미가 확인되고 묘사되며 동일한 담화 내에서 다른 은유들(예를들어 산사태(AVALANCHE), 쓰나미(TSUNAMI) 등)과 번갈아 나타나거나 다른 부정적 묘사와 함께 나타나기도 한다.

다음으로, 그런 은유들은 '많은 사람들'에서처럼 인지적으로 그 담화를 지배하는 다중모드적 정신 모형에 표상된 기저의 개념을 표현하는 것으로 해석된다. 그러나 이 모형은 그 은유의 적절성에 대해서도 설명한다. 왜냐하면 이 은유가 많은 이주자들에게 압도되어 익사하는 공포를 암시하거나 강조하기 때문이다. 파도라는 은유는 대규모 이주라는 추상적인 개념을 인지적으로 구체화한다.

마지막으로, 이런 은유의 사용과 수신자에게 미칠 인지적 효과는 사회적으로 또는 정치적으로 그리 순진하게만 볼 수 없다. 이것이 정말 많은 사람들에게 이주자에 대한 공포심을 불러일으킬 경우, 오히려 이주자에 대한 부정적 속성 중심의 구체적 정신 모형을 일반화하고 반이주자적 태도를 강화시킬 수 있기 때문이다. 지난 수십 년 유럽의 사례에서, 특히 2014년 유럽 의회 선거에서 공포와 부정적 태도는 표를 모으고 이주를 제한하려 하는 많은 정당에 의해 전략적으로 사용되었다. 이와 같이 담화의 국부적 층위에서 사용되는 은유는 경험의 정신 모형을 통하여 정당과 의회의 이주 정책과 제도적 실행, 그리고 사회의 거시 층위에서 이루어지는 외국인 혐오나 인종주의의 재생산으로 연결된다.

사회과학자들이 사회적 삶의 많은 영역에서 이루어지는 인종 차별과 같은 사회 현상이나 문제에 주로 초점을 두는 반면, 담화 분석자들은 담화 구조와 양상에 초점을 맞추어 담화적 관계와 기능, 정신적 기반,

사회정치적 기능을 탐구한다. 일상의 차별, 다른 사회적 행위와의 관련성을 상세히 기술하는 것 외에 많은 사람들이 공유하는, 내면의 인종적 편견이란 측면도 고려할 것이다. 그리고 끝으로, 그러한 편견의 원인을 설명하기 위해 결국 백인 집단 구성원들의 담화를 기록하고 분석할 것이다. 이제 우리는 어떻게 즉 어떤 단계와 층위를 통해 한 사회에서 인종주의의 복합적 체계가 담화적으로 재생산되는지 자세히 살펴보겠다.

7. 저항의 담화: 브라질의 반인종주의 담화

지난 30여 년 동안 많은 연구에서 나는 유럽과 아메리카의 인종주의 담화를 체계적으로 분석하였다. CDS가 체제 비판적 담화도 다룬다는 사실을 강조하기 위해 이 장에서는 반인종주의 담화에 초점을 맞추고 사례를 제시할 것이다. 구체적으로는 브라질의 '인종 평등 법안'에 대한 의회 공청회에서의 반인종주의적 견해에 나타난 담화 전략을 살펴보고자 한다.

7.1. 인종주의

위에서 살펴보았듯이 인종주의란 인종적 또는 민족적 지배의 사회 체제로서 주된 두 하위 체제, 즉 인종주의에 대한 사회적 인지(편견, 인종주의 이데올로기)와 이에 기반한 인종주의의 실행(차별)으로 이루어진다. 인종주의 담화는 차별적 인종주의의 실천적 행위이며, 동시에 인종주의적 편견과 이데올로기를 습득하고 재생산하는 주된 기반이다. 따라서 우리는 사회인지적 접근법에 맞게 담화, 인지, 사회라는 삼각관계의 측면에서 인종주의를 설명하겠다.

인종주의 이론의 사회적 요소에 대한 설명은 그것이 담화적이든 비담화적이든 미시적 층위에서 일어나는 일상적 차별 행위에만 한정되지 않는다. 좀 더 넓게 이주자와 소수자 관련 공공 담화를 통제하는 집단과 조직, 다시 말하면 인종주의적 태도와 이데올로기를 재생산하는 주된 출처에 대해서도 언급한다. 이러한 통제 즉 지배는 정치, 미디어, 교육, 기업의 영향력 있는 공공 담화에 접근할 수 있는 특권을 가진 상징적 엘리트에 의해 행사된다.

유럽과 아메리카의 인종주의는 수 세기 동안 지배적 체제로서 과거의 식민주의와 노예제도를 정당화해 왔고, 오늘날 유럽 국가 대부분의 반이주자 정책, 외국인 혐오, 인종주의 정당들에게서도 여전히 나타나고 있다.

7.2. 반인종주의

대부분은 아니더라도 많은 지배 체제가 의견 차이와 저항, 반대를 유발하며 그것은 처음에는 피지배 집단들 사이에서, 다음에는 지배 집단 내의 반대자들 사이에서 나타난다. 노예 제도 역시 노예제 폐지 운동을 통해 여러 가지 이유(경제적 이유를 포함)로 저항을 불러일으켰다. 식민주의는 식민지에서도, 식민지 본국에서도, 반식민주의와 독립 운동에 의해 부정되고 거부되었다.

오늘날 유럽의 반인종주의 운동, 행위, 정책은 인종주의 및 외국인 혐오적 권력 남용에 저항하는 오랜 전통을 이어 왔다. 이는 영국의 인종평등위원회(Commission for Racial Equality, CRE), 유럽 이사회

(European Council)의 유럽인종차별위원회(European Commission against Racism and Intolerance, ECRI) 같은 공식 기구에서부터 프랑스와 스페인의 SOS-레이시즘(SOS-Racisme)[1]과 같은 수많은 풀뿌리 운동에 이르기까지 다양한 모습으로 나타난다. 반인종주의의 목표와 가치는 아메리카와 유럽뿐만 아니라 많은 나라의 공식 문서, 정책, 그리고 헌법에서 발견된다.

그러나 이러한 공식적 반인종주의 기구, 담화, 풀뿌리 운동에도 불구하고, 유럽과 아메리카에서 반인종주의 체제가 지배적이라고 말하는 것은 널리 퍼져 있는 차별적 관행과 인종주의라는 편견에 모순되는 일이다. 공식적인 반인종주의 담화에도 불구하고 대부분의 유럽 국가에서 반이주자 법안은 점점 더 엄격해졌으며 외국인 혐오적 성향을 지닌 인종주의적 정당들은 지방 선거, 국가적 선거, 그리고 유럽 선거에서 약 25%의 득표율을 차지하고 있다. 또한 보수당과 보수 신문도 극우 인종주의자들과 경쟁하듯 망명 신청자와 이주자에 대한 편견을 표현하고 부채질한다.

미국에서도 인종주의가 이미 지나간 과거의 일이라고 여러 차례 선언되었으나 여전히 반이주자 정책과 관행들이 지배하며 백인-유럽 중심 헤게모니를 재생산하는, 아프리카인과 라틴아메리카인에 대한 다양한 형태의 일상적 차별이 끊임없이 행해지고 있다.

---

1) (옮긴이) 1984년 프랑스에서 시작된 반인종주의 비정부기구(NGO)로서 유럽의 여러 나라에 지부를 두고 있다. https://sos-racisme.org에서 구체적 내용을 확인할 수 있다.

7.3. 반인종주의 이론

반인종주의가 인종주의에 저항하고 반대하는 하나의 체제라면, 반인종주의 이론 역시 인종주의 체제의 배타적 대안의 하나로 형성되었다고 볼 수 있다. 그것은 곧 반인종주의라는 사회적 체제가 사회적 인지(반인종주의 이데올로기 및 태도)에 기반을 둔 사회적 실천(시위 등)의 하위 체제로 이루어진다는 뜻이다. 다시 말해 이는 반인종주의 담화도 반인종주의의 주된 실천 행위로서 그러한 인지가 습득되고 재생산되는 수단임을 의미한다. 실제로 반인종주의는 인종주의와 마찬가지로 생득적으로가 아니라 주로 텍스트와 말에 의해 학습된다. 반인종주의 이데올로기와 태도, 담화 역시 그에 따라 양극화된다. 이 경우에 외집단은 '인종주의자'로 규정되며 내집단은 국제 연합 같은 협력자들이다. 이들의 목표는 인종차별과 싸우는 것이며 평등, 정의, 민주주의 등을 규범과 가치로 내세운다. 반대 체제로서의 반인종주의는 평등이라는 보편적으로 인정되는 가치로서의 정당성 외에 다른 어떤 수단은 갖지 못한 채 공공적 담화에 접근하는 데는 여전히 제약을 지니고 있다.

7.4. 브라질에서의 인종주의

인종 차별의 관행과 편견은 토착민이나 아프리카 혈통 공동체의 존재가 갖는 역할로 인해 라틴아메리카 국가들마다 다소 차이가 있지만, 유럽에서 들어와 그 지역에 맞게 재생산된 백인 인종주의의 형태라는 게 지배적 견해이다. 라틴아메리카의 흑인과 토착민은 경제적으로, 사회적으로, 문화적으로 권력의 어떤 기준에서든 유럽계 혈통을 가진

이들과 동등하지 않다.

인구의 절반이 아프리카계인 브라질에서도 마찬가지이다. 브라질은 노예제도가 아메리카에서 가장 혹독한 곳 중의 하나였다. 왜냐하면 노예의 주인들이 과도한 노동으로 몇 년 안에 노예가 죽어도 또 일할 노예를 공급받을 수 있는 거대한 공급책을 가지고 있었기 때문이다. 리우데자네이루는 세계에서 가장 큰 노예 시장이었다.

그 결과 지금까지도 아프리카계 브라질 사람들은 저임금, 고된 직업, 열악한 주거 환경, 부족한 의료 서비스와 교육 환경에 처해 있으며 지역, 지방, 연방 의회의 대표자 또는 판사, 교수, 사업가로 두각을 나타내는 이들이 매우 드물다. 흔히 볼 수 있는 TV 드라마에서도 흑인들은 거의 주연을 맡지 못한다. 명문 공립 대학의 학생들은 대부분 백인이며 사립 중등학교 출신이지만 대부분의 흑인 부모들은 이러한 교육비를 감당할 수 없다(학비가 비싸기 때문이다). 이런 교육 불평등을 해결하기 위한 공적 할당제는 반인종주의의 공적 형태로 보일 수 있으나 많은 언론과 학교들이 '역인종차별' 또는 '국가 분열'이라는 이유로 격렬히 반대한다. '마약과의 전쟁'의 일환으로 경찰과 군대는 흑인들이 주로 사는 빈민가를 '진압'했고 그 결과는 잔혹했다. 요컨대 브라질은 사회 계층의 측면에서 본질적으로 불평등한 국가일 뿐만 아니라 식민지와 노예제 시대부터 오늘날까지 인종적 불평등이 만연해 있는 국가라 할 수 있다.

7.5. 브라질의 반인종주의 담화

브라질은 노예제도를 가장 늦게 폐지한 국가로 1888년에서야 폐지가 이루어졌다. 이와 유사하게 20세기의 반인종주의 담화도 '인종 혼합

(mixed race)'의 우수함은 찬양하면서 인종적 불평등과 차별의 여러 가지 형태들은 도외시하는, 이른바 '인종 민주주의', '우호적 인종주의(cordial racism)'[2]의 신화를 무력화하느라 힘든 시기를 겪었다. 미국의 흑인 민권 운동으로부터 일부 영향을 받은 흑인 운동은 1970년대가 되어서야 그들의 권리를 주장하기 시작하였는데, 초기에는 주로 문화 영역에서 이루어졌으나 이후에는 정치와 경제 영역에서도 행해졌다. 이 시기에 계량적 사회 연구를 통해 인종적 불평등이 여러 영역에 존재한다는 사실이 마침내 증명되기 시작했다. 그러나 흑인 학생들을 위한 대학 입학 할당제 도입같이 불평등을 막으려는 정부, 공적 기구, 기관들의 정책 수립과 시행은 1990년대 후반에 와서야 시작되었다.

7.6. 인종 평등 법안에 대한 논쟁

2007년 11월 26일 브라질 대의원은 인종 평등 법안을 발의하기 위한 특별 총회를 열었다. 당시 국회의장이자 상파울루의 노동당 하원의원이었던 Arlindo Chinaglia는 의회 전체가 총회를 열 것을 선언하였고 하원의원들과 초빙된 전문가들은 다음과 같은 내용으로 토론을 펼쳤다.

[a] luta do movimento negro; políticas públicas afirmativas nas áreas econômica, social, educacional, da saúde etc.; necessidade de aperfeiçoamento da

---

2) (옮긴이) 브라질에 인종 차별이 존재한다는 생각과 브라질은 인종적으로 혼합되고 조화로운 사회라는 믿음이 혼재하는 것을 일컫는다.

legisla-ção; mercado e relações de trabalho; sistema de cotas nas universidades públicas; regularização fundiária das comunidades quilombolas; resgate e preservação da memória e da cultura do povo negro no Brasil.3)

[흑인 운동의 투쟁, 경제·사회·교육·보건 등의 영역에서의 소수자 우대 공공 정책, 입법의 개선 필요성, 시장과 노동의 관계, 공립대학의 할당제, 마룬 공동체4)의 합법화, 브라질의 흑인 역사와 문화의 회복과 보존]

이 토론은 2008년에 81페이지의 특별 회의록으로 발행되었으며 약 27,000단어의 코퍼스로 구축되었다. 참여자들은 하원의원들, 초빙된 전문가들, 아프리카계 브라질인 기구를 대표하는 이들이었다.

총회에서 공식적으로 초점이 된 토론은 인종 평등 법안을 발의한 연방 상원의 2005년 6.264번 법안에 대한 것이다. 이 법안은 유명한 아프리카계 브라질인 (리오그란데 두술 주) 상원의원 Paulo Paim(1950년생)에 의해 2005년 11월 11일에 상원에 제출되었다. 그는 아프리카계 브라질인 공동체를 지지하는 많은 정치적 발의의 입안자이며 집권 노동당의 구성원이고, Luis Ignacio Lula da Silva 대통령과 마찬가지로 본래는 철강 산업의 노동자이자 노조 대표였다.

최종 수정안은 비록 원래 의도와 표현의 일부를 약화시킨 것이나 그 법안 자체는 반인종주의적 담화의 한 형태로 볼 수 있다. 법령의 최종안은 다른 여러 법들을 대체하며 2010년 7월 20일에 법률 12.288

---

3) 번역은 가능한 한 원문에 가깝게 하고자 했다. 적절한 번역은 브라질의 사회적, 정치적 상황에 대한 상세한 지식이 전제되어야 할 것이다.

4) (옮긴이) 아메리카 전역, 특히 카리브해와 브라질의 외딴 지역에 형성된 가출 노예 공동체이다. http://slaveryandremembrance.org에서 구체적 내용을 확인할 수 있다.

로 승인되었고 Lula 대통령이 서명하였다. (법률 1장의) 제1조는 다음
과 같다.

[1] Esta lei institui o Estatuto da Igualdade Racial, destinado a garantir à
população negra a efetivação da igualdade de oportunidades, a defesa
dos direitos étnicos individuais, coletivos e difusos e o combate à
discriminação e às demais formas de intolerância étnica.
[이 법은 인종 평등을 법령으로 제정하기 위한 것으로, 흑인을 위해 평등한
기회를 실현하고, 개인권과 집단권, 확산권5)을 보호하며 인종 차별 및 다른
형태의 불관용에 대한 투쟁의 보장을 목표로 한다.]

7.7. 반인종주의 담화 분석

사회인지적 틀로 이 토론을 분석하면서 우리는 무엇보다 먼저 주제,
토포스, 논거, 어휘, 은유와 같은 담화적 특징에 초점을 두고자 한다.
둘째, 이 구조들을 기저의 정신 모형뿐만 아니라 그것을 유지시키는
태도와 이데올로기 측면에서도 해석하고 설명할 것이다. 마지막으로
담화와 인지의 사회적 조건과 기능의 측면에서 브라질 반인종주의
체제에 기여하는 바에 대해서도 생각해 볼 것이다.

의장에 의한 공식적 발언자 소개, 발언자의 첫 인사, 상호 간의 찬사
와 정치적 공손 행위 등 대부분의 의회 토론과 공청회를 특징짓는
형식적인 담화 구조는 여기서 다루지 않을 것이다. 관련이 있는 경우

---

5) (옮긴이) 확산권은 본질적으로 집단에 기반을 둔 이익에 근거한 개념으로, 개별적 개인
   권리의 합산에 기초한 기존의 집단권과 구별된다.

에는 발언자의 적절한 자기소개도 사회의 구성원이자 발언자로서의 정체성을 보여 주는 것이기에 살펴볼 것이다.

대부분은 의미론적 분석이 될 것이며 주제 및 사건, 상황에 대한 국부적 기술, 아프리카계 브라질인으로서의 경험들, 함의나 전제, 은유, 특히 기저의 태도와 이데올로기에 관련된 것에 초점을 둘 것이다.

발언자의 화용적 맥락 모형은 대체로 동일하다고 할 수 있다. 즉 그들이 참여하는 현재 진행 중인 행위뿐만 아니라 국회의 시공간적 구조, 날짜, 참여자들, 그들의 정체성, 역할과 관계, 담화의 목표 등은 동일할 것이다. 브라질의 인종주의와 불평등에 대한 발언자들의 방대한 사회적 지식 또한 비슷할 것이다. 그러나 인종주의에 대한 이데올로기와 태도는 다를 수 있다. 실제로 어떤 발언자들은 다른 이유에서이기는 했지만 법안에 반대하였다. 단, 여기서는 이 법안을 지지하는 반인종주의 발언자들에게만 초점을 둔다.

자기 제시

대부분의 발언자들은 그들의 다양한 사회적 정체성에 초점을 두고 자기를 소개하는 것으로 발언을 시작한다. 맥락상 이 행위는 토론의 참여자로서, 즉 브라질의 인종주의라는 주제에 대해 지식이 풍부한 전문가로서 그들의 현재 역할을 제시하고 정당화하는 것이 주된 기능이다. 앞부분에 나타나는 암시적이거나 명시적인 전문가로서의 자기 규정은 자신을 긍정적으로 제시하는 동시에 신뢰도를 높인다. 또한 이 정당화는 조직체 대표자의 역할 즉 민주적 공청회의 참여자로서, 예를 들어 아프리카계 브라질인 공동체 또는 그 지지자들의 목소리를 대변하는 역할을 하는 것으로도 확장된다. 다음은 사례의 일부이다.

[2] ··· tenho bastante prazer de estar aqui representando o governo federal, na condição de ministra da Secretaria Especial de Políticas de Promoção de Igualdade Racial. (Ministra Matilde Ribeira)

[··· 인종평등 촉구를 위한 정책 부서의 장관 직책으로 연방 정부를 대표하여 이 자리에 함께 하게 된 것을 매우 기쁘게 생각합니다.]

[3] Sou negro, ferroviário há 27 anos, militante do movimento operário e poderia começar a minha intervenção dizendo que estou extremamente feliz hoje porque estou vindo de Curitiba ··· (Roque Jose Ferreira)

[저는 흑인이고, 27세의 철도 노동자이자 노동 운동가이며, 오늘 무척 행복하다는 말로 시작하고 싶습니다. 왜냐하면 저는 쿠리티바에서 왔기 때문에···]

[4] Sr. Presidente, é uma grande honra poder representar a Universidade de Brasília ··· (Timothy Mulholland)

[의장님, 브라질리아 대학을 대표하게 되어 매우 영광입니다.]

자기 소개와 제시는 일반적인 공손 형식(영광입니다, 기쁘게 생각합니다 등)으로 시작되었으며 역할의 중요성(장관, 대학 총장)에 초점을 두었으나, 한편으로는 인종(흑인), 직업(철도 노동자), 정치(운동가), 연령(27세) 등의 정체성도 강조한다. 세 명의 발언자 모두 스스로에 대해 관련 조직(정부, 노동 운동 단체, 대학)을 공식적 또는 비공식적으로 대표한다고 소개했다. 이들은 이와 같이 청중의 잠정적 맥락 모형에는 여전히 누락되어 있는 '참여자' 범주의 정체성을 분명히 하여 듣는 이가 말하는 이의 담화를 이해하고 해석할 수 있도록 이끈다. 장관과 총장, 젊은 흑인 노동자에게 기대하는 담화는 다르기 때문이다.

집단에 대한 기술

아프리카계 브라질인 공동체의 구성원에 의해 이루어진 '상향식' 반
인종주의 담화에서 핵심은 바로 집단에 대한 (자기) 기술인데, 이는
내재되어 있는 집단적 지식을 표현한다. 화용적으로 볼 때, 담화의
그런 부분들은 참여자들에게 새로운 지식을 제공하지는 않는데 이는
모든 참여자들이 노예 제도의 역사에 대한 사실 같은 것은 이미 알고
있기 때문이다. 그보다는 오히려 현재 논쟁 중인 법의 필요성을 상기
시키고 강조하는 기능을 하므로, 그런 부분들은 의미론적(브라질에서
의 인종 관계의 역사 기술)일 뿐만 아니라 화용론적(진행 중인 논쟁에서의
입장 규정)이기도 하다. 아프리카계 브라질인 공동체의 구성원(대명사
'우리(nós)'로 표현됨)으로서 한 흑인 참석자의 간단한 발언이 있은 후에
브라질리아 대학의 (백인) 총장이 이런 내용을 더 학술적 스타일(자료
가 보여 주듯이…, 배제의 낙인…, 실질적 기쁨…)로 발언했다.

[5] … o racismo não foi criado por nós, mas pelos brancos. Quando
disseram que tínhamos de ser escravos, criaram o racismo. (Luiz Oscar
Mendes)

[… 인종주의는 우리가 만든 것이 아니라 백인들이 만든 것입니다. 그들이
우리가 노예가 되어야 한다고 했을 때, 인종주의를 만든 것입니다.]

[6] Dados apontam com clareza que os brasileiros negros, descendentes de
escravos africanos, historicamente foram os mais marcados pela
exclusão, sendo mais acentuada a das mulheres negras. Há quase 120
anos da Lei Áurea, ainda temos muito o que fazer para garantir o efetivo
gozo da igualdade assegurada pela Constituição Federal. (Timothy

Mulholland)

[자료가 명백하게 보여 주듯이, 아프리카인 노예의 후손인 흑인 브라질 사람들은 역사적으로 대부분 배제의 낙인이 찍혀 있었으며 특히 흑인 여성의 경우에 더욱 그렇습니다. 약 120년 전 노예 제도 폐지가 이루어졌으나 헌법에 의해 보장받는 평등의 실질적 기쁨을 보장하기 위해서는 여전히 우리가 해야 할 많은 일들이 있습니다.]

여기서 주목할 것은 예시 [5]에 나타난 발언자의 반론이 상호작용적 기능을 한다는 점이다. 이는 법안에 반대하는 이들에 대한 대응인데, 반대자들은 인종주의에 대한 반대와 흑인들의 자기 정체성에 대한 발견이 '인종'을 정책과 관련된 것으로 인식하게 하며 인종적 적대감을 초래할 것이라고 주장한다. 따라서 예시 [5]의 발언자는 '인종'적 측면에서 법안에 의해 발생된다고 추정되는 이런 갈등 대신에 관련된 문제 즉 인종주의 자체와 유럽인 백인 후손들의 책임에 초점을 맞춘다.

이데올로기적 양극화: 우리 대 그들

예시 [5]의 발언자는 이미 반인종주의 담화가 양극화되어 있음을 보여 주는데 특히 인종주의에 관여하고 묵인하는 혹은 저항하기를 거부하는 사람들을 겨냥했다. 예시 [7]에서 다음 발언자에 의해서도 이와 같은 양극화와 법안 반대 의견에 대한 반론이 제시되었다. 이는 어느 도시에서나 볼 수 있는 '인종 분리 정책'에 대한 **경험적 반론**으로, 현재의 분열을 부인하는 의견에 맞서는 모습을 보여 준다.

[7] Em absoluto, não fomos nós que criamos o racismo; não fomos nós que dividimos nada — a sociedade brasileira é dividida. Qualquer pessoa séria que andar por qualquer cidade do país vai constatar a cisão, vai constatar onde estão os negros e onde estão os brancos. E isso foi promovido pelo Estado.(Paulo César Pereira de Oliveira)

[인종주의를 만든 것은 결코 우리가 아닙니다. 우리는 그 어떤 분열도 초래하지 않았습니다. 브라질 사회는 분열되어 있습니다. 이 나라의 어느 도시를 걷든, 그 누구라도 분리된 모습을 볼 수 있을 것이며 어디에 흑인들이 있고 어디에 백인들이 있는지 알 수 있을 것입니다. 그리고 이것은 국가가 조장한 것입니다.]

다른 이들을 '인종주의자'로 '낙인찍는 것'은 일반적으로 반인종주의에 반대하는 이들의 강력한 저항을 불러일으키지만 반인종주의자들에게서도 마찬가지다. 그것이 설득 방법으로서의 전략적 효과도 거의 없고, 암시와 함축으로 같은 의미를 전달할 많은 방법들이 분명히 있기 때문이다.

[8] Fomos arrancados da África, mulheres foram estupradas, fomos roubados, mutilados, e hoje dizem que não temos de falar em raça, senão vamos dividir o Brasil. Que falácia! Que falácia! O Brasil já foi dividido há muito tempo, desde que nos arrancaram da África e nos trouxeram para cá. Essa é a divisão, e agora não querem pagar a dívida secular que têm conosco(Luis Osmar Mendes)

[우리는 아프리카로부터 찢겨 떨어져 나가듯 끌려 왔고, 여성들은 강간당했습니다, 우리는 도둑맞았고, 심각하게 상처 입었는데, 지금 그들은 우리가 인종

에 대해 말해서는 안 된다고 합니다. 왜냐면, 그렇게 하면 우리가 브라질을 분열시킬 거라는 거죠. 얼마나 잘못된 일입니까! 얼마나 잘못된 일이냐고요! 브라질은 이미 예전에 분열되었습니다. 그들이 우리를 아프리카에서 억지로 떼어 내어 이곳에 데려온 그때 이후로요. 이것이 바로 분열입니다. 그리고 지금 그들은 우리에게 진 오랜 세월의 빚을 갚으려 하지 않습니다.]

이와 같이 노예제의 참상에 대한 매우 구체적이고 극적인 묘사를 통해, 대명사 그들로 지칭되는 법안의 반대자들과 그들의 입장은 노예 소유주의 이데올로기적 후예로서 부정적으로 묘사된다. 다른 한편으로 아프리카계 브라질인 내집단은 노예 제도의 희생자 또는 생존자로서, 그리고 현대에는 이른바 인종 분열을 조장한다는 이유로 법안에 반대하는 이들이 만든 희생자 또는 생존자로서 암묵적으로 표상되고 있다. 인종주의자와 반인종주의자, 흑인과 백인 사이의 내재된 이데올로기를 **양극화하는** 표현 외에 이러한 부분들이 법안(과 법안이 초래한다는 분열)을 반대하는 논증에 주된 **반론이** 되고 있다. 또한 이 논증은 상대편의 **전제를** 맹렬히 비난한다. 이를테면 이 법안이나 정부의 현 반인종주의 정책 이전에 인종적 분열이 없었다는 전제를 비판하는 것이다. 동시에 이 논증은 그러한 반대가 현재 브라질의 인종주의를 부인하고 있음을 **함의하며** 그들이 인종주의자라는 것을 **함축하고** 있다. 이 발언의 화용적 기능은 결국 그렇게 반대자들의 정당성을 무너뜨리는 것이다.

규범과 가치

반인종주의 담화는 반인종주의자의 이데올로기 기저에 있는 **규범과**

가치를 드러낸다. 상정된 법령의 이름만으로도 평등이라는 핵심적 가치가 주된 목표임이 잘 드러난다. 동시에 인종적 또는 민족적 불평등으로 얼룩진 브라질의 현 상황을 **전제**함으로써 그것을 충실히 증언하고 있다.

[9] O movimento negro brasileiro transformou em uma ferramenta de luta aquilo que foi a causa da sua opressão, lmputaram-nos a pecha de seres inferiores por sermos negros, e o que fizemos? Dissemos: 'Somos negros. Somos negros e somos seres iguais, somos seres diferentes, somos portadores de valores, somos portadores de uma história'. A partir desses valores e dessa história é que vamos reconstruir nossa existência no mundo. Vamos lutar por igualdade, estamos lutando por igualdade. Estamos lutando hoje aqui, estamos construindo essa igualdade.(Edna Maria Santos Roland)

[브라질의 흑인 운동은 억압으로 인해 무기로 변했습니다. 그들은 우리가 흑인이라는 이유로 열등한 존재라는 오명을 씌웠습니다. 그래서 우리가 무엇을 했나요? 우리는 말했습니다. "우리는 흑인입니다. 우리는 흑인이며 우리는 평등한 존재입니다. 우리는 각각 다른 존재이며 자신만의 가치를 가지고 있습니다. 우리는 역사의 담지자입니다." 이런 가치와 이런 역사를 통해 우리는 우리의 존재를 이 세상에 새롭게 건설할 것입니다. 평등을 위해 싸웁시다. 우리는 평등을 위해 싸우고 있습니다. 우리는 오늘 여기에서 싸우고 있습니다. 우리는 평등을 바로 세우고 있습니다.]

이 발언은 반인종주의 담화의 다양한 이데올로기적 요소들을 결합시키고 있는데, 예를 들면 정체성이라는 가치의 강조, 억압에 대한 집단적 기억, 피부색과 관련한 공동체의 자기정체성, 현재 행위의 목표와 미래를 위한 계획 등이다. 싸움 즉 투쟁이라는 설득력 있는 수사법은 논쟁을 무기로, 공동체의 미래를 건축으로 표현하는 등의 일상적 은유를 통해 더 부각된다.

규범과 가치는 기저에 있는 이데올로기를 일반화하고 추상화하는 요소이다. 특정한 태도를 취할 때 이것은 더 구체적인 목표와 가치로 바뀔 필요가 있다. 많은 논란 중에 있는 정부의 할당제 정책을 옹호하는 다음과 같은 부분이 그 예이다.

> [10] Com efeito, os objetivos das cotas raciais são: a) reduzir as desigualdades raciais quanto ao acesso dos negros (as) ao ensino superior; b) promover a igualdade de oportunidade entre brancos e negros no mercado de trabalho formal; c) concretizar a democracia substantiva; d) dar oportunidade a negros (as) que serão modelos para outros negros das gerações futuras; e) corrigir os eixos estruturantes da reprodução da desigualdade social, isto é, de raça e de gênero. (Antonio Leandro da Silva)
>
> [사실 인종 할당제의 목표는 다음과 같습니다. 첫째로 흑인 남성과 여성이 고등 교육에 접근하는 데 있어 인종적 격차를 줄이는 것, 둘째로 정규 노동 시장에서 흑인과 백인 사이에 기회의 평등을 촉진하는 것, 셋째로 실질적 민주주의를 성취하는 것, 넷째로 흑인 남성과 여성이 미래 세대 흑인들의 본보기가 될 기회를 제공하는 것, 마지막으로 다섯째 사회적 불평등, 즉 인종과 성의 불평등이 재생산되는 구조적 중심축을 바로잡는 것입니다.]

이와 같이 평등은 접근의 격차를 줄이고, (미래) 노동 시장에서 학생들의 평등을 추구하고, 기회를 만들고, 민주주의를 강화하는 것으로 구체화된다. 다른 반인종주의 담화에서도 그러하듯이 이런 논증 체계가 전제하는 것은 곧 현재 아프리카계 브라질인들에게 평등, 동등한 접근권과 기회, 그리고 민주주의가 존재하지 않는다는 것이다.

논거들

의회의 토론은 일반적으로 논증적이다. 발언자들은 자신의 입장을 논거를 갖고 방어하며 반론을 통해 상대를 공격하고 정당성을 무너뜨린다. 이 법안에 반대하는 주장(즉 여러 인종이 섞여 있는 나라에서 흑인과 백인을 구분하는 것은 분열과 갈등을 초래한다는 것)에 대한 주요 반론은 브라질이 이미 인종적으로 분열되어 있다는 것임을 앞서 살펴보았다.
　물론 토론 곳곳에 다음과 같은 다른 논증적 수단들도 많이 나타난다.

- **숫자 게임**. 흑인 인구가 전체 인구의 50퍼센트를 차지한다는 사실의 반복. 극히 적은 흑인 대학 교수의 수. 할당제의 성공을 보여 주는 흑인 학생 수.
- **국제적 비교**. 할당제가 성공적으로 시행된 미국 및 다른 나라들과의 비교.

8. 요약

비판적 담화 연구에서 사회인지적 접근법은 텍스트와 말에 대한 담화적, 인지적, 사회적 요소를 통합하는 학제적인 삼각 분석을 옹호한다. 이는 사회적으로 공유된 지식, 태도, 이데올로기에 기반을 둔 개인적 경험과 해석의 정신 모형은 도외시하면서 담화와 사회를 직접 연결시키는 CDS 접근법에 대한 비판이기도 하다. 양극화되고 범주화된 이데올로기 구조는 사회적 태도를 특징지으며, 이 태도는 결국 개인의 정신 모형과 의견에 영향을 주고, 최종적으로는 담화에 의해 표현되고 재생산된다.

그러므로 영국독립당에 의한 외국인 혐오적 프로파간다, 브라질 정부의 인종주의적 정책과 지배에 맞선 반대 체제로서의 반인종주의 사례에 대한 간략한 분석은 우리 대 그들(흑인 대 백인) 사이의 양극화, 그리고 기본적 범주들(정체성, 행위, 목표, 규범, 가치, 동맹/적, 자원)이 할당제에 대한 태도, 나아가 일련의 담화 구조에 어떻게 나타나게 되는지를 잘 보여 준다. 영국독립당의 광고판 분석도 사회인지적 담화 분석을 어떻게 할 것인지 간단하게나마 보여 주는 예가 될 것이다.

담화와 사회의 인지적 접점을 상세히 분석하는 것은 담화의 구조를 분석하는 방법론적 기반을 제공할 뿐만 아니라 어떻게 담화가 사회 속에서 지배의 재생산과 저항에 관여하게 되는지도 설명해 줄 것이다.

더 읽을거리

이 장과 관련된 참고 문헌들의 수는 너무나도 많으므로 이 장에서는 주제와 관련된 일부만을 제시했을 뿐이다. (CDS의 일반적 참고문헌과 그밖의 접근법들은 이 책의 다른 장들을 볼 것.)

van Dijk, T. A. (2008) *Discourse and Power*. Houndmills: Palgrave-Macmillan.
이 논문집은 사회인지적 접근법의 좋은 입문서로서 주로 정치적 담화와 정치적 인식에 초점을 맞추고 있으며 인종주의적 정치 담화, 이데올로기, 권력과 권력 남용의 정의에 대한 비판적 분석의 많은 예들을 다루고 있다.

van Dijk Teun A. (ed.) (2009) *Racism and Discourse in Latin America*. Lanham, MD: Lexington Books.
이 책은 멕시코, 콜롬비아, 베네수엘라, 브라질, 아르헨티나, 칠레, 페루의 인종주의와 담화에 관해 지역 전문가들이 집필한 것이다. 라틴아메리카의 담화와 인종 차별에 관하여 현지 언어학자와 사회과학자들이 쓴 (스페인어와 포르투갈어를 번역한) 유일하게 영어로 된 연구이다.

담화 분석에 대한 사회인지적 접근법

van Dijk, T. A. (1998) *Ideology: A Multidisciplinary Approach*. London: Sage.
van Dijk, T. A. (2008) *Discourse and Context: A Sociocognitive Approach*. Cambridge: Cambridge University Press.

van Dijk, T. A. (2008) *Discourse and Power*. Houndmills: Palgrave-Macmillan.

van Dijk, T. A. (2009) *Society and Discourse. How Social Contexts Influence Text and Talk*. Cambridge: Cambridge University Press.

van Dijk, T. A. (2014) *Discourse and Knowledge: A Sociocognitive Approach*. Cambridge: Cambridge University Press.

영국, 유럽, 브라질에서의 (반)인종주의와 담화

Bonnett, A. (2000) Anti-racism. London, New York: Routledge.

Guimarães, A. S. A. and Huntley, L. (eds.) (2000) *Tirando a máscara. Ensaios sobre o racismo no Brasil*. São Paulo, SP: Paz e Terra.

Twine, F. W. (1998) *Racism in a Racial Democracy: The Maintenance of White Supremacy in Brazil*. New Brunswick, NJ: Rutgers University Press.

van Dijk, T. A. (1993) Elite Discourse and Racism. Newbury Park, CA: Sage.

van Dijk, T. A. (ed.) (2009) *Racism and Discourse in Latin America*. Lanham, MD: Lexington Books.

Wodak, R. and van Dijk, T. A. (eds.) (2000) *Racism at the Top: Parliamentary Discourses on Ethnic Issues in Six European States*. Klagenfurt, Austria: Drava Verlag.

Wodak, R., KhosraviNik, M. and Mral, B. (eds.) (2013) *Right-Wing Populism in Europe: Politics and Discourse*. London: Bloomsbury Academics.

과 제

2014년 유럽의회의 선거 공약과 자국 내 (특히 우파) 정당의 프로파간다를 수집하고, 담화 사례들을 이주 또는 이주자, 의사소통적 맥락, 기저의 태도와 이데올로기, 사회적 기능과 관련해 체계적으로 분석하라.

제4장 사회 연구에서의 비판적 담화 분석

: 변증법적-관계적 접근법

Norman Fairclough

〈 핵심어 〉

변증법적 관계(dialectical relations), 설명적 비판(explanatory critique), 구조와 전략 (structures and strategies), 정치적 분석(political analysis), 초학제적 연구 (transdisciplinary research)

이 장에서는 초학제적 사회 연구를 위한 CDA의 변증법적-관계적 (dialectical-relational) 버전(Chouliaraki & Fairclough 1999; Fairclough 2003, 2006)을 위한 방법론을 소개하고 설명하려 한다. 우선 첫 번째 절에서는 담화, 비판적 분석, 초학제적 연구에 대한 견해를 제시하고 변증법적-관계적 접근법을 설명하는 이론적 논의로 시작할 것이다. 두 번째 절에서는 이 접근법이 적용될 수 있는 분야를 간략히 논의할 것이며 세 번째 절에서는 방법론을 일련의 단계와 절차로 정리하여 설명하고 몇몇 핵심적인 분석 범주를 제시할 것이다. 네 번째 절에서는 정치적 주제에 해당 방법론을 적용한 예시를 살펴보고, 다섯 번째 절에서는 특정 텍스트와 관련한 정치적 분석에 대한 접근법을 기술할 것이다. 여섯 번째 절에서는 이 방법론으로 얻을 수 있는 것들을 요약하고 접근법이 가질 수 있는 한계점에 대해 논의하려 한다.

1. 이론과 개념

우선 용어에 대해 살펴보도록 하자. 담화는 다양한 의미로 사용되는데, 흔히 (a) 사회적 과정의 한 요소로서의 의미 만들기, (b) 특정한 사회적 장이나 사회적 실행과 관련된 언어(예: '정치 담화'), (c) 특정한 사회적 관점과 관련되는 세계의 양상들을 이해하는 방식(예: '세계화에 대한 신자유주의적 담화')의 의미로 사용된다. 이 의미들은 혼동되기 쉽기 때문에, 적어도 부분적으로나마 혼동의 범위를 줄이기 위해서 나는 첫 번째의 가장 추상적이고 포괄적인 의미에 대해 '기호 현상(semiosis)'이라는 용어를 사용하고자 한다(Fairclough et al. 2004). 이는 담화 분석이 다양한 '기호학적 양상들'과 관련이 있으며, 언어는 이 중 하나일 뿐이라는 것(다른 것들에는 시각적 이미지와 '보디랭귀지'가 있다)을 시사하는 이점이 있기 때문이다.

여기에서 기호 현상은 사회적 과정의 한 요소이며, 다른 요소들과 변증법적으로 연관되어 있다. 이를 따라 '변증법적-관계적' 접근법이 탄생하게 되었다. 사회적 과정의 요소들은 서로 다르지만 따로 떨어진 '별개의 것'이 아니라는 점, 즉 완전히 구분되지 않는다는 점에서 변증법적이다. 우리는 그것들이 서로로 환원되는 일 없이 다른 것들을 '내면화'한다고 말할 수 있을 것이다(Harvey 1996). 그 예로는 사회적 관계, 권력, 제도, 신념과 문화적 가치가 있는데, 이들은 부분적으로 기호학적이며, 기호 현상으로만 환원되는 일 없이 기호 현상을 '내면화'한다. 예를 들어 정치적 기관이나 기업들에 대해 분석하고자 한다면, 우리는 이들을 부분적으로는 기호학적 대상으로 간주해야 한다. 그렇지만 그것들을 완전히 기호학적이기만 한 것으로 간주하는 것은 잘못일 것이다. 그렇게 된다면 우리는 '기호와 다른 요소와의 관계는 무엇인가'라는 핵심적인 질문을 할 수 없기 때문이다. CDA는 이와 같이 기호 현상에만 주목하는 것이 아니라 기호와 다른 사회적 요소들 사이의 관계에도 관심을 기울인다. 그리고 이러한 관계의 본질은 기관과 조직에 따라 다르고, 시간과 공간에 따라서도 달라지며, 그렇기 때문에 분석을 통해 성립될 필요가 있다.

이는 곧 CDA가 초학제적 연구를 위한 분석틀에 통합되어야 한다는 것을 의미한다. 나는 최신 저서에서 '문화적 정치경제학'의 틀을 사용한 바 있는데, 이는 경제학적 분석 형식과 국가에 대한 이론 그리고 CDA의 형식이라는 세 가지 학문의 요소를 결합한 것이다(Fairclough 2006; Jessop 2004). 이때 초학제적 연구는 상호학제적 연구의 특정한 형식이다(Fairclough 2005). 초학제적 연구가 상호학제적 연구와 다른 점은 특정 연구 이슈를 다루기 위해 여러 학문과 이론을 끌어오는 과정에서 이 학문과 이론들 사이의 '대화(dialogue)'가 그것들 각각의 이론적이고 방법론적인 발전의 원천이 된다고 본다는 것이다. 예를 들어, 재맥락화(recontextualization)는 처음 Basil Bernstein의 교육사회학에서 탄생하였는데, CDA는 이 교육사회학과의 대화를 통해 재맥락화라는 개념과 하위 범주를 CDA 안에서 발전시켜 나갈 수 있었다 (Chouliaraki & Fairclough 1999).

그렇다면, CDA는 어떤 의미에서 비판적인 것인가? 비판적 사회 연구는 사회적 부정(social wrong, 넓은 의미에서의 부당함, 불평등, 부자유 등을 모두 포함)의 근원과 원인, 이에 대한 저항 방식과 이를 극복할 수 있는 가능성을 분석함으로써 이러한 사회적 부정을 드러내고 사회에 기여하는 것을 목표로 한다. CDA는 '긍정적인' 특성과 '부정적인' 특성 모두를 가지고 있다고 할 수 있다. 한편으로 CDA의 비판은 기호 현상과 다른 사회적 요소들의 변증법적 관계를 분석하고 설명하고자 한다. 이를 통해 기호 현상이 불평등한 권력 관계(한 집단이 다른 집단에 행하는 지배, 소외, 배제)를 형성하고, 재생산하고, 변화시키는 데에 어떻게 기여하는지, 그리고 기호 현상이 이러한 이데올로기적인 과정에는 어떠한 역할을 하는지를 밝히고자 한다. 또한 이 모든 것들이 더 일반적인 의미에서 인간의 '행복한 삶(well-being)'과 어떻게 관련되어 있는지 역시 보이고자 한다. 이러한 관계는 분석을 필요로 하는데 사회가 작동하는 논리와 역학이 모든 사람에게 명백한 것은 아니며, 기호가 이러한 논리와 역학 속에서 어떻게 움직이는지 역시 명백하지는 않을 수 있기 때문이다. 사실 사람들에게 보이는 형식은 종종 불완전하고 어느 정도 오해의 소지가 있을 수 있다. 다른 한편으로 비판은 이러한 변증법적 관계들에 주목하는 것과 더불어, 지배적인 논리와 역학 관계가 사람들에 의해 시험받고, 도전받고, 붕괴되는 다양한 방식들을 분석하고 설명하고자 한다. 그리고 이러한 방식들이 사회적 부정을 지적하여 행복한 삶을 증진할 수 없도록 가로막는 장애물을 어떻게 극복할 수 있을지 살펴보고자 한다.

사회적 과정은 사회적 현실의 세 가지 수준, 즉 사회 구조, 실행, 사건 사이의 상호 작용으로 볼 수 있다(Chouliaraki & Fairclough 1999). 사회적 실행은 일반적이고 추상적인 사회적 구조와 구체적인 특정 사회적 사건 사이의 관계를 '매개(mediate)'한다. 즉, 사회적 장(social fields), 기관, 조직들은 사회적 실행의 연결망으로서 구성된다(사회적 실행과 사회적 장에 대해서는 Bourdieu를 보라. Bourdieu & Wacquant 1992). 이러한 CDA 접근법에서 분석은 두 가지 변증법적 관계에 초점을 맞춘다. 구조(특히 구조화에서의 중간 단계로서의 사회적 실행)와 사건(혹은 구조와 행위, 구조와 전략), 그리고 구조와 사건 각각의 내부에서 기호가 가지는 다른 요소들 간의 관계이다. 기호 현상이 사회적 실행과 사회적 사건의 다른 요소들과 관련되는 주요 방식에는 세 가지가 있는데, 이는 (1) 행위의 한 측면으로서, (2) 세계의 여러 양상에 대한 이해(표상)로서, (3) 정체성의 형성으로서이다. 그리고 그것들에 대응하는 세 가지의 기호학적(혹은 담화-분석적) 범주는 (1) 장르, (2) 담화, (3) 스타일이다.

장르는 행동하거나 상호작용하는 기호학적 방식이며, 뉴스 인터뷰 또는 채용 면접 인터뷰, 신문 기사 또는 신문 사설, TV 광고 또는 인터넷 광고가 그 예가 될 수 있다. 일을 하거나 나라를 운영하는 것은 일부 특정한 방식으로 기호학적이거나 의사소통적으로 상호작용하는 것을 포함하며, 이러한 활동은 이들과 관련된 일련의 특정 장르를 가진다.

담화는 일반적으로 서로 다른 사회적 행위자 집단이 가지고 있는 서로 다른 입장이나 관점과 결부된, (물질적, 사회적, 혹은 정신적인) 세계의 양상을 이해하는 기호학적 방식이다. 예를 들어 빈곤한 사람들의 삶의 질은 (정치, 의학, 사회 복지, 학문적 사회학에서) 서로 다른 사회적 실행과 관련된 다른 담화들을 통해 이해될 뿐만 아니라 그 자체로 서로 다른 입장이나 관점인 다른 담화들을 통해 이해된다. 나는 '표상한다'보다는 '이해한다'라는 용어를 사용하고자 하는데 이는 특정 관점으로부터 세계를 '파악하는' 적극적이고 때로는 고된 과정을 강조하기 위해서이다.

스타일은 기호학적 양상에서의 정체성 혹은 '존재의 방식'이다. 예를 들어, 기업이나 대학에서 현재 많이들 하는 방식으로 '경영자'가 되는 것은 어느 정도 적절한 기호학적 스타일을 발전시키는 문제로 볼 수 있다.

사회적 장, 기관, 조직 등을 구성하는 사회적 실행(의 연결망)의 기호학적 차원은 담화의 질서(orders of discourse)로 나타난다(Fairclough 1992b). 사건의 기호학적 차원은 텍스트이다. 담화의 질서는 서로 다른 장르, 담화, 스타일에 대한 특정한 배열이다. 하나의 담화적 질서는 서로 다른 기호 현상을 사회적으로 구조화한 것이다. 즉, 의미 만들기의 서로 다른 방식(장르, 담화, 스타일) 사이의 관계를 특정한 방식으로 질서 있게 배열한 것이다. 예를 들면 교육의 장, 혹은 대학과 같은 특정 교육 기관을 구성하는 사회적 실행의 연결망은 기호학적으로 하나의 담화의 질서로서 구성된다. 이때 텍스트들은 포괄적인 의미로 이해되어야 하는데, 이는 글로 된 텍스트뿐만 아니라 예를 들자면 대화나 인터뷰, 그리고 텔레비전과 인터넷의 '다중모드'(언어와 시각적 이미지를 혼합한) 텍스트도 포함해야 한다. 어떤 사건들은 거의 텍스트로만 이루어져 있기도 하며(예: 강의나 인터뷰), 어떤 사건들은 텍스트가 비교적 작은 부분만을 차지하기도 한다(예: 체스 게임).

특정 사회적 장이나 기관에서 유래한 담화들(뒤에서도 나오겠지만, 예를 들어 학문적 경제학과 경영학에서 유래한 신자유주의적 경제 담화)은 다른 담화(예: 정치적 장 혹은 보다 넓은 교육의 장)에서 재맥락화될 수 있다. 재맥락화는 양가적인 성격을 가진다(Chouliaraki & Fairclough 1999). 재맥락화는 하나의 장이나 기관이 다른 장이나 기관에 의해 '식민화'되는 것으로 여겨질 수도 있으나, 종종 재맥락화하는 장 안에서 특정 집단의 사회적 행위주가 원하는 전략으로 담화가 포섭되면서 이 담화가 '외부' 담화에 의해 '전유(appropriation)'되는 것으로 여겨지기도 한다. 예를 들어, 이전에는 사회주의였던 유럽 국가들(예: 폴란드, 루마니아)이 시장 경제와 서구식 민주주의 체제의 정부로 '전환'하는 것은 담화의 '식민적인' 재맥락화(예: '사유화'의 담화)를 포함하기도 했지만, 그 담화는 새로운 사업가, 정부 관료, 국가 산업의 관리자 등의 전략에 따라 이들이 원하는 방식으로 포섭되기도 하였다(Fairclough 2006).

담화는 특정 조건하에서 운용화될(operationalized), 즉 '실행에 옮겨질' 수 있으며 이는 세 가지 양상을 가지는 변증법적 과정으로 이루어진다. (1) 이들은 (상호)작용의 새로운 방식으로 제정될 수 있으며, (2) 새로운 존재 방식(정체성)으로 주입될 수 있고, (3) 예를 들어 건축에서와 같이 공간을 조직하는 새로운 방식으로서 물리적으로 구체화될 수 있다. 제정과 주입은 그 자체로 기호학적인 형식을 가진다. 새로운 경영 담화(예: 교육과 의료와 같은 공공 영역의 장으로 침투한, 시장화된 '새로운 공공 경영'의 담화)는 경영자와 노동자 간 상호작용의 새로운 장르를 포함하는 경영 절차로 제정될 수도 있고, 새로운 유형의 경영 스타일을 기호학적으로 포함하는 정체성으로 주입될 수도 있다.

이미 언급한 바와 같이 CDA는 구조(특히 사회적 실행의 구조화에서의 중간 단계)에 초점을 맞추는 것과 사회적 행위주들의 전략(사회적 행위주들이 이미 존재하는 구조와 실행 안에서 어떤 결과나 목적을 성취하기 위해서 노력하는 방식이나, 특정한 방식으로 이러한 구조와 실행을 바꾸려고 노력하는 것)에 초점을 맞추는 것 사이를 넘나든다. 이는 서로 다른 기호 현상의 구조화에서 일어나는 변화(즉, 담화의 질서에서의 변화), 궁극적으로는 사회 변화의 일부를 구성하는 이 변화에 초점을 맞추는 것과 어떻게 사회적 행위주들이 텍스트에서 그들의 전략을 기호학적으로 추구하는지에 초점을 맞추는 것을 포함한다. 양쪽 모두의 관점에서 주요한 관심사는 장르 간, 담화 간, 스타일 간의 관계가 어떻게 변화하는지에 있다. 이들 사이의 관계는 담화의 질서에서 상대적으로 안정성과 영속성을 성취하게 되는데, CDA의 이 접근법에서는 이러한 관계가 끊임없이 작용하고 재작용하는 것이 텍스트가 가지고 있는 일반적인 속성이라고 간주한다.

이때 상호담화성은 후자를 위한 용어이다. 텍스트의 상호담화성은 텍스트가 가지고 있는 상호텍스트성의 일부이며(Fairclough 1992b), 텍스트가 어떤 장르나 담화, 스타일을 이용하는지와 텍스트가 어떻게 이들을 특정한 표현으로 만들어 가는지에 대한 문제이다. 텍스트적 분석은 언어학적 분석과 적절한 시각적 이미지나 '보디랭귀지'에 대한 분석을 포함하고 텍스트의 이러한 특성은 텍스트의 상호담화적 자질을 실현하는 것이다.

2. 적용 분야

변증법적-관계적 접근법은 다음과 같은 일반적인 문제를 다룬다. 연구하려는 사회적 과정(사회적 이슈, 문제, 변화 등)에서 특별히 중요한 기호 현상이 무엇이고, 이 기호 현상과 다른 사회적 요소 간의 변증법적 관계는 무엇인가? 이 문제는 사회 과학과 인문학 전 분야에 걸친 관심의 대상이며, 나는 이 접근법을 유익하게 적용할 수도 있는 분야와 이 접근법이 적용될 수 있는 텍스트나 장르의 범위를 미리 배제하고 싶지는 않다. 예를 들어, 문학 작품과 같은 특정한 유형의 텍스트는 특별한 문제를 제기하는 것처럼 보이지만 사실은 조금 다른 이야기이다. 일반적으로 나는 어떤 분야나 텍스트 유형에 완벽하게 방법(방법론)을 맞추고자 하거나 연구자들이 그들의 데이터와 연구 문제에 꼭 '맞는' 방법을 찾아야 한다고 보는 견해에 반대한다. 정리하자면, 나는 이 변증법적-관계적 접근법이 적용 가능한 분야를 미리 제한하지 않겠다는 것이다.

'접근법'과 '적용' 사이의 관계는 간단하지 않다. 현재 형태의 변증법적-관계적 접근법은 다양한 분야에 '적용'되는 과정을 통해 변화하였다. 이 접근법의 시작은 1990년대 초반 담화와 사회 변화에 대한 나의 연구(특히 Fairclough 1992b, 1995a를 보라)에서 확인할 수 있으며, 이 연구도 언어, 이데올로기, 권력 간의 관계에 대한 더 초기의 연구(Fairclough 1989/1991)에서 비롯됐다. CDA의 이 버전은 초기에 고등교육의 '시장화'나 Thatcher 정부에 의해 시작된 '기업 문화' 프로젝트, 정치와 미디어 담화의 다양한 양상(Fairclough 1995b)이나 교육에서의 '비판적 언어 인식'(Fairclough 1992a)에 적용되었다. 이러한 연구에서 나온 중요한 이론적 발전으로는 사회적 실행의 연결망에 대한 기호학적 차원으로서 (Fairclough(1991)에서 이미 사용된 개념인) 담화의 질서를 개념화한 것, Chouliaraki의 교실 담화 연구에서 '재맥락화'를 CDA 범주로 발전시킨 것(Chouliaraki 1995; Chouliaraki & Fairclough 1999), 담화의 변증법을 전경화한 것이 있다. 비슷한 시기에 이러한 연구는 영국 신노동당의 정치 담화에도 적용된 바 있다(Fairclough 2000a). '비판적 사실주의(critical realism)'[1]에서 무시되어 온 기호학적 이슈들의 탐구(Fairclough et al. 2004)와 '문화적 정치경제학' 내에서 변증법적-관계적 접근법을 통합하는 것(Jessop 2004)을 통해 이론적 발전이 이루어지기도 했다. 후자의 경우 중부 유럽과 동부 유럽의 세계화와 (민주주의와 시장 경제로의) '전환'에 대한 연구에서 특별히 CDA의 관점을 통해 언급한 바 있다(Fairclough 2006).

---

1) 비판적 사실주의(Critical realism)는 과학과 사회 과학 분야의 사실주의 철학으로, 특히 Roy Bhaskar(1986)의 연구에서 발전시킨 바 있다. 문화적 정치경제학(Cultural political economy)은 경제적 과정과 체제가 문화적으로 기호학적일 뿐만 아니라 정치적으로 조건지어지고 내포되어 있음을 주장하는 정치경제학의 한 분야이다.

3. 방법론

초학제적 사회 연구에서 CDA의 변증법적-관계적 버전을 사용하는 데 있어 나는 '방법'보다는 '방법론'이라는 용어를 사용한 바 있다. 그 연구의 대상(Bourdieu & Wacquant 1992)이 이론적으로 어떻게 형성되는지에 따라 방법들이 선택된다는 점에서, 이러한 과정 자체도 역시 이론적인 것으로 간주하기 때문이다. 따라서 이는 일반적인 의미에서 단순히 '방법들을 적용'하는 문제가 아니다. 이론과 방법을 완벽하게 구분할 수는 없기 때문이다. CDA의 이 버전에는 아래에서 논의할 일반론적인 방법이 있지만, 특정 연구를 위해 사용될 수 있는 개별적인 방법은 연구의 대상을 형성하는 이론적 과정에서 출발해야 한다.

우리는 절차나 단계들이 기계적으로 해석되지 않을 것이라는 전제 하에서만 이 방법론에서의 '절차'나 '단계'를 확인할 수 있다. 이들은 방법론('이론적 순서'의 문제)의 핵심적인 부분이다. 순차적으로 하나에서 다른 하나로 넘어가는 것('절차적 순서'의 문제)이 부분적으로는 말이 될 수 있지만, 연구를 진행하는 데 있어 이들은 단순한 선형적 순서로 이해되어서는 안 된다. 예를 들어 아래에서 언급할 '연구의 대상'을 형성하는 '절차'는 다음 단계에 앞서 선행되어야 하지만, 연구 대상의 형성이 연구 전체에서 가장 중요하다는 것을 고려하면 다음 단계에서 다시 '돌아오는' 것 역시 필요하다. 또한 '이론'의 순서와 '절차'의 순서를 '제시'의 순서와 구분하는 것도 도움이 된다. 예를 들어 논문을 쓸 때는 자신의 분석을 제시하기 위해 (연구의 이론이나 절차의 순서와는 다른) 일반적인 수사학적 순서가 중요할 수 있기 때문이다.

Bhaskar의 '설명적 비판'(Bhaskar 1986, Chouliaraki & Fairclough 1999)

의 변형으로 간주될 수 있는 이 방법론은 네 가지 '절차'로 나타낼 수 있으며, 이 절차들은 다시 각각의 '단계'로 상술될 수 있다.

절차 1: 기호학적 측면에서 사회적 부정에 초점을 맞추기

절차 2: 사회적 부정을 다룰 때의 장애물을 파악하기

절차 3: 특정한 사회적 질서가 해당 사회적 부정을 '필요'로 하는지 고려
하기

절차 4: 이 장애물을 넘어설 수 있는 가능한 방법들을 찾아보기

절차 1: 기호학적 측면에서 사회적 부정에 초점을 맞추기

CDA는 사회적 부정의 본질과 근원, 이를 다루는 데 있어서의 장애물과 이 장애물을 극복할 수 있는 가능한 방식을 더 잘 이해하기 위해 설계된 비판적 사회 과학의 한 형태이다. '사회적 부정'은 넓게 말하면 인간의 행복한 삶에 해를 끼치는 사회 체제, 형식, 질서의 양상으로 이해될 수 있으며, 원칙적으로 이들은 이러한 체제, 형식, 혹은 질서 내에서의 주요한 변화를 통해서만 제거되거나 혹은 개선될 수 있다. 이에는 예를 들어 빈곤, 여러 불평등, 부자유, 혹은 인종주의가 있다. 물론 무엇이 이러한 '사회적 부정'을 구성하는지는 논쟁적인 문제이며 CDA는 언제나 이러한 토론과 논쟁에 필연적으로 연결되어 있다.[2]

---

2) 이 책의 초판과 다른 저작에서는 사회적 '부정'보다는 사회적 '문제'로 언급한 바 있다. '부정'으로 바뀌게 된 것은 '문제'라는 표현은 곧 '해결'을 필요로 하는 것으로 이해될 수 있다고 생각했기 때문이다. 이 '문제'가 영국과 같은 나라에서 현 사회 체제가 가지는 자기정당화적인 (이데올로기적이라고도 할 수 있는) 담화의 일부분이 아닌 한, 원칙적으로는 '해결책'이 제공될 수 있을 것이다. 그러나 이에 대한 반대 의견은 어떤 사회적 부정은 체제 자체에 의해 생산되며 체제 내에서 해결할 수는 없다는 것이다.

우리는 절차 1을 두 가지 단계로 상술할 수 있다.

1단계: 사회적 부정과 관련되어 있거나 사회적 부정을 지적할 수 있는 연구 주제 선정하기. 이 연구 주제는 기호학적 순간과 다른 '순간들' 사이의 변증법적 관계에 특히 초점을 두는 초학제적 연구를 통해 생산적으로 접근할 수 있는 것이어야 한다.

예를 들어, 우리는 기존 사회 연구에서 충분히 주목받지 못한 어떤 주제가 중요한 기호학적 특징을 가지고 있기 때문에 이러한 접근법이 '생산적'이라고 결론지을 수 있다. 어떤 주제는 관련 학술 저서에서 두드러지게 나타나거나 혹은 문제가 되는 영역이나 분야에서(정치적 토론 및 경영이나 '리더십'에 대한 질문에 대한 토론에서, 미디어의 논평 등에서) 실질적인 관심의 대상이기 때문에 우리의 관심을 끌 수도 있다. 주제는 종종 '주어지기도' 하며 이들은 때때로 사실상 스스로를 선택하기도 한다. 예를 들어 '이주', '테러', '세계화' 혹은 '안전'이 인간의 행복한 삶에 중요한 함의를 가지고 있으며 따라서 연구자들이 주목해야 할 중요한 주제라는 것을 누가 의심할 수 있겠는가? 이러한 주제를 선택한다면, 연구가 요즘의 이슈, 문제, 사회적 부정과 밀접한 관련이 있다는 것을 보장하는 이점이 있지만, 동시에 이러한 명백함으로 인해 그들을 너무 있는 그대로 수용하게 될 위험도 있다. 우리는 이러한 주제들이 항상 알맞은 연구 대상이라고 가정할 수는 없다. 즉, 주제를 대상으로 '번역'하기 위해서는 주제를 이론화시킬 필요가 있는 것이다.

2단계: 앞서 파악한 연구 주제를 위한 연구 대상 형성하기. 이는 연구 주제를 초학제적인 방식으로 이론화하는 과정을 통해 이루어질 수 있다.

뒤에서도 예로 들겠지만, 선정한 연구 주제가 국가적 전략 및 정책과 '세계 경제' 간의 관계라고 가정해 보자. 즉, 연구 주제가 세계 경제에 맞춰 개발된 전략과 정책 혹은 세계 경제에 적응하기 위한 국가적 전략이나 정책에 대한 것이라고 가정해 보는 것이다. 이때 우리는 특정 국가에서 '경쟁력'을 향상시키는 전략과 정책(논의할 예시는 영국의 경쟁력 정책에 관한 것이다)에 집중함으로써 연구 주제를 좁힐 수 있다. 비판적 연구의 주제로서 이는 충분히 타당해 보인다. 당대 정부의 주요 관심사는 실제로 '세계 경제'에 적응하는 것이었으며 이러한 과정은 사람들의 삶에 실제로 영향을 끼쳐왔다(이는 더 큰 번영과 기회를 향한 방식으로 널리 제시되어 왔으나, 어떤 사람에게는 고통과 불안정을 수반하는 것으로 나타난다). 이 사례에서 사회적 부정에 대한 하나의 (논쟁적일 수 있는) 설명은 어떤 사람들(논란의 여지가 있지만 아마도 다수의 사람들)의 행복한 삶(물질적 풍요, 안전, 정치적 자유 등)이 다른 몇몇의 이익을 위해서 불공정하고 정의롭지 못하게 희생된다는 것이다. 아래에서는 사회적 부정의 특정한 정치적 양상 하나를 다룰 것이다. 바로 전략과 정책에 대한 국가적 합의를 형성하기 위해 정치적 차이를 억압하는 문제이다.

이 주제에 대한 연구 대상을 구성할 때는 주제가 가진 지나친 명백함을 넘어서기 위해 여러 학문 분야에서의 관련 이론을 고려해야 한다. 특히 우리의 초점은 기호라는 '진입점'에 있기 때문에 기호 현상과 담화에 대한 이론 역시 포함해야 할 것이다. 어떤 이론적 관점을 이용할지에 대한 질문에 '옳은 정답'은 없다. 이는 어떤 관점들이 풍부한 이론화를 제공할 수 있는지에 대한 연구자의 판단에 달린 문제이다. 이때 이론화는 현재 문제가 되는 과정과 그 과정이 사람들의 행복한 삶에 미치는 영향, 그리고 어떻게 사람들의 행복한 삶을 증진할 수 있을지에 대한 이해를 심화할 수 있는 비판적 연구를 위해서 알맞은 목적을 정의하는 근거가 된다. 관련 분야의 전문가들을 연구팀으로 불러 모으는 것이든 혹은 다양한 분야의 문헌을 살펴보는 것이든 연구자는 반드시 초학제적인 방식으로 연구해야 한다.

위와 같은 사례에서는 어떤 이론적 관점을 이용할 수 있을까? 이에는 아마도 '세계 경제'를 이론화하고 분석하는, 예를 들어 세계 경제가 삶의 요소, '필요성의 영역'을 구성하는지 혹은 어떻게 구성하는지에 대한 입장을 나타내는 (정치) 경제학 이론, '세계화'의 시대에서 국가 정치와 국내외 정치의 특성과 작용을 탐색하는 국가와 정치 이론, 어떻게 지역 집단과 개인들이 필요성의 영역으로의 '세계 경제'에 적응하면서도 이를 시험하고 도전하려 하는지를 다루는 '세계적 민족지학' 이론이 있을 수 있다. 담화 이론의 중요성은 이 '세계 경제'에 대한 암시적 질문에서 나타난다. 정치, 직장 그리고 일상에서의 '세계 경제'에 대한 실제적 대응이나 학문적 연구 모두에서 핵심적인 문제는 담화와 현실, 즉 '세계 경제'나, 세계 경제의 영향 및 결과, 세계 경제의 파급효과를 다룬 담화와 현실 사이의 관계이다. 우리는 우선 현실과 담화 사이의 복잡한 관계의 분석을 이러한 주제로의 기호학적 '진입점'을 마련하기 위한 일반적 연구 대상으로 간주할 수 있다. 하지만 연구 대상은 이보다 더 구체적으로 설정하는 것이 바람직하며 정치 담화 분석에 대한 다음 절에서 예시와 함께 이에 대해 제시할 것이다.

절차 2: 사회적 부정을 다룰 때의 장애물 파악하기

절차 2는 사회적 삶이 구조화되고 조직되는 과정에서 사회적 부정을 언급하는 것을 방해하는 것들이 무엇이 있는지 질문함으로써 조금 더 간접적인 방식으로 접근한다. 절차 2는 사회적 질서에 대한 분석을 도입하는데 이러한 분석에 대한 '진입점'은 기호학적일 수 있다. 이는 관련된 '텍스트'들을 선택하고 분석하는 것과, 기호 현상과 다른 사회적 요소 사이의 변증법적인 관계를 다루는 것을 수반한다.

　1~3단계는 아래와 같이 구성될 수 있다.
　1단계: 기호 현상과 다른 사회적 요소들 사이, 즉, 담화의 질서와 사회적
　　　　 실행의 다른 요소들 사이나 텍스트와 사건의 다른 요소들 사이의
　　　　 변증법적 관계를 분석하기
　2단계: 연구 목적의 구성에 적절하도록 분석을 위한 텍스트를 선정하고
　　　　 초점을 맞춰 범주를 설정하기
　3단계: 상호담화적 분석과 언어학적/기호학적 분석 모두를 이용하여 텍
　　　　 스트 분석을 수행하기

이 세 가지 단계는 모두 CDA의 이 버전이 가지고 있는 중요한 특징을 보여 준다. 텍스트적 분석은 기호학적 분석(담화 분석)의 일부일 뿐이며 전자는 반드시 후자의 틀 안에서 적절히 구성되어야 한다는 것이다. 우리의 목적은 특히 기호라는 '진입점'을 서로 다른 이론과 학문 사이의 대화를 통해 초학제적인 방식으로 구성된 연구 대상으로 발전시키는 것이다. 위와 같은 목적에 효과적으로 기여하기 위해서는 텍스트의 분석이 기호와 다른 요소 사이의 변증법적 관계라는 더 넓은

연구 대상의 분석 안에 위치해야만 한다. 이때 변증법적 관계는 사회적 실행의 층위와 사건의 층위 사이의 관계(그리고 담화의 질서와 텍스트 사이의 관계)를 포함한다. 이 절차의 세 가지 단계를 상술하지는 않을 것인데 이들은 아래의 예시를 통해 살펴봐야 더 명확해질 것이기 때문이다.

그러나 3단계에서 한 가지 중요한 사항이 있다. 앞서 구체적인 사례에서 사용되는 텍스트 분석의 특정 방법은 연구 대상에 따라 달라지지만, CDA의 이 버전에 일반적으로 적용할 수 있는 분석 방법이 있다고 언급한 바 있다. 1장에서 시사한 것처럼 텍스트 분석은 언어학적 분석(그리고 관련이 있다면 시각적 이미지와 같은 다른 기호학적 형식의 분석)과 상호담화적 분석(어떠한 장르, 담화, 스타일이 사용되었는지와 어떻게 그것들이 함께 표현되는지에 대한 분석)을 모두 포함한다. 게다가 상호담화적 분석은 언어적 분석을 관련된 사회적 분석의 형식과 연결하고, 사건의 일부로서의 텍스트의 분석을 사회적 실행의 분석과 연결시킨다. 즉, 일반적으로 사건(행동, 전략)의 분석을 구조의 분석과 연결하는 매개적인 '중간 층위'를 구성하는 것이다. 왜 그러한가? 상호담화적 분석은 장르, 담화, 스타일이 하나의 구체적인 사건의 일부로서 하나의 텍스트 안에서, 실행의 연결망의 일부로서 더 안정적이고 지속적인 담화의 질서 안에서 어떻게 함께 표현되는지를 비교하기 때문이다. 이때 실행의 연결망은 (사회적 실행으로서) 다양한 사회적 분석의 연구 대상이 된다.

절차 3: 특정한 사회적 질서가 해당 사회적 부정을 '필요'로 하는지 고려하기

절차 3은 그 제목만으로 무엇을 의미하는지 명확하지 않기 때문에,

예시를 통해 이를 명확히 하고자 한다. 앞서 언급한 것처럼, 아래의 예시에서 초점을 둘 사회적 부정은 세계 경제에 대한 정치적 차이를 억압하는 것과 이를 통해 국가적 합의를 만들고자 하는 전략이며 이는 사실상 담화를 통해 실현된다. 어떤 의미에서 사회적 질서가 이러한 사회적 부정을 '필요로' 할 수 있을까? 아마도 아래의 논의에서 다시 확인하겠지만, 신자유주의 원칙에 기반을 두며 경제 질서를 세계화하는 국제적으로 지배적인 전략은 개별 국가들이 '과거의' 적대적인 정치에 얽매이지 않고 이러한 전략을 지지하며 운영할 수 있는 것을 필요로 한다는 점에서 그럴 것이다. 절차 3에서 우리는 초점을 두는 사회적 부정이 사회 질서에 본질적인 것인지, 사회적 부정이 사회 질서 안에서 다뤄질 수 있는지, 혹은 사회적 부정이 사회 질서를 바꿈으로써만 다뤄질 수 있는지를 고심해야 한다. 그것은 '이다(is)'와 '해야 한다(ought)'를 연결하는 방식이다. 만약 사회 질서가 사회적 부정을 야기할 수밖에 없는 것으로 나타난다면 이는 사회 질서가 바뀌어야 할지도 모른다는 생각의 근거가 된다. 이는 또한 이데올로기의 문제와 연결되기도 한다. 즉, 담화는 권력과 지배의 특정한 관계를 유지한다는 데에 기여한다는 점에서 이데올로기적이라는 것이다.

절차 4: 이 장애물을 넘어설 수 있는 가능한 방법을 파악하기

절차 4는 분석을 부정적인 비판에서 긍정적인 비판으로 이동시킨다. 기호 현상과·다른 요소 간의 변증법적인 관계에 집중하는 것과 더불어, 사회적 부정을 다루는 데 있어 장애물을 극복할 수 있는 가능성이 기존의 사회적 과정 내에 있는지 확인해야 한다. 이는 조직화된 정치적 혹은 사회적 집단과 운동 내에서, 아니면 좀 더 비공식적으로 일상적인 회사, 사회, 가정의 삶에서 이러한 장애물들이 실제로 시험받고 도전받고 저항되는 방식에 대해 연구하고, 이를 위해 기호라는 '진입점'을 마련하는 것을 포함한다. 특히 기호학적인 초점은 지배적인 담화가 (담화의 논증, 담화에서의 세계의 이해, 담화에서의 사회적 정체성에 대한 이해 등에서) 반응을 일으키고, 문제시되고 비판받고 저항받는 방식을 포함하게 될 것이다.

이 절을 마무리하며 지금까지 소개한 CDA의 이 접근법의 핵심적인 분석 범주를 나열하면 다음과 같다.

핵심적 분석 범주

기호 현상(그리고 다른 사회적 요소),

담화/장르/스타일, 담화의 질서(그리고 사회적 실행들),

텍스트(그리고 사회적 사건),

상호담화성(그리고 상호담화적 분석),

재맥락화

운용화(제정, 주입, 구체화)

4. 예시: 정치 담화 분석

아래에서 다루게 될 텍스트는 정치 텍스트이다. 이 텍스트는 각각 전 영국 총리 Tony Blair가 작성한 정부 문서의 서문과 Blair의 '신노동당' 정부에 대해 전 노동당 의원 두 명이 쓴 비평이다. 위에서 언급한 바와 같이, 연구 주제가 어떻게 연구 대상으로서 구성되는지의 문제는 분석을 위한 텍스트의 선택과 구체적인 분석의 성격 모두를 결정한다. 이 절에서는 위에서 언급한 연구 주제('세계 경제를 위한 국가적 전략과 정책의 실행')를 위해 어떻게 연구 대상을 좀 더 구체적으로 구성할 수 있는지 보일 것이다. 이는 현대의 '정치적 조건'에 대한 정치적 이론에 대한 논의와, 이러한 논의가 정치학과 정치 담화 분석에 시사하는 주요한 이슈와 중점 사항들도 포함할 것이다. 여기에서는 현대 정치와 국가의 특징에 대한 이론적 관점을 영국과 같은 발전된 자본주의 국가를 대상으로 논의할 것이며, 지면의 한계로 인해 논의는 필연적으로 부분적일 수밖에 없다는 점을 강조하고 싶다. 본 절의 자료는 방법론에서의 절차 2의 1단계에, 특히 사회적 실행과 담화의 질서 수준에서 기호 현상과 다른 요소들 사이의 변증법적 관계를 분석하는 데에 도움이 될 것이다.

우선 현대의 '정치적 조건'에 대한 주요 주장을 네 가지로 압축한 요약 분석을 살펴보겠다.

- 지배적인 신자유주의적 형식의 세계화는 국가와 국내 (그리고 국제) 정치에서의 변화와 관련되어 있다(Harvey 2003; Pieterse 2004).
- 국가는 국가의 경계 내에 기반을 두는 자본에 대해 경쟁우위를 확실히 다지는 것을 최우선 목표로 하는 '경쟁 상태'가 되고 있다(Jessop 2002).
- 주류 정치 내에서 이전 시기의 정치가 가지고 있던 정치적 분열과 논쟁 (예: 정당 간)의 특징이 약해지고, 주요 전략과 정책적 이슈에 대해 합의가 도출되는 경향이 있다(Rancière 2006).
- 이러한 경향성은 근본적으로 정치적 위험을 구성한다. 이는 민주주의에 위협이 될 뿐만 아니라 국수주의와 외국인 혐오가 들어설 수 있는 빈자리를 내어 준다(Mouffe 2005; Rancière 1995).

네 번째 요점은 (민주주의적) 정치의 일반적인 특징과 현대 민주주의에서의 정치에 대한 특정한 관점에 근거를 두고 있다. 여기서는 특별히 Rancière의 버전을 언급하려 한다. Rancière는 아리스토텔레스가 "최선의 체제"에 대하여 "혼합체(mixture of constitutions)는 … (과두주의와 민주주의의) 요소를 모두 포함하는 것처럼 보이면서 동시에 그 중 어느 쪽 요소도 포함하지 않는 것처럼 보여야 한다 … 과두 세력은 이 혼합체를 과두주의로 볼 것이며, 민주 세력은 이 혼합체를 민주주의로 볼 것이다"고 특징지었을 때 예상할 수 있는 바처럼, 고대와 현대의 민주제가 모두 혼합된 형태라고 주장한다(아리스토텔레스, 〈정치학〉 4권 1294b를 보라). 이는 "정치의 문제는 모든 도시에서 부를 지니지 못한 무산자(aporoi)와 부를 지닌 소수의 유산자(euporoi)의 존재에서 시작한다"는 사실로부터 나온다. 정치의 과제는 부유한 사람들과 빈곤한 사람들 간의 갈등을 진정시키고 통제하는 데 있으며 이는 민주주의의 과잉을 제한하는 것을 뜻한다. 우리가 현재 '민주주의'라고 부르는 것은 정부가 다수를 통제하는 소수에 의해 운용된다는 점에서 사실상 과두주의이다. 이들을 민주주의적인 것으로 만드는 것은 구체적으로 과두주의의 권력이 대중의 권력에 놓여 있다는 점, 더 명백히는 정부 체제가 투표를 통해 선출된다는 점이다. 과두주의와 민주주의는 서로 반대되는 원칙으로 긴장 관계에 놓여 있으며 모든 체제는 그 둘 사이의 불안정한 타협이다. 공공 영역은 이들 원칙들이 서로 만나고 갈등을 일으키는 영역이다. 정부는 비정부 행위자를 사적인 영역으로 강등시킴으로써 공공 영역을 축소하고 전유하는 경향이 있으며, 민주주의는 공공 영역을 확장하고 정부에 의한 공공 영역과 사적 영역의 분할에 반대하기 위해 이러한 사유화에 대항하려 노력한다.

현대의 민주주의에서 국민 주권과 밀접하게 연결되어 있는 이 '대립의 평형'은 약화되고 있다. 과두주의 체제는 '합의적 비전'과 통합되어 가고 있으며, 이는 현대의 현실, 즉 세계 경제와 세계 경제가 약속하는 끊임없는 '성장'의 전망이 우리에게 선택권을 주지 않는다는 주장하에 이루어진다. 정부는 '세계적 필요성의 지역적 효과를 관리하는' 기업이며 이는 합의와 정치적 분열에 대한 '구시대적' 사치를 끝내야 한다는 것을 뜻한다. 과두 정치는 사람들 없이 즉, 사람들의 분열 없이 지배할 수 있다는 비전에 유혹되고, 이는 사실상 정치인이 없이 지배하는 것이며 궁극적으로는 국민 주권을 문제시한다. 그러나 억압된 분열은 정치적 시스템 체제 외부에서 동원의 형태(예: 신자유주의적 세계화가 가져오는 부정적 영향에 대항하는 것, 혹은 이라크 전쟁)와 극우 국수주의, 외국인 혐오의 위험한 형태로 필연적으로 되돌아올 수밖에 없다.

따라서 정치 분석에서는 현대의 탈정치화 과정에 우선순위를 두고자 한다. 탈정치화는 결코 새로운 전략은 아니지만(Rancière(1995)에 따르면, 이는 "정치의 가장 오래된 과업"이다) 지금 특히 지대하고 위협적인 형태로 떠오르고 있다. 탈정치화는 이슈와 사람들을 정치적 고려와 결정의 과정으로부터 배제하는 것이며, 그들을 정치 외부에 위치시키는 것이다. 그러나 우리가 과두주의와 민주주의의 원칙 사이에서의 긴장, 탈정치화에 대한 민주적인 대응, 그리고 어떻게 이러한 대응이 탈정치화를 향한 압력에 저항할 수 있는 동력을 발전시킬 수 있을지를 분석하려 한다면 정치화의 과정 역시 동일하게 중시해야 한다. 다른 학자들 역시 탈정치화와 정치화를 중요하게 제시한 바 있지만(Hay 2007; Muntigl 2002b; Palonen 1993; Sondermann 1997), 우리와는 다른 이론적 관점에서 분석해 왔다.

이렇게 탈정치화의 과정에 우선순위를 두는 것은 다른 문제와 이슈들에 연관되어 있는 중심성을 문제화하기 위한 토대를 제공한다. 우선 두 가지만 간략히 언급하려 한다. 첫째로, 이 중심성은 '성찰적 근대성'의 이론가들에 의한 '하위 정치'나 '생활 정치'의 결과이며, 이는 최근 '정체성 정치'가 주목을 받게 된 것과도 이어져 있다. 이러한 관점은 '풀뿌리' 정치적 행위를 강조한다는 점에서는 위의 관점과 일치하지만 그러한 정치를 정치적 체제를 중심으로 하여 적대 정치의 대안으로서 이해한다는 점에서는 위의 관점과 충돌한다. 정치화의 '풀뿌리' 정치는 탈정치화라는 반대 논리에 의해 정의되고 제한되며, 이는 국가와 정부에 초점을 맞추는 적대 정치가 결코 구식이 아님을 의미한다. 둘째로, 예를 들어 Habermas(1967)에 영향을 받은 사람들에 의해서 '숙의 민주주의'에 기인한 중심성 역시 적대 정치가 대체될 수 있다는 가정과 연관되는 경향이 있다. 또한 이러한 중심성은 정치적 대화를 정치 공동체 내에 분열, 차이, 갈등이 존재하도록 허용하는 과정으로 보기보다는, 오히려 합의-형성의 이성적인 과정으로 이해한다. 이러한 경향에서는 이러한 분열, 차이, 갈등이 '해결되기'를 기다리는 '문제'일 뿐이라고 가정한다. 다양한 이론적 관점에서 볼 때, 이는 모순적이라 할 수 있다. 이들은 운영할 수는 있을지라도 현존하는 체제의 변수 안에서는 해결할 수 없기 때문이다(Jessop 2002). 이것이 정치에서의 협력을 축소하거나 무시하는 것은 아니다. 정치적 대화에서 갈등은 협력을 요구하며(특정한 수준에서 협력하는 사람들만이 갈등을 벌일 수 있다) 적대 정치는 필연적으로 협력적인 순간을 포함한다(예: 동맹의 형성).

　　우리는 탈정치화와 정치화의 과정을 분석하며 특히 기호라는 '진입점'을 성공적으로 발전시켰고, 이는 아래의 텍스트 분석에서 상술될 것이다. 아래에서는 대체로 정치 담화 분석에서 더 많은 관심을 받아온 범주들이나 이슈들을 포함하여 몇 가지(합법화, 조작, 이데올로기, 협력과 정체성)를 언급할 것이다. 그러나 범주들 간의 관계는 달리 '매핑(mapping)'될 수 있고 일부의 재개념화나 변화를 수반할 수 있다.

정치화와 탈정치화는 높은 수준의 전략, 혹은 '거시 전략(macro-strategies)'이고 합법화나 비합법화 역시 마찬가지이다. 전략은 목표와 수단을 통합한다. 이러한 거시 전략은 모두 과두주의나 민주주의의 목표를 성취하는 수단이며(예: 정치적 분열로 인한 방해를 최소화하면서 통치하는 것, 혹은 정치적 차이를 공공 영역으로 밀어 넣는 것), 이 목표는 그 자체로 수단이 되는 더 많은 전략들과 연계되어 있다. 우리는 (탈)정치화와 (탈)합법화를 위한 전략을 파악할 수 있으며(예를 들어, 합법화의 전략으로는 '권위화'나 '합리화' 등이 논의되어 왔다(van Leeuwen 2007; van Leeuwen & Wodak 1999) 이들은 대개 기호학적으로 실현되지만 모두 기호학적(혹은 '담화적') 전략이 아닌 정치적 전략이다.

위에서 세계 경제에 대응하는 국가적 전략과 정책과 관련하여 담화와 현실 간의 복합적인 관계를 연구의 대상으로 폭넓게 설정할 수 있음을 제안한 바 있다. 이제 영국의 경쟁력 정책에 집중하여 '세계 경제'에 대한 국가적 대응에서 탈정치화와 정치화 전략의 기호학적 실현을 더 자세히 살펴보도록 한다.

5. 실례: 정치 텍스트 분석하기

이제 두 개의 텍스트를 분석하겠다. 우선 영국의 이전 총리인 Tony Blair가 경쟁력에 대한 영국 통상산업부 백서에 작성한 서문으로 시작한다(영국통상산업부 1998, 부록1을 보라). 방법론에 대한 절에서 제시된 절차와 단계에 따라 서술하겠으나 절차 1의 양상은 충분히 논의하였으므로 여기서는 간략하게만 다룬다.

절차 1: 기호학적 측면에서 사회적 부정에 초점을 맞추기

여기에서 중점을 둘 사회적 부정은 급변하는 국제 경제에 국가적으로 어떻게 대응할 것인가(그리고 그 이전에 이 변화란 실제로 무엇인가)와 관련된 전략과 정책을 논의할 때, 정치적 차이를 억압하고 주변화하는 것이다. 이는 위에서도 언급했듯이 민주주의를 약화시킬 뿐만 아니라 정치적으로 설명될 수 없는 이견을 국수주의나 외국인 혐오의 형태로 표현할 수 있는 위험을 제기한다는 점에서 사회적 부정에 해당한다. 탈정치화의 거시 전략에 대한 기호학적 실현에 집중하면서 기호라는 진입점을 활용하는 것은 가능하고 또 생산적인데, 이는 위에서 언급한 연구 대상의 형성 절차에도 부합하는 바이다. 두 번째 텍스트는 이전 노동당 의원들이 Blair의 '신노동당' 정부를 비판하며 작성한 저서(Brown & Coates 1996)를 발췌한 것으로 정치화에 대한 거대 전략의 기호학적 실현을 보여 준다(그러나 정치화와 탈정치화의 두 거시 전략 모두가 하나의 텍스트에서 함께 작용할 수도 있음에 유의하라). Blair의 텍스트는 탈정치화를 향한 당시의 지배적 경향을 표상한다. 그러나 이러한 경향은 두 번째 텍스트의 경향과 같이 정치화하려는 대응과 공존한다. 비록 후자가 정부의 전략과 정책에 더 미미한 영향을 미치지만 말이다. 연구 주제를 위한 연구 대상 해석과 관련하여 위 1, 2단계는 예시를 가지고 이미 논의하였으므로 절차 2로 넘어가도록 한다.

절차 2: 사회적 부정을 다룰 때의 장애물을 파악하기

세 가지의 단계를 차례로 살펴보면서 절차 2를 논의하도록 한다.

> 1단계: 기호 현상과 다른 사회적 요소 간의 변증법적 관계를 분석하기(담
> 화의 질서와 사회적 실행의 요소 간, 텍스트와 사건들의 요소 간).

1단계는 (사회적 실행의 중간 수준에서의) 구조와 사건(과 전략들) 사이의
변증법적 관계를 암시적으로 포함한다. 앞서 이 사례에서 문제시되는
사회적 실행과 담화의 질서를 살펴본 바 있지만, 현대의 자본주의와
관련된 '재구조화(re-structuring)'나 '재척도화(re-scaling)'(Jessop 2002)의
경향과 관련하여 좀 더 서술하고 영국의 신노동당에 대해 간단히 언
급하겠다.

재구조화는 특히 경제적 영역과 비경제적 영역 사이에서 발생하는
구조적 관계 내의 변화이며, 이는 전자에 의한 후자(정치와 국가를 포
함)의 광범위한 '식민화'를 포함한다. 재척도화는 세계적, 지역적, 국
가적, 그리고 국소적 규모의 사회적 삶 사이에서의 변화하는 관계이
고, 정부와 통치의 변화를 포함한다. 이러한 경향성을 분석하는 것은
지금 우리가 주목하는 영국의 전략과 정책을 맥락화하는 데에, 즉
그것들이 무엇의 일부인지를 결정하는 데에 유용하다. 정부는 점점
더 다른 정부뿐만 아니라 다른 국제적 단체(예: 유럽 연합, 세계은행,
IMF), 기업 네트워크 등을 포함하는 더 큰 연결망 내부로 포함되고
있다. Castells(1996)에 따르면 정부는 점점 더 기업-정부 복합체에 기
반을 둔 초국가적 연결망 안의 '교점'으로 기능한다. 이때 기업-정부
복합체의 주요한 '기능'은 '세계 경제'에서 성공적인 경쟁을 위한 (경

제적, 재정적, 법적, '인적 자본' 등의) 조건을 형성하는 데 집중하는 것이다. 만약 여기서 주목하는 정부의 전략이나 정책들이 이러한 강력한 연결망에 갇혀 있다면 그것들은 그 자체로 사회적 부정을 다루는 데 있어서 상당한 장애물이 될 것이다.

그러나 재구조화와 재척도화의 과정은 중요한 기호학적 차원을 지닌다. 그들이 수반하는 사회적 실행들의 연결망은 그 자체로 구조적이고 척도적인 경계를 가로지르는 담화의 질서이기도 하기 때문이다. 예를 들어, 첫 번째 텍스트에 제시된 것처럼, 세계화된 지배적 신자유주의 담화는 정치뿐만 아니라 교육에서도 마찬가지로 지배적이고, 유럽연합, 세계은행, 영국 이외의 많은 나라에서도 지배적이다. 구조와 척도의 측면에서 장르와 스타일도 유사한 방식으로 전파된다 (Fairclough 2006). 더욱이 이러한 기호학적 차원은 재구조화와 재척도화의 과정이 '기호학적으로 유도'된다는 점에서 재구조화와 재척도화에 필수적이다. 이는 경제, 정부, 교육과 기타 등에서 구조와 척도의 새로운 관계를 위해 '상상계'(Jessop 2004, 2008)를 구성하는 담화, 즉 상상적 투사로서 시작된다. 이들은 헤게모니화되거나 지배적이 될 수도 있으며, 또는 폭넓게 재맥락화될 수 있다. 이들이 헤게모니화된다면, 이들은 새로운 구조, 실행, 관계, 제도에서 '운용화'되고, 운용화는 그 자체로 장르와 '장르 연결망'의 출현과 전파에서 일부 기호학적 양상을 띤다. 이는 이 복잡하고 새로운 연결망의 지배뿐만 아니라 지배의 스타일까지 가능케 한다. 새롭게 구성된 구조적이고 척도적인 관계와 이에 깊숙이 내재된 기호학적 차원은 그 자체로 사회적 부정을 다룰 때 마주하게 되는 장애물의 일부이다.

텍스트와 사회적 사건의 다른 요소 사이의 변증법적 관계에 있어 전반적인 핵심은 정치적 텍스트가 정치적 사건에 피상적으로 수놓아진 것이 아니라 텍스트가 정치적 사건에서 핵심적이고, 정치적 사건을 구성하며, 정치적 사건 자체의 일부라는 것이다. 예를 들어 지금 이 경우에서 '세계 경제'에서 영국의 '경쟁력'을 높이기 위한 Blair 정부의 전략과 정책은 분명히 텍스트적인 특징을 가진다. 이 전략과 정책들은 대개 텍스트의 연쇄와 연결망, 즉 규칙적이고 체계적으로 함께 연결되는 서로 다른 유형의 텍스트로서의 사건(위원회, 보도, 의회 토론, 언론 성명, 기자 회견 등)의 복잡한 연쇄와 연결망 안에서 형성되고, 전파되고, 합법화된다. 그들은 위에서 언급했던 '장르 연결망', 즉 체계적으로 연결된 장르(예: 회의, 보고서, 토론)에 따라 연결되어 있다. 장르 연결망은 절차를, 이 경우에는 통치의 절차를 기호학적으로 구성한다(사건, 텍스트, 장르의 '연쇄'에 대해서는 Fairclough(2003)을 보라). 따라서 이러한 전략과 정책은 대개 텍스트로서의 성격을 가지며 텍스트 분석을 필요로 한다. 제시한 예시들은 관련 텍스트의 복잡한 연결망에서 나온 두 가지의 작은 표본에 불과하다.

실제 분석을 위해서는 영국의 정치와 사회 변화에 대해 더 자세하게 들여다볼 필요가 있다. 자세한 서술을 위한 지면의 공간이 없으므로 몇 가지 요점만을 짚어 보겠다(더 많은 정보를 위해서는 Fairclough (2000a)를 보라). 우선, '신노동당'은 이전 보수당 정부의 신자유주의를 포용하고자 영국 노동당의 전통적인 사회 민주주의를 폐기했다. 이는 주류 정치와 일반적인 정치 담화 내에서 주요 정책에 대한 신자유주의적 합의를 만들어 내기 위한 결과였다. 즉, 반대를 배제하는 이러한 경향이 바로 지금 다루는 '사회적 부정'이 된다. 두 번째로, 미디어 '포장(정책과 사건의 미디어 보도에 대한 면밀한 관리와 조작)'에 대한 신노동당의 악명 높은 집착은 정부 내에서도 기호학적인 과정(정치적 '소통')의 중요성이 점점 커지고 있다는 것을 시사한다. 따라서 신노동당과 함께 발전한 정치의 형태는 논란이 되는 사회적 부정을 다루는 데에 있어, 특히 기호학적인 장애물이 된다.

  2단계: 분석을 위한 텍스트와 범주의 선정

2단계에서 연구 대상을 구성하는 것은 탈정치화와 정치화의 거시 전략이 기호학적으로 실현된 텍스트를 선정하는 것을 의미한다. 여기서의 예시들은 모두 글말이지만, 회의나 토론, TV와 라디오의 인터뷰, 웹사이트뿐만 아니라 '세계 경제'와 이를 지향하는 정부의 전략과 정책에 대한 캠페인, 항쟁, 시위, 그리고 다양한 맥락 속에서 사람들이 이 '경쟁력'에 대한 움직임을 어떻게 경험하고 반응하는지를 나타내는 자료들(예: 직장에서의 대화나 토론)도 포함될 수 있다. 탈정치화를 실현하는 논증이나 수사적 전략과 같은 기호학적 전략뿐만 아니라 합법화, 조작, 이데올로기, 협력, 정체성의 기호학적 양상과 실현 역시 분석의 초점과 범주가 될 수 있다. 이는 해당 텍스트를 논의할 때 다시 상술하도록 한다.

  3단계: 텍스트 분석

첫 번째 텍스트는 다음과 같이 도식적이고 논증적으로 구조화된다.

  전제: 현대 세계는 변화하고 있다.
       현대 세계에는 성공하고 번영할 기회들이 있다.
       만약 성공하고 번영하기를 원한다면 우리는 효율적으로 경쟁해야
       만 한다.

암묵적 전제: (우리는 진정으로 성공하고 번영하기를 원한다.)

결론: 그러므로, 우리는 (더) 효율적으로 경쟁해야만 한다.

이 논증은 합법화의 거시 전략, 특히 합리화의 전략을 기호학적으로 실현한다. 즉, 정부의 관련 정치적 전략과 정책이 해당 상황에 필수적인 대응이라는 주장으로 합법화하려는 것이다.

이 논증은 형식적으로는 타당하지만 실제로 적절한 논증인지는(즉, 합리적인 논거를 가지고 있는지는) 그 전제가 참인지 거짓인지에 달려 있다. 우리는 전제가 참인지에 이의를 제기함으로써 이 논거가 오류라는 반론을 제기할 수 있다(Ieţcu 2006). 특히 텍스트에서 (a) 문제적인 정체성 범주를 가진 주어('우리')의 성공 가능성을 서술하고 있으며 (b) 현대 세계에 부여된 변화가 '우리'가 반드시 단순히 받아들여야만 하는, 피할 수 없는 삶의 사실이라는 잘못된 주장을 하고 있다는 점을 근거로 이 전제에 의문을 제기할 수 있다. 그리고 전제의 이 두 가지 결함 모두 탈정치화의 거시 전략과 연결된다.

첫 번째 결함과 관련해서, '우리'라는 정체성 범주는 '우리'='영국'과 '우리'=영국의 모든 시민들이라는 잘못된 등식에 기반을 두고 있다는 점에서 문제적이다. 즉, 만약 영국이 '성공'이나 '번영'을 달성한다 해도 모든 영국의 시민들이 그렇게 될 것이라는 말은 아니라는 것이다. 이는 일반적인 범주가 어떤 특징을 가질 때, 그 속성이 그 범주에 속한 각 부분에 부여될 것이라고 잘못 판단하는 '분할의 오류(fallacy of division)'에 해당한다. "이는 모두를 위한 상업적 성공과 번영으로 향하는 길입니다"라는 문장은 이를 분명히 암시한다. 이러한 오류는 정부 담화의 흔한 특성이다. 그렇지만 이는 탈정치화 거시 전략의 핵심이기도 하다. 탈정치화는 서로 반대되는 정체성, 즉 '우리'와 '그들'로 나눠진 정치 공동체 내부의 분열 자체를 없애는 것을 기본으로 하는 전략적 목표를 가지기 때문이다. 이러한 의미에서 정체성과 정체성의 기호학적 이해는 탈정치화를 다루는 분석에서 주된 초점이 된다.

기호학적 용어에서 이슈가 되는 것은 인칭 직시이다. 정체성과 관련하여 저자(Blair)를 위치짓는 두 가지의 인칭 '직시 중심'이 있다. 그는 자기 자신을 '우리'=정부와 '우리'=국가라는 두 가지의 집단 정체성 내에 위치시킨다. 정체성이 차이를 수반한다는 것, 즉 '우리'가 '그들'을 함의한다는 것은 정체성과 관련한 선행 연구에서 흔한 현상으로 밝혀진 바 있다(Connolly 1991). '우리'=정부는 '그들'="제대로 작용하지 않았으며, 작용할 수도 없었기" 때문에 거부된 전략들, 즉 "구식의 국가 개입"과 "시장에만 막연하게 의존하는 것"을 추구했던 이전 정부와 대립되는 것으로 암시적으로 이해할 수 있다. 반면 '우리'=국가는 "경쟁자"와 대립되는 것으로 이해된다. 인칭 직시의 이해가 해당 정치 공동체('영국')와 당대의 정치적 장(정치 체제) 모두에서 '우리/그들'의 분열을 배제하고 있음에 주목하라. 이때 정치적인 '반대'는 발생하지 않는다. 이는 정치 공동체와 정치적 장 모두에 합의가 있음을 암시하며 이것이 바로 탈정치화인 것이다.

텍스트는 기호학적으로 정체성을 이해시키며 동시에 이러한 이해를 설득력 있게 만들고자 한다. Blair의 논증에 오류가 있다는 사실이 그 논증이 많은 사람들에게 오류로 받아들여질 것을 의미하지는 않기에, 우리는 무엇이 그 논증과 정체성을 설득력 있게 만드는지를 고려해야만 한다. 이는 세계 변화의 이해에 대한 두 번째 결함으로도 이어진다.

'새로운 세계 질서'에 대한 지배적인 이해는 어느 정도 예상 가능한 언어학적 특징을 수반한다(아래에 언급할 언어학적 범주에 대해서는 Fairclough 2003을 보라). 변화의 과정은 책임을 지는 사회적 행위주 없이 이해되고, 시간과 역사를 초월한 현재로 이해된다. 새로운 경제에 대한(대개 굉장히 익숙하고 자명한) 진술은 양태적으로 표현되지 않고 진리로서 단정적이고 권위 있게 이해된다. 그리고 경제적인 것에 대한 '이다(is)'로부터 정치적인 것에 대한 '해야 한다(ought)'로, 즉 단정적인 사실로부터 '우리'가 반응해야만 하는 무언가로의 움직임이 존재한다. 새로운 경제적 현실은 장소와 무관한 것으로 이해되며, 일련의 증거와 출현은 목록화되어 병렬적으로 이해된다. 나는 다른 논의(Fairclough 2000b)에서 이러한 자질들이 서로 다른 척도상에서뿐만 아니라 서로 다른 경제 텍스트(예: 세계은행의 텍스트), 정치 텍스트, 교육 텍스트 등에 출현하면서 재맥락화를 통해 유지된다는 것을 보인 바 있다.

그것들은 Blair의 텍스트에서도 찾아볼 수 있으며, 이들은 모두 탈정치화가 기호학적으로 실현된 양상으로 볼 수 있다. "현대 세계"에서 경제적 변화를 이해하는 데에는 책임감 있는 사회적 행위주가 부재한다. 물질적 과정의 행위주는 추상적이거나 무정물로 나타난다. 단락 1에서 첫 번째 (수동태) 문장의 행위주는 "변화"이고, 두 번째 문장에서의 행위주는 "새로운 기술"이나 "새로운 시장"이다. 이들은 변화를 그냥 일어나는 것이고 주체가 없는 과정으로 이해하게 하는 자동사('등장하다', '열리다')의 행위주임에 주목해야 한다. 세 번째 문장은 존재론적인데 "새로운 경쟁자"와 "새로운 기회"는 단순히 존재하는 것으로 주장되며 변화의 과정 내에 위치하지는 않는다. 세 번째 단락에서는 무정물 "이러한 새로운 세계"가 "도전"의 행위주가 되는데, 이는 변화 그 자체를 필수적으로 대응해야 하는 그 무엇으로 이해하게 한다. 반면에 이러한 확고하고 비인간적인 세계 변화의 과정에 대한 국가적 대응에서는 사회적 행위주가 완전히 드러난다. 이때 기업, 정부, 통상산업부, 그리고 특히 "우리"가 사회적 행위주로 나타나게 된다.

시간, 시제, 양태로 넘어가 보면, 세계 변화는 국가적 대응처럼 역사와 '시간을 초월한' 현재 시제로 이해된다. 세계 변화는 또한 단언적이고 자명한 진술들(예: "현대 세계는 변화에 휩쓸립니다"와 사실상 첫 단락의 다섯 문장 모두)이 표현하는 권위적이고 단정적인 주장을 통해 양태적으로 이해된다. 역사에 대한 유일한 언급은 단락 4의 "구식의" 전략들이다. 여기에는 '이다(is)'로부터 '해야 한다(ought)'로의 옮겨감이 있다. '해야 한다(ought)'는 단락 2와 단락 3에서 암시된다. "우리의 성공은 우리가 가진 가장 귀중한 자산들을 얼마나 잘 활용하는지에 달려 있습니다"라는 문장은 우리가 그것들을 활용해야 한다는 것을 암시하며 "이러한 새로운 세계에서 기업들은 혁신적이고 창조적이어야 합니다"라는 문장은 기업과 정부가 이것들을 해야 한다는 것을 암시한다. 단락 5에서부터 '해야만 한다(must)'의 양태 동사가 여섯 번 반복되며, 따라서 '해야 한다(ought)'는 암시는 명시적이고 반복적으로 나타난다. '이다(is)'의 범위는 세계 변화이며 '해야 한다(ought)'의 범위는 국가적 대응으로 볼 수 있다. 이 구분은 경제와 정치('산업 정치'라는 것이 있지만 산업 정치는 급진적으로 경제적 절차를 형성해가는 것보다는 그러한 경제적 절차를 가능하게 하는 것들에 초점을 맞추기 때문에 조금 다르다), 사실과 가치 사이에서 텍스트적으로 이해되며 후자로부터 전자를 배제한다. 이는 신노동당 초기의 사회 민주주의적 전통과는 다른 것이다. 이전의 노동당 정부는 예를 들자면 사기업을 국가의 통제하에 놓아 국유화하는 방식 등으로 경제를 변화시키고자 정치적 권력을 사용했기 때문이다. 한편 경제적 과정과는 다르게 정치적 과정에는 책임감 있는 사회적 행위주가 존재한다. '해야만 한다(must)'로 양태적으로 표현된 행위주는 '우리'로 5번, '정부'로 1번 드러난다. 요약하자면, 세계 변화는 '우리'가 대응해야만 하는 역사가 없는 과정이다. 더욱이 첫 번째나 세 번째 단락에서 장소 표현이 존재하지 않기 때문에 세계 변화는 암시적으로 장소와 무관하게 이해된다.

통사적인 특성을 살펴보면, 문장과 문장 내의 구 모두 병렬적[3]이다. 예를 들어 첫 번째 단락은 세계 변화의 증거를 나열하며 병렬적으로 연결된 세 문장들로 구성된다(두 번째와 세 번째 문장은 병렬적으로 연결된 절을 포함한다). 두 번째 단락에서도 마찬가지다. 문장들의 순서는 중요하지 않으며 실질적인 의미 변화 없이 (단어를 거의 바꾸지 않고도) 바꿔 쓸 수 있다는 것에 주목할 필요가 있다. 실제로 증거의 목록으로 나열된 것들은 다소 임의적이다. 예를 들어 첫 번째 단락의 두 번째 문장은 "어마어마한 숫자의 돈이 찰나의 순간에 전 세계를 건너며 우리 집 고양이 Socks도 인터넷에 자신만의 홈페이지가 있다"가 될 수도 있었을 것이다. 여기에서 사실과 다른 점은 Blair에게 Socks라는 이름의 고양이가 없다는 점뿐인데, 이는 실제로 Bill Clinton의 저서에 있는 매우 유사한 목록에 등장하는 내용이기 때문이다. 수사적으로 중요한 것은 변화에 대한 증거들이 끊임없이 축적되고 있다는 점이며, Clarke & Newman(1998)은 이를 '변화의 폭포'라고 부른 바 있다. 이러한 변화의 폭포는 새로운 경제를 단순한 사실로, 우리가 함께 살아 내고 대응해야만 하는 것으로 설득력 있게 (그리고 조작적으로)

---

3) 병렬적인 통사적 관계는 문법적으로 동등하며 조화를 이루는 문장, 절, 구 사이의 관계이다. 이러한 관계는 하나의 주요 문장, 절, 구가 있고 다른 것들은 종속되는 종속적 관계와 대조를 이룬다.

성립시킨다.

요약하자면 변화는 장소와 무관하고, 사회적인 행위성이 지워져 있으며, 특정한 방식으로 대응할 필요가 있는 현 모습(그리고 자명한 진술들)의 목록으로서 권위적으로 이해된다. 이 자질들은 모두 새로운 경제를 대안이 없는 단순한 사실로 이해시킨다. 그것들은 '세계 경제'를 '필요의 영역' 내부에 위치시키며, 따라서 '불확실성과 숙고의 영역' 외부로 즉, 정치 영역의 외부로 위치시킨다. 그리고 이를 통해 탈정치화의 거시 전략을 기호학적으로 실현하는 것이다(Hay 2007). 우리는 이와 같은 담화가 상당한 대중의 수용을 얻는 한, 실제로 수용을 얻기도 했지만, 사회적 부정을 다룰 때의 장애물의 일부가 된다고 말할 수 있다.

이제 상호담화적 분석에 대해 간략히 언급하겠다. Blair의 텍스트는 예를 들면 세계은행 내부에서 생성된 텍스트에 더 충분하게 상술되어 있을 '세계 경제'에 대한 분석과 특정 담화('세계 경제'에 대한 이해와 내러티브와 논거)를 재맥락화하는 것으로 볼 수 있다. Blair의 텍스트는 애초에 분석적인 텍스트가 아니며 '필요한' 정책들을 논의하는 설득적 텍스트이다. 그러나 이 텍스트는 설득적인 논거가 재맥락화된 분석에 근거를 두며, 따라서 분석적 장르와 설득적 장르를 (경제 담화와 정치 담화 역시도) 결합하고 있다는 점에서 상호담화적으로 복잡하다. 이러한 유형의 재맥락화와 상호담화적인 혼종성은 전문 지식에 호소함으로써 합법화하는 전략이 기호적으로 실현된 것으로 볼 수 있으며, 이는 많은 사람이 선호하는 전략이다. 다만 이러한 전문적인 담화는 전문적 경제 텍스트에 나타나는 담화와는 같지 않다는 것에 주목하라. 예를 들어, 첫 번째 단락에서 세계 경제에 나타난 변화의 이해는 세 개의 짧은 문장으로 분해되고 이들은 더 나아가 정치적 수사의 특징이 되는 자질('변화에 휩쓸리다'와 같은 극적인 은유, '새로운 경쟁자들이 존재하지만, 새로운 기회 역시 존재한다'와 같은 대조 표현)을 포섭하며 논증적으로 극적이고도 설득적일 수 있는 전제를 형성한다. 재맥락화는 새로운 맥락에 맞는 변화를 수반하며 이는 상호담화적 혼종으로서의 형식에도 영향을 미친다.

절차 2에 대한 논의에서는 사회적 부정을 다룰 때의 몇 가지 장애물을 확인하고 그것들이 본질적으로 일부 기호학적임을 보였다. 요약하자면, 정부의 전략과 정책들이 포함된 국가적이고 국제적인 연결망, 영국 주류 정치의 합의적 특징, Blair의 텍스트에 나타난 영향력 있는 정치 담화는 세계 경제와 이에 대한 국가적 대응을 탈정치화하는 데 여러 방식으로 기여하고 있다는 것이다.

절차 3: 사회적 질서가 사회적 부정을 '필요'로 하는지 고려하기

위의 방법론 절에서 절차 3을 논의할 때 합의를 위해 정치적 차이를 억압하는 것이 어떻게 국가가 효과적으로 운용되기 위해 반드시 필요한 헤게모니적 신자유주의 전략으로 이해될 수 있는지를 이미 예시를 통해 설명하였다. 이에 더해 정치 체제 내의 광범위한 합의를 성취하는 것은 기호학적 조건들, 즉 기호학적 헤게모니를 성취하고 담화를 폭넓게 수용하게끔 하는 것에 달려 있다는 것을 추가로 언급하고자 한다. 위에서 언급한 바와 같이 이는 이데올로기로 해석될 수 있는데, 바로 이것이 권력과 지배 관계를 유지하게끔 하는 의미들을 자연화한다는 점에서 그렇다. 이 경우 사회적 부정은 사회적 질서 내의 더 큰 변화를 필요로 한다고 언급하고 있는데, 따라서 사회적 질서 역시 사회적 부정을 '필요'로 하게 된다. 또한 이 사회적 부정은 부분적으로 기호학적 특징을 지니므로 당대 정치 담화의 속성 역시 '필요'로 한다고 볼 수 있을 것이다.

절차 4: 장애물들을 넘어설 수 있는 가능한 방법들을 파악하기

이 시점에서 두 번째 텍스트(부록 2를 보라)인 장기 연임한 두 명의 노동당 의원들의 저서(Brown & Coates 1996) 일부를 소개하고자 한다. 이 저서는 그들이 "자본주의의 세계화"라고 칭한 노동당의 관점에 대해 작성한 것이다. 이에 대해서는 주된 거시 전략, 정치화를 중심으로 거칠지만 간략하고 부분적인 분석을 시도한다.

첫 번째 텍스트에서 이미 하나의 대립적인 자질을 언급한 바 있는데, 바로 '세계 변화'의 본질이나 이러한 변화에 적응하기 위해 필요한 국가적 전략에 대해 분열이 존재하지 않았던 것처럼 암시하는 것, 이전 정부의 '구시대적 국가 개입'과 '시장에 대한 순진한 의존'을 거부하는 것이다. 이와는 반대로, 두 번째 텍스트는 동시대의 사람들, 특히 Blair 일파와의 대립적인 대화에 참여하고 있다. 정치화의 거시 전략은 텍스트의 대화성에서 기호학적으로 실현된다. 구체적으로 이들은 '다른 곳'에서 만들어진 주장에 대한 반대 주장으로 실현된다. "변한 것은 자본이 좀 더 유동적이라는 것이 아니라"는 주장이나, "국가 정부가 (나아가 유럽 연합 역시) 초국가적 자본의 임의적인 행위에 대항하여 활용할 수 있는 권력을 가지고 있지 않다는 것은 사실이 아니다"와 같은 주장이 이에 해당한다. 이러한 관점에서 보면 이 전략은 '세계 변화'의 본질과 정부의 대응을 정치적 차이와 분열이 따르는 논쟁적인 문제로 이해함으로써 정치화한다.

텍스트 2는 또한 정부와 기업 간의 협업에 대한 신노동당의 내러티브를 정부와 기업 간의, 자본과 노동 간의 갈등에 대한 내러티브와 대비시킴으로써 정치화한다. 두 텍스트 모두 세계(화된) 경제를 국가들이 단순히 적응해야 할 현실로 이해하지만 서로 철저하게 다른 방식으로 이해하고 있음에 주목하라. 첫 번째 텍스트와 달리 두 번째 텍스트에서는 세계(화된) 경제는 책임이 있는 사회적 행위주인 기업을 포함하는 것으로 이해되며, 기업의 행위는 일반적이고 부정적인 용어로 이해된다("… 기반을 두고 국제적으로 이동하면서", "초국가적 자본의 임의적인 행위", "끊임없이 분열시키고 정복할 수 있다"). 두 번째 텍스트는 기업과 국가 정부의 관계 역시 대립적으로 이해한다. 이는 두 관점을 대비함으로써 이루어지는데, 한편에는 실재하는 관계이며 신노동당의 지지를 얻고 있는 고객주의적 관계("국가들 … 초국가적 기업의 고객")가 있으며, 다른 한편에는 존재할 가능성이 있고 존재해야 하는 것으로 암시되는 적대적 관계("초국가적 자본의 임의적인 행위에 대항하여", 그들의 "권력을 가지고", "세금을 감면하거나 감면하지 않게 하는", "협상")가 있다. 동일한 대조는 EU와 국가 정부 사이의 관계에 대해 무엇이 이해되며 무엇이 이해될 수 / 이해되어야만 하는지 사이에서도 존재한다(국가의 지위를 기업의 "고객"으로 "강화"하는 것 vs "국가에 주도권과 도전을 제공하는 것").

요약하자면, 텍스트 1은 세계 경제에 대한 합의를 삶의 피할 수 없는 사실로, 국가의 경쟁력 건설을 필수적인 대응으로 이해함으로써 탈정치화한다. 반면 텍스트 2는 세계화된 경제를 정부와 초국가적인 것, 자본과 노동 사이의 대립으로 이해하고 정부의 합의주의적 이해에 반대함으로써 이를 정치화한다. 그러나 정치화하는 텍스트의 존재만으로는 '장애물을 넘어설 수 있는 방법'에 이를 수 없다. 이 텍스트는 서로 다르게 인지되는 세계(화된) 경제에 대응하여 서로 다르게 정치화하는 전략이라는 상상계를 제공한다. 이는 다른 상상계가 가능하며 실제로 존재한다는 것을 보여 준다. 하지만 앞서 언급했었던 장애물에 직면하여 실제로 성공 가능하고 실행할 수 있는 전략 안에서 이를 운용하는 것이 얼마나 실현 가능할지는 생각해 볼 필요가 있다. 이는 불가능한 것은 아니지만 현 시점에서는 어떻게 실현할 수 있을지 확실치 않다. 대안적 상상계들은 충분히 존재하지만 현재 확실한 반헤게모니적 전략이 존재하지는 않는다. 여기에서 제한된 지면에 보인 것보다 더 완전한 연구는 이러한 저항 전략들과 그에 관한 기호학적 차원을 발전시키고자 하는 노력에 대한 분석을 포함해야 할 것이다.

6. 요약

CDA의 이 접근법에서는 기호 현상과 다른 사회적 요소 사이의 관계가 변증법적인 특징을 가진다고 보며 기호 현상 자체보다는 이들 사이의 관계에 방법론적인 초점을 둔다. 이는 이러한 접근법이 초학제적인 연구, 즉 다양한 사회 이론과 연구들과 함께 작동하는 것에 특히 맞추어져 있음을 의미한다. 이를 통해 다양한 사회 이론과 연구의 관점과 연구 논리를 활용하고 변증법적-관계적 접근법을 발전시킬 뿐만 아니라, 각각의 사회 이론이나 연구들에서는 종종 도외시되어 왔던 기호학적 차원을 다룸으로써 이들의 발전 역시 꾀했다. 이때 우리는 두 가지의 이슈 또는 문제를 구분해야 한다. 첫 번째는 다른 사람들이 더 많이 출판하고 더 많은 관심을 보이는 것 같아서, 혹은 단순히 이런 것에 관심을 가지기에는 우리의 삶이 너무 짧아서 관심을 두지 않았던 이슈나 문제가 있다. 두 번째로는 (그들이 다른 접근법에서는 가능할지라도) 이 접근법에는 맞지 않는 이슈나 문제가 있을 수 있다. 전자의 예로는 권력의 수용, 반응, 저항이 아니라 권력 자체에 더 많은 관심을 두어 왔다는 점이 있다. 나는 '더 많은'을 강조하고 싶은데, 이는 권력의 수용, 반응에 대한 연구가 완전히 도외시되어 온 것은 아니기 때문이다(예를 들어 Fairclough 2006을 보라). 비판하는 몇몇 이들은 내가 정치화보다 탈정치화에 더 많은 시간을 할애해 왔으며 이 글에서도 '이를 또 반복했다'고 말할 수 있을 것이고, 이는 합리적인 주장이다. 이는 나 자신의 연구 편향이기도 하며 아마도 일부는 내가 1970년대에 관여했던 좌파 정치 경력 때문이기도 하겠지만 나는 이것이 이 접근법의 한계라고 생각하지 않는다. 후자의 예로는 심리학적이거나 인지적인 문제에 대한 관심의 부재가 있다. 담화에 대한 인지적 접근을 지향하는 연구는 이 변증법적-관계적 접근법을 보충할 수는 있지만, 인지적인 이슈에 관심을 두지 않는 것이 이 접근법의 '맹점'이라고는 할 수 없으며, 인지적인 문제에 관심을 두지 않았다고 해서 이 접근법이 무효화된다고 보기는 어렵다.

예를 들어, Chilton은 우리가 사람들의 인지적 능력을 바르게 이해한다면, 이는 CDA가 사람들이 이미 알고 있는 것을 가르치고자 함에 지나지 않는다는 점을 시사했다. "직설적으로 말하자면, 만약 사람이 언어적인 입력을 비판적으로 다룰 선천적인 능력이 있다면 CDA가 과연 어떤 의미에서 사람들이 이미 스스로 찾을 수 있거나 스스로 찾도록 터득할 수 있는 것을 담화에서 새롭게 밝힌다고 할 수 있을까."(Chilton 2005) 그러나 Chilton(2004)는 마지막 문장에서 "만약 사람들이 정말로 정치적인 동물이라면 … 그렇다면 원칙적으로는 그들은 스스로 정치적 비판을 할 수 있다. 중요한 질문은 그들이 이러한 정치적 비판을 하는 데에 있어 자유로운가이다"라고 언급했으며 나 역시도 이에 동의한다. Chilton(2005)는 사람들이 자유롭지 못한 다양한 조건들이 존재함에도 불구하고 "이들 중 어떤 것이 순전히 언어학적이거나 담화-분석적인 수단으로 설명될 수 있을지는 의심스럽다. 왜냐하면 그것들은 경제학적 힘이나 사회·정치적 기관들과 연관이 있는 것처럼 보이기 때문이다"라고 주장한다. 이 논거의 주요한 문제점은 '순전히' 언어학적이거나 담화-분석적인 요인들과 경제학적 힘이나 사회·정치적 기관들을 대립적 관계로 이해하고 있다는 점이다. 변증법적-관계적 관점에서는 경제학적 힘이나 사회·정치적 기관들도 일부 기호학적이며 분석도 부분적으로 기호학적 분석이어야 한다. 사람들이 조작적인 의도를 간파할 수 있고 스스로 정치적 비판을 할 수 있는 인지적인 능력을 가지고 있다는(CDA에서 무시하는 것이 아니라 오히려 전제하고 있는) 사실은 그들이 삶의 사회적, 정치적, 경제적 조건들을 구성하는 기호와 기호가 아닌 요소 사이에 나타나는 복잡한 변증법적인 관계에 대해 간파할 수 있음을 의미하지는 않는다.

더 읽을거리

Chouliaraki, L. and Fairclough, N. (1999) *Discourse in Late Modernity*. Edinburgh: Edinburgh, University Press.

이 접근법의 초기 버전이 다양한 곳에 어떻게 연계되며 사회 이론과 연구에 어떤 영향을 미치는지를 보여 준다.

Fairclough, N. (2000) *New Labour, New Language?* London: Routledge.

정치 담화 분석의 대중 개론서로, CDA의 이 접근법을 간략히 요약한 것에 기반을 두고 있다.

Fairclough, N. (2003) *Analysing Discourse: Textual Analysis for Social Research*. London: Routledge.

변증법적-관계적 접근법이 적용될 수 있는 여러 예시를 들면서, 이 접근법 내에서 사회 연구의 텍스트 분석을 어떻게 활용할 수 있는지에 초점을 맞춘다.

Fairclough, N. (2006) *Language and Globalization*. London: Routledge.

세계화에 대한 초학제적 연구에 변증법적-관계적 접근법을 적용하고 있다.

부록 1: 지식 기반 경제 건설(영국 총리의 서문)

현대 세계는 변화에 휩쓸립니다. 새로운 기술이 끊임없이 등장하고 새로운 시장이 열리고 있습니다. 새로운 경쟁자들이 존재하지만, 새로운 기회 역시 존재합니다.

우리의 성공은 우리가 가진 가장 귀중한 자산들을 얼마나 잘 활용하는지에 달려 있습니다. 바로 우리의 지식, 기술, 그리고 창조력입니다. 지식과 기술, 창조력은 바로 높은 가치를 가지는 상품과 서비스, 향상된 비즈니스 관습을 만들어 나가는 데에 핵심적입니다. 이들이 바로 지식 기반 경제의 핵심입니다.

이러한 새로운 세계에서 기업들은 혁신적이고 창조적이어야 하며, 실적을 끊임없이 향상시키고, 새로운 연맹과 투자자들을 만들어 내야 할 것입니다. 이 새로운 세계에서 정부 역시도 산업 정책에 대해 새롭게 접근하고, 이를 수행해 가야 합니다.

이것이 바로 이 백서(White Paper)의 목적입니다. 구식의 국가 개입은 제대로 작용하지 않았으며, 작용할 수도 없습니다. 시장에만 막연하게 의존하는 것 역시 마찬가지입니다.

정부는 시장을 개방함으로써 경쟁을 촉진하고, 기업을 자극하며, 유연성과 혁신을 이끌어내야만 합니다. 그러나 우리는 기업 혼자서는 할 수 없는 일 역시도 해야 합니다. 바로 교육, 과학, 문화 산업의 생성을 통해 영국의 능력에 투자하는 것입니다. 그리고 우리는 이러한 기업들을 도울 수 있는 창조적인 파트너십을 조성해야만 합니다. 이를 통해 우리는 경쟁에서 우위를 차지할 수 있는 장점을 만들어

나가고, 단기간의 압박이 존재하는 세계에서 장기간의 비전을 촉진하며, 세계 최고 기업들에 대항해 그들의 능력을 벤치마킹하고, 기업가와 노동자들의 연맹을 구축할 수 있을 것입니다. 이 모든 것은 통상산업부의 역할입니다.

우리의 목표가 하룻밤 사이에 이뤄지지는 않을 것입니다. 이 백서는 다음 10년을 위한 정책의 틀을 그리고 있습니다. 내일의 시장에서 번영하기 위해서는 오늘날의 험난한 시장에서 효과적으로 경쟁해야만 합니다.

정부, 기업, 대학, 그리고 사회 전반에서 우리는 기업가 정신을 함양하기 위해 훨씬 더 많은 것을 해야만 합니다. 즉, 장기간 우리 자신을 정비해야만 하고, 기회를 잡을 수 있도록 준비된 자세를 갖추어야만 하며, 지속적인 혁신과 성과 향상에 전념해야만 합니다. 이것이 바로 모두를 위한 상업적 성공과 번영으로 향하는 길입니다. 우리는 그 미래가 영국의 편에 서도록 해야만 합니다.

총리. Tony Blair 의원, 수상

부록 2: Brown & Coates(1996)의 발췌문

자본은 산업화된 국가에 기반을 두고 국제적으로 이동하면서 세계적인 것이 되어 왔다. 변한 것은 자본이 좀 더 유동적이라는 것이 아니라 … 국가라는 기반이 시장과 생산 중심으로서 덜 중요해졌다는 것이다. 다시 말하면 거대한 초국가적 기업은 보다 거대해졌을 뿐만 아니라 보다 독립적이게 됐다 … 유럽 연합은 유럽 국가들에게 주도권과 도전을 제공하기는커녕 오히려 그 국가들의 지위를 초국가적 기업의 고객에 불과한 것으로 만들었다. 실제로 이러한 고객주의는 유럽에 근거한 기업에만 적용되는 것은 아니다 … 국가 자본주의가 더 이상 세계화된 경제에서 가능할 수 없다는 것은 사실이지만, 국가 정부가 (나아가 유럽 연합 역시) 초국가적 자본의 임의적인 행위에 대항하여 활용할 수 있는 권력을 가지고 있지 않다는 것은 사실이 아니다. 예를 들어 세금을 감면하거나 감면하지 않게 하는 것과 같은 협상에서는 정부가 할 수 있는 것이 많다. 그러나 그러한 협상은 국제적인 차원에서 이뤄져야 하는데 그렇지 않으면 초국가적 기업들은 이러한 국가들을 끊임없이 분열시키고 정복할 수 있다 … 신노동당은 그나마 남아 있는 노동당의 국제주의적 전통을 모두 포기해 버린 듯 하다 … 그러나 ICTFU,[4] 유럽 TUC[5]와 제네바 무역 집단은 국제적 자본에 대한 영국의 노동당의 대응을 강화하기 위한 잠재적 동맹이 되어 줄 수 있다(Brown & Coates 1996: 172~174).

---

4) (옮긴이) 국제자유노동조합연합(International Confederation of Free Trade Unions)
5) (옮긴이) 유럽노동조합회의(Europe Trades Unions Congress)

제5장 담화와 장치 분석하기

: 이론과 방법론에 대한 푸코식 접근법

Siegfried Jäger & Florentine Maier[6]

<　핵심어　>

담화 분석(discourse analysis), 방법론(methodology), 푸코(Foucault), 장치(dispositive), 미디어(media), 인공물(artefacts), 지식(knowledge), 현실(reality), 비판(critique), 주체 (subject)

1. 들어가기

이 글의 목적은 Michel Foucault의 이론적 통찰에 기반하여 담화와 장치 분석의 방법론을 소개하는 것이다. 이 장은 이 접근법에 입문하는 사람들을 위해 마련되었다. Foucault의 담화 이론에 근거한 비판적 담화 분석과 장치 분석은 다음과 같은 문제들에 초점을 맞춘다.

- 특정한 시간과 공간에서 유효한 지식이란 무엇인가?
- 이 지식은 어떻게 발생하고 어떻게 전해지는가?

---

6) 저자의 순서는 성명의 알파벳순일 뿐이며, 이 글을 작성함에 있어서 두 저자는 긴밀하게 협력했고 똑같이 중요한 기여를 했다.

- 그것은 구성 주체들에게 어떤 기능을 하는가?
- 지식은 사회 조성(shaping)에 어떤 결과를 가져오는가?

> **지식**을 통해, 우리는 인간 정신 속의 생각과 느낌에 대한 모든 요소들, 달리 말하면 인간의 의식을 구성하는 모든 내용물을 이해한다.

행위자는 이러한 지식을 그들이 태어나고 그들의 삶 전반에 걸쳐 휘말려 있는 담화 환경에서 이끌어낸다. 따라서 지식은 조건적이다. 즉, 그것의 유효성은 역사, 지리, 계급 관계 등에서 행위자가 자리하는 위치에 달려 있다.

비판적 담화 분석과 장치 분석은 담화와 장치에 포함된 지식을 확인하고, 그 지식이 권력/지식의 복합체 안에서 어떻게 권력 관계와 연관되는지 이해하는 것을 목적으로 한다. 모든 지식이 분석될 수 있는데, 일상적인 의사소통을 통해 전달되는 상식, 과학적 지식, 미디어나 학교를 통해 전달되는 지식 등이 그 예이다.

담화와 장치를 비판적으로 분석하기 위한 방법론의 개요를 제시하기 위해, 우리는 먼저 비판적 담화 분석과 장치 분석이 기반하고 있는 푸코식(Foucauldian) 담화 이론의 토대를 밝힐 필요가 있다. 이러한 이론적 배경의 개요는 다음 절에서 제시된다. 우리는 장치의 개념이 (결국) 담화의 개념과 같은 것으로 이해될 수 있음을 보일 것이다. 세 번째 절에서는 담화와 장치 분석 방법론에 대한 실제적 지침이 제공된다. 우리는 제시된 방법론을 어떻게 사용하고 어떻게 더 발전시킬지에 대한 일반적인 조언으로 글을 맺을 것이다.

2. 담화와 장치 분석의 이론적 토대

이 장에서는 담화 분석에서 장치 분석으로 이어지는 길을 보여 준다. 우리는 두 가지 분석의 목적이 모두 행위자가 말하고, 행동하고, 창조하는 데 필요한 지식에 대해 규명하는 것에 있음을 보이면서 두 방법을 연결할 것이다.

2.1. 담화의 개념

담화를 통해, 우리는 "행동을 규제하고 강화하며, 그럼으로써 권력을 행사하는 말하기(여기에 비언어적으로 수행되는 행위를 추가할 수 있음)의 제도화된 방식"(Link 1983: 60, 저자가 직접 번역)을 이해한다.

이러한 이해는 문학자이자 문화학자인 Jürgen Link와 그 연구팀이 도르트문트대학에서 이룬 업적에 기반한다. 그들은 Foucault의 이론을 바탕으로 담화와 그 권력 효과를 분석하고, 담화가 사용하는 언어적, 도상적 수단을 드러내며, 담화가 부르주아 자본주의 현대 사회에서 헤게모니를 합법화하고 보장하는 방식을 분석하기 위한 접근법을 발전시켜 왔다(Link 1982를 보라). 우리는 Foucault가 그의 후기 저작에서 언급한 물적 대상의 창조를 포함하되, 비언어적으로 수행되는 행위를 추가함으로써 그들의 정의를 확장하였다.

이러한 정의는 시공을 관통하는 지식의 흐름과도 같은 담화와 장치의 이미지를 통해 분명히 설명될 수 있다. 여러 가지 담화와 장치들은 서로 밀접하게 얽혀 있으며, 전체적인 사회 담화와 장치들의 거대한 무리를 형성한다. 이 무리는 지속적으로, 풍성하게 커져 간다.

2.2. 담화와 현실

물적 현실을 객관적으로 주어진 것으로 보는 자연 과학 같은 학문들과 달리, 담화와 장치 분석은 의미를 부여하는 인류에 의해 현실이 존재하게 되는 방식을 살펴본다. 현실은 특정한 의미를 부여받을 때만 행위자에게 존재하는 것이다.

그러므로 담화는 현실을 단지 반영만 하는 것이 아니다. 오히려 담화는 (사회적) 현실을 조성하고 가능하게 한다. 담화가 없다면 (사회적) 현실도 없을 것이다. 따라서 담화는 독특한 물적 현실로 이해될 수 있다. 담화는 이차적인 물적 현실이 아니고, '진짜' 현실보다 '덜 물적인' 것도 아니며, 현실이 찍혀 나오는 수동적 매체도 아니다. 담화는 다른 무엇보다 충분히 유효한 물적 현실이다(Link 1992). 그러므로 담화는 '이데올로기 비판'에 대한 몇몇 정통 마르크스주의의 접근에서처럼 '거짓된 의식'이나 '현실에 대한 왜곡된 시각'이라는 개념으로 축소될 수 없다. 담화는 그 자체로 물적 현실인 것이다. 그것은 '아무것도 아닌 일에 쓸데없는 소동을 피우는 것'도 아니고, 왜곡도 아니며, 현실에 대한 거짓말도 아니다. 담화를 이처럼 물적 현실로 특징짓는 것은 담화 이론이 유물론적 이론임을 시사한다. 담화 분석이 언어를 다룬다는 사실에서 유래하는 흔한 오해와는 달리, 담화 이론은 관념론적 이론이 아니다. 다시 말해서, 담화 이론은 물적 현실을 다루는 것이지, '단지' 관념을 다루는 것이 아니다. 담화는 생산의 사회적 수단으로 개념화될 수 있다. 담화는 '단지 이데올로기'가 아니며, 주체와 현실을 생산한다.

주체를 통해, 우리는 특정한 방식으로 느끼고, 생각하고, 행동하는 개인이나 (조직, 국민 같은) 집단의 사회적 구성을 나타낸다. 이와 겹치는 개념으로는 **행위자**가 있다.

두 개념은 약간 다른 줄기의 이론화에 기반한다. 예를 들어 Althusser (2006)과 Foucault(1982)에서 유래하는 주체 형성에 관한 주요 저작과 Meyer & Jepperson(2000) 및 Latour(2005)에서 온 행위자성의 사회적 구성에 대한 주요 논의가 그 두 가지 사례이다. '주체' 개념은 주체성의 이중 의미를 더욱 강조한다. 한편으로 '주체'는 담화의 창조자이면서, 다른 한편으로는 담화에 의해 만들어지고 지배를 받기도 한다. '행위자' 개념은 분명히 이러한 관계의 능동적인 측면을 강조한다. 또한 Latour(2005)와 Meyer & Jepperson(2000)은 인간이 아닌 행위자의 가능성을 제기한다(예를 들어, 바다의 생태계에서 나름의 이해 관계를 가지고 중요한 역할을 하는 감정을 지닌 생명체로서의 고래, '거대한 유기체(Gaia)' 로서의 지구, 인간의 복종을 강요하지만 인간이 아닌 행위자로서의 소프트웨어). 이러한 아이디어는 흥미로운 새 관점을 열어주며 (판옵티콘7)에 관한 것과 같은) Foucault의 성찰과 상당히 재미있는 관련성을 가지고 있다. 아래에서 우리는 '행위자'와 '주체'라는 용어를 바꿔 가며 사용할 것인데, 전자는 능동성을 강조하고 싶을 때 쓰고 후자는 행위자 집단과 주체 생성의 수동적인 측면을 더 강조할 때 사용할 것이다.

이에 따라 우리는 이렇게 말할 수 있다. 담화가 현실을 결정짓기는 하지만, 그것은 언제나 능동적 주체가 사회적 맥락하에서 담화의 공

---

7) (옮긴이) 중앙에서 모든 죄수를 쉽게 감시하기 위해 만든 원형 교도소(panopticon)를 가리킨다.

동 생산자이자 공동 시행자로서 개입하는 것을 통해서만 그러하다. 주체는 이것을 할 수 있는데, 이는 주체가 담화와 얽혀 있고, 이에 따라 자신이 원하는 대로 지식을 가질 수 있기 때문이다. 그러므로 담화 분석에서는 의미 할당에 대한 회고적 분석만이 아니라, 능동적 주체에 의해 전달되는 담화를 통한 현실의 지속적인 생산도 분석한다. 그리하여 우리는 지식, 담화, 현실의 기본적인 핵심들을 자세히 설명해 낸다. 이는 그것들이 어떻게 물질화와 비언어적으로 수행되는 행동에 연결되는지에 대한 질문으로 우리를 이끈다. 이 질문에 답하기 위해 장치의 개념을 도입한다.

2.3. 장치

(Foucault 1980a: 194에 기반하는) **장치**를 통해, 우리는 지속적으로 진화하는 지식의 합성을 나타낸다. 지식은 (생각하기, 말하기, 쓰기처럼) 언어적으로 수행된 실행, (일반적으로 '무언가를 하는 것'과 같이) 비언어적으로 수행된 실행, 그리고 (자연물과 생산물 등의) 물질화에 내장되어 있는 것이다.

전체로서의 장치(Dispositives)는 언어적, 비언어적으로 수행된 요소들로 짜여진 연결망으로 이루어진다. 언어적, 비언어적으로 수행된 요소들은 서로 관련되어 있어서 각각은 그 자체로만 존재할 수 없다. 그것들은 함께 현실을 구성한다. 〈그림 5.1〉은 이러한 체계를 단순화하여 보여 주고 있다.

담화 분석과 장치 분석은 별개의 접근법으로 알려져 왔는데, 이는 이들 사이에 이론적 내용이나 방법론적 접근에서 뚜렷한 차이가 있기 때문이 아니라, Foucault의 이론을 서로 다르게 수용한 데서 발생

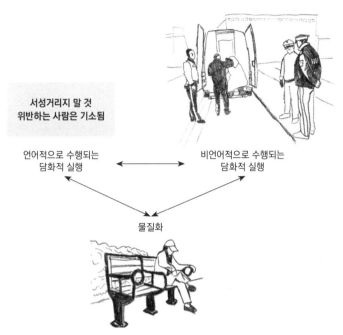

<그림 5.1> 장치에 대한 간단한 사례

한 것이다. 이는 Foucault가 권력/지식의 함의 측면에서 장치 분석의
토대를 마련했지만, 이 문제에 대하여 구체적으로 완전하고 명시적
인 이론을 설명하지는 않았기 때문이다. Foucault가 그렇게 하지 못
하게 만든 장애물은 그가 대부분의 저작에서 언어적으로 수행된 실
천만을 (그리고 생각하기보다는 말하기와 쓰기를 훨씬 더) 담화적인 것으
로 보았다는 점이다. 어떤 경우에는 ("말로 기록되는 것이 아니라 선,
면, 색상으로 옮겨지는 의도의 속삭임 […] 화가의 잠재적 담화"에 대해 쓴
것처럼) Foucault가 그러한 선을 넘기도 했지만(Foucault 1972: 193), 여
전히 대부분의 경우에는 비언어적으로 수행되는 실천과 인공물은 담
화적인 것으로 보지 않았다. 이러한 점에서 역설적이게도 Foucault는
자신의 이론을 보여 주면서 자신이 그 시대와 출신 지역의 산물임을

보여 주었는데, 당시 부르주아는 지적 활동을 가치 있게 평가했고 신체적 활동은 지적이지 않은 별개의 무엇으로 보았기 때문이다. 그러므로 이 글의 목적을 위해서 우리는 막다른 길로 드러난 Foucault 사상의 해당 노선은 제쳐 놓을 것이다(이에 관심이 있는 독자는 예컨대 Bublitz 1999: 82~115; Jäger & Maier 2009; Waldenfels 1991: 291에서 더 많은 것을 찾아볼 수 있을 것이다). 대신에 우리는 생산적인 부분을 발전시킬 것이고 연결 짓는 힘으로서의 지식 개념에 기초하는 장치 분석의 접근법을 제안하고자 한다. 우리는 그것을 이론적이고 실행적인 수단들이 담겨 있는 Foucault의 도구상자에서 꺼내어 그의 생각을 더 발전시키는 브리콜라주(bricolage)[8]의 정신으로 수행할 것이다.

언어적, 비언어적으로 수행되는 실행과 물질화는 지식에 의해, 더 정확히 말하자면, 공통의 권력/지식 복합체에 의해 연결된다. 위에서 언급한 것처럼 우리는 지식을 통해 인간의 정신 속에서 생각하고 느끼는 모든 종류의 요소들을 이해한다. 사람의 의식 안에 있는 모든 것이 담화적인 것, 즉 지식에 의해 구성되는 것이다. 행위자는 이러한 지식을 그들이 태어난 담화적 환경으로부터 얻는다. 다른 사람이 그들에게 말하는 것, 그들이 미디어를 통해 읽거나 듣는 것, 겪는 처우, 접촉하는 물적 대상 등이 이에 해당한다. 그렇게 함으로써 그들은 부여된 의미에 대한 관습을 배우고, 이는 다른 사람들이 앞서 해석했던 방식으로 현실을 해석하도록 돕는다.

행위자의 지식은 그들이 생각하고, 말하고, 조용히 행동하고, 무언가를 생산하는 토대가 된다. 그렇게 함으로써 지식은 인간의 의식

---

8) (옮긴이) 특별히 준비하지 않고 그 자리에서 손에 넣을 수 있는 도구나 재료를 사용해서 무엇인가를 만드는 것을 뜻한다. Claude Lévi-Strauss의 용어로는 명확한 개념을 사용하는 근대적 사고와는 다른 인류의 보편적인 사고를 나타내기도 한다.

속에서, 그리고 신체적 행위로 전환되면서 현실을 창조하고, 또 현실이 된다. Foucault는 이러한 메커니즘을 '지식의 고고학'에서 설명하는데, 거기서 그는 담화가 어떻게 그들이 말하는 대상을 (즉, 물적 대상뿐 아니라 사고와 발화의 주제까지도) 체계적으로 형성하는지를 보여 준다(Foucault 2002: 54). 또한 그는 비언어적으로 수행되는 실행과 물질화('담화적 관계')가 어떻게 담화가 말할 수 있는 대상을 제공하는지, 그리고 담화가 이러저러한 대상을 말하기 위해 수립해야 하는 관계를 어떻게 결정하는지를 묘사한다(2002: 50ff.). 이렇게 함에 있어서, 그의 목적은 대상을 "그 대상이 담화의 대상으로 형성되는 것을 가능하게 하여서 그것의 역사적 출현 조건을 구성할 수 있게 하는 규칙의 주요 부분과 연관지음으로써"(2002: 53) 정의하는 것이다. 이는 우리가 이 글에서 제시하는 비판적 장치 분석 접근법의 목적이기도 하다.

지식에 대해 좀 더 정확하게 이해하려면, 명시적 지식과 암묵적 지식을 구분하는 것이 도움이 된다. 행위자가 갖고 있는 지식의 일부는 명시적이어서 말, 수학 공식, 도표 등으로 표현되는데, "어린이는 승강기에서 항상 어른과 함께 있어야 합니다."라고 명확하게 알리는 안내문이 그 예이다. 그러나 많은 지식은 암시적이다. 그것은 ('다른 사람과 승강기 안에 같이 있을 때는 그 사람을 빤히 쳐다보지 말라'의 경우처럼) 거의 말로 표현되지 않고 심지어는 말로 적절하게 표현될 수도 없다(예를 들어, 누군가를 빤히 쳐다보는 것과 그냥 평범하게 보는 것 사이의 경계는 정확히 무엇인가?). 특정 문화의 암묵적 지식은 비언어적 실행과 물질화로 전달된다. 달리 말하면, 지식은 실행과 물질화 속에서 존재하고, 행위자는 다른 사람을 관찰하고 그것을 스스로 시도해 봄으로써 지식을 배운다. 연구자는 비언어적 실행과 물질화를 면밀히 분석하는 것을 통해, 그리고 (일부 민족지학의 사례에서처럼) 그 실행에 스스로 참여하는 것을 통해 암묵적 지식을 재구성하고 설명할 수 있다.

위에서 설명한 것처럼, 담화와 장치 분석은 현실을 인간이 의미를 부여하는 것에 의해 창조되는 무언가라고 본다. 장치 분석에서, 이러한 현실 창조의 과정은 비언어적으로 수행되는 실행과 물질화와 관련하여 두드러진다. 물론 이것이 인간이 물적 현실의 원재료에 대한 창조자임을 의미하는 것은 아니다. 하지만 행위자는 이러한 원재료를 다듬어서 사용한다. 의미 부여는 유형의(tangible) 신체적 행위를 포함한다. 예를 들어, 양쯔강에 싼샤 댐이 건설되었을 때, 이것은 '개발'이라는 장치의 일부로 생겨났다. 양쯔강은 수력 발전의 주요 자원이라는 새로운 의미를 획득했다. 댐에 자리를 내주고 이주한 농부들에게는 강이 관개 자원으로서의 의미를 잃어버렸다. 이제는 논이 물에 잠겨 버렸기 때문이다. 강은 하나의 의미를 잃고 다른 하나의 의미를 얻은 것이다. 현실의 특정 부분에 부여된 지식이 변화함에 따라, 현실의 해당 부분은 다른 것으로 전환되었다.

아무런 의미도 부여받지 않은 대상은 하나의 대상이 아니다. 그것은 전혀 기술되지 않고, 보이지 않으며, 심지어 존재하지도 않는다. 자신이 그것을 간과하기 때문에 그것을 보지 않는 것이다. 우리는 이러한 현상을 담화가 그것의 기반이었던 현실을 떠난 사례들을 살핌으로써 추적할 수 있다. 그러한 경우에, 그 현실은 진정한 의미에서 말 그대로 무의미하게 된다. 텅 빈 상태로 되돌아가는 것이다. 예를 들어, 제2차 세계대전 이후 비엔나에서는 사람들이 떨어진 나뭇가지를 구하러 공원을 찾아다닐 정도로 땔감이 부족했다. 부러진 나뭇가지는 그들에게 소중한 땔감이었다. 반면 오늘날 공원을 걷다가 땅바닥에서 부러진 나뭇가지를 본다면, 대부분의 사람들은 그것에 특별한 주의를 기울이지 않을 것이다.

요점은 우리에게 의미 있게 존재하는 현실은 모두 우리가 그것을 자신에게 의미 있게 만들거나 우리의 조상과 이웃이 그것에 의미를 부여했고 그 의미가 여전히 우리에게 유효하기 때문이라는 것이다. 건드리는 것마다 모두 금으로 변하게 만들었던 마이다스(Midas) 왕처럼, 인간이 의미를 부여하는 모든 것은 그것이 부여받은 의미에 따라 특별한 종류의 현실이 된다. Ernesto Laclau는 이러한 연관 관계를 다음과 같이 고상하게 표현했다.

'담화적'이라는 말로, 나는 좁은 의미로 정의되는 '텍스트'가 지시하는 것을 의미하지 않고, 의미의 사회적 생산이 발생하고 이루어지는 현상의 총체, 그렇게 사회를 구성하는 총체를 의미한다. 따라서 담화적인 것은 사회적인 것의 한 층위나 차원으로 여겨지는 것이 아니라, 오히려 그러한 사회적인 것과 나란히 함께 존재하는 것이다. 이는 (담화가 모든 사회적 실행의 조건 그 자체라고 해서) 담화적인 것이 상부구조를 구성하는 것은 아니라는 점을 의미한다. 더 정확히 말하면, 모든 사회적 실행은 그것이 의미를 생산하는 한에 있어서 스스로를 그렇게 구성한다는 것이다. 담화적인 것 밖에서 구성되는 사회적인 것은 특별히 없기 때문에, 비담화적인 것과 담화적인 것이 마치 분리된 두 층위의 문제인 것처럼 대립하는 것이 아님은 분명하다. 역사와 사회는 무한한 텍스트인 것이다. (Laclau 1980: 87)

그러므로 우리는 담화에 얽혀 있고 담화에 의해 구성되는 행위자가 의미를 부여하는 한에 있어서만 현실이 의미 있으며, 현실이 그런 방식으로 존재한다고 말할 수 있다. 행위자가 하나의 대상에 더 이상 동일한 의미를 부여하지 않는다면, 대상은 그 의미를 바꾸거나 잃어버린다. 따라서 이러한 의미는 기껏해야 다른 의미와 섞이거나 더 이상 유효하지 않게 된 이전의 의미로 재구성될 수 있을 뿐이다. 그저 밤하늘을 보면서 거기에 있는 별자리를 볼 때조차도 우리는 그것들을 담화의 결과로서 본다. 우리는 별자리를 보는 것을 배웠기 때문에 보는 것이다. 의미를 부여하는 것은 애매한, '단순히 상징적인' 행동이 아니다. 그것은 마주친 어떤 것이든 생기 있게 하는 것, 새롭게 만들고 변화시키는 것이다. 예를 들어, 이주자와 관련하여 쓰이는 집단 상징에서는 많은 사람들이 이주자에 대해 부정적인 의미를 부여하는 것을 배워 왔고, 이제는 그들을 막아 내야 할 홍수로 인식하는 것이 사실이다.

장치의 요소들은 특정 종류의 지식뿐만 아니라, 그것이 이바지하는 공통의 목적, 즉 긴급한 요구를 처리하려는 목적과도 관련된다. 사실 Foucault는 이것을 하나의 장치를 결합하는 주요한 내적 접합체로 보았다. 그는 장치를 다음과 같이 정의한다.

> [···] (말하자면) 일종의 형성 과정으로서 긴급한 요구[긴급 상황]에 대응하는 특정한 역사적 순간에 그 주요한 기능을 한다. 따라서 이 [장치]는 지배적인 전략적 기능을 지닌다. (Foucault 1980b: 195)

만약 사회(라기보다는 사회의 헤게모니적 힘)가 (국가가 파산하거나 비행기가 세계무역센터를 들이받는 경우처럼) 권력/지식 관계의 어떤 변화에서 기인하는 긴급한 요구에 직면한다면, 장치는 문제를 처리하기 위해 구할 수 있는 모든 요소들을 모을 것이다. 그것은 연설, 전신 스캐너와 생체 여권, 새로운 법률, 트로이카9)와 같은 새로운 위원회 등일 수 있다. 이러한 수단들에 의해, 장치는 '누출(leak)'이라 할 수 있는

---

9) (옮긴이) 강력한 3명의 정치인이나 3개의 국가로 이루어진 집단을 가리킨다.

긴급하게 발생된 요구를 해결한다(Balke 1998; Deleuze 1988을 보라). 그러고 나면 장치는 새로운 전환이 일어날 때까지 변하지 않는다.

따라서 담화와 장치는 특정 시공간에 따라 특유한 것이다. 서로 다른 문화는 서로 다른 담화적 대상을 지니는데, 이는 텍스트를 한 언어에서 다른 언어로 번역하는 것을 어렵게 만들거나 다른 문화와 역사적 시기에서 나온 텍스트와 기타 상징적 실행을 이해하는 것을 어렵게 만들 수 있다. 담화의 변화는 난데없이 발생하지 않는다. 흔히 담화적 변화는 모든 것을 아주 미묘하지만 철저하게 변화시키는 긴 과정 속에서 발생한다. 하지만 갑작스런 변화가 일어나기도 하는데, (튀니지 노점상의 분신 사건이 아랍의 봄을 촉발시켰을 때처럼) 전에는 조용한 개울인 것처럼 보였던 담화가 급류가 되기도 한다. 달리 말해, 담화와 장치의 내용은 변화에 유연하다는 것이다.

2.4. 담화와 권력

위에서 언급한 것처럼, 담화는 사회적 실행의 표현일 뿐 아니라 특정한 목적, 즉 권력의 행사에 기여한다. 따라서 Foucault의 권력 개념을 논의하는 것이 필요하다. 담화와 그것이 포함하는 시공간적으로 조건 지어진 지식의 생산이 어떻게 권력의 메커니즘과 제도에 연관되는지의 문제는 Foucault에게 있어서 중요했다(이에 대해서는 그가 〈성의 역사〉 독일어판 서문(Foucault 1983: 8)에서 언급한 것을 보라).

> **권력**은 푸코적(Foucauldian) 의미에서 "행동 방식이나 담화를 유발할 수 있을 것처럼 보인다고 정의할 수 있고 그렇게 정의되는 모든 일련의 특정 메커니즘"(Foucault 1996: 394)을 가리킨다.

담화는 말하고, 생각하고, 행동하는 방식을 제도화하고 규제하기 때문에 권력을 행사한다. 담화와 현실 사이의 연결에 대한 이상의 요약에 기반하여, 우리는 담화와 권력 사이에서 두 종류의 연결을 구별할 수 있다. 한편으로는 담화의 권력(power of discourse)이 있으며, 다른 한편으로는 담화 위의 권력(power over discourse) 같은 무언가가 존재한다.

담화의 권력은 말할 수 있고, 만들 수 있으며, 볼 수 있는 지식의 다양한 요소를 담화가 상세히 설명한다는 사실에서 찾을 수 있다. 동시에 이는 담화가 말할 수 없고, 만들 수 없으며, 볼 수 없는 지식의 다른 요소는 억제한다는 것을 의미한다(Jäger 2012; Link & Link-Heer 1990 참조). 시공을 관통하는 지식의 흐름에 따라 담화는 사회가 현실을 해석하는 방식을 결정하고, 더 나아가 (말하기, 생각하기, 행동하기, 보기와 같은) 언어적, 비언어적으로 수행되는 담화적 실행을 조직하는 방식을 결정한다. 더 엄밀하게 말하면, 우리는 담화의 두 가지 효과를 구별할 수 있다. 첫 번째로, 담화는 개인과 대중의 의식을 형성하고, 이를 통해 개인적 주체와 집단적 주체를 형성한다. 두 번째로, 의식은 행동을 결정하기 때문에, 담화는 행동을 결정하고, 행동은 물질화를 창조한다. 이렇게 하여 담화는 개인과 집단의 현실 창조를 유도한다.

그러므로 담화 이론적 관점에서는 주체가 담화를 만드는 것이 아니라 담화가 주체를 만든다(이는 개인의 고유성이라는 생각에 애착을 가진 이들을 자극하는 말일 수 있다). 주체는 행위자로서가 아니라 담화의 생산물로서 흥미로운 것이다. Foucault는 다음과 같이 주장한다.

구성하는 주체(constituent subject)를 배제해야 하며, 주체 그 자체를 제거해야 한다. 즉 역사적 체제 내에서 주체의 구성을 설명할 수 있는 분석에 도달해야 한다. 그리고 이는 내가 계보학이라고 부르는 것으로, 지식,

담화, 대상 영역 등의 구성을 설명할 수 있는 역사의 형식이다. 계보학은 사건의 분야와 관련하여 초월적이거나 역사 과정 내내 무의미한 동일함 속에서 이어지는 주체를 참조할 필요가 없다. (Foucault 1980b: 117)

종종 부당하게 비난받는 것과는 달리, Foucault의 담화 이론은 주체와 행위자성을 부정하지는 않는다. 그것은 통시적(즉, 종적), 공시적(즉, 횡적) 관점으로 역사적이고 사회적인 맥락에서 주체의 구성을 분석하는 것을 목적으로 한다. 즉, 누가 특정 시점에서 주체로 여겨지는지, 어떻게 그리고 어째서 그렇게 되는지를 분석하려는 것이다. 예를 들어, 과거와 달리 오늘날 서구 사회에서의 여성과 아동은 대개 주체의 지위를 갖는다(예컨대 Aries 1962; Meyer & Jepperson 2000을 보라). 현대 경영관리에서는 전통적 관료제와는 대조적으로 피고용인들이 주체로 그려진다. 그들은 관련된 모든 책임과 함께 '권한을 부여받는다'. 태아와 유인원에 대한 주체의 지위는 뜨겁게 토론되고 있다. 망명 신청자와 범죄자는 미치광이, 개, 바이러스로 묘사되면서 주체의 지위를 부정당한다(이는 집단 상징이다. 집단 상징에 대해서는 다음 절을 보라). 간단히 말해, Foucault 의 담화 이론은 자율적 주체의 존재에 대해 이의를 제기하지만, 그것이 주체에 대한 반대를 뜻하지는 않는다. 능동적인 개인은 권력 관계를 깨달을 때 실행에 있어 충분히 관여하게 된다. 개인은 생각하고, 계획하고, 구성하고, 상호작용하며, 조작한다. 또한 개인은 이겨 내고, 자기주장을 하고, 사회에서 자기의 자리를 찾아야 하는 문제에 직면한다.

담화의 권력 효과를 분석할 때에는 텍스트 효과와 담화 효과를 구별하는 것이 중요하다. 하나의 단일 텍스트는, 눈에 거의 띄지 않고 증명이 몹시 어려운 최소의 효과를 갖는다. 반면에 반복되는 내용, 상징, 전략을 지니는 담화는 지식의 출현과 고착화로 이어지고,

이에 따라 그 효과를 지속시킨다. 중요한 것은 단 하나의 텍스트, 영화, 사진이 아니라, 진술의 끊임없는 반복인 것이다. 문헌학자 Victor Klemperer는 나치의 언어를 관찰한 1930년대에 이미 이런 메커니즘을 인식했다. 나치의 제3제국 언어에 대한 분석(Klemperer 2001, 2006)에서, 그는 파시스트 언어가 장기간에 걸쳐서만 효과를 드러내는 소량의 지속적인 비소 투약처럼 작용한다고 주장한다.

담화 위의 권력과 관련하여 서로 다른 개인과 집단은 영향력을 미칠 각기 다른 기회들을 얻는다. 하지만 그들 중 아무도 헤게모니적 담화에 쉽게 저항할 수 없으며, 그 누구도 혼자서는 담화를 완벽하게 통제할 수 없다. 담화는 초개인적인 것이다. 모두가 담화를 공동으로 생산하고 있지만, 어떠한 하나의 개인이나 집단도 담화를 통제하거나, 그 최종 결과를 확실하게 의도하지는 못한다. 담화는 진화해 나가면서 그 자체의 삶을 갖게 된다. 담화는 하나의 행위자가 알고 있는 것보다 더 많은 지식을 실어 나른다. Foucault의 표현을 따르자면, "사람들은 그들이 무엇을 하는지를 안다. 그들은 흔히 그들이 하는 것을 왜 하는지도 안다. 하지만 그들이 모르는 것은 그들이 하는 것이 무엇을 하는지에 대한 것이다."(Dreyfus & Rabinow 1982: 187에 인용된 사적 전언, 원문 그대로 인용) 그러므로 담화의 권력 효과가 반드시 어떤 개인이나 집단의 의식적이고 조작적인 의도로 해석되어야만 하는 것은 아니다. 화자가 특정한 담화를 사용하는 이유와 그렇게 함으로써 발생하는 사회적 결과 사이에는 차이가 있을 수 있다(Burr 2003: 61). 그러나 결국 행위자는 담화에서 변화를 성취해 낼 수 있다. 이것은 (분명히) 그들에게 강력한 행위자가 될 자격을 부여해 준다. 그들은 더 많은 재정 자원을 보유하거나 미디어에 접근할 수 있는 특권을 가진 정치적, 경제적 엘리트 집단의 구성원일 수 있다. 예를 들어, 독일에서 망명의 권리를 좌우하는 기본 헌법은 10년 이상에 걸친 정치권과 미디어의 집중적인 로비 활동으로 더 엄격하게 바뀌었다. 이와 같이 담화 구조에 내재된 배제는 제도적 조건에 의해 증폭된다. 하지만 덜 엘리트적인 행위자도 (상당한 정도의 교육이 요구되기는 하지만) 의사소통에 능숙하다면 담화를 변화시킬 수 있다. 예를 들어, "우리가 99%다!"라는 구호를 내세운 '점거 운동(Occupy movement)'은 '북반구 선진국'에서 경제 불평등 이슈가 일상의 정치 담화에 다시 포함되게 하였고, '아랍의 봄' 시위는 이전에는 흔들리지 않는 권위주의 체제로만 보였던 나라들에서 민주주의의 문제를 논의하게 만들었다. 이 두 가지 운동모두를 비교적 교육을 잘 받은 이들의 집단이 주도했다는 사실은 아마도 우연의 일치가 아닐 것이다.

2.5. 비판, 그리고 비판적 담화 분석의 목적

권력의 문제에 대해 밝힌 후에는, 더 나아가 비판(critique)의 개념과 비판적 담화 분석의 기저에 있는 목적을 분명하게 할 수 있다. 머리말에서 언급한 바와 같이, 비판적 담화 분석과 장치 분석은 담화와 장치에 포함된 지식을 확인하고, 이러한 지식들이 권력/지식 복합체에서 권력 관계와 연관되는 방식에 대해 확인하는 것을 목적으로 한다. 이는 두 측면들로 이루어진다. 첫째로, 질적 영역과 관련하여 그것은 거대하고 거친 덩어리인 담화를 풀어내는 것, (무엇이 어떻게 말해졌는지를 질문하면서) 특정 시공간에 해당 사회에서 말해진 것을 기록하는 것, 그리고 담화의 한계가 확장되거나 축소되는 기술을 알아내는 것 등을 함의한다. 둘째로, 그것은 권력/지식의 이러한 작동을 비판의 대상이 되게 하는 것을 함의한다.

> **비판**은 특정 담화가 좋은지 나쁜지를 직설적으로 평가하는 것을 뜻하지 않는다. 그것은 담화에 내재하는 평가를 드러내고, 담화 내 모순과 담화 간 모순, 말해지고 행해지며 보일 수 있는 것의 한계를 밝히는 것을 의미한다. 또한 비판은 담화가 특정 시공간에서만 유효할 뿐인 특정한 진술, 행동, 상황을 합리적이고 의심할 여지가 없는 것처럼 보이게 만드는 수단임을 폭로하고자 한다.

이렇게 함으로써, 비판적 분석자는 스스로 (모든 인간은 동등한 가치를 지니며, 인간의 신체적 정신적 온전함이 침해받지 않아야 한다는 것과 같은) 윤리 원칙을 지향하게 된다. 모든 지식은 특정 시공간에서만 유효하므로, 이러한 윤리 원칙들도 객관적 진리라는 위상을 주장할 수 없음은 분명하다. 그 원칙들은 토론과 투쟁이라는 오랜 담화 과정을 통해 생겨났으며, 그 타당성은 언제나 불안정한 것이다. 그럼에도 불구하고 (또는 오히려 이러한 과정의 결과로서) 분석자는 그 원칙들을 유효한 것으로 이해하게 된다.

비판적 담화 분석자는 그들의 비판이 담화 바깥에 자리하지 않는다는 사실을 분명하게 할 필요가 있다. 그들은 진실을 말하는 사람(parrhesiasts)[10]으로서 담화에 참여한다. 그들은 진실이라고 이해하는 그들 자신만의 견해를 표현하고 있음을 분명히 한다. 그들은 그들이 찾을 수 있는 가장 직접적인 언어로 그것을 표현한다. 그리고 그들은 심지어 개인적인 위험에 처했을 때조차, 예를 들어 듣는 사람이 불편해하는 무언가를 말하거나 주류 의견을 반박할 때조차도 그렇게 행동

---

10) (옮긴이) 'parrhesiast'의 구성요소인 'parrhesia'는 수사학에서 '솔직하게 말하기' 또는 '그렇게 말하는 것에 용서를 구하기'라는 의미로 사용되었으나, Foucault는 이를 자신의 견해나 사상을 공개적이고 진실 되게 말하는 담화 양상을 가리키는 개념으로 사용하였다.

한다(Foucault 2001). 이러한 종류의 비판은 이데올로기적이지 않은데, 이데올로기와 달리 절대적 진리라고 주장하지 않기 때문이다. 우리의 견해로는, 비판적 담화 분석자는 민주적인 태도를 취해야 한다. 민주적 태도란 연구자, 청중, 다른 행위자가 동등한 입장에서 생각을 교환하고, 서로를 이해하고자 노력하며, 견실한 논증에 기반하여 자기 입장을 수정하는 것에 열려 있음을 뜻한다.

다음 절에서는 담화와 장치를 체계적으로 분석할 수 있는 방법에 대한 몇 가지 아이디어를 제시할 것이다. 이를 위해, 먼저 담화와 장치의 구조를 분석하는 개념들을 소개한다. 그러고 나서 어떤 조건하에서 담화 분석이 완결된 것으로 볼 수 있는지를 논의한다. 우리는 담화 분석 방법에 관한 '작은 도구상자'를 통하여, 주제 선정에서부터 적절한 분석에 이르는 문제들에 대한 단계적 지침을 제공하는 일을 계속해 나갈 것이다. 그리고 장치 분석의 특성에 대한 생각들로 끝을 맺고자 한다.

3. 담화와 장치를 분석하는 방법

이 장의 앞 절에 소개된 이론적 고찰은 분석을 용이하게 해 주는 개념과 방법을 개발하기 위한 기초를 제공한다. 이 절에서는 이러한 다양한 개념과 방법들을 약술할 것이다. 이 장의 범위 내에서는 각 개념과 방법을 정당화하는 상세한 방법을 다루지 않으며, 그와 관련된 설명은 비판적 담화 분석 방법에 대한 Jäger(2004, 2012)의 책에서 찾아볼 수 있을 것이다.

비판적 담화 분석의 방법에는 텍스트의 더 미묘한 작용을 조사하는

데 사용될 수 있는 (비유성figurativeness, 어휘, 대명사 구조, 논증 같은) 언어학적 개념들도 포함된다. 그러나 이러한 언어학적 도구들은 스타일과 문법에 관한 연구들에서 설명을 찾아볼 수 있으므로 여기에서 자세히 기술하지 않을 것이다. 언어학적 개념들은 담화 분석의 '도구상자'에서 그저 한 자리를 채울 뿐이다. 연구 문제와 주제에 따라 여러 다른 도구들이 도구상자에 추가될 수 있다. 어쨌든 특정한 방법들은 표준적인 레퍼토리의 일부이다. 이와 관련해서는 이 절의 나머지 부분에서 기술되는데, (흔히 담화 분석이라고 알려져 있는) 언어적으로 수행되는 담화적 실행에 대한 분석에 주안점을 두고, 비언어적으로 수행되는 담화적 실천과 물질화에 대한 분석은 담화와 장치 분석의 확장된 형식으로 좀 더 소략하게 살펴보기로 한다.

3.1. 담화와 장치의 구조

첫 단계에서, 용어에 대한 다음의 제안들은 언어적으로 수행되는 담화의 구조를 좀 더 투명하고 분석하기 좋게 만드는 데 도움을 주는 것을 목적으로 한다.

전문담화와 상호담화

전문담화(special discourses)와 상호담화(interdiscourses) 사이에는 기본적인 구별이 가능하다. 전문담화는 지식 생산을 규제하기 위한 특수하고 분명한 규칙을 가진 담화 차원에 존재하는데, 예를 들어 자연 과학과 사회 과학, 인문학, 공학, 경영학 등이다(Link 1988). 반면, 상호담화는 그러한 규칙을 가지지 않는다. 전문담화의 요소들은 지속적으로 상호담화에 반영되고 그 반대로도 마찬가지이다.

담화 줄기

일반적인 사회 담화에서는 매우 다양한 화제들이 생겨난다. 공통의 화제에 초점을 맞춘 담화 흐름을 담화 줄기(discourse strands)라고 부른다. 각 담화 줄기는 여러 하위 화제로 구성되는데, 그러한 하위 화제들은 무리지어 요약될 수 있다.

담화 줄기의 개념은 담화의 개념과 유사하다. 차이는 담화가 진술(enoncé, 즉 특정 담화의 '원자'를 구성하는 모든 의미의 핵심)의 층위에 위치하는 더 추상적인 개념이라는 점이다. 이와 대조적으로 담화 줄기는 텍스트의 표면에 위치하는 구체적 발화(énonciations)나 수행의 층위에서 이해된다(Foucault 2002 참조).

모든 담화 줄기는 통시적 차원과 공시적 차원을 지니고 있다. 담화 줄기에 대한 공시적 분석은 시공간의 특정 지점에서 말해지는 것과 말할 만한 것의 한정된 폭을 검토한다. 예를 들어, 연구자는 특정 연도의 비영리단체 연례 보고서에서 합법화에 대한 담화를 분석할 수 있다(Meyer et al. 2013). 통시적 분석은 예를 들어 특정 담화 사건에 대한 시공간의 다양한 지점에서 담화 줄기를 갈라낸다. 공시적 분석과 비교해보면, 통시적 분석은 시간에 따른 담화 줄기의 변화와 연속성에 대한 통찰을 제공한다. 예를 들어, 비영리단체의 10년 이상에 걸친 연례 보고서들에서 합법화의 담화를 조사함으로써 연구자는 합법화에 관한 특정 설명의 출현에 있어 밀물과 썰물처럼 주기적으로 되풀이되는 변화가 있음을 확인할 수 있다. 예를 들어, 효율성(efficiency)과 효과성(effectiveness)의 개념은 점점 더 당연하게 여겨지면서 연례 보고서에서 덜 강조될 수 있고, 이해 관계자의 요구와 혁신의 개념은 흥미로운 새 관점으로 보이기 때문에 더 두드러질 수 있다(Meyer et al. 2013).

어떤 면에서 담화 줄기를 갈라내는 공시적 분석은 언제나 통시적 분석이기도 하다. 이는 각각의 화제가 기원, 역사적 선험을 지니기 때문이다. 하나의 화제를 분석할 때, 분석자는 그것의 역사를 주시해야 한다. 화제에 대한 사회의 지식을 알아내기 위해, 분석자는 해당 화제의 기원을 재구성해야 한다. 이를 위해 Foucault는 과학에 관해서만이 아니라 (프랑스의 병원과 감옥처럼) 일상적인 생활과 시설에 관해서도 그렇게 분석하려는 여러 가지 시도를 했다.

담화적 한계와 그것을 확장하거나 축소하는 기술

각각의 담화는 말할 수 있는 진술의 범위를 상세히 서술하고, 그렇게 함으로써 말할 수 없는 다른 진술의 범위를 억제한다(Link & Link-Heer 1990 참조). 말할 수 없는 것에 대한 이 경계가 담화의 한계라고 불린다.

어떤 수사적 전략의 사용을 통해, 담화의 한계는 확장될 수도, 축소될 수도 있다. 예를 들어 그러한 전략은 직접적인 명령, 상대화, 비방, 암시, 함축을 포함한다. 담화 분석은 이러한 전략들을 그 나름대로 조사하고, 담화의 한계를 확인하는 분석의 단서로 사용하기도 한다. '속임수'가 사용된다면, 이것은 어떤 진술이 부정적인 제재의 위험 없이는 직접 말해질 수 없음을 알려주는 지표이다. 예를 들어, 현대 인종주의에서 진술은 흔히 "나는 인종주의자는 아니지만…"이라는 구절로 시작되는데, 이는 인종주의자로 비난받지 않고 말할 수 있는 것의 한계를 확장한다. 정치인이 특정 과정의 행위에 대해 "대안이 없다."라고 말할 때, 이는 이 행위에 대해 의문을 제기하거나 공개적으로 토론할 가능성이 없다고 시사하는 것이기 때문에 담화의 한계를 축소한다.

담화 조각

각각의 담화 줄기는 전통적으로 텍스트라고 불리는 다수의 요소들로 이루어진다. 우리는 '담화 조각(discourse fragments)'이라는 용어를 선호하는데, 하나의 텍스트가 다양한 화제를 다루고, 이에 따라 다양한 담화 조각들을 포함할 수 있기 때문이다. 그러므로 담화 조각은 특정한 화제를 다루는 텍스트나 텍스트의 일부를 말한다. 예를 들어, 우리가 이주에 대한 담화에 관심이 있다면, 이주법과 이주에 초점을 둔 뉴스 기사에서 관련되는 담화 조각들을 찾을 수 있지만, 그러한 담화 조각들은 다른 화제에 초점을 둔 채 이주 문제는 지나가는 말로만 언급하는 뉴스 기사에서도 찾을 수 있다. 예를 들어, "한 남성이 전 여자친구의 목을 자르다. 징역 20년"이라는 제목의 기사에서 우리는 다음의 내용을 읽을 수 있다. '2006년부터 오스트리아에서 살아 온 루마니아인 피고는 "나는 그녀 없이 살 수 없었다."라고 말했다.' 또는 가게에서 오렌지색 죄수복과 외계인 가면으로 구성된 할로윈 복장이 '불법 체류자' 복장으로 판매되는 것도 발견할 수 있다(이는 인간성을 말살하는 집단 상징에 딱 들어맞는 사례이다). 같은 화제에 대한 이러한 모든 담화 조각들은 하나의 담화 줄기를 형성한다.

담화 줄기들의 뒤얽힘

하나의 텍스트는 보통 다양한 화제와 관련되고 그러므로 다양한 담화 줄기와 관련된다. 다시 말해, 그것에는 보통 다양한 담화 줄기에서 나온 담화 조각들이 들어 있다. 이 담화 줄기들은 대개 서로 복잡하게 얽혀 있다. 담화 줄기들의 뒤얽힘은 다양한 화제를 동등하게 다루는 단일한 텍스트의 형식을 취하거나, 하나의 화제를 주로 다루고 다른 화제는 지나가는 말로만 언급하는 단일한 텍스트의 형식을 취할 수 있다.

몇 개의 담화들이 얽혀 있는 진술을 **담화 매듭**(discursive knot)이라고 부른다. 예를 들어, "이주자들을 우리 사회에 통합시키는 일은 비용이 많이 든다."라는 진술에서 이주의 담화 줄기는 경제의 담화 줄기와 얽혀 있다. 그리고 "[이곳에 어떤 이슬람 국가명이든 넣어 보라]에서, 그들은 여전히 가부장제 사회에 살고 있다."라는 진술에는 이주의 담화 줄기가 젠더의 담화 줄기와 얽혀 있다.

두 개의 담화 줄기는 다소간 밀도 있게 얽힐 수 있다. 예를 들어, 독일의 일상 담화에서 이주의 담화 줄기는 젠더의 담화 줄기와 밀도 있게 얽혀 있는데, 성차별적 태도와 행동 방식이 이주자들의 탓으로 돌려지기 때문이다(Jäger 1996을 보라).

집단 상징

담화 줄기들을 연결하는 주요 수단은 집단적 상징을 사용하는 것이다. 집단 상징은 '문화적 고정관념'이고, '토포스(topos)'11)라고도 불리는데, 이는 집단적으로 전해지고 사용된다(Drews et al. 1985: 265). 집단 상징은 한 사회의 모든 구성원에게 알려져 있다. 그것은 우리가 스스로 현실의 그림을 그려 나갈 때 사용할 이미지의 레퍼토리를 제공해 준다. 우리는 집단 상징을 통해 현실을 해석하고, 특히 미디어가 제공하는 현실을 해석하게 된다.

집단 상징을 연결하는 중요한 기술 가운데 하나는 (이미지 균열이라고도 불리는) **비유 남용**(catachresis)이다. 비유 남용은 진술들 사이의 연관성을 설정하고, 경험의 영역을 연결하며, 모순들을 이어 주고, 개연성을 높여 준다. 그렇게 함으로써 비유 남용은 담화의 권력을 증폭시킨다. 한 예로 "발전의 기관차가 이주자들의 홍수로 느려질 수 있다."라는 진술을 들 수 있다. 여기서 (발전을 뜻하는) 기관차와 (외부로부터의 위협을 뜻하는) 홍수라는 상징은 각기 다른 이미지 근원들로부터 파생된다. 전자는 교통에서 취한 것이고, 후자는 자연에서 취한 것이다. 비유의 남용을 통해 그러한 이미지들이 연결되는 것이다.

집단 상징의 특수한 형태로서, 프라그마-상징(pragma-symbols)은 언급할 만한 가치가 있다. 프라그마-상징은 물적 대상을 언급하면서, 동시에 그것을 넘어서는 의미를 가리키는 용어이다. 예를 들어, "이 내전에서 돌에 맞서 싸운 것은 탱크다."라는 문장은 구체적인 전투 상황을 나타낼 뿐만 아니라 충돌하는 상대들의 힘이 동등하지 않다는 점도 나타낸다.

---

11) (옮긴이) '전통적 주제 또는 사상'을 가리키는 수사학 용어로, 그것의 복수형인 '토포이(topoi)'로도 쓰인다. 이에 대해서는 이 책의 2장을 참조하라.

담화 차원과 부문

서로 다른 담화 줄기들은 서로 다른 담화 차원(discourse planes)에서 작동한다. 담화 차원은 말하기가 이루어지는 다양한 사회적 장소들을 의미한다. 다른 말로 하자면, 우리는 그것을 장르라고 부를 수 있는데, 이는 뚜렷이 구별되는 환경에서 발생하고 특정한 스타일 자질을 공유하는 표현의 형식이다. 예를 들어, 우리는 과학, 정치, 매스미디어, 교육, 일상, 비즈니스, 행정 등의 담화 차원들을 구별할 수 있다.

담화 차원들은 시간이 흐름에 따라 진화하고 서로 영향을 주며 연관된다. 예를 들어, 매스미디어 차원에서는 과학 전문담화나 정치 담화에서 나온 담화 조각들이 다뤄질 수 있다. 또한 매스미디어는 일상 담화를 채택하고 묶어서 요점만을 추려 제시하거나 (특히 황색 언론의 경우에는) 선정적이고 포퓰리즘적인 주장들로 그것에 대한 흥미를 자극한다. 이런 방식으로 매스미디어는 일상의 생각을 규제하고, 정치와 일상에서 행해지고 또 행해질 수 있는 것에 대해 상당한 영향력을 행사한다. 예컨대, 지금은 사망한 오스트리아 포퓰리스트 정치인 Jörg Haider의 과장된 이미지는 넘쳐나는 미디어 보도의 도움 없이는 나타나기 힘들었을 것이다. 미디어들은 모든 이주자를 범죄자와 하나로 묶으면서, 도시 마라톤 대회에서 거둔 Jörg Haider의 좋은 성적을 크게 보도함으로써 그의 '할 수 있다(can-do)' 이미지를 칭송했다.

담화 차원은 다양한 부문(sectors)으로 구성된다. 예를 들어, TV, 신문, 인터넷은 매스미디어의 서로 다른 부문들이다. 담화 차원을 분석할 때 중요한 것은 당면한 연구 문제에서 여러 부문들의 상대적 중요성을 고려하는 것이다. 예를 들어, 소셜미디어와 웹2.0은 쌍방향 의사소통과 (동시에) 감시에 있어서 전례 없는 기회를 열어 주는 매스미디어의 형식으로서 중요해지고 있다.

하나의 담화 차원은 그 자체로 긴밀하게 짜여 있다. 예를 들어, 매스미디어의 담화 차원에서, TV 방송은 소셜미디어에 올라온 내용을 반복하고 그것에 기반할 수 있으며, 그 반대 역시 마찬가지이다. 따라서 그러한 매스미디어 담화 차원에 대해 이야기하는 것이 더욱더 정당화되는데, 이는 (특히 한 사회에서 전통적인 주류 미디어와 관련하여) 그 주요 양상들이 통합되는 것으로 간주될 수 있다.

담화적 사건과 담화적 맥락

모든 사건은 담화에 뿌리내리고 있고, 이런 의미에서 담화적 사건이라 불릴 수 있다. 그러나 '담화적 사건'의 이론적 개념은 특별히 정치와 매스미디어 담화 차원에서, 집중적이고 광범위하며 장기간에 걸쳐 나타나는 사건들과 관련된다.

담화적 사건은 담화의 향후 발달에 영향을 미치기 때문에 중요하다. 예를 들어, 해리스버그(Harissburg) 인근에 있는 스리마일 섬(Three mile island)의 원전 사고[12]는 체르노빌 사고에 비길 만했다. 그러나 스리마일 섬 사고는 수년간 은폐된 반면, 체르노빌 사고는 주요한 미디어적 사건이었고 국제 정치에 큰 영향을 주었다. 후쿠시마 원전 사고는 또다시 원자력에 대한 담화를 전 세계적으로 변화시켰다. 원전 사고 같은 사건은 담화적 사건이 되든 되지 않든 정치와 미디어에 작동하는 권력 집단에 의해 좌우된다. 담화 분석은 한 사건이 담화적

---

12) (옮긴이) 미국 펜실베니아주 해리스버그 인근의 스리마일 섬에서 1979년 발생한 원전 사고를 가리킨다.

사건이 되는지 되지 않는지를 검토할 수 있다. 그것이 담화적 사건이 되면, 담화의 향후 발달에 영향을 미친다.

담화적 사건의 또 다른 예는 유로존(Eurozone) 위기로, 이는 국가 부채, 금융, 실업 등과 같은 여러 방면에서 일어난 일련의 복합적인 위기들이다. 이 위기가 2008년이나 2009년에 시작되었다는 데에는 대략 동의하지만, 그 지속 기간과 명확한 성격에 대해서는 아무런 의견 일치가 없다. 정치인과 학자, 저널리스트들은 위기가 끝났거나 거의 끝났다고 반복적으로 선언해 왔다. 여기서 우리는 담화적 사건이 여전히 계속되고 있는지 아닌지에 대한 하나의 담화적 투쟁을 보게 된다. 위기가 여전히 계속되고 있다면 추가 조치가 취해질 필요가 있는데, 그것은 아마 지금까지 취해진 것보다 더 광범위한 조치가 될 것이다. 위기가 끝난다면, 그럴 필요가 없다. 위기관리의 시도는 (국가들, 다양한 주민 집단, 기업들 등) 다양한 이해 집단의 긴급한 요구들을 통제하려는 것으로 이해될 수 있다.

담화적 사건을 확인하는 것이 중요한 또 다른 이유는 그것이 담화 줄기와 관련된 담화적 맥락의 윤곽을 보여 주기 때문이다. 예를 들어, 담화 줄기에 대한 공시적(즉, 횡적) 분석은 그것에 속한 담화적 사건의 연대기를 추가하는 통시적(즉, 종적) 요소들로 풍성해질 수 있다. 이러한 역사적 참조는 (Caborn 1999에서 보여 주는 것처럼) 담화 줄기의 공시적 분석에 도움을 줄 수 있다.

담화 입장

담화 입장(discourse position)은 개인, 집단, 기관을 포함하는 주체가 담화에 참여하고 담화를 평가하는 이데올로기적 입장을 말한다. 미디어 역시 담화 입장을 취하는데, 그것은 미디어의 보도에서 명확하게 드러난다. (위에서 언급한 것처럼, 주체의 지위는 당연하거나 명백한 것이 아니라 그 자체로 담화를 통해 성립될 필요가 있는 무엇이다.)

주체는 다양한 담화에 휘말려 있기 때문에 나름의 담화 입장을 발달시킨다. 주체는 담화에 노출되어 있으며, 삶의 과정에서 자신을 특정한 이데올로기적 입장이나 세계관에 얽어 넣는다. 이러한 관계는 정반대로도 작동한다. 담화 입장들은 주체의 담화적 휘말림에 기여하고 그것을 재생산한다(Jäger 1996: 47).

담화 입장은 담화 분석을 통해 확인될 수 있다. 하지만 담화 입장의 대략적 윤곽은 행위자의 일상적인 지식의 일부이기도 하다. 사람들은 어떤 정치인과 신문이 좌파적 경향인지, 우파적 경향인지, 중도적 경향인지를 대략 안다. 그러나 담화 입장에 대한 일상적인 자기 묘사는 반쯤 의심하면서 들어야 한다. 예를 들어, 신문은 흔히 스스로를 '독립적'이고 '공정한' 것으로 묘사하지만, 담화 이론적 시각에서 그것은 불가능한 것이다.

주체들은 대단히 다른 입장을 취할 수 있다. 예를 들어, 경제의 담화 줄기와 관련하여, 어떤 주체는 (민영화, 자유 무역, 낮은 세금, 재정 정책 자제 등을 선호하면서) 신자유주의적인 담화 입장을 취한다. 반면에 다른 주체들은 신자유주의를 거부하고 (경기부양책과 정부의 더 강한 시장 규제를 선호하면서) 신케인즈주의적 입장이나 심지어는 더 비정통적인 입장을 취한다.

담화 입장들은 그 핵심에서만 동질적이고 덜 중심적인 문제에 대해서는 분산된다. 예를 들어, 신자유주의적 담화 입장을 받아들이는 주체들은 국가의 재정 적자를 줄이는 것이 원칙적으로 옳고 중요하다는 데에 동의한다. 그들은 현행 경제 체제에 의문을 제기하지 않는다.

그러나 재정 적자를 줄이는 최선의 방법에 대해서는 서로 다른 시각을 가질 수 있다.

헤게모니적 담화 안에서 담화 입장은 상당히 동질적인데, 이 자체가 이미 헤게모니적 담화의 효과인 것이다. 반대 의견의 담화 입장은 (현행 경제 체제에 대한 근본적인 문제 제기는 경제 담화가 아니라 생태학 또는 윤리학에서 일어날 수 있는 것처럼) 흔히 멀리 떨어진 대응 담화에 속한다. 그러나 대응 담화는 (월스트리트 점거 시위대가 "당신은 낙수효과를 느끼는가Do you feel it trickle down?"라고 쓰인 팻말을 받쳐 들고 비를 견뎌낸 것처럼) 헤게모니적 담화에서 논거를 가져와서 그 의미를 전복시킬 수 있다.

전체적인 사회 담화와 세계 담화

사회 안에서 얽혀 있는 모든 담화 줄기들은 함께 전체적인 사회 담화 (overall societal discourse)를 형성한다. 사회는 결코 완전히 동질적이지 않으며, 서로 다른 하위 문화들로 이루어진다. 1989년 독일에서 통일이 이루어진 후에 전체적인 사회 담화가 이데올로기적으로 더 동질화되었고, 이것이 쉽게 바뀔 것 같지는 않다(Teubert 1999). 한 사회의 전체적인 사회 담화는 결과적으로 세계 담화(global discourse)의 일부가 된다. 세계 담화는 매우 이질적임에도 불구하고 동질화하는 경향을 보인다는 증거가 존재한다(예컨대, Meyer 2009를 보라).

사회 담화는 전반적으로 복잡한 연결망이다. 담화 분석은 이러한 망을 풀어내는 것을 목적으로 한다. 일반적인 절차는 우선 (전통적인 매스미디어의 담화 부문들에서 이주에 대한 담화 줄기를 파악하는 것처럼) 개개의 담화 차원과 부문들에서 단일한 담화 줄기들을 파악하는 것부터 시작한다. 그 뒤에, 정치나 일상 의사소통과 같은 추가되는 담화 차원들에서 해당 담화 줄기에 대한 분석이 이어질 수 있다. 이러한 분석의 마지막에 나오는 질문은 흔히 한 담화 줄기의 서로 다른 담화 차원과 부분들이 상호 연관되는 방식에 관한 것이다. 예를 들어, 정치 담화 차원이 전통적인 매스미디어의 담화 부문들이나 일상 의사소통 의 담화 차원과 연결되는지 여부와 그 방식을 검토할 수 있고, 전통적 인 매스미디어가 일상 의사소통에 영향을 주는지 여부와 그 방식 등 을 조사할 수 있다.

담화 줄기의 역사, 현재와 미래

담화 줄기는 역사, 현재와 미래를 지닌다. 담화 줄기의 변화, 파열, 쇠퇴, 반복 등을 확인하려면 더 장기간의 분석이 필요하다. 이를 Foucault의 말로 표현하자면, '지식의 고고학' 또는 '계보학'이 요구된 다는 것이다. 이러한 분석을 토대로 담화에 대한 예측까지도 할 수 있다. 이는 서로 다른 미래의 담화적 사건에 근거하는 시나리오의 형식을 취할 수 있다. 담화는 변할 수 있지만 보통 완전히 또는 갑자기 사라지지는 않는다. 따라서 담화 분석은 예측을 허용한다.

물론 전체적인 사회 담화 또는 심지어 세계 담화의 역사, 현재와 미래에 대한 분석은 엄청난 노력이 들고 그래서 많은 개개의 프로젝 트들이라는 형식으로 다루어질 수 있을 뿐이다. 그러한 개개의 프로 젝트들은 전체적인 사회 담화의 특정 하위 영역에 대해 신뢰할 만한 지식을 창조한다. 이러한 과학적 지식은 일상적, 정치적, 미디어적 지식의 변화를 위한 토대가 될 수 있고, 행동 방식과 정책을 변화시킬 수 있다. 그래서 과학이라는 담화 차원에 대한 작업은 특정한 담화 줄기의 향후 발달에 영향을 줄 수 있다.

3.2. 담화 분석의 완결성에 대하여

담화 분석은 하나 이상의 담화 줄기에서 무엇이 말해질 수 있는지와 그것이 어떻게 말해지는지에 대한 질적 범위를 완벽하게 포착한다. 차후 분석이 더 이상 새로운 발견으로 이어지지 않을 때, 분석은 완료된다. 주로 다량의 양적 데이터를 가지고 작업하는 사회과학자들은 담화 분석에서 상대적으로 적은 양의 질적 데이터가 이러한 지점에 이르는 데 충분하다는 사실을 알고는 놀랄 것이다. 특정한 사회적 위치에서 특정 시점에 (이주 같은) 특정한 화제에 관해 읽거나 들을 수 있는 논거와 내용은 (흔히 이주의 두 가지 의미13) 모두에 있어서) 놀랄 만큼 제한된다. 방법론과 관련하여, 이는 분석자가 논거가 되풀이된다는 것을 알아차릴 때까지 새 자료를 계속해서 분석한다는 것을 의미한다. 이런 경우라면, (이론적 포화 상태라는 의미에서) 완결성은 성취된 것이다.

질적 분석이 담화 분석의 기반이기는 하지만, 양적 분석도 흥미로울 수 있다. 분석자는 특정 진술이 어떤 빈도로 발생하는지를 조사할 수 있다. 이런 식으로, 담화 줄기에서의 중심 문제가 식별될 수 있으며, 슬로건의 특성을 가져서 여러 판단과 편견을 수반하는 진술들이 확인될 수 있다. 하나의 진술이 자주 발생한다면, 그것은 지속적인 효과를 가지고 특정 지식을 고착화시킨다. 통시적 분석에서, 빈도는

---

13) (옮긴이) 영어에서 '이주(immigration)'는 다의적 뜻갈래로 '이민'과 '출입국 관리'의 의미를 가진다.

경향을 파악하는 데 사용될 수 있다(예컨대, Meyer et al. 2013). 하지만 담화 분석의 설명력을 위해서는 질적 측면이 양적 측면보다 훨씬 더 중요하다.

3.3. 담화 분석을 위한 작은 도구상자

이 절에서는 담화 분석을 위한 우리의 도구상자에 대한 간략한 개요가 제시된다. 그 도구들 각각에 대한 자세한 방법론적 정당화는 Jäger(2004, 2012)의 책에서 찾아볼 수 있다. 연구 프로젝트에서 자료를 처음 다룰 때, 필자들은 아래와 같은 내용의 간단한 유인물을 기억을 돕는 수단이나 체크리스트처럼 사용한다.

주제 선정하기

최초의 연구 문제를 설정하는 것이 담화 분석 프로젝트의 토대가 되어야 한다. 프로젝트가 진전됨에 따라 이 연구 문제는 미세하게 조정될 수 있다. 그 연구 문제를 바탕으로 다음 단계에서는 보통 주제를 선정한다. 그 대신에, 연구자가 흥미를 느끼는 주제로부터 프로젝트가 시작될 수도 있으며, 그 다음에 연구 문제를 구상할 수도 있다.

프로젝트 보고서에는 (보통 서론에서) 프로젝트와 그 주제를 선정한 이유가 제시된다. 하나의 현상은 여러 담화 줄기에 퍼지기 때문에, 관심 있는 현상과 특정한 담화 줄기 사이의 관계가 종종 간단하지 않다는 점을 명심할 필요가 있다. 예를 들어, 인종주의가 어떻게 미디어에 침투하는지 조사하는 것을 목적으로 하는 연구 프로젝트에서, 연구자는 어떤 담화 줄기(들)에 초점을 맞출 것인지를 결정해야 한다.

결정을 내리기 위해 연구자는 인종주의의 초기 개념을 염두에 두어야
한다. 이 개념은 분석의 과정에서 더 발전될 수 있다. 이론적 개념은
항상 논쟁의 여지가 있기 때문에 연구자는 그가 다루는 개념을 분명
하게 하고 정당화하는 것이 필요하다.14) 이러한 개념을 갖추고 나면,
연구자는 인종주의가 발견될 조짐이 있는 담화 줄기에 대해 고찰할
수 있다. 인종주의의 경우에, 그것은 예컨대 이주, 난민, 망명 신청이
라는 담화 줄기이다. 물론 이주의 담화 줄기는 다른 연구의 관심사에
비추어도 해석될 수 있다. 하나의 주제를 선정하는 것은 관심 있는
현상과 검토할 담화 줄기를 선정하는 것을 뜻한다. 이러한 담화 줄기
가 분석을 위한 자료의 범위를 보여 준다.

담화 차원과 부문을 선정하고 그것을 특징짓기

일반적으로, 최소한 초기에는 분석을 (매스미디어 같은) 하나의 담화
차원과 (카이로, 또는 국제공항 같은) 하나의 공간에 국한시키는 것이
필요할 것이다. 담화 차원을 검토할 때, 분석은 해당 차원의 (신문
부문 같은) 하나 또는 몇 개의 부문과 일부 주요 공간을 포함할 수
있다. 이러한 부문의 선택은 정당화될 필요가 있다. 예를 들어, 어떤
부문은 하나의 문제가 매스미디어에서 어떻게 다루어지는가를 보여
주는 본보기일 수 있고, 어떤 부문은 이전의 어떤 연구 프로젝트에서

---

14) 예를 들어, 학문 분야에서 일반적으로 정당화될 수 있고 널리 받아들여지는 인종주의에
대한 정의는 다음의 세 요소를 포함한다. (1) 한 명 이상의 사람이 생물학적, 또는 문화적
이유로 민족 집단이나 심지어는 인종으로 구성된다. (2) 이 집단은 (부정적으로나 긍정적으
로, 예를 들어 흑인이 뛰어난 재즈 뮤지션으로 가정되는 경우처럼) 평가의 대상이 된다.
(3) 구성과 평가는 권력의 위치에서 발생한다(담화는 본질적으로 '권력적'이기 때문에, 담
화 분석에서는 이 점이 명백하다).

도 검토된 적이 없을 수도 있다. 물론 후자의 경우에는 선행 연구 검토에서 다른 부문의 분석 결과를 요약해야 할 것이다.

어떤 경우에는 한 번에 여러 담화 차원을 검토하는 것이 가능할 수 있다. 대중 의식의 통제에 대한 여러 담화 차원의 상호작용 분석은 극히 흥미롭지만 많은 시간이 소비되기도 한다. 이 과제를 달성하기 위해서는 그 분석이 반드시 해당 담화 차원의 잘 정당화된 예시 부문들과 그것들의 상호작용 사례에 기초해야 한다. 담화 줄기의 뒤얽힘까지 고려된다면 그 과제는 훨씬 더 복잡해진다.

자료에 접근하고 준비하기

다음 단계로, 분석할 구체적 코퍼스를 자세히 기술할 필요가 있다. 예를 들어, 신문을 분석할 때, 특정 신문과 그것을 검토할 시기가 선택되지 않으면 안 된다. 흔히 장기간에 걸쳐 나온 특정 국가나 여러 국가의 몇 가지 주요 신문을 선택하는 것은 권장할 만할 것이다. 이와는 반대로, 팝송에서 여성에 대한 묘사를 조사하는 프로젝트는 (비록 특정 프로젝트에서 증거를 들어가며 입증되어야 하는 것이더라도) 사례가 되는 노래의 수가 적더라도 아마 신뢰할 수 있을 것이다. 어떤 경우든지, 자료 선택은 정당성을 획득해야 한다.

분석을 위한 준비로서, 데이터 출처에 대한 일반적인 특징이 기술될 필요가 있다. 예를 들어, 신문의 경우에는 그 신문의 정치적 지향성은 무엇이고, 독자는 누구이며, 판매 부수는 어느 정도인지 등이 될 것이다.

분석

분석은 보통 담화 줄기에 대한 구조적 분석, 담화 조각에 대한 상세 분석, 종관 분석(synoptic analysis)의 세 단계로 이루어진다. 일반적으로 이 단계들은 여러 번에 걸쳐 진행되어야 하며 순서는 수정될 수 있다. 분석의 순환 속에서 서로 다른 수준의 분석들 사이에 연관성이 드러나고 해석은 발전되며 약한 논거는 버려진다.

담화 줄기의 구조적 분석

일반적인 첫 단계는 담화 줄기에 대한 구조적 분석이다. 세부 단계는 다음과 같다.

1. 담화 줄기와 관련 있는 모든 기사의 목록이 수집된다. 이 목록은 서지 정보, 기사에서 다루는 화제에 대한 주석, 문어로서의 장르, 모든 중요 특성, 그 기사가 나타나는 부문 등을 포함해야 한다.

2. 구조적 분석에서는 삽화, 지면 배치, 집단 상징의 사용, 논증, 어휘 등과 같이, 관심을 갖는 특정 측면에서 글의 특징을 대략적으로 포착해야 한다. 또 신문에서 어떤 형식들이 전형적인지를 확인해야 한다. 이러한 개요는 나중에 전형적인 담화 조각에 대한 상세 분석을 위해 대표적 기사를 식별하는 일에 필요할 것이다.

3. 담화 줄기는 다양한 하위 화제를 포함한다. 먼저 이것들이 식별된 후에는 무리지어 요약된다. 예를 들어, 줄기 세포 연구에 대한 담화 줄기의 경우, 하위 화제는 줄기 세포 연구의 '법적 함의', '이득', '기술적 절차', '윤리적 문제', '비용' 등의 범주들로 요약될 수 있다. 하위 화제 범주들

은 반복적인 과정을 거쳐 생성되는데, 이 과정에서 최대한 단순화하려는 힘과 구별해 내려는 힘 사이에서 적절한 타협점을 찾아야 한다.

4. 다음 단계는 특정한 하위 화제 범주의 빈도가 얼마나 나오는지 조사하는 것이다. 무엇이 주목을 받고 무엇이 경시되는가? 부재로 인해 더 눈에 띄는 하위 화제가 있는가?

5. 분석이 통시적이라면, 하위 화제가 시간의 과정에 걸쳐 어떻게 분포되는지도 검토될 것이다. 어떤 하위 화제들이 특정 시공간에서 유독 자주 출현하는가? 이것은 담화적 사건과 어떻게 연관되는가?

6. 그 다음에는 담화의 뒤얽힘이 확인된다. 예를 들어, 줄기 세포 연구의 담화 줄기는 윤리학, 비즈니스, 의학의 담화 줄기와 얽혀 있다.

이 단계의 분석 결과들은 결합되어 함께 해석된다. 그렇게 함으로써, 해당 신문의 담화 입장의 특징 묘사가 드러나기 시작한다. 예를 들어, 그 신문은 줄기 세포 연구를 긍정적으로 여기는가, 부정적으로 여기는가?

담화 줄기에 대한 구조적 분석은 전형적 담화 조각에 대한 상세 분석과 최종적인 종관 분석이 뒤따라 일어나도록 아이디어를 낼 수 있고 이미 내고 있을 것이다(다음의 하위 절들을 보라). 이러한 아이디어는 즉각적으로 기록되고 그에 맞추어 표시되어야 한다.

전형적 담화 조각의 상세 분석

신문의 담화 입장에서 자세한 세부 사항을 확인하고 이 담화가 독자에게 주는 효과를 평가하려면, 특정 담화 조각들을 자세히 분석해야 한다. 특정 신문의 전형적인 담화 조각들이 이러한 목적을 위해 선정된다. 예를 들어 전형성의 기준으로는 전형적인 삽화, 집단 상징의 전형적인 사용, 전형적인 논증, 전형적인 어휘 등이 있다. 이러한 측면들의 전형적 형식은 앞선 구조적 분석에서 확인된 바 있다.

전형적인 담화 조각을 선정하기 위해, 연구자는 몇몇 단계를 진행하고 정해진 기준에 따라 기사들을 평가할 수 있다. 선정의 합리성을 상호주관적으로 보장하기 위해, 여러 연구자들이 이 평가에 참여할 수 있다. 특정 기사가 전형성에서 높은 평가를 받으면 상세 분석의 대상이 된다. 시간적 제약이 있다면, 또는 하나의 기사가 담화 줄기의 모든 전형적 특성을 나타낸다면, 상세 분석은 하나의 기사에만 국한될 수도 있다. 구조적 분석을 통해 담화 줄기의 상당한 이질성이 드러나거나, 하나의 동질적인 담화 입장을 파악할 수 없다면, 연구자는 여러 가지의 전형성, 즉 '전형적인' 기사의 여러 종류에 초점을 맞출 수 있다.

전형적 기사를 선정하기 위한 절차는 체계적이고 투명해야 하지만 기계적이지는 않아야 한다. 무엇이 적합한 절차인지는 구체적인 연구 프로젝트와 문제가 되는 담화 줄기에 따라 달라진다. 전형적인 담화 조각에 대한 상세 분석을 통해 다뤄져야 하는 측면들은 〈표 5.1〉에 요약되어 있다.

이러한 각각의 측면들을 분석하면서, 연구자는 그 기사의 특이점이 무엇을 뜻하고 그것이 무엇을 함의하는지를 자문해야 한다. 예를 들어, 특정 이미지가 이 텍스트에 수반된다는 것은 무엇을 의미하는가? 그 이미지가 만들어 내는 효과는 무엇인가? 이러한 각각의 해석들은 수정 가능성에 열려 있다. 상세 분석의 마지막에서 각 측면의 해석들은 그 기사의 총체적 해석으로 통합된다. 보통 각 측면의 해석들은 직소 퍼즐의 조각들처럼 서로 맞추어지고 하나의 단일한 그림을 형성한다. 한 측면이 두드러진다면, 그것은 대개 특별한 상황 때문인데,

예를 들어 사진이나 표제가 필자가 아니라, 기사에 흥미를 돋우는 등의 다른 목적을 가진 편집장에 의해 제시되는 경우가 그러하다. 이러한 불일치 역시도 그 신문의 담화 입장에 대한 중요한 통찰을 제공한다. 구조적 분석의 결과와 함께, 상세 분석의 결과들은 종관 분석을 위한 토대를 이룬다.

〈표 5.1〉 담화 조각의 분석에서 고려해야 하는 측면들

측면	질문
맥락	• 왜 이 기사를 선택했는가? 왜 이 기사가 전형적인가? • 기사의 일반적 화제는 무엇인가? • 필자가 누구인가? 그 신문에서 필자의 직위와 위상은 어떠한가? 필자가 다룰 수 있는 전문 영역 등은 무엇인가? • 기사를 쓴 계기는 무엇이었나? • 기사는 신문의 어느 면에 실렸는가?

텍스트의 겉모양	• 지면 배치는 어떠한가?
	  어떤 종류의 사진과 그래프가 텍스트에 수반되는가?
	• 제목과 부제는 무엇인가?
	• 기사는 어떻게 의미 단위로 구조화되는가?
	• 기사에서 무슨 화제가 다루어지는가?
	  (다른 말로, 그 기사는 어떤 담화 줄기의 조각인가?)
	• 이 화제들이 어떻게 서로 연관되고 중첩되는가? (담화 줄기의 뒤얽힘)

수사적 방법	• 기사는 어떤 종류와 형식의 논증을 따르는가?
	  어떤 논증 전략이 사용되는가?
	• 기사 구성에 어떤 논리가 기저를 이루는가?
	• 기사가 어떤 함의와 암시를 포함하는가?
	• (사례, 통계, 사진, 그림, 캐리커처 등을 포함하는, 언어적이거나 그래픽적인) 어떤 집단 상징이 사용되는가?
	• 어떤 관용 표현, 격언, 상투 표현들이 사용되는가?
	• 어휘나 스타일은 어떠한가?
	• 어떤 주제가 언급되고, 어떻게 묘사되는가? (인칭, 대명사 사용)
	• 무엇이 참조되는가?
	  (예를 들어, 과학, 사용된 지식의 출처 정보에 대한 참조)

내용과 이데올로기적 진술	• 기사는 인류에 대해 어떤 개념을 상정하고 전달하는가? • 기사는 사회에 대해 어떤 개념을 상정하고 전달하는가? • 기사는 (예를 들어) 기술에 대해 어떤 개념을 상정하고 전달하는가? • 기사가 미래에 대해 어떤 관점을 제공하는가?
기사의 기타 특징	
기사의 담화 입장과 전반적인 메시지	

종관 분석

종관 분석에서는 신문의 담화 입장에 대한 최종적인 평가가 이루어진다. 이러한 목적을 위해, 구조적 분석과 상세 분석에서 얻은 결과들을 서로 연관 짓고 비교하면서 해석한다.

3.4. 장치 분석에 대한 몇 가지 생각

장치는 일정한 내구성을 지님에도 불구하고, 역사적 변화의 대상이 되고 다른 장치들의 지속적인 영향을 받는다. 공시적 분석은 장치의 현 상태를 확인하는 데 기여한다. 특정한 물질화, 언어적으로 또는 비언어적으로 수행되는 담화적 실행은 다양한 장치들과 관련될 수 있다. 예를 들어, '교통'이라는 장치는 거리, 자동차, 교통 체증, 운전자, 교통 신호 등을 아우른다. 하지만 '교통'은 비용을 발생시키고 비즈니스에 영향을 주는 경제 문제이기도 하다. 따라서 '교통'은 경제 장치에 속하게 된다. 그 경제 장치는 결국 정치 장치에 속하게 된다. 장치들은 사회 내에서 중첩되고 서로 뒤얽힌다. 이러한 뒤얽힘이 사회를 하나로 통합하는 것일 수 있다.

장치 분석은 다음과 같은 단계들을 포함해야 한다.

1. (위에서 기술한 것처럼, 담화 분석을 통해) 언어적으로 수행되는 실행에 내재된 지식을 재구성하기. 이러한 분석은 장치 분석에서 다음 단계를 위한 기초가 된다. 이미 그것은 담화 내 미지의 영역, 의미 있는 물질화 등과 같은 장치의 중요한 측면에 대한 인식을 만들어 낸다.
2. 비언어적으로 수행되는 담화적 실행에 내재된 지식을 재구성하기.

3. 물질화에 내재된 지식을 식별하기.

대개 이러한 지식을 재구성하는 것은 결과적으로 텍스트가 된다. 그래서 장치 분석이란 비언어적으로 수행되는 실행과 물질화에 대한 지식을 언어적으로 표현되는 지식으로 옮기는 것이다.

장치 분석은 검토되는 지식이 발생하는 형식을 고려해야 한다. 그 지식은 명백히 식별될 수 있는가? 또는 암시적인가, 예를 들어 함축에 숨겨져 있는가? 그 지식이 어떤 논거들을 채우고 있는가? 등등. 여기에서 지식의 개념은 인지뿐만 아니라 감정까지 포함하는 넓은 의미라는 점을 다시 한 번 주의해야 할 것이다.

장치의 담화적 요소들에 대한 분석이 위에서 이미 폭넓게 논의되었기 때문에, 이 절의 나머지는 비언어적으로 수행되는 담화적 실행에 내재된 지식을 재구성하는 데에 초점을 맞출 것이다.

비언어적으로 수행되는 실행에 대한 지식

비언어적으로 수행되는 담화적 실행은 관찰되고 기술될 수 있다. 과제는 이러한 실행을 가능하게 하고, 그 실행에 동반되는 지식을 식별해 내는 것이다.

예를 들어, 분석자는 길을 건너 빵집 안으로 걸어가는 사람을 관찰할 수 있는데, 거기서 그는 빵 하나를 산다. 이제 분석자의 과제는 그 사람이 아는 것과 원하는 것을 알아내는 것이다. 그 사람은 빵을 살 수 있는 특정한 장소에 가야 한다는 것을 알고 있다. 그는 이 목적을 위해 (신을 신고 외투를 입는 것처럼) 특정 방식으로 옷을 입어야 한다는 것을 안다. 그는 길을 건널 때, 교통에 주의를 기울이고 교통 규칙을 지켜야 한다는 것을 알고 있다. 게다가 그는 빵집이 특정한 장소에 위치한다거나 빵집을 어떻게 찾는지에 대해서도 안다. 그는 빵집에서 빵을 살 수 있지만 이를 위해 돈이 필요하다는 것을 알고 있다. 그래서 빵을 사는 단순한 행동은 이미 상당한 양의 지식에 기반해 있는데, 이러한 분석은 그에 대한 작은 힌트를 줄 수 있을 뿐이다.

다음은 좀 더 복잡한 경우이다. 도로변에서 구멍을 판 다음에 지금은 그 구멍 안에 서서 커다란 파이프 관을 손보고 있는 사람을 분석자가 관찰한다고 가정해 보자. 이러한 실행에 내재된 지식을 재구성하기 위해, 분석자는 해당 지식을 공유하고 그 사람이 무엇을 하는지를 이해해야 한다. 분석자가 이 지식에 대해 전반적으로 모른다고 가정했을 때, 그 사람이 무엇을 하고 있는지 이해하기 위해 할 수 있는 것은 기본적으로 세 가지이다.

먼저 연구자는 기존 텍스트에 의지할 수 있다. 예를 들어, 연구자는 선행 연구뿐만 아니라 실무자 문서, 설명서, 현장 지침 등과 같은 일상적 서류들까지도 더 참조할 수 있다.

둘째로, 분석자는 그 사람에게 무엇을 하고 있는지를 직접 물어볼 수 있다. 민족지학적 방법론에서는 이를 민족지학적 면담이라고 부른다(예컨대, Spradley 1979를 보라).[15] 연구자가 그 사람에게 무엇을 하고 있는지 물어본다면, 그 사람은 이렇게 대답할 수 있다. "파손된 파이프 관을 수리하고 있어요." 이러한 정보를 통해 분석자는 이미 그가 무엇을 하는지 더 잘 알게 된다. 이어서 분석자는 그 사람에게 물을 수 있다. "그걸 왜 하고 있어요?" 그는 다음처럼 대답할 수 있다. "파이프

---

15) 민족지학적 인터뷰는 참여 관찰의 과정에서, 즉 연구 주체가 관심을 갖는 행동에 참여하는 동안에 이루어진다. 이러한 인터뷰는 길 수도 있지만, 연구자가 간단한 질문만 한 다음 조용히 관찰하고 기록을 이어가는 경우에는 짧을 수도 있다.

가 파손되었기 때문에요." 또는 "제 일이니까요." 또는 "어떻게든 돈을 버는 게 필요해서요." 등등. 그래서 그의 활동에 내재된 지식은 상당히 복잡하고, 또 임금 노동에 의존하는 경제적 실행에 따른 것일 수 있다.

지식의 상당 부분은 행위자의 실행 속에서 그에게만 쓸모 있는 것(암묵적 지식)이고, 행위자는 그것을 말로 쉽게 설명할 수는 없다. 달리 말하면, 사람들은 그들이 말할 수 있는 것 그 이상을 알고 있을 것이다. 그래서 세 번째 방안으로, 연구자는 이 암시적 지식을 배우고 연구에서 그것을 명시적으로 기술하기 위해 참여 관찰에 의지할 수 있다(예를 들어, Agar 2002; Emerson et al. 1995; Hammersley & Atkinson 2007; Spradley 1980을 보라). 극단적인 경우에는 연구자가 스스로 구멍을 파고 파손된 파이프 관을 수리하는 것을 배울 수도 있을 것이다. 이러한 작업의 흥미진진한 사례로는 권투에 대한 Wacquant(2004)의 연구가 있다.

물질화 관련 지식

일반적으로 지식은 행동이나 사물 안에 가만히 놓여 있는 것이 아니다. 그것은 오로지 행위자의 정신 안에서 조립된다. 분석자가 집, 교회, 자전거 같은 하나의 대상을 관찰할 때, 당연하게도 대상 자체에 그것의 의미를 물어볼 수는 없다. 하지만 물질화에 관한 지식을 재구성하는 간접적인 방법이 있다. 예를 들어, 그렇게 하기 위한 방법론적 지침은 다중모드(multimodal) 담화 분석(van Leeuwen 2005)과 인공물(artefact) 분석(Froschauer 2002; Lueger 2004)에서 찾아 볼 수 있다. 다중모드 담화 분석과 인공물 분석을 결합한 경험적 연구의 사례로는 Maier(2009)를 보라.

물질화를 분석하기 위해 연구자는 그 자신과 동료 연구자들의 배경 지식에 의존해야만 한다. 이에 더하여 연구자는 적절한 문헌에 의지하고, 문제시되는 행위와 물질화에 대한 전문가인 사용자, 생산자, 그리고 또 다른 사람들에게 질문하는 것을 통해 이러한 지식을 확장해야 한다.

Lueger(2004)와 Froschauer(2002)에 의해 발전된 인공물 분석은 물질화를 분석하는 첫 단계의 하나로 구성 부분으로 나누고 현장 기록에 적어두는 것을 통해 물질화를 해체하는 것을 제안한다. 물적 대상은 이와 같이 텍스트로 변형된다. 여기서 또 다른 문제가 발생하는데, 이는 부수적으로 비언어적 실천에 대한 참여 관찰에서 만들어지는 현장 노트와 관찰 기록에 적용되기도 한다. 연구자가 작성한 현장 기록은 중립적이지 않다. 다른 어떤 텍스트처럼 그것은 특정 이해 관계를 추구하는데, 이상적인 경우에는 그러한 이해 관계가 연구 문제에 답하게 될 것이다.

어떤 경우에는 연구자가 논의 중인 물질화를 이미 담화화했던 앞선 연구에 의지할 수도 있다. 예를 들어, Caborn(1999, 2006)은 재통일 이후 베를린의 국가 건축물에 관하여 그러한 작업을 수행했다.

물질화의 의미가 고정되어 있지 않다는 점이 다시 한 번 강조되어야 한다. 오늘날 사람들이 물질화에 부여하는 지식은 그것이 과거에 전달했던 지식과 다를 수 있다. '전설들'이 물질화 주변에서 형성되었을 수 있지만, 의미들은 바뀌어 왔을 것이다. 게다가 물질화는 다른 문화(와 아울러 이 용어의 넓은 의미로 이해되는 문화들)의 구성원들과 다른 공간의 주민들에게 다른 의미를 가질 수 있다. 이와 관련된 좋은 사례는 비엔나 인류학 박물관에 전시되어 있는 깃털로 된 아즈텍(Aztec) 왕관이다. 그것은 콜럼버스가 아메리카를 발견하기 이전 시대에는 성직자나 아즈텍 황제 몬테주마(Montezuma)가 쓰는 의례용 머리 장식이었으나, 스페인 정복자 에르난 코르테스(Hernán Cortes)에게는 훔친 보물이었다. 합스부르크가 황제는 그것을 이국적인 호기심에 구입했지만, 오늘날 인류학 박물관에서는 그것이 과학적 가치를 지닌 전시품이다. 반면, 현재의 아즈텍 후손들에게는 그 왕관이 그들의 문화적 정체성의 상징이자 그들의 문화가 융성하다가 파괴되었음을 보여 주는 요소이다. 그들은 왕관이 도난당한 것이므로 박물관이 그것을 반환해야 한다고 주장한다. 이에 따라 오스트리아 정치인과 외교관들에게는 그 왕관이 멕시코와의 정치적 불화의 원인이 되어 왔다 (인류학 박물관 전시물의 변화에 대한 깊이 있는 분석은 Döring & Hirschauer 1997을 보라).

깃털 왕관의 사례가 보여 주듯, 물질화에 부여된 각각의 의미는 (예컨대, 그 왕관이 의례용 물품이든, 뛰어난 전시물이든, 집단 정체성의 상징이든) 권력 관계와 강하게 연관되어 있다. 대상 자체는 변하지 않지만, 행위자가 그것에 새로운 종류의 지식을 적용함에 따라 그것의 의미는 변화한다. 그러한 물질화에서는 이러한 권력 관계가 보이지 않으므로, 분석자의 과제는 그 권력 관계를 드러나게 하는 것이다. 분석자는 역사적 맥락을 고려해야만 이것을 수행할 수 있다.

장치를 분석하는 방법에 대한 이러한 초기의 생각들이 보여 주는 것처럼, 장치 분석의 과제는 복합적이다. 그것은 언어적, 비언어적으로 수행되는 담화에 관한 지식의 분석을 포함한다. 그러한 분석의 예는 Michel Foucault의 책 〈감시와 처벌〉(Foucault 1979)이다. 또한 Victor klemperer의 〈나치 시절의 일기〉(Klemperer 2001)도 장치 분석으로 읽힐 수 있다. 두 저자는 그들의 방법론에 대해서 명시적인 정보를 거의 제공하지 않는다. 그들은 그들의 방법론을 암시적으로, 또는

Foucault의 표현에 따르자면 브리콜라주의 형태로 적용한다. 그들은 담화를 분석하고, 지식을 모아 조립하며, 통계를 참조하고, 그것들을 해체하며, 결론을 이끌어내고, 자신들만의 견해를 추가한다.

이 장에서 제시된 장치 분석에 대한 생가은 비법이나 스키마를 제공하지는 않는다. 하지만 장치 분석에 어떻게 접근할지에 대하여 몇 가지 아이디어를 준다. 장치 분석의 중심 부분은 텍스트에 대한 담화 분석이다. 나아가 장치 분석은 비언어적 실천에 대한 분석으로도 구성되는데, 이는 민족지학적 면담과 참여 관찰처럼 민족지학에서 개발된 방법들이 중요한 수단을 제공한다. 마지막 구성 요소는 물질화에 대한 분석인데, 이는 다중모드적 담화 분석과 인공물 분석과 같은 방법을 활용할 수 있다. 이들 접근법을 결합하는 명시적 방법론은 아직 개발되지 않았다. 그러한 노력은 방법론에 대한 명쾌한 추론에 공간과 시간을 할애하는 구체적인 연구 프로젝트들이라는 수단에 의해서만 성취될 수 있다. 이는 장치 분석의 발전을 촉진하고, 담화 분석과 경험적 사회 조사의 다른 방법들 사이의 간극을 메우는 데에 기여할 것이다.

4. 요약

우리가 여기서 제시한 방법론은 1980년대 중반부터 지속적으로 발전해 왔고, 광범위한 연구들에 적용되어 왔다.[16] 그것은 기계적으로 따를 수 있는 엄격한 공식이 아니다. 그것은 유연한 접근법이며, 연구 질문과 사용 가능한 자료의 유형에 따라 자체적인 분석 전략을

---

16) 예를 들어 Margarete Jäger & Siegfried Jäger(2007)의 프로젝트 요약을 보라.

개발하려는 연구자를 위한 체계적인 자극이다. 이와 같은 글은 초기의 통찰은 제공할 수 있지만, (모든 연구는 맞춤형 접근이 필요하기 때문에) 모든 범위의 가능성들을 예측할 수는 없다. 이는 방법론에 대한 Foucault의 이해에 따른 것이다.

> 당신이 하나의 전형적인 이미지를 원한다면, 마무리되는 중인 프로젝트와 새 프로젝트 사이의 연계 지점으로 기능하는 그물망 같은 비계(scaffolding)를 떠올려 보라. 그래서 나는 스스로를 위해서건 다른 사람을 위해서건 확정적 가치를 지니는 보편적인 방법은 만들지 않는다. 내가 글로 쓰는 것은 스스로에게나 다른 사람에게나 아무것도 규정할 수 없다. 기껏해야 그것의 성격은 수단이 될 수 있을 뿐이고, 몽상적이거나 꿈같은 것에 지나지 않는다. (Foucault 1991: 29)

하지만 Foucault의 말이 결코 '아무거나 해도 좋다'는 의미는 아니다. 그가 강조한 것처럼, 진리가 비록 특정 시공간에서만 유효할지라도 그는 진리를 발견하는 데에 매우 관심이 많았다.

> 연구 과정에서, 나는 고전적 레퍼토리의 일부인 방법들을 사용한다. 실증, 역사 문헌을 통한 고증, 다른 텍스트의 인용, 권위 있는 논평에 대한 소개, 생각과 사실 사이의 관계, 설명 양식의 제안 등이 그것이다. 거기에서 독창적인 것은 아무것도 없다. 이러한 관점에서, 내가 글에서 주장하는 모든 것은 어떤 다른 역사 서적에서처럼 입증되거나 반박될 수 있다. (Foucault 1991: 32ff.)

이러한 정신에서 우리는 연구자들이 그들의 방법론의 기저에 있는 이론적인 이해를 철저하게 발전시키고, 그에 근거하여 그들의 연구 목적에 따라 그 방법들을 혁신하고, 조정하며, 혼합하고, 부합하게 할 것을 장려한다. 비판적 담화 분석을 배우는 최선의 방법은 그것을 행하는 것이다.

더 읽을거리

Dreyfus, H. L. and Rabinow, P. (1982) *Michel Foucault: Beyond Structuralism and Hermeneutics*. Sussex: The Harvester Press.
Foucault 자신이 정확하다고 평가한 Foucault의 전체 저작에 대한 정통 해설서

Foucault, M. (1990) *The History of Sexuality. Volume 1: An Introduction.* New York: Vintage.
Foucault의 저작 가운데 상대적으로 얇고 접근하기 쉬운 책의 하나로, 이 작은 책은 원작으로 Foucault를 읽기 위한 출발점으로 추천할 수 있다. 사실, 성이라는 특정 문제에 대한 것이라기보다 권력/지식의 일반적인 작동에 관한 책이다.

Jäger, S. (2012) *Kritische Diskursanalse. Eine Einführung*, 6th rev. edn. Münster: Unrast.
Siegfried Jäger가 발전시킨 담화 이론 및 비판적 담화 분석 방법에 대한 면밀하고 포괄적인 개론서(독일어판)

Jäger, S. and Zimmermann, J. (eds) (2010) *Lexikon kritische Diskursanalyse: Eine Werkzeugkiste*. Münster: Unrast.
비판적 담화 분석의 핵심 개념에 대한 사전(독일어판)

Wetherell, M., Taylor, S. and Yates, S. J. (2001) *Discourse Theory and Practice: A Reader*. London: Sage.

이 교재는 담화 이론과 담화 분석에 관한 주요 문헌을 읽기 위한 좋은 출발점이다. 주요 연구자, 다양한 이론화의 흐름, 중요한 인식론적, 방법론적 문제를 다룬다.

과 제

1. 장치 개념을 적용하여 (당신이 사는 거리나 당신의 교실 같은) 주변 환경을 탐구하라. 당신은 어떤 물질화 및 비언어적으로 수행된 담화적 실행을 보게 되는가? 그것들이 언어적으로 수행된 실천을 어떻게 지지하는가(또는 반박하는가)? 물질화는 인간의 행동을 어떻게 조성하는가? 그 물질화는 왜 이러한 방식으로 생성되는가?

2. 당신이 선택한 소셜미디어 웹사이트에 방문해서 개인 프로필이 생성되는 방식을 조사해 보라. 어떤 종류의 정보가 요구되거나 요청되는가? 사용자들이 이러한 서식을 채울 때 어떤 부류의 주체가 생성되는가? 누가 이 주체를 생성하는가?

3. '작은 도구상자'로 작업해 보라.
   - 주제를 선정하기 위해, 당신은 오늘날의 세계 상황을 생각해 볼 수 있다. 어떤 이슈들을 용납할 수 없다고 생각하는가? 그 중 하나를 당신의 주제로 선정하라.
   - 그 이슈를 검토하기 위해 담화 차원, 담화 부문, 시간 범위를 선택하여 한정하라.
   - 연구 질문(들)을 만들라. 들어가기에서 설명한 것처럼, 다음과 같은 연구 질문들을 포함할 수 있다.
     - 무엇이 [이슈 X]와 관련하여 [담화 부문 Y]에서 [시간 Z]에 유효한 지식인가?

- 이러한 지식은 어떻게 발생하고 전달되는가?
- 그것은 주제를 구성하는 데에 어떤 기능을 하는가?
- 그것은 사회의 조성에 어떤 결과를 가져오는가?
- 데이터 세트를 준비하라.
- 당신의 연구 질문에 대한 답을 발전시키면서 데이터를 분석하라.

제6장 사회적 실행의 재맥락화로서의 담화-입문

Theo van Leeuwen

< 핵심어 >

사회적 실행(social practice), 재맥락화(recontextualization), 담화(discourse), 사회적 행위(social action), 리더십(leadership)

1. 들어가기

'담화'라는 용어는 서로 관련된 말이나 글, 즉, '텍스트'의 확장된 의미로 종종 사용된다. 그러므로 '담화 분석'은 '텍스트 또는 텍스트 유형에 대한 분석'을 의미한다. 여기서 나는 담화를 다른 의미로 사용하고자 하는데, 이는 Michel Foucault(예: 1977)의 연구를 기반으로 한 정의로, 담화들(복수 표현에 주의)은 현실의 특정 양상이 표상될 필요가 있을 때, 그 현실의 양상을 이해하는 사회적으로 형성된 방식이다. 다른 말로 하면, 담화들이란 무언가를 이해하기 위한 맥락 특수적인 틀을 의미한다. 이 장에서 나는 '리더십'에 관한 담화들을 예로 사용할 것이다. '리더'가 무엇인지와 무엇을 하는지에 대해서는 분명히 서로 다른 개념들이 존재한다. 예를 들어, '오피니언 리더' 담화는 미국 공공 의사소통 연구(Kats & Lazarsfeld 1955)의 맥락에서 개발된 것으로 이때 리더는 '동급 중 최고'로 다른 사람들이 따라야 할 모범을 제공하는 롤 모델이다. 이러한 리더들은 리더로서 공식적으로는 인정받지 않을 수 있지만 동료들의 생가, 말, 행동에 영향을 줄 것이다. 또 다른 담화에서 리더들은 평범한 사람들과 근본적으로 다르게 형성되며 '신성한 권리'에 따라 다른 사람을 지배하는 것으로 여겨진다. 나치 언어에 관한 책인 Klemperer(2000[1957]: 111ff.)에서는 나치 이데올로기가 어떻게 "신과 [히틀러의] 독특한 친밀 관계, 선택받은 자로서의 특별한 지위, 신의 자녀로서의 특별한 신분, 그리고 그의 종교적 미션을 반복적으로 강조"(p. 111)하는지를 기록하였는데, 최근에도 우리는 Bush와 Blair 같은 리더들도 자신의 행위에 대해 신의 승인을 주장하는 것을 보았다. 리더십 담화들이 오랜 역사를 가지고 있는 것은 명확하다. 〈신약성서〉는 '목자'로서의 리더에 관한 담화를 소개하였으며, 플라톤의 〈국가론〉에서는 전문가로서의 리더로 '철인왕' 담화를 소개하였다. 그 이후로도 정치 사상가, 철학자와 같은 사람들은 자유와 설득에 대한 사람들의 요구와 계도 및 일정 형태의 강제에 대한 사회의 요구 사이에서 균형을 맞추기 위해 노력해 왔다.

이 장에서 나는 담화들이 궁극적으로 사회적 실행을 본떠 만들어진 것이라고 주장하고자 한다. 예를 들면 '리더십'이 무엇인가에 관한 지식은 결국 리더가 무엇을 하는가에 기반으로 하는 것이다. 그러나 담화는 이러한 행함(doing)을 변형시키는데, 예를 들어, 리더가 하는 것 중 마음에 들지 않는 것들을 생략하거나 또는 리더가 무엇을 하는지뿐만 아니라 왜 그것을 해야 하는지, 그리고 왜 그들의 행위가 정당하게 간주되는지를 표상함으로써 이루어진다(van Leeuwen 2007 참조). 그리고 서로 다른 담화들, 즉 현실의 동일한 양상을 이해하는 서로 다른 방식들은 다른 것들을 포함하거나 배제하며 이 모든 것들을 각자의 방식으로 행하고 이로써 서로 다른 이익에 이바지한다.

앞서 말했듯이, 이 장에서 '담화'라는 용어는 '텍스트'라는 용어와 동의어로 사용되지 않는다. 그러나 담화의 존재에 대한 근거는 필연적으로 텍스트에서 나온다. 예를 들어 '리더십' 담화는 '리더십'에 대해 말해진 것과 쓰여진 것으로부터 나온다. 보다 구체적으로, 담화는 동일한 맥락에서 순환되는 서로 다른 텍스트에 나타난 현실의 기존 양상에 관한 말이나 글 사이의 유사성으로부터 나와야 할 것이다. 담화는 그런 유사한 진술들에 근거하고 다른 텍스트에서 반복되거나 바뀌어 표현되며, 서로 다른 방식으로 이 텍스트들 가운데서 분산된다. 따라서 우리는 흩어진 퍼즐을 다시 맞추고 텍스트가 끌어낸 담화들을 재구성할 수 있다. 이 장에서는 이러한 재구성의 방법을 소개한다. 담화에 대한 접근법의 이론적 배경을 논의한 후, (1) 텍스트 분석을 사용하여 담화를 종합하고, 담화가 가진 의미의 궁극적인 원천이 되는 실행과 담화 사이를 연결하는 방법, (2) 실행이 담화가 됨으로써 일어나는 변형 혹은 재맥락화(recontextualization)(Bernstein 1981, 1986)의 과정을 분석하는 방법을 보일 것이다.

나는 관리자 및 경영진의 실적을 평가하는 온라인 리더십 설문지를 하나의 예로 사용할 것이다. 이 설문지는 〈Voices〉라고 하며 미국 Lominger-International 회사에서 제작되어 전 세계의 회사들과 여러 조직들에서 사용된다. Lominger에서 '학습자'로 언급되는 평가 대상자는 '직속 부하 직원들'(예: 평가 대상자가 관리하는 사람), '동료들', '고객들' 그리고 '기타 사람들'이라는 네 가지 범주에서 각각 자신들을 평가하는 5명의 평가자를 지명한다. 더불어 '학습자'는 상사와 학습자 자신에 의해 평가된다. 선정된 '평가자들'은 '학습자'를 '고용과 채용',

'대인관계 능력', '사람을 평가하는 능력', '문제 해결', '직속 부하직원 상대', '결과를 내기 위한 노력', '고객 중심', '진실성과 신뢰' 등과 같은 30가지 '역량'과 이러한 역량들의 '남용'과 관련되어 구성된 30가지 '경력 지체 및 단절 요인'에 관하여 점수를 매기며 온라인 (평가) '도구'를 채워 넣는다. 각각의 '역량'과 '지체 및 단절 요인'은 이를 서술하는 단락으로 표시된다. 예를 들면,

갈등 관리[1]

갈등에 접근, 갈등을 기회로 간주함

빠르게 상황을 파악함

집중해서 듣기에 능함

어려운 합의 도출 및 분쟁을 공정하게 해결할 수 있음

공통점을 발견하고 최소한의 잡음만으로 협력을 구할 수 있음

이는 아래 있는 '지체 및 단절 요인'과 대조된다.

갈등 관리의 남용

지나치게 공격적이거나 단정적으로 보임

모든 사람들의 문제에 개입함

다른 사람들이 준비되기도 전에 해결책을 모색함

공개 토론에 사기저하를 가져옴

완고한 사람들 또는 해결할 수 없는 문제들에 과도한 시간을 낭비함

---

1) (옮긴이) 다음의 주소에서 〈Voices〉의 갈등 관리의 여러 가지 역량을 확인할 수 있다. https://trello.com/c/JGoxzt04/24-12-conflict-management (검색일: 2021.02.07)

역량들과 역량들의 '남용'은 모두 5점 척도로 평가된다. '역량들'은 (a) '매우 뛰어남', (b) '뛰어남', (c) '괜찮음/그런대로 좋음', (d) '부족함' 또는 (e) '매우 부족함'으로 평가된다. '남용'은 (a) '항상 발생함', (b) '자주 발생함', (c) '어느 정도 발생함', (d) '간혹 발생함' 또는 (e) '전혀 발생하지 않음'으로 평가된다. 역량들은 또한 '학습자'의 직무와 관련되는 중요성의 측면에서 (a) '필수적임', (b) '매우 중요함', (c) '유용한/있으면 좋음', (d) '덜 중요함', (e) '중요하지 않음'으로 평가된다.

앞서 언급했듯이, 하나의 텍스트는 내가 이 장에서 하는 것처럼 방법론을 입증하는 데 사용될 수 있지만 담화를 재구성하는 데는 충분한 근거를 제공하지 못한다. 그럼에도 불구하고 나는 〈Voices〉와 같은 텍스트들이 특별히 중요하다고 주장할 것이다. 〈Voices〉는 매우 널리 사용되고 있으며, 따라서 리더십에 관한 담화일 뿐 아니라, 실제 리더십 실행의 구성 요소이고 이러한 실행에 대하여 말하는 실제 방식이기도 하다. 내가 일하는 대학에서 그랬던 것처럼, 〈Voices〉가 대학들에 소개되면 그것은 '동급 중 최고'를 선출하던 예전의 리더십 스타일로부터 새로운 스타일의 기업 리더십 담화와 실행으로 이동하는 데에 핵심적인 역할을 한다(Fairclough 1993 참조). 그리고 '학습자들'은 그들의 '약점들'을 '경영자 코치'와 논의할 의무가 있으므로 〈Voices〉의 담화를 '리더'로서의 자신의 역할과 정체성에 대하여 생각하고 이야기하는 데 어느 정도 도입할 수밖에 없을 것이다. 이러한 이유로 〈Voices〉와 같은 텍스트가 '리더십'을 어떻게 구축하는지를 밝히기 위해서는 그러한 텍스트를 비판적으로 분석하는 것이 중요하다.

2. 이론적 배경

인류학자와 사회학자들은 표상이 궁극적으로 실행, 즉 사람들이 행하는 것에 기반을 둔다는 것을 항상 인식해 왔다. 실행을 중요하게 여기는 것은 미국 사회학뿐만 아니라 유럽 고전학파에서도 일정한 흐름이 되어 왔다. 사회학자들은 때때로 추상적인 개념으로부터 구체적인 행위를, 체계로부터 과정을 도출해 내온 것이 사실이다. Durkheim (1933)의 '집단의식(collective consciousness)', Bourdieu(1977)의 '아비투스(habitus)', Talcott Parsons(1977)의 체계 이론(systems theory), Lévi-Strauss(1964)의 구조주의 인류학(structuralist anthropology) 등이 그 예들이다. 그러나 이들 연구에서 또한 실행을 우선시했다는 것은, 때로는 실행의 우위성이 그들의 방법론의 이점에 어긋남으로써, 때로는 그들 이론의 기본 초석이 됨으로써 계속해서 자명하게 드러난다(예: Berger & Luckmann 1966). Bourdieu는 실행의 우위성 그리고 참여자 지식과 '외부인' 지식 사이의 근본적인 차이점을 〈실행 이론의 개요 (Outline of a Theory of Practice)〉(1977)과 다른 글에서 자세하게 설명했다. Parsons는 그의 체계 이론에서조차 여전히 "사회적 상호작용이라는 주제는 근본적인 의미에서 사회 체계라는 주제보다 논리적으로 선행한다"(1977: 145)라고 말하고 있으며, 심지어 Lévi-Strauss(1964)도 때로는 추상적인 스키마보다는 사회적 실행으로부터 신화의 의미를 도출한다. Durkheim은 아주 확신하며, 특히 〈종교적 생활의 원초적 형태(The Elementary Forms of Religious Life)〉(1976)과 〈원시적 분류(Primitive Classification)〉(Durkheim & Mauss 1963)에서 다음과 같은 생각을 남겼다. "신화는 의례를, 개념적 삶은 사회적 삶을, 세계의 표상은 사회 조직을 본떠 형성되는 것이다." 그리고 Malinowski

(1923, 1935)는 어떻게 표상이 행위에서, 또 행위와 불가분하게 연결된 언어 사용에서 비롯되는지를 보여 준다. 그러고 나서 행위가 두 차례 재맥락화되는 방식을 보여 주는데, 처음은 '내러티브 말하기'에서 표상으로서 재맥락화되고, 그 다음은 새로운 현실 구성, 즉 Malinowski가 '의례와 주술의 언어(the language of ritual and magic)'라고 부르는 것에서 재맥락화된다. 후에 Bernstein의 재맥락화 이론은 어떻게 지식이 "교육 체계의 상층부에서" 적극적으로 생산되며(1986: 5), 그 다음에 '하층부'의 교육 내용에 포함되는지를 서술하면서, Malinowski와 유사한 생각을 교육 실행에 적용하였다. 하층부는 뒤르켐적(Durkheimian) 의미에서 '도덕 교육(moral education)'의 한 형태인 '질서의 담화(discourse of order)'라는 맥락적으로 규정된 목적을 수행하도록 대상화되고 만들어진다. 이 장에서 제시하는 비판적 담화 분석에 대한 접근법에서 나는 이러한 생각을 Foucault(예: 1977)의 의미로 사용되는 '담화'라는 용어와 관련짓는다. 담화에 대한 이와 같은 정의는 또한 Fairclough(예: 2000a)의 비판적 담화 분석에 도입되었으며 '사회적 인지'로서의 담화에 대한 강조는 van Dijk(예: 1998)의 연구에서 영감을 얻었다.

언어학자들은 일반적으로 체계(제도 및 대상화된 지식의 형태)에서 과정(실행)을 도출하기보다 체계(문법, 패러다임)에서 과정(신태그마, syntagms2))을 도출한다는 점에서 사회학자들과는 차이가 있었다. 그러나 1970년대에 언어학자들이 텍스트를 연구하기 시작하자 많은 사람

---

2) (옮긴이) 중단됨이 없는 형태소의 연속체로 넓은 뜻으로는 음운의 연속체나 문장의 층위에서의 연속체를 가리키기도 한다(〈표준〉, '신태그마').
https://stdict.korean.go.kr/search/searchView.do?word_no=453558&searchKeywordTo=3
(검색일: 2021.02.07)

들은 경험, '세계에 대한 지식'(예: Schank & Abelson 1977), '배경 지식' (예: Brown & Yule 1983; Levinson 1983)에 의존하지 않고서는 텍스트의 생산과 해석을 개념화하는 것이 어렵다는 것을 알게 되었다. Martin (1984, 1992)에서는 '행위 연속체(activity sequences)', 즉 표상된 행위의 연속체를 구성하기 위한 어휘적 응집성 분석을 사용하여 담화의 '장 (field)'을 재도입하였다. 표상된 행위뿐만 아니라 표상된 '역할', '배경' 등에도 관심을 둔 Gleason(1973)과 Grimes(1975)의 연구와 더불어, Martin의 연구는 이 장에서 내가 제시한 견해에 근본적인 영향을 미쳤다. 주된 차이점은 내가 그것을, 표상된 것과 표상하는 행위 연속체 사이에 긴밀한 관계가 존재하는 경향이 있는, 절차적이고 내러티브적인 텍스트 그 이상으로 확장하였다는 것이다. 또한 그것을 텍스트의 구조 사이에 더 큰 차이가 있는 다른 종류의 텍스트에도 적용했다는 점에서도 다르다. 이 텍스트들은 수사학적일 수도 있고, 논증적인 구조를 가지고 있을 수도 있으며, 기저에 깔려 있는 담화일 수도 있다. 다시 말하자면, 이러한 텍스트들은 실행의 목적과 정당화, 평가를 동반하는 실행의 표상/변형인 것이다.

마지막으로, 담화가 사회적 실행을 변형시키는 방식에 대한 연구는 이 장에서 특히 나의 사회적 행위 이론으로 표상되며, Halliday(1978, 1994)의 연구에 상당 부분 근간을 둔다. Halliday의 타동성 이론(theory of transitivity)은 동일한 현실에 대한 서로 다른 언어적 표상을 해당 현실에 관한 서로 다른 사회적 구성으로 해석할 수 있게 했다. 나의 연구는 Kress, Hodge, Fowler, Trew나 다른 이들의 연구(Flowler et al. 1979; Kress & Hodge 1979)에서 도출되기도 한다. 이들은 Halliday의 연구가 비판적 담화 분석의 목적을 위해 어떻게 사용되고 확장될 수 있는지, 또 Whorf(1956)을 인용하며 언어학이 어떻게 사회적 세계를 분석하기 위한 "발견, 해명, 통찰의 수단"이 될 수 있는지를 보여 주었다(Kress & Hodge 1979: 74).

3. 담화와 사회적 실행

앞서 말했듯이, 이 장에서 소개하는 담화에 대한 접근법은 담화가 사회적 실행의 재맥락화라는 견해에 기반을 두고 있다. 이를 설명하기 위해 나는 사회적 실행의 핵심적 요소에 대한 간단한 스키마를 제시하면서 시작하고자 한다. 실제 사회적 실행에는 항상 이 모든 요소들이 포함될 것이다. 사회적 실행에 관한 특정 담화는 이 요소들을 선택하고, 변형시키고, 더 많은 요소들을 추가할 것이다.

3.1. 행위

사회적 실행의 핵심은 일련의 행위들로 형성되며, 행위는 특정한 순서로 수행되어야만 할 수도 있고 그렇지 않을 수도 있다. 예를 들어, 앞선 '갈등 관리' 텍스트에는 다음의 행위들이 포함된다. (여기에서는 행위들이 다른 방식으로 변형된 것, 예를 들어 일반화되거나 상대적으로 추상적인 방식으로 표상된 것은 잠시 무시한다.)

갈등에 접근하기
상황 파악하기
듣기
합의 도출하기

분쟁 해결하기

공통점 발견하기

협력 구하기

3.2. 수행 양식

이러한 행위들은 특정한 방식으로 수행되어야 할 수도 있다. '갈등 관리' 텍스트에서 듣기는 집중해서 해야 하며, 합의는 강인하게 이뤄내야 하며, 협력은 잡음을 최소화하면서 성취되어야 한다. 분명한 것은 '지나치게 공격적이고 단정적인' 행위가 인정되지 않는 '갈등 관리의 남용' 텍스트에서 볼 수 있는 것처럼 리더가 무엇을 하는지만 중요한 것이 아니라 어떻게 하는지 또는 어떻게 하지 않아야 하는지도 중요하다는 것이다.

3.3. 행위자

사회적 행위자는 '행위주'(행위를 하는 사람), '피행위주'(행위의 대상이 되는 참여자), 또는 '수혜자'(긍정적 의미든 부정적 의미든 행위의 혜택을 받는 참여자)와 같은 여러 가지 역할 중 하나로 실행에 참여한다. '갈등 관리' 텍스트에서 주요 참여자는 수행을 평가받는 '학습자'이다. 비록 이 텍스트에서의 행위는 실제로 더 많은 참여자(갈등 상태에 있는 사람들, 의견을 듣고 있는 사람들 등)를 요구하지만, 지금 이 특정한 담화에서는 그들은 삭제되었다. 이때 학습자의 행위가 실제로 무엇인지, 다른 이들을 위해 그리고 다른 이들과 함께 수행되는 상호작용과 같은 행위인지보다는 '행동 양식'으로서 '학습자'의 행위만이 중요해 보인다. 반면에

'갈등 관리의 남용' 텍스트에서는 비록 대부분이 애매하기는 해도('모든 사람들', '다른 사람들', '완고한 사람들') 다른 사람들이 언급되어 있다.

3.4. 표현 방식

행위자가 자신을 표현하는 방식(그들의 복장, 차림새 등)은 일부 표상에서는 대수롭지 않게 여겨질지라도 모든 사회적 실행의 중요한 측면이 된다. 이는 〈Voices〉에서도 마찬가지이다. 경험상 고위 관리자는 서로의 표현 방식을 끊임없이 평가하지만 그것은 공식적인 실적 평가 절차의 일부로서가 아니라 비공식적으로 이루어진다.

3.5. 시간

사회적 실행(또는 사회적 실행 일부)은 대개 특정한 시간에 일어날 것이다. 예를 들어, '집중해서 듣기'는 정기적으로 예정된 '직속 부하 직원들'과의 대면 회의에서 발생한다. 아래 텍스트에서 몇 가지 예시를 고딕체로 표시하였다.

시기적절한 의사 결정
- 때때로 불완전한 정보와 함께 빠듯한 마감일과 압박 속에서 적시에 의사 결정을 내림
- 빠른 의사 결정을 내릴 수 있음

직속 부하 직원들을 상대하기
- 문제를 일으키는 직속 부하 직원들을 적시에 확실하게 처리함

- 문제가 악화되도록 놔두지 않음
- 정기적으로 실적을 검토하고 시기적절한 토론을 함
- 모든 노력이 실패할 때는 부정적인 결정을 내릴 수 있음
- 문제를 일으키는 사람들을 효과적으로 대처함

3.6. 공간

사회적 실행(또는 사회적 실행의 일부)은 또한 실행에 적합한 환경으로서 선택되거나 배치된 특정한 공간에서 일어난다. 그러나 〈Voices〉의 담화는 아마도 여러 다른 기관에 적용되도록 설계되었기 때문에 구체적인 세부 사항에 대한 언급은 피한 것으로 보인다.

3.7. 자원

사회적 실행은 또한 특정 자원, 특정 도구 및 재료를 요구한다. 예를 들어 '정보 제공하기'는 컴퓨터, 인트라넷 등을 필요로 할 수 있다. 그러나 이것들 역시 리더십 실행과 다소 관련이 없는 것으로 〈Voices〉 텍스트에서 제외되었다.

3.8. 자격

사회적 실행의 구체적인 요소(행위자, 배경 및 자원)의 특정 자질들은 구체적인 요소가 해당 실행에서 행위자, 배경 또는 자원으로서 기능할 자격을 부여한다. 사실 〈Voices〉의 리더십 설문지 전체는 행위자가 조직 내에서 '리더'의 역할을 수행하도록 자격을 갖추기 위해서 필요

로 하는 특성, 즉 '자격'에 초점을 맞춘 담화로 간주될 수 있다. 나는 아래에서 이 점에 대해 다시 살펴볼 것이다.

이미 말했듯이, 담화는 사회적 실행의 변형 또는 재맥락화이다. 아래에 나타난 변형의 세 가지 유형이 특히 중요하다.

3.9. 삭제

사회적 실행의 일부 요소들은 특정한 담화에서 표상되지 않을 수도 있다. 우리가 살펴본 바와 같이, '갈등 관리' 텍스트에서 '학습자' 이외에 모든 행위자들은 삭제되며, 시간, 공간, 자원들도 삭제된다. 이러한 삭제는 맥락에 따른 이유로 발생한다. 우선, 〈Voices〉는 '학습자'를 평가하는 데 초점을 맞추고, 종종 행동이 일어나는 구체적인 상황에서 도출된 추상화한 행동 패턴에 주목한다. 〈Voices〉는 다양한 맥락에 적용될 수 있어야 하며 따라서 구체적인 특성을 삭제하고 탈맥락화하는 경향이 있다.

3.10. 대치

주된 변형은 당연히 사회적 실행의 현실적 요소가 담화의 요소로 변형하는 것이다. 이는 여러 다른 방식으로 이루어질 수 있다. 예를 들어 행위자들은 특정한 개인이나 사람들의 유형으로 표상될 수 있으며, 추상적 혹은 구체적인 용어 등으로 언급될 수 있다. 다음 절에서는 담화에 나타나는 사회적 행위의 변형을 자세히 다룰 것이다. van Leeuwen(2008)은 행위자, 시간 및 공간이 담화에서 변형될 수 있는 방식에 대한 설명을 제공한다.

3.11. 추가

담화는 또한 사회적 실행의 표상에 반응과 동기를 추가할 수도 있다. 반응은 주어진 담화에 따라 행위자가 특정 행위에 대해 생각하는 방식이나 특정 행위를 해석하는 방식과 같이 구체적인 행위자의 특정 행위를 동반하는 정신 과정이다. 말할 필요도 없이, 서로 다른 담화에서 여러 다른 반응은 동일한 행위자의 동일한 행위를 수반할 수 있다. 〈Voices〉 텍스트에서는 다른 많은 담화에서와 마찬가지로 리더의 행위를 받는 사람인 '피행위주'의 반응에 초점을 맞춘다. 예를 들어 아래의 예시에서 나는 '직접적이다'를 '수행 양식'으로, '불편하다'와 '당황하다'를 '반응'으로 해석한다.

진실성과 신뢰의 **남용**
- 때때로 너무 직접적이어서 사람들을 당황하게 하거나 불편하게 할 수 있음
- 지장을 줄 정도로 솔직함과 정직함을 밀어붙일 수 있음...

가장 중요한 동기는 목적과 정당화이다. 서로 다른 담화는 동일한 행위에 각자의 다른 목적을 부여할 수 있다. 다음의 예시에서 관련 '역량'은 '고객 중심'이므로 '고객 정보를 직접 얻기'의 목적은 '제품 및 서비스의 개선'이다. 만약 그 역량이 '이익 중심'이었다면, 동일한 행위에 대해 다른 목적, 예를 들어 '수요 충족' 또는 '매출 증대'가 부여될 수 있다.

고객 중심

- 내부 및 외부 고객의 기대와 요구 사항을 충족시키는 데 전념함
- 고객의 정보를 직접 얻고 이를 제품 및 서비스 개선에 사용함...

정당화는 왜 실행(또는 실행의 일부)이 수행되는지, 또는 왜 실행이 그러한 방식으로 수행되는지에 대한 이유를 제공한다. 이러한 이유는 명시적으로 자세히 설명되거나 다른 저술(van Leeuwen 2007)에서 내가 '도덕적 평가'라고 부른 것을 통해 전달될 수도 있을 것이다. '도덕적 평가'는 긍정적 함의(또는 탈정당화의 경우에는 부정적 함의)를 지닌 행위 자질들을 강조하는 특정한 행위들을 언급하는 추상적 방식이다. 예를 들어 '갈등 관리' 텍스트에서는 '협력 구하기'로 언급되는 특정 행위가 있다. 이러한 표현은 리더가 실제로, 구체적으로, 여기서 무엇을 하는지에 대해 많은 것을 드러내지는 않는다. 설득하기? 지시하기? 매수하기? 그러나 여기에 나타난 도덕적 평가는 이 행위를 정당화한다. 왜냐하면 그것은 위에서 아래로의 지시에 대한 '순응'보다는 자발적 '협력'에 기반을 둔다는 것을 암시하고 행위('협력 구하기')의 목적을 밝혀 주기 때문이다.

담화(더 정확히 말하면, 특정 텍스트에서 실현된 담화의 일부)를 재구성하기 위해, 나는 아래의 원칙을 사용하여 사회적 실행의 구체적인 요소(행위자, 행위, 시간, 공간 등)에 대한 텍스트의 표상을 나타내었다. 또한 표의 다른 열에 반응과 동기를 추가했다.

1. 다른 용어로 여러 차례 언급된 행위는 통합되지만, 대안적인 용어가 목적이나 정당화를 추가하는 경우에는 관련 열에 별도로 입력된다.
2. 가능한 경우 행위들은 시간순으로 정렬된다. 예:

공통점 발견하기 → 합의 도출하기

행위들이 순차적이지 않고 동시적이라면 나는 '≈' 기호를 사용한다. 두 개(혹은 그 이상)의 가능한 행위 중에서 선택하는 경우는 흐름도로 표시한다. 그 어떤 순차적 연결도 불가능한 경우 '+' 기호를 사용한다. 예:

과정 관찰 + 진행 관찰

3. 행위 이외의 요소들은 그들이 속한 행위와 수평적으로 정렬된다. 예를 들어 시간은 그때 일어난 행위와 함께, 공간은 그곳에서 일어난 행위와 함께, 정당화는 그것들이 정당화하는 행위와 함께 정렬된다.

〈표 6.1〉의 예시는 '갈등 관리' 텍스트를 분석한 것이다. 편의상 관련 텍스트를 다시 제시한다.

〈표 6.1〉 '갈등 관리' 텍스트에 대한 분석

행위	행위자	수행 양식	시간	반응	동기
갈등 관리	(리더)	'접근' (과감하게)		기회로 간주하기	
상황 파악하기 ↓	(리더)		빠르게		
듣기 ↓	〃	집중해서			
공통점 발견하기 ↓	〃				
합의 도출하기/ 분쟁 해결하기 ↓	〃	강인하게; 고심해서			공정하게
협력 구하기	〃				협력

갈등 관리

- 갈등에 접근, 갈등을 기회로 간주함
- 빠르게 상황을 파악함
- 집중해서 듣기에 능함
- 어려운 합의 도출 및 분쟁을 공정하게 해결할 수 있음
- 공통점을 발견하고 최소한의 잡음만으로 협력을 구할 수 있음

이 텍스트는 리더십 실행의 특정한 에피소드에 대해 두 가지 전반적인 라벨을 포함하는데, 하나는 보다 중립적이고 기술적인(technical) 것('갈등 관리')이고 다른 하나는 '과감함' 또는 '대담함'의 느낌을 추가하는 보다 함의적인 것('갈등에 접근하기')이다. 따라서 '수행 양식'은 전체 실행에 적용된다. 나는 분석에서 그러한 전반적인 라벨을 진한 고딕체로 표시하였다.

이 짧은 예시에서도 〈Voices〉의 담화가 리더십을 규정하는 방식의 몇몇 양상들을 밝힐 수 있었다. 〈Voices〉의 담화에는 두 가지 동기가 섞여 있는데 한편으로는 '과감함'과 '강인함', 다른 한편으로는 '공정함'과 '주의 깊음'이 그것이다. 또한 그 담화는 리더십을 규정하는 행위를 수행하는 방식과 리더에 전적으로 집중하는 것이 분명해 보인다. 말하자면 다른 참여자들은 프레임 바깥에 위치해 있다.

이 지점에서 담화의 더 나아간 세 가지 양상을 언급할 필요가 있다.

- 어떤 담화는 다른 담화에 대한 담화적 자원을 제공한다.

van Leeuwen(2008)에서 나는 '등교 첫날'의 실행이 다른 담화에서 어떻게 재맥락화되는지를 살펴보고 부모 및 교사 중심의 '등교 첫날'

담화들이 정당화를 위해서 대중적인 수준의 아동 심리학에 많이 의존하고 있음에 주목한다. 부모들은 '아이들이 재촉당하는 것을 좋아하지 않기 때문에' 시간을 갖고, '아이들이 안정감을 느끼도록', '학교에 오고 가는 습관을 만들라'는 충고를 듣는다. 심리학자들은 이러한 발언에 권위를 부여하기 위해 인용된다. 분명히, 일부 담화들은 지식의 형태(예를 들어, 아이들이 어떠한지에 대한 지식)나 도덕적 가치 체계(예: 종교)를 상술하며, 이것들은 다양한 실행을 정당화하기 위해 다양한 담화에서 사용될 수 있다(Berger & Luckmann 1966 참조). 내가 보기에 〈Voices〉는 Lominger-International의 웹 사이트에서 가지고 온 아래의 인용에서도 보이듯이, 다양한 배경에서 사용될 수 있는 리더와 리더십에 관한 정당화된 자격 기준을 제공하는 전문 담화이다.

> Lominger의 **리더십 설계자**(LEADERSHIP ARCHITECT) 역량은 연구 기반의, 경험으로 검증된 통합적 인재 관리의 해법을 제공합니다. 유연하고 사용 가능하며 개개인의 요구에 맞춘 이 묶음들은 완전히 통합된 체계로 함께 사용되거나 개별적으로 즉각적인 비즈니스 요구를 충족시킬 수 있습니다. 어디에서 시작하든 **리더십 설계자** 역량 라이브러리를 통해 리더십을 위한 공통의 언어를 유지할 수 있습니다...

• 담화는 양태화될 수 있다.

〈Voices〉는 능력 양태를 다수 사용한다. 예를 들어 리더는 '어려운 합의를 도출할 수 있고', '공통점을 발견할 수 있다' 등으로 나타난다. 다시 말하면 〈Voices〉 담화는 리더가 실제 무엇을 하는가보다는 그들이 무엇을 할 수 있는가에 관한 것이다. 아마도 이것은 특정 역할에 대한 자격 기준을 구성하는 모든 담화와 '학습자'가 무엇을 할 수 있는지를 테스트하고 증명하는 모든 담화적 실행에 해당될 것이다.

'능력' 양태는 담화가 양태화될 수 있는 유일한 방식은 아니다. 실행은 과거나 미래의 실행으로, 예를 들면 실제의 또는 가능한 실행으로, 혹은 옳거나 잘못된 실행으로 재맥락화될 수 있다. 이러한 양태화는 분석에서 윗첨자 등을 사용하여 표시된다.

- 담화는 특정한 방식으로 결합한다.

주어진 텍스트는 여러 담화를 포함할 수 있다. 그럼에도 하나의 담화는 대개 중심이 되고 다른 '부차적' 담화는 특정한 방식으로 중심 담화와 관련된다. 예를 들면, 텍스트는 주어진 실행에 대한 과거와 현재의 담화를 대조하며 일반적으로 현재의 담화를 과거의 담화가 개선된 것으로 설정하거나, 〈Voices〉에서 '역량'과 이들 역량의 '남용'을 병치한 것과 같이 '옳은' 담화와 '잘못된' 담화를 설정하기도 한다. 또 다른 담화는 '예비' 담화의 역할을 수행할 수 있는데, 예를 들어 실행을 다루거나, 중심적 실행을 위한 공간을 마련하거나, 혹은 중심 실행에 참여하는 데 필요한 자격 조건의 획득을 다루는 것이다. '부차적' 담화 역시도 정당화할 수 있다. 내가 현재 참여하는 리더십 연구 프로젝트의 일부로 진행되어진 대기업 CEO와의 인터뷰에서 그 CEO는 기업의 사회적 책임 실행에 관한 설명을 하는 도중에 자신의 집을 어떻게 짓고 빗물 저장 탱크와 저에너지 전구를 어떻게 설치하였는지에 대해 오랜 시간 설명하였다. 그는 자신이 지속 가능한 실행에 개인적으로 참여하고 있음을 보이고자 그렇게 하였고, 실제로 그것들을 믿었으며, 따라서 다른 사람에게 강요하는 것이 아니라 모범을 보이고 격려함으로써 사람들을 이끄는 카리스마의 리더로 스스로를 설정하였다.

말할 필요도 없이, 한 맥락에서 '중심' 담화는 다른 맥락에서 '부차적'일 수 있고 그 반대의 경우도 가능하다.

4. 사회적 행위

이 절에서 나는 다시 〈Voices〉를 주요 예시로 사용하여 사회적 행위가 담화에서 변형될 수 있는 혹은 변형되는 방식을 다룰 것이다. 우선 사회적 행위가 변형될 수 있는 주요 방식에 대해 설명할 것이다.

4.1. 행위와 반응

나는 담화들이 사회적 실행의 한 버전에 이러한 실행을 구성하는 행위에 대한 행위자의 반응이라는 표상을 주입할 수 있는 방식에 대해 이미 언급했다. Berger가 말했듯이(Berger & Luckmann, 1966: 113) 사회적 실행은 "외면적으로 볼 수 있는 행위에 대한 규정된 패턴뿐만 아니라 이러한 행위에 속한 감정과 태도"를 포함하며, 실행에 관한 서로 다른 담화에서 다르게 해석될 수 있다.

반응은 여러 방식으로 표현될 수 있다. 반응은 ('반응하다' 또는 '응답하다'와 같은 동사를 통해) 특정적이지 않을 수 있고, 인지적(예: '파악하다'), 지각적(예: '잘 찾아내다'), 정서적(예: '느끼다')으로 특정적일 수도 있다.

직속 부하 직원의 문제에 적시에 대응함

무엇이든 핵심과 기저 구조를 신속하게 파악함

재능을 잘 찾아냄

사람들에게 그 일이 중요하다고 느끼게 함

많은 담화에서 각기 다른 반응의 유형들은 서로 다른 사회적 행위자에 의해 나타난다. 예를 들어 어떤 경우는 사회적 행위와 인지적으로 연관되는 것으로, 어떤 경우는 보다 감정적 층위에서 반응하는 것으로 표상될 수도 있을 것이다.

4.2. 물질적, 기호적 행위

행위는 물질적으로 '행함'(예: '행동하다')으로 해석될 수 있고, 기호적으로는 '뜻함'(예: '표현하다')으로 해석될 수도 있다. 리더의 행위 중 대부분은 사실상 화행이므로 기호적 행위지만 아래의 마지막 두 예시와 같이 리더의 행위를 보다 능동적이고 역동적인 것처럼 만들기 위해 물질적 행위로 표상될 수도 있다.

고객을 고려하여 행동함

조직 내부와 외부 사람들의 장점과 한계를 표현할 수 있음

사람들이 일을 하는 데 필요한 정보를 제공함

제시한 비전에 대한 지지를 모으기 위해 단계별 목표와 상징을 만들어 냄

물질적 행위는 두 명의 참여자를 포함하는 교류적인 것일 수 있어서 실제로 사람이나 사물에 영향을 주는 것(예: '고용하다'와 '모으다')으로 표상된다. 또는 한 명의 참여자만을 포함하는 비교류적인 것일 수도 있는데, 이는 행위를 '전시(display)'로, 행위자 이외에 누구에게도 혹은 어떤 것에도 영향을 미치지 않는 '행동'으로서 표상한다(예: '수행하다').

가능한 최고의 인재를 고용함
재능 있는 직원을 모음
사람들이 일을 수행해 낼 것으로 믿어 주는 경향이 있음

교류적인 물질적 행위는 인간만을 목적어로 취할 수 있는 동사로 실현된다면(예: '~에게 솔직하게 터놓다') 상호작용적이지만 인간이 아닌 것(도) 목적어로 취할 수 있다면(예: '~을/를 다루다', '~을/를 관리하다') 도구적이다. 후자가 특정 담화에서 지배적이라면, 행위자는 사람들을 스스로의 목표나 이익을 가진 것으로서 간주하기보다는, 목표를 성취하고자 사람들을 '도구적으로' '사용한다'는 의미가 분명히 더 강하다.

모든 부류와 계층의 사람들을 공정하게 관리함
문제를 일으키는 사람을 효과적으로 다룸
동료에게 솔직하게 터놓을 수 있음

이런 동일한 구분은 기호적 행위에도 적용된다. 화행에 의해 전달

된 의미가 표상에 포함되지 않는 경우, 기호적 행위는 행동양식화될 수 있다. 예를 들면,

효과적으로 의사소통함
다양한 유형의 직속 부하 직원들을 독려할 수 있음

그렇지 않으면 인용, '옮김(rendition)'(간접 화법)을 통해서 혹은 기의(화제 명시)나 기표(형식 명시)의 속성을 명시함으로써 그것들의 의미를 포함할 수도 있다.

가능성에 대해 이야기함
다른 사람의 의견을 정확하게 재진술할 수 있음
미래의 시나리오를 쉽게 제기할 수 있음...

4.3. 대상화와 묘사화

행위와 반응은 역동적으로 표상되어 행위로서 행위화될 수도 있고(예: '분석하다'), 정적으로 표상되어 행위보다는 존재나 자질로서 탈행위화될 수도 있다(예: '분석').

개선의 실마리를 찾기 위해 성공과 실패를 모두 분석함
정직한 분석에 뛰어남

사회적 행위에 대한 탈행위화된 표상은 대상화 혹은 묘사화될 수 있다. 대상화의 경우, 행위나 반응은 예를 들어 명사화나 과정 명사 등에

의해 사물인 것처럼 표상되며, 또는 행위의 시간이나 행위의 공간이 행위 그 자체를 대체하는 것처럼 다양한 환유('시간화', '공간화')에 의해 표상된다.

고도의 긴장 상황이라도 수월하게 완화할 수 있음
열린 대화를 촉구함
모든 사람들의 의견을 얻는 데 사기저하를 가져옴

묘사화의 경우 행위와 반응은 사회적 행위자의 다소 영구적인 자질, 즉 일반적으로 사회적 '별칭'이나 '속성'으로 표상된다.

동료에게 솔직하게 터놓을 수 있음
사람들의 성장 가능성을 긍정적으로 믿어 줌

4.4. 탈행위주화

행위와 반응은 인간의 행위성으로 인해 야기된 것으로 표상되면서 행위주화될 수 있다. 반면, 자연적인 힘이나 무의식적 과정 등을 통해 인간의 행위성의 영향을 받지 않는 방식으로 야기된 것으로 표상되면서 탈행위주화될 수도 있다.

탈행위주화에는 세 가지 유형이 있다. 사건화의 경우 행위와 반응은 누군가 그것을 하지 않은 채 '그냥 일어난' 것으로, 하나의 사건으로서 표상된다. 이것은 다양한 방식으로 수행될 수 있는데, 예를 들어 '일어 나다' 또는 '발생하다'와 같은 비자발적 행위 동사를 통해 수행될 수 있다. 〈Voices〉 텍스트에서는 이에 관한 예시를 발견하지 못했다.

존재화의 경우, 행위 또는 반응이 고도의 긴장 상황에서처럼 대개 '존재의 과정'을 통해 단순하게 '존재하는' 것으로 표상된다.

자연화의 경우, 행위 또는 반응이 '달라지다', '확장되다', '발전하다'와 같은 추상적 동사를 통해 자연적 과정으로 표상된다. 자연화는 행위와 반응을 물질적인 과정에 대한 특정한 해석과 관련짓는데, 구체적으로 상승과 하강, 썰물과 밀물, 출생과 사망, 성장과 쇠퇴, 변화 및 발전과 진화, 융합과 분열, 확장과 축소 등에 대한 담화와 연관시킨다. 이는 종종 정당화의 기능을 할 것이다. 〈Voices〉의 예시에서는 성장, 발전, 작업 흐름, 전환 및 돌파와 같은 용어들이 이에 포함된다.

4.5. 일반화와 추상화

행위와 반응은 서로 다른 정도로 일반화될 수 있다. 일반화는 하나의 실행이나 이 실행의 일부인 몇몇 에피소드를 이루는 특정한 행위를 추상화하고, 이러한 실행이나 에피소드를 전체로 묶어 표시한다. 이는 앞서 제시한 '갈등 관리'의 예시나 아래의 예시에서 찾아볼 수 있다.

업무량을 적절히 분배함

정기적으로 실적을 검토함

도전적이고 능력을 발휘하도록 하는 작업과 임무를 제공함

행위와 반응은 추상적으로 표상될 수도 있는데 이 경우에 종종 일견 주변적으로 보이는 자질은 전체를 명명하는 데 사용된다. 나는 이를 증류(distillation)라고 부른다. 해당 자질은 전체로부터 증류된 것으로, 주어진 맥락에서 주로 정당화의 목적과 특히 관련이 있는 자질이다.

이는 '협력 구하기'에 관한 앞선 예시에서 보여 준 바 있으며 다음 예시에서도 드러난다.

적절한 라포를 형성한

외교술과 요령을 사용함

바리케이드를 제거함

4.6. 과잉결정

나는 과잉결정이라는 용어를 주어진 사회적 실행이 그 이상을 의미하게 되는 두 가지 특정한 유형의 표상을 언급하기 위해 사용한다. 〈Voices〉 텍스트에서는 이에 대한 예를 발견하지 못했다.

상징화의 경우, 종종 허구적인 하나의 사회적 실행이 많은 사회적 실행들을 나타낸다. 신화가 이에 해당하는데, "신화는 과거에 대한 신화적 해석에 기반한 사회적 행위의 모델이다"(Wright 1975: 188)라는 말에서 알 수 있듯이 상징화로 인해 신화는 사회에서 중요한 역할을 가진다. 신화에서 용을 죽이는 것은 입학시험에 합격하거나 선거에서 승리하는 것을 의미할 수 있는데, 요컨대 영웅이 고난을 극복하고 목표를 달성하는 모든 시험이 해당한다. 이는 신화가 다양한 실행을 나타낼 수 있는 하나의 '모델'로서 지속되는 특성을 가진다는 것을 잘 보여 준다.

전도의 경우, 사회적 실행을 이루는 하나 또는 그 이상의 요소들이 그것과는 반대의 것으로 바뀌어진다. 〈고인돌 가족(The Flintstones)〉과 〈공포의 해가(Hagar the Horrible)〉와 같은 연재만화에서는 캐릭터와 배경, 대상들이 과거 속에서 설정되었지만 그들의 상호작용 방식과 생활 방식은 현대의 평범한 가족들의 방식과 대개 유사하다. 이는 관련된 실행에 일종의 보편성을 부여하며, 이러한 실행들을 문화적이고 역사적으로 특수한 것이 아니라, 자연스럽고 피할 수 없는 것으로 정당화하는 데 도움을 준다.

〈표 6.2〉의 체계 네트워크는 앞서 논의한 범주에 대한 개요를 제공한다. 또한 어떤 변형들이 동시에 일어날 수 있고, 어떤 변형들이 동시에 일어날 수 없는지를 나타낸다. 대괄호는 '여럿 중 하나'만 선택할 수 있음을 나타내고 중괄호는 동시에 공존할 수 있는 선택을 나타낸다. 따라서 한 행위가 기호적(행동적)이며 대상화되고 탈행위주화되며

〈표 6.2〉 사회적 행위 네트워크

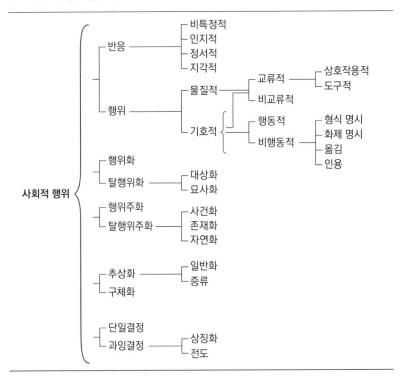

일반화되는(그러나 과잉결정되지는 않는) 것이 가능하다. 예를 들어, "좋은 직장 의사소통은 생산성을 향상시킨다"와 같은 문장에서 '직장 의사소통'이 그 예이다. 그러나 하나의 행위가 상호작용적이면서 동시에 도구적일 수는 없다.

이 네트워크를 사용한 텍스트 분석은 두 가지 질문을 받게 될 것이다.

1. 어떠한 종류의 행위들이 어떠한 참여자들에 의해 발생하는가?
2. 어떠한 종류의 행위가 대상화, 탈행위주화되는 경향이 있는가?

다음은 〈Voice〉 텍스트에 대한 분석으로부터 나온 몇 가지 관찰 결과이다.

- 이 텍스트에서 대부분의 행위와 반응은 직원(28개)이나 고객(4개)보다는 리더(199개)에 의한 것이다.
- 직원에 의한 반응의 약 3분의 1(25개 중 9개)과 고객에 의한 모든 반응은 좋아하다, 존중하다, 신뢰하다, 느끼다처럼 정서적 반응이다. 직원에 의한 반응 중 2개만이 인지적이다.

(직원들은) (리더)를 위해 일하는 것을 좋아한다.

(직원들은) 그들의 일이 중요하다고 느낀다.

(직원들은) 더 나은 발전을 필요로 한다.

(리더는) (고객들의) 신뢰와 존중을 얻는다.

반면에 리더에 의한 총 64개 반응 중에 7개만이 정서적이고, 42개는 인지적이다. 이에는 리더가 인식하다, 평가하다, 계획하다, 판단하다, 예상하다, 배우다, 상황을 파악하다 등이 해당한다.

• 리더의 행위 대부분은 물질적(199개 중 101개)이며 기호적 행위(34개)는 '행동양식화'되거나 '화제-명시'의 경향이 있다. 예를 들어,

(리더는) 자신의 이익을 대변한다.

(리더는) 고도의 긴장 상황을 완화시킨다.

리더의 199개 행위 중 32개만이 다른 사람들에게 영향을 미친다(그리고 이들 중 절반만이 상호작용적이다). 나머지는 비교류적이거나 도구적이다. 앞서 언급했듯이 리더의 행위 대부분이 표상되는 방식은 직원과 고객을 프레임 밖에 위치시킨다. 예를 들어,

(리더는) 듣기를 생활화한다

(리더는) 발전을 위한 토론회를 개최한다.

우리는 다음과 같은 질문을 할 수 있을 것이다. 리더는 누구의 말을 듣는가? 그리고 리더는 누구와 함께 발전을 위한 토론회를 개최하는가?

• 리더의 행위는 압도적으로 일반화되고 종종 증류의 관점에서 표상된다. 증류에서 나타나는 가장 공통적인 주제는 동기 부여와 영감(영감을 주고 동기를 부여한다, 사람들이 최선을 다하고 싶어 하는 분위기를 형성한다 등), 미래 전망(현재를 넘어 본다, 미래를 예상한다 등), 관계 형성(라포를 형성한다, 관련시킨다), '도구적' 방법(외교술과 요령을 사용한다, 엄밀한 논리를 사용한다 등), 그리고 정직함(있는 그대로의 진실을 보여 준다 등)이다.
• 리더의 모든 행위는 행위주화된다.
• 직원들의 행위는 오직 2개만 묘사화되는 반면, 리더의 행위는 29개가 묘사화된다(~에게 공정하다, ~을/를 잘 찾아낸다, ~은/는 단체 활동을 잘하는

사람이다, ~은/는 협력적이다, ~은/는 이해하는 데 능하다 등). 직원들의 행위가 항상 대상화되며(직업 목표, 신뢰, 의견, 일) 오직 이들의 반응만이 행위화되는 것과 달리, 리더의 행위는 그 중 8개만이 대상화된다.

5. 요약

이것으로부터 우리는 어떤 결론을 내릴 수 있는가? 우선, 이 담화에서 리더는 넓고 일반적인 수준에서 행동하며 특정한 목적과 동기를 가진 행위를 하는 총명한 실천가(doers)로서 형성된다. 리더는 강인하고 과감하고 빠르게 행동하고 인내심 있으며, 이해심 있고 공정하다. 동시에 리더는 실질적이고 현실적이며 선견지명이 있다. 이는 좋은 것 같지만 마치 그들이 이 모든 행위를 거울 앞에서 하고 있는 것처럼 보이기도 한다. "거울아, 거울아, 세상에서 누가 제일 강하니?" 그리고 그들을 위해, 그들과 함께 일하는 직원들은 제대로 표상되지 못한다. 직원들의 일은 역동적이고 생산적인 특징을 박탈하는 명사와 명사화에 의해 전달된다. 마지막으로 고객은 거의 존재하지 않는다. 솔직히 말하면, 이것은 행함, 서비스, 촉진, 가능하게 함에 중점을 둔 리더십 형식이 아니라, 리더의 나쁜 행동보다는 리더가 되는 것과 리더로서의 특징적 속성을 미화하는 것에 중점을 둔 자기 집착의 리더십 형식이다.

더 읽을거리

Bernstein, B. (1990) *The Structuring of Pedagogic Discourse*. London: Routledge.
제5장은 특히 이 장의 앞부분에 영감을 준 재맥락화 이론을 제시한
다. 읽기는 어렵지만 보람이 있다.

Fairclough, N. (1995) *Critical Discourse Analysis*. London: Longman.
제5장과 제6장에서 제시된 것처럼 Norman Fairclough는 기업 담화
에 관심을 가진 최초의 비판적 담화 분석가였다.

Malinowski, B. (1923) The problem of meaning in primitive languages. In: C.
K. Ogden and I. A. Richards, *The Meaning of Meaning*. London:
Routledge and Kegan Paul.
1920년대에 쓰인 것으로 어떻게 실행이 담화로 변형되거나 '재맥락
화'되는지에 대한 고전적인 설명을 제공한다.

van Leeuwen, T. and Wodak, R. (1999) Legitimizing immigration control: A
discourse-historical analysis. *Discourse Studies* 1 (1): 83~119.
이 연구는 재맥락화된 사회적 실행으로서의 담화 이론을 보인 최초
출판물이었다.

van Leeuwen, T. (2006) Critical discourse analysis. In: K. Brown (ed.), *Encyclopedia
of Language and Linguistics*, 2nd edn. Vol. 3, pp. 290~294.

이 백과사전 항목에서 나는 비판적 담화 분석에 대한 전반적인 개요를
제시하고자 했다.

van Leeuwen, T. (2008) *Discourse and Practice—New Tools for Critical Discourse
Analysis*. New York: Oxford University Press.

제7장 견제와 균형

: 코퍼스언어학은 비판적 담화 분석에 어떻게 기여할 수 있을 것인가

Gerlinde Mautner

〈 핵심어 〉

코퍼스언어학(corpus linguistics), 혼합 방법론(mixed methods), 다각화(triangulation), 연어 관계(collocation), 해석(interpretation)

1. 들어가기

이 장에서는 비판적 담화 분석(Critical Discourse Analysis, CDA) 연구에서 코퍼스언어학(Corpus Linguistics, CL)이 어떠한 역할을 할 수 있는지에 대하여 다룬다. 독자들에게 해당 분야의 선행 연구를 소개하고 기본 개념과 기법을 설명하며 두 가지 작업 사례를 제시하여 방법론에 대해 비판적으로 접근하도록 할 것이다.

코퍼스언어학을 이전에 경험해 본 이들은 코퍼스언어학이 컴퓨터 지원(특히, '색인 프로그램'이라 불리는 소프트웨어)을 통해 규모가 매우 큰 텍스트로 된 다량의 실제 데이터를 분석하는 방법론임을 알 것이다. 그러나 코퍼스언어학이 CDA에서 유용할 수 있다는 사실은 사전 편찬자와 문법 연구에서 유용하다는 사실보다는 덜 알려져 있다. CL

과 CDA의 결합 가능성에 대한 논의는 꽤 오래 전부터 이루어졌으며 (예: Hardt-Mautner 1995), 1997년 담화 연구에 대한 편집학술서(van Dijk, ed. 1997)에서 de Beaugrande는 "대규모 코퍼스는 담화 분석 연구가 실제적인 데이터를 다루는 데 유용한 역할을 한다."라고 주장했다 (de Beaugrande 1997: 42). 그럼에도 불구하고 그 책에서 이 방법을 사용한 사람은 아무도 없었다. 한편, 코퍼스언어학이 지닌 잠재력에 대한 인식은 점점 더 커지고 있으며 최근에는 흥미롭고 새로운 시도와 코퍼스언어학을 이용한 CDA 연구들이 많이 생겨났다(예: Bednarek & Caple 2014; Baker et al. 2008; Baker & McEnery 2005; Baker et al. 2007; Cotterill 2001; Fairclough 2000a; Mautner 2007; Nelson 2005; Orpin 2005; Potts 2013). 이를테면 Partington(2014)는 코퍼스에 나타나지 않는 항목의 유의성을 평가하는 데 있어 코퍼스언어학의 역할을 구체적으로 다루었고, O'Halloran(2012, 2014)는 설득적 텍스트에서의 갈등 양상을 밝히기 위해 코퍼스 기반 방법을 적용하는 과정에서 Derrida의 해체적 읽기라는 개념을 끌어왔다.

그러나 이와 같은 유익하고 새로운 발전에도 불구하고 코퍼스언어학 기법은 일반적으로 아직까지는 CDA에서 핵심적이고 표준적인 방법론으로 여겨지지 않는 경향이 있다. 따라서 이전 2009년에 발행된 제2판에서 코퍼스언어학과 관련된 장을 처음으로 포함시킨 것은 이와 같은 현상의 변화를 보여 준다고 할 수 있다.

그렇다면 코퍼스언어학은 CDA에 어떻게 기여할 것인가? 이 방법론이 지닌 잠재적인 가능성은 간략히 다섯 가지로 구분할 수 있다.

• 코퍼스언어학은 "언어 변이는 체계적이며 기능적"(Gray & Biber 2011: 141)이라는 신념에 기초한다. 더욱이 코퍼스언어학은 그 초창기인 1930

년대부터 "맥락적이고 사회학적인 기술"(Firth 1935[1957]: 13)로서의 적용 가능성이 인식되고 있었다. 이 두 가지 측면에서 CL은 CDA의 좋은 협력자가 된다.

- 코퍼스언어학은 비판적 담화 분석자들이 순수하게 수작업으로 작업할 때보다 훨씬 더 많은 양의 데이터를 다룰 수 있게 한다.
- 코퍼스언어학은 데이터에 대한 다양한 관점을 허용하여 방법론적 다각화(McEnery & Hardie 2012: 233)에 기여한다. 즉 동일한 현상을 연구하는 데 여러 방법을 사용한다(Creswell & Miller 2010).
- 코퍼스언어학은 비판적 담화 분석자들이 실증적 기반을 크게 확장할 수 있게 하여 연구자의 편견을 줄이는 데 기여한다. 따라서 다른 사회과학 분야보다는 덜하지만 계속해서 신랄한 비판을 받아온 CDA의 문제를 극복할 수 있게 된다(예: Widdowson 1995, 2004b).[1]
- 코퍼스언어학의 소프트웨어는 텍스트로 된 데이터, 계산 빈도, 통계적 유의성 측정에 대한 양적이고 질적인 관점을 제공할 뿐만 아니라 데이터 추출의 방식을 보여 준다. 이 데이터 추출은 연구자가 검색어의 개별적 출현을 측정하고 이들의 언어적 환경을 질적으로 검토하여 두드러진 의미 패턴을 기술하고 담화 기능을 밝히는 방식으로 이루어진다.

이 장에서 연구의 설계와 실행에 대한 지침을 단계별로 상세히 제공하기는 어렵다. 이와 관련해서 독자들이 살펴볼 만한 더 적합한 자료가 있는데 특히 Baker(2006)과 McEnery et al.(2006)이 그러하다. 단, 다음 절에서는 원 자료를 표본 분석하고 이 분야의 기존 연구를 상호 참조하면서 몇 가지 기본 사항들을 다룰 것이다. 전반적으로 기술적

---

1) 이 비판은 결국 Fairclough(1996), Wodak(2006a: 606~609)에 의하여 강하게 반박되었다.

측면을 상세히 다루기보다는 독자로 하여금 해당 방법이 자신의 연구에 적합한지 스스로 현명하게 판단할 수 있도록 하는 것에 중점을 둘 것이다. 이 장에서는 두 가지의 분석 사례들 다룬다. 첫 번째는 대규모 참조 코퍼스(reference corpus), 즉 비교 기준으로 사용되는 대규모 코퍼스(Teubert & Cermakova 2004: 65~68)가 일과 관련된 어휘인 "실직한(unemployed)"을 핵심 표현으로 하는 언어 관계의 윤곽을 파악하면서 어떻게 사회적 관련 정보를 밝혀낼 수 있는지를 보여 준다. 두 번째는 한 편의 신문 기사를 출발점으로 하여 그 기사에서 특별히 '의미가 부가된' 표현으로 보이는 형용사 "근면한(hard-working)"을 해석하기 위해 대규모 코퍼스 데이터를 사용하는 것이다.

두 사례 연구 모두 언어와 사회는 불가분적이고 변증법적인 관계에 놓여 있으며 서로 연결되어 있다는 가정에 기초한다. 다시 말해, 표지(이 경우에는 "실직한", "근면한")를 사용하는 방식은 사회적 태도, 관점, 범주화를 반영한다. 그리고 그 표지는 마침내 사회 구조 및 관계가 인식되는 방식을 형성한다. "근면한"이 본질적으로 자본주의의 근로 정신과 직결되어 많은 긍정적인 의미를 이끄는 것과 마찬가지로, 사람이나 집단에게 "실직한"이라고 언급하는 것은 고용된 상태가 바람직한 기본 상태임을 함축할 수밖에 없다.

'비판적 분석'을 수행한다는 것의 의미가 무엇인지에 대해 다양한 견해가 존재하는 것처럼, 담화에 대해서도 다양한 접근법과 풍부한 개념이 존재한다(종합적인 개괄은 Wodak 2004: l98~199, Wodak 2006b를 보라). 이 장에서는 (부끄럽게도 단순히) 기능적이고 구성주의적인 관점을 적용하였다. 담화는 사회적 기능을 수행하면서 다층적 환경에서 사용되는 실제적인 텍스트를 지칭한다. 담화 분석은 텍스트에서의 패턴을 확인하고 이를 맥락에서의 패턴과 관련시키거나 반대로 맥락에서의 패턴을 확인하고 텍스트의 패턴과 관련시키려는 체계적인 시도로 이해된다. 이를 비판적으로 한다는 것은 담화를 사회 변화의 강력한 동인으로 인식하는 것이며, 언어와 사회에 대한 당연시되는 가정들을 드러내고 이 가정에 이의를 제기하는 것을 의미한다.

이 장의 제목에 두 가지의 울타리 표현(하나는 조동사 "-ㄹ 수 있다 can", 다른 하나는 어휘 "기여하다contribute")이 포함되어 있음을 독자들은 알아차렸을 것이다. 이는 우선적인 설명이 필요한 두 가지 주의사항과 관련된다. 첫째, 이 방법이 유용한지 그렇지 않은지의 여부는 다른 연구들의 경우에서처럼 이 방법에 적합한 연구 문제가 무엇인지 인식하는 것에 결정적으로 달려 있다는 것이다. 코퍼스언어학의 주요한 제한적 요인은 소프트웨어의 성능뿐 아니라 컴퓨터로 처리된 코퍼스의 (구축 및 주석과 주로 관련된) 특징에 있다. 현 진행 상태에서, 그리고 충분히 광범위하게 사용할 수 있는 이러한 도구의 한계를 생각해 보면, 개별 어휘 항목과 이 항목의 클러스터에 대한 매우 강한 편향이 존재하는 것을 알 수 있을 것이다. 간단히 말해, '특정 단어(the word)'는 다른 모든 것이 매달려 있는 말뚝과 같다. 만약 당신이 관심이 있는 언어학적 현상이 각각의 개별적인 어휘 항목들과 연관되거나 적어도 이런 항목 주위로 뚜렷하게 모아진다면, 분명 이 방법이 실용적이고 시간을 절약하는 데 효과적일 뿐 아니라 어떤 정보를 발견할 수 있는 경로를 뚜렷하게 보여 주는 강력한 자기탐구적(heuristical) 도구라는 것을 알게 될 것이다. 반대로 초점을 두려는 현상이 보다 더 큰 텍스트 국면에서 일어나고 또 각양각색의 예측하기 어려운 어휘들로 실현된다면, 코퍼스언어학적 방법은 거의 도움이 되지 않거나 또는 전혀 도움이 되지 않을 것이다. 그러나 미시적 차원의 언어학적 실현 문제를 다루고 나면 어느 시점에서는 CDA의 스펙트럼에서 매우 거시적 부분에 있는 연구들도 코퍼스언어학 접근법의 도움을 받게 될 것이다.

두 번째 주의사항은 코퍼스언어학의 '기여'와 관련되는 것으로, '주류' CDA(일반적으로 Fairclough, Wodak, van Dijk에 의해 형성된 전통2))의 주요 원칙 하나를 상기해야 한다는 것이다. 즉, 사회 변혁적인 일에 참여하고 사회적으로 의미 있는 해석을 하기 위해 분석자는 반드시 텍스트를 넘어서는 요소들을 철저하게 봐야 한다. 우리는 우리에게 잘 알려진 '맥락', 즉 텍스트 생산 및 수용과 관련되어 있는 역사, 그리고 가장 넓은 의미에서의 정치를 최대한 충분히 이해할 필요가 있다. 우리 사회의 이면과 텍스트적 근거는 복잡하게 연결되어 있으며, 완전히 일대일로 대응되는 명료한 관계는 거의 없다. 그렇기 때문에 코퍼스언어학이 'CDA를 한다'기보다 CDA에 '기여한다'고 보는 것이다. 그럼에도 불구하고 방법 분야에서의 아카데미 시상식이 있다면 나는 베스트 조연상 부문으로 코퍼스언어학을 꼽을 것이고, 이 장에서 그 근거를 살펴보려 한다.

CDA 연구 설계에 코퍼스언어학 방법을 포함시키는 것은 추가적인 이점으로 작용한다. 즉, 이전에 익숙하게 사용하던 비교적 전통적인 방법을 '일부러 잊어버리려' 하거나 폐기할 필요가 없다. 보조적인 방법으로서 코퍼스언어학은 유연하고 다른 방법론과 충돌하지 않으며, 적절히 사용하면 편견에 치우치지 않고 연구 설계의 다른 부분이나 결과를 풍부하게 해석하도록 도와줄 것이다.

---

2) Fairclough(1992b, 1995b); Fairclough & Wodak(1997); Toolan(ed.)(2002); van Dijk(ed.)(2007); Wodak(2006b); Wodak & Chilton(eds)(2005)를 보라.

2. 주요 개념과 작업 사례

모든 방법과 마찬가지로, 연구자들은 무엇보다도 해당 방법으로 무엇을 할 수 있는지, 어떤 종류의 데이터와 연구 문제가 이에 적합한지, 그리고 적용에 있어 어떤 어려움을 만날 수 있는지 알고자 할 것이다. 이 절에서는 바로 이에 대해 다룬다.

2.1. 색인 소프트웨어

용례검색기로 알려진 이 프로그램은 그 자체로 분석을 '도출'하는 것이 아니라 사람이 분석을 더 용이하게 할 수 있도록 텍스트를 다루는 작업을 수행한다. 색인 프로그램이 제공하는 정보 중 일부는 절대적 또는 상대적 어휘 빈도와 같은 양적 정보이다. 또한 이 프로그램은 항목들 간의 공기 관계 상대적, 통계적 유의성을 보여 주는 측정값을 계산한다. 이에 대한 예로는 연어의 확실성을 측정하는 t-점수, 그리고 두 항목 사이의 결합 강도, 즉 두 항목이 함께 나타날 확률이 다른 무작위로 뽑은 항목보다 높은지의 여부를 알려주는 MI(Mutual Information, '상호 정보량') 점수가 있다(Church & Hanks 1990; Clear 1993: 281; Hunston 2002: 73; McEnery & Wilson 2001: 86).[3]

이 작업이 실제로 어떻게 이루어지는지 이 장의 첫 번째 작업 사례를 통해 살펴보자. 형용사 '실직한'의 연어 관계의 윤곽을 그려보겠다.

---

3) MI 점수는 특정 연어 범위 내에서 동시에 나타나는 항목으로 관찰된 빈도를 검색 단어의 왼쪽과 오른쪽 해당 범위에서 동시에 나타나는 항목의 예상 빈도와 연관시킨다(McEnery et al. 2006: 56). 관련된 통계 계산에 대한 자세한 내용은 Matsumoto(2003: 398~399)를 참고하라.

비록 여기서는 내용보다는 방법에 초점을 두는 독립된 사례 연구로 제시하고 있지만, 실직에 대해 담화 분석적으로 접근한 기존 연구 (Muntigl et al. 2000, 〈Text〉의 2002년 특별호를 보라4))에 실질적이고 중요한 기여를 한 수도 있다. 우리가 알 수 있듯이, 코퍼스언어학적 접근법은 연구자가 방대한 양의 데이터로 작업할 수 있게 할 뿐 아니라 언어학적 세부 사항들을 면밀히 볼 수 있게 한다. 순수하게 질적인 CDA, 화용론, 민족지학, 체계 기능적 분석을 통해서는 성취하기 어려운 '일거양득'의 방법인 것이다.

〈표 7.1〉 '실직한'의 연어 t-점수와 MI 점수(Wordbanks Online의 Times 코퍼스에서 추출)

Collocate	t-score	Collocate	MI score
1. *an*	6.648362	1. *steelmen*	13.465279
2. *are*	6.227450	2. *househusband*	11.780613
3. *people*	5.779392	3. *unemployable*	11.228017
4. *who*	5.725799	4. *housewives*	8.733004
5. *and*	4.842066	5. *4m*	8.066547
6. *term*	4.212151	6. *youths*	7.898282
7. *long*	3.749890	7. *disadvantaged*	7.547531
8. *million*	3.623313	8. *homeless*	7.213343
9. *for*	3.605234	9. *pensioners*	6.965925
10. *workers*	3.516933	10. *claimants*	6.889355

사회적 현실을 구성하는 데 매스미디어가 핵심적인 역할을 한다는 점에서 신문 기사 코퍼스는 적절한 출발점으로 보인다. 주로 영국과 미국의 텍스트로 이루어진 5억 단어 이상의 다중 장르 코퍼스인 Wordbanks Online5)에는 영국 일간지 〈The Times〉의 약 6천만 단어

---

4) 해당 호는 〈Text〉 22(3)이다. 특별히 Graham & Paulsen(2002); Muntigl(2002a), Wodak & van Leeuwen(2002)를 보라.

5) www.collinsqictionary.com/wordbanks를 보라. 2015년 8월 24일 접속.

코퍼스가 포함되어 있다. 이는 우리가 먼저 살펴볼 하위 코퍼스이다. Times 코퍼스를 검색한 결과 "실직한"의 예는 567건이 확인되었다. 〈표 7.1〉은 t-점수와 MI 점수가 각기 가장 높은 10개의 연어를 보여준다.6)

표에서 t-점수의 상위권에는 예외 없이 고빈도의 문법 항목들이 있다. 이에는 "an"과 "are"가 해당되며 "who"와 "for"도 바로 뒤를 잇는다. 이러한 '기능' 어휘들은 의미 차이가 존재하지 않기 때문에 문법학자들에 비해 담화 분석자들에게는 흥미롭게 느껴지지 않는 경향이 있고, 일반적으로 CDA 환경에서는 이를 무시하는 것이 안전하며 전체 t-점수 순위 척도에서 실제로 제외하는 것이 바람직하다. 다소 이례적이지만 여기의 t-점수 상위 10위권에는 5개의 내용어("사람people", "기간term", "장기long", "수많은million", "노동자들workers")가 포함되어 있는데, "장기(long)"와 "기간(term)"은 "장기 실직한(long-term unemployed)"이라는 구 때문일 수 있다. 이 결과를 임의로 선정한 형용사 "행복한(happy)"과 "슬픈(sad)"7)의 목록과 비교해 보면, t-점수 순위 척도에서 내용어의 순위가 높은 것이 얼마나 독특한 것인지 알 수 있다. 예를 들어, "행복한"의 t-점수 상위 10위 목록에는 내용어가 하나도 나타나지 않으며, "슬픈"의 경우에는 단 하나의 내용어(강조 부사 "매우very")만 포함된다. 어휘 항목이 문법 항목과 동일한 수준의 t-점수를 갖는다는 것은 패턴화된 결합이라고 할 수 있는 정도의 높은 결속력을 지님을 의미한다. 즉, 문법 항목과 관련된 유형이 보이는 확실성의 정도만큼 정형화된 어휘적 연결의 결속력이 확인되는 것이다. 이를 CDA의 용어로 번역하

---

6) 위에서 결과가 통계적으로 유의하다고 보이는 구분점은 t-점수의 경우 2점, MI 점수의 경우 3점이다(Hunslon 2002: 71~72).

7) '실직한(unemployed)'의 예와 같이 567회라는 동일한 출현 빈도에 근거한다.

자면, 사람을 지시하는 명사 그룹이 '구를 이루는 특성'은 사회적 집단에 대한 담화적 구성이 굳어져 있음을 나타낼 수 있다(고정관념 형성에 필요한 첫 번째 단계임).

다시 〈표 7.1〉로 돌아오면 오른편에는 '상호 정보량' 점수에 따른 상위 10개의 연어 정보 목록이 나열되어 있다. 우리는 실직 상태라는 사회적 속성과 관련된 연어가 "취업할 수 없는(unemployable)", "빈곤한(disadvantaged)", "노숙자(homeless)"임을 알 수 있다. 빈도가 높은 명사의 연어 구성에는 소외되고 의존적이며 경제 활동을 하지 않는 사회 집단을 나타내는 몇 가지 표지가 포함된다. 이를테면 "가사 남성(househusband)", "가사 여성(housewives)", "청년(youths)", "연금 수급자(pensioners)", "실업수당 청구인(claimants)" 등이다.[8] 단지 파일럿 목적이 아닌 본격적으로 이루어지는 연구에서 이러한 고빈도 연어 항목은 코퍼스에 흥미를 가질 수 있는 진입점이 된다. 예를 들면, (동사 형태 뒤에 나타나는 "실직한 청년"을 검색함으로써) '실직한 청년'과 관련된 것으로 보이는 활동이 무엇인지, "가사 남성"과 "가사 여성"의 용법이 어떤 차이가 있는지, "실직한"이란 표현이 이와 고빈도의 연어 관계를 보이는 부정적인 형용사들과 통사적으로 어떻게 연결되는지, 실직자들을 문제 집단으로서 설정하는 데 수량화(연어를 이루는 "4m" 참조)가 어떤 역할을 하는지 등을 살펴보는 것은 유의미하다.

이러한 종류의 질문은 우리로 하여금 색인 프로그램의 또 다른 특징에 관심을 갖게 한다. 이를테면, 주로 정성적(qualitative) 측면에 초점을 두는 담화 분석자가 빈도와 통계 이상의 이점을 얻을 수 있다.

---

8) 이 코퍼스에 나타난 '제강업자(steelmen)'의 경우에는 논의할 필요가 없을 듯하다. 왜냐하면 9회의 출현 모두 영화 〈The Full Monty〉의 자료이기 때문이다.

이점이란 프로그램 이름 그대로 색인을 산출하는 기능과 관련된다. 이 색인은 코퍼스에서 추출한 것으로, 검색어나 검색어구('노드node'라고도 함)가 줄의 중간에 보이도록 제시된다. 추출된 텍스트는 어느 때고 마우스의 더블클릭이나 메뉴바의 옵션 선택과 같은 간단한 조작으로 접근할 수 있다. 접근할 수 있는 텍스트 문맥(co-text)은 500자 이상(예: Wordbanks Online)에서 전체 텍스트(예: Wordsmith Tools[9])까지 다양하다. 각 행은 알파벳순으로 정렬할 수 있다. 예를 들어 검색어의 바로 앞이나 뒤에 오는 단어를 기준으로 정렬할 수 있는데, 이렇게 정렬하면 빈도가 높은 패턴이 분명히 나타남에 따라 검색어의 연어적 환경을 신속하게 가늠할 수 있다. 가령, "실직한(unemployed)" 뒤에 "그리고(and)"가 이어져 다른 형용사가 올 때, 부정적 의미가 실린 항목들이 현저하게 나타난다. "절망적인(desperate)", "빈곤한(disadvantaged)", "이혼한(divorced)", "노숙자(homeless)", "취업할 수 없는(unemployable)"은 2배 이상 나타난다.

〈표 7.2〉 "그리고(and)"에 의해 "실직한(unemployed)"이 다른 형용사와 함께 출현하는 양상
(Wordsbanks Online의 Times 코퍼스에서 추출)

```
      mince. Tony Shalhoub is broke, unemployed and desperate. His fortune went
        <p> Liam Parker, services to unemployed and disadvantaged people. Alison
   near Consett, Co Durham, Sheila, unemployed and divorced, lives in a council
 about 12,000 former teachers are unemployed and free to work." <p> He added
 new law had effectively made him unemployed and homeless. He is married with
          <p> Ronnie (Ben Miles), 35, unemployed and Jewish, is back from Israel,
     full-time mothers, selfemployed, unemployed and retired people across the
        needed to keep the largely unemployed and unemployable Saudi young from
the welfare state that bribes the unemployed and unemployable middle-class
```

9) www.lexically.net/wordsmith/ 2014년 5월 12일 접속.

이 의미적 패턴이 단순히 신문 담화에 국한되지 않음을 분명히 하기 위해 영국의 구어 코퍼스 데이터와 일치하는지 확인할 필요가 있다. 이 양상은 실제로 매우 유사하다.

〈표 7.3〉 "그리고(and)"에 의해 "실직한(unemployed)"이 다른 형용사와 함께 출현하는 양상
(Wordsbanks Online의 영국 구어 코퍼스에서 추출)

```
to say hello to everybody who's unemployed and bored at the moment and hasn'
to town looking for work. He was unemployed and homeless when he turned up at
say he is thirty-two years old, unemployed and single, and will appear in
apprenticeship's over he becomes unemployed and unemployable himself. It's
```

우리가 코퍼스를 5억 단어 이상의 규모로 확장하여 Wordbanks Onlines를 검색하면 그 결과는 더욱 명확해진다. "실직한"과 결합되어 나타나는 이들 형용사는 두 개의 하위 코퍼스에서 이미 확인한 출현 빈도(〈표 7.2〉와 〈표 7.3〉을 보라)보다 더 높은 빈도로 나타나며, 이들과 유사하거나 새로운 형용사와 연어 관계를 갖는다. "화난(angry)", "음울한(demoralised)", "의기소침한(destitute)", "무능력한(disabled)", "음울한(dreary)", "술취한(drunk)", "배제된(excluded)", "가난한(poor)", "(생활고에) 시달리는(struggling)", "불우한(underprivileged)"과 같은 부정적 어휘가 이에 해당한다. 그러므로 색인 프로그램을 사용함으로써 우리는 검색어 "실직한"이 부정적인 '의미 기운(semantic aura)', 또는 '의미적 운율(semantic prosody)'(Hunston 2004: 157; Louw 1993; Partington 2004)을 지니고 있음을 한눈에 파악할 수 있다. 한편 이 책의 독자들은 이 개념이 Stubbs(2001: 65)와 같은 학자에 의해, 태도를 표현하고 일관성을 확립하는 역할을 강조하는 의미의 '담화 운율(discourse prosody)'로 일컬어졌음에 주목할 것이다.

물론, 코퍼스 기반의 방법을 탐탁지 않게 여기는 이들은 실직 상태라는 것은 기분 좋은 일이 아니라는 것을 '증명'하기 위해 방대한 텍스트 데이터베이스와 정교한 소프트웨어가 꼭 필요하지는 않다고 말할 것이다. 그러나 다음의 고려사항을 잊어서는 안 된다. 첫째, 모든 실증적 연구는 직관적으로 명백한 증거를 정확히 찾기 위해 꽤 많은 노력을 들여야 한다. 둘째, 무언가 불쾌하다는 것과 담화에 의해 그렇게 구현되는 것은 상당히 다르다(이는 '비판'이란 제목의 절에서 보다 상세히 다룰 인식론적 영역과 관련된다). 셋째, 이전에는 보이지 않던 통찰이 데이터에서 도출된 이후에 '명백히' 드러날 수 있다. Stubbs의 예를 하나로 들자면, "일으키다(cause)"나 "제공하다(provide)"와 같이 중립적인 것으로 간주되는 단어들도 색인을 근거로 검토하면, 내용의 평가적 측면에서 심히 편향되어 있음을 알 수 있다. 원어민의 직관으로도 쉽게 알아차리기 어려운 패턴이 드러나는데, "일으키다"는 주로 "손상", "사망", "질병", "문제" 등과 같이 불쾌한 사건과 강하게 공기하는 반면에, "제공하다"는 "돌봄", "도움", "돈", "서비스"와 같이 호감을 주는 것들과 함께 나타난다(Stubbs 2001: 65). 그러므로 만일 화자나 필자가 "제공하다"를 사용한다면 그 선택 자체가, 제공되는 것이 나쁜 것이 아니라 좋은 것으로 제시됨을 함축한다고 할 수 있다.

끝으로 넷째, 색인 프로그램은 검색된 항목의 연어적 환경이 긍정적이거나 부정적이라는 이분법적 평가를 강조하는 것 이상의 기능을 한다. 또한 연어 구성은 의미적 속성을 공유하는 단어 부류에 속하게 될 수도 있다. 즉, 검색어는 특정한 '의미적 선호(semantic preference)'를 가질 수 있다(Stubbs 2001: 88). 예를 들어 Baker(2006: 79, 87)는 코퍼스를 통해 "난민들(refugees)"이라는 어휘가 "더욱 더(more and more)"와 같은 구절 및 숫자와 자주 연어를 이루면서 수량화에 대한 의미적 선호를 지님을 확인하였다(Baker & McEnery 2005도 보라). 이와 유사한 접근법을 사용한 연구인 Mautner(2007)은 "어르신들(elderly)"이란 단어가 대개의 경우 돌봄, 장애, 취약성과 관련된 영역의 항목과 함께 공기한다는 것을 보여 준다. 마찬가지로, '실직한'과 관련된 색인 추출 결과와 이와 함께 나타나는 형용사들을 보자면, 이들은 대체로 사회적 상태(예: "구직 상태의", "배제된", "이주민", "방랑하는", "취업할 수 없는", "무급의")나 부정적 감정(예: "화난", "지루한", "우울한") 중 하나이거나, 이 두 가지 영역의 접점에 있는 상태("사랑 받지 못하는")를 나타냄을 알 수 있다. 이와 같이 이 연어적 윤곽은 실직이 개인에게 심리적 영향을 끼치는 사회적 현상임을 보여줌으로써 실직이 지닌 두 가지 본성을 지적한다.

종합하자면, 의미적 선호와 담화 운율은 특정한 어휘 항목이 어떤 사회적 이슈와 긴밀한 관련을 맺는지, 그리고 이에 대한 일반적인 태도가 무엇인지를 보여 준다. 중요한 것은 연어적 패턴은 단지 텍스트 안에서 일회적으로 나타나는 것이 아니라 어휘 항목에 결합되는 형식으로 존재한다는 점이다. Tognini-Bonelli(2001: 111)은 다음의 말로 우리에게 깨달음을 준다. "함께 선택되는 단어들은 각각 독립적인 게 아니다. 예를 들어 어떤 단어가 좋은 뉴스나 나쁜 뉴스, 또는 판단의 맥락에서 꾸준히 사용된다면 그 단어는 그러한 의미를 지니게 되는 것이다."

마지막으로, Wordsmith와 같은 소프트웨어 패키지는 분석자가 다양한 코퍼스에서 추출한 어휘목록 모음을 비교하여, 눈에 띄게 높은 빈도를 보이는 단어(즉 '적극적 키워드')와 현저히 낮은 빈도를 보이는 단어(즉 '소극적 키워드')가 무엇인지 측정할 수 있게 한다(Baker 2006: 125; Baker et al. 2008: 278; Evison 2010: 127; Mulderrig 2006: 123; Scott

2010: 149). Fairclough(2000a)의 연구를 예로 들면, 신노동당(New Labour)의 키워드(단어)들은 이전의 노동당(Labour)의 텍스트보다 신노동당의 자료에서 더욱 빈번히 나타났으며, 일반 코퍼스에서보다도 더 자주 나타났다(Fairclough 2000a: 17).

다음 〈표 7.4〉는 CDA에 적용하면 유용한 색인 소프트웨어의 특성을 보여 준다.

〈표 7.4〉 색인 소프트웨어가 제공하는 도구와 언어적 증거의 유형

양적 증거	빈도 목록 상대빈도의 정보를 보여 주는 단어 목록 비교("키워드성") 통계적 유의성 측정: 　•t-점수 　•MI 점수
질적 증거	연구자가 식별할 수 있도록 색인 행렬을 알파벳순으로 정렬 　• 의미적 선호 　• 의미적 운율

2.2. 코퍼스 설계의 이슈

오늘날 언어학자들이 코퍼스에 대해 말할 때 이는 일반적으로 "(1) 컴퓨터로 처리할 수 있고 (2) 실제의 텍스트이며 […] (3) 표본추출된 것으로 (4) 특정 언어나 언어적 다양성을 대표하는 모음"(McEnery et al. 2006: 5, 밑줄 강조는 원문을 따름)을 의미한다. 코퍼스를 CDA에 적용할 때 그것이 어떠한 구체적인 함의를 지니는지에 주목하면서, 이 네 가지 특성을 차례로 살펴보자.

컴퓨터 처리 가능성은 이전 절에서 언급한 색인 소프트웨어로 언어를 분석하기 위해 반드시 필요한 전제 조건이다. 이는 간단해 보이지만 코퍼스의 두 번째 특징인 실제성과 연결되면 비판적 담화 분석자들이 역점을 두어 다루고 싶어 하는 데이터 속성의 문제를 불러일으킨다. 기본 색인 프로그램에서는 포맷, 레이아웃, 시각자료를 제거한 '일반 텍스트(plain text)' 파일이 필요하다. 전통적인 어휘통사 연구자들은 이를 자료의 손실로 보지 않겠지만 비판적 담화 분석자들은 자료가 손실된 것으로 볼 것이다(또는 그래야 한다). 비판적 관점을 지니든 그렇지 않든, 비언어적인 것을 포함한 여러 층위가 함께 의미를 만들어 낸다고 보는 것은 담화 분석의 기본 가정 중 하나이다. 타이포그래피, 색채, 그리고 텍스트와 이미지의 관계와 같은 텍스트의 디자인적 요소들은 단지 장식물이 아니라 텍스트가 사회라는 맥락에 존재하는 담화로서 기능하는 데 필수적인 역할을 한다(이 책에서 van Leeuwen의 장을 보라). 색인 프로그램이 필수적으로 수반하는 의미적 축소(Koller & Mautner 2004)가 분석의 타당성을 반드시 저해한다고는 할 수 없지만 중간에 손실된 것을 다시 복원할 수 있는 적절한 안전 장치가 있어야 한다. 실제적이고 현실적으로 말하자면, 이는 추후에 참조할 수 있도록 출력본이나 스캔한 원본을 수집하고 저장하는 것을 의미하며 다중모드가 이슈가 될 경우에 이를 사용할 수 있는 것을 뜻한다. 마찬가지로 구어 데이터의 녹음 또는 녹화자료도 보관되어야 하며, 이는 전사 및 컴퓨터로 처리 가능한 형태로 변환하는 과정에서 손실된 맥락적 단서를 필요시 복원할 수 있음을 의미한다.

표본추출과 대표성에 관한 (3)과 (4)의 기준은 방법론적 엄격함을 보장하기 위한 요건으로, 이는 기본적으로 다른 접근법의 방식과 다르지 않다(Mautner 2008을 보라). 첫 번째 단계는 "사용 가능한 텍스트의 모집단"(Titscher et al. 2000: 33)을 확인하는 것이고 두 번째 단계는 표본추출과 관련된다. 이는 임의적일 수 있다(즉, '모집단'에 있는 텍스트에 번호를 먼저 매긴 다음에 난수발생기random number generator가 선택한 숫자로 지문을 선택하는 것). 물론 체계적 기준이 적용될 수도 있는데, 하향식 선택 절차에 따라 코퍼스를 관리 가능한 규모로 축소하는 방식이 있다(예: '날짜 X와 Y 사이에 매주 발행된 신문 B와 신문 C에서, 주제 A에 대한 기사를 하나씩 가져오라'). 세 번째 표본추출 방법은 질적 연구에서는 일반적이지만 코퍼스언어학 작업에는 적합하지 않아 보일 수 있다. 이 방법에서는 소규모의 균질적 코퍼스를 구축한 다음, 이를 분석하여 이전 결과에 기초해 추가하는 순환적 과정을 이용한다(Bauer & Aarts 2000: 31). 이 과정은 '포화 상태(saturation)'에 도달될 때까지 반복된다. 즉, 새로운 데이터를 추가해도 새로운 표현이 나오지 않는 상황까지 가는 것이다(Bauer & Aarts 2000: 34).

이 절차는 코퍼스언어학자의 관점에서는 문제로 보일 수 있지만 순수한 질적 연구자에게는 흥미로운 점으로 작용한다. 동일한 내용이 반복적으로 발견되면 데이터 수집을 중단하는 것이다. 코퍼스언어학에서 항목이나 구조의 빈도는 유의성을 나타내는 주요 지표로 간주된다. 그렇기 때문에 반복 양상이 확실해지는 즉시 코퍼스에 텍스트를 추가하는 것을 중단한다면, 사실상 빈도 기반의 연구 방향을 차단하는 것이다. 이는 특정 연구에서는 허용 가능한 결정일 수 있다(어찌 되었든 색인 추출 결과에 대한 질적 분석은 색인 프로그램에 의해 이루어지는 양적 조사만큼 중요하고 가치 있다). 그러나 이로 인해 발생할 수 있는 손실을 충분히 인식하고 결정해야 한다. 절대로, 이미 존재하는 것과 '유사하다'는 이유로 코퍼스에서 제외시키려는 판단을 성급히 해 버리면 안 된다. 이러한 성급함은 코퍼스 구축 작업의 전체적인 목적을 무너뜨리기 쉬우며, 코퍼스 구축의 핵심은 분석 후가 아닌 분석 전에 자료를 파악하려는 분석자들의 한계를 넘어서는 것에 있음을 기억해야 한다.

코퍼스 설계는 다음과 같은 이슈를 포함한다.

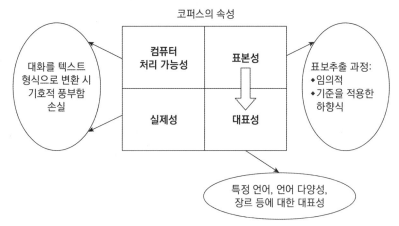

<그림 7.1> 코퍼스의 속성과 코퍼스 설계의 이슈

2.3. 코퍼스의 유형과 데이터 획득

코퍼스는 다양한 형태와 규모로 구축된다. 수백만 단어로 이루어진 대규모 코퍼스에는 British National Corpus(BNC),[10] Corpus of Contemporary American English(COCA),[11] 앞 절에서 "실직한(unemployed)"의 예시를 추출한 Wordbanks Online 등이 있다. 이 코퍼스들은 이미 만들어진 것으로, 상업적으로 이용 가능하며 각기 고유한 맞춤형 소프트웨어가 존재한다. (이는 두 가지 코퍼스를 동시에 사용하려는 경우 어려움을 줄 수 있다.) 이들 모두 언어학자들과 컴퓨터전문가들이 함께 오랜 시간에 걸쳐 이룬 대규모 프로젝트의 결과물이다. CDA에서 이러한 코퍼스는 매우 이상적인 것이다. 마치 매우 큰 도화지에 그림을 그리는 것처럼, 광범위한 사회적 이슈가 장르와 담화에서 어떻게 표상되는지(소설,

---

10) www.natcorp.ox.ac.uk/ 2014년 5월 12일 접속.

11) http://corpus.byu.edu/coca/ 2014년 5월 12일 접속.

신문, 구어 대화와 같은) 코퍼스를 통해 조사할 수 있기 때문이다. 이러한 접근법은 Krishnamurthy(1996)의 인종주의에 대한 연구나 Mautner (2007)의 노인차별에 대한 연구에서 사용되었다.

이와는 반대로 특정한 연구 문제를 탐구하기 위해 개인 연구자들이나 작은 팀이 특별히 구축한 훨씬 작은 규모의 '자가 구축(DIY)' 코퍼스도 있다(Koester 2010; McEnery et al. 2006: 71). 코퍼스는 규모 이외에도 특정한 시점의 언어 다양성을 반영하는지 아니면 역사적 변화를 반영하는지에 따라 공시적인 것과 통시적인 것으로 구분할 수 있다. 이 코퍼스들은 종합적인 것으로, 매우 다양한 장르와 미디어를 포함하기도 하고 특정 장르(예: 기업의 강령), 특정 미디어와 주제(예: 장애인의 권리에 대한 웹 기반 텍스트), 특정 장르와 주제(예: 지구온난화에 관한 의회 연설), 다양한 장르와 미디어에서의 특정 주제(예: 설교, 신문기사, 블로그에서의 '진화론 대 창조론' 논쟁)에 초점을 두는 방식으로 구체화될 수도 있다. 코퍼스는 메타 언어 정보를 텍스트에 입력하는 측면에 있어서도 구분될 수 있다. 비판적 담화 연구자들은 텍스트 유형, 화자나 필자의 사회언어학적 속성, 또는 구체적인 연구 문제와 관련된 특징 등 텍스트 외적 추가 정보를 코딩('코퍼스 마크업'으로 알려진 절차)하는 데 특히 심혈을 기울일 것이다. 마크업(mark-up)은 코퍼스 검색을 통해 얻은 예시를 본래의 맥락 환경으로 되돌려, 분석자가 이를 이해하는 데 주요한 역할을 한다(McEnery et al. 2006: 22~23). 이뿐 아니라 코퍼스는 품사 태그, 운율적·의미적 정보와 같은 것을 입력하는 '주석' 작업을 할 수 있다(Baker 2006: 38~42; McEnery & Hardie 2012: 29~35). 〈표 7.5〉는 코퍼스의 주요 유형을 요약한 것이다.

〈표 7.5〉 코퍼스의 주요 유형

참조 코퍼스	자가 구축 코퍼스
다양한 장르(문어, 구어, 신문, 소설 등)로 구성되며, 각 장르마다 수백만 단어를 포함하는 '기성형'의 이미 만들어진 코퍼스 예: BNC(1억 단어), 　　Wordbanks Online(약 5억 단어), 　　COCA(약 4.5억 단어) 그 밖의 기준 • 공시적 대 통시적 • 일반 목적 대 특수 목적 • 마크업과 주석의 유형	개별 연구자가 보다 소규모의 연구 문제를 다루기 위해 설계한 것으로, Wordsmith Tools과 같은 색인 소프트웨어를 기반으로 처리한 코퍼스

규모에 관계없이 코퍼스를 구축하는 데 있어 월드와이드웹(World Wide Web)은 주요한 원천이 되었다. 자연스러운 구어를 제외하면(분명 이는 주목해야 할 예외임), 웹은 매우 다양한 텍스트를 무한한 양으로 제공한다(Hundt et al. 2007). 잘라 붙여넣기 방법은 '데이터 수집'의 과정을 상당히 수월하게 만들었다(Baker 2006: 31~38; McEnery et al. 2006: 73). (이와 관련된 윤리적·법적 문제에 대해서는 McEnery et al.(2006: 77~79)과 McEnery & Hardie(2012: 57~70)를 보라.) 그 결과 수십만 단어에 이르는 코퍼스를 구축하는 데 몇 주밖에 걸리지 않게 되었다. 심지어 최신식 인프라에 접근할 수 있는 적절한 제도적 환경에서 연구한다면 수백만 단어까지도 개인 연구자의 차원에서 구축할 수 있다. 이와 관련해서는 대규모 코퍼스에 기반한 비판적 담화 분석의 좋은 예인, 미국 미디어 담화에서 사회적 행위자가 구성되는 양상을 연구한 Potts(2013)을 보라. 그러므로 높은 직위에 있어야만 코퍼스의 도움을 받는 연구를 할 수 있는 것은 아니다. 이러한 관점에서 보면 코퍼스 방법의 활용은 비판적 연구의 민주화와도 관련된다.

따라서 코퍼스 사용 가능성의 측면에서만 보자면, 대부분의 비판적 담화 분석자들의 호기심은 웹에 의해 충족될 수 있다(비교적 최근까지도 온라인 자료에 기반한 CDA 연구가 상대적으로 적다는 것은 놀라운 일이다. Mautner 2005). LexisNexis와 Factiva와 같은 디지털 데이터베이스 역시 자료의 보고이다. 그러나 오늘날 이런 자료의 풍부함에도 불구하고 꾸준히 지속되고 있는 여러 문제들이 잔존하며, 이는 이전 절에서 다룬 설계 이슈로 다시 이어진다. 현대 기술은 코퍼스 구축에 필요한 수작업의 고된 수고는 줄였을 수 있으나, 올바른 선택을 위한 판단의 어려움은 줄이지 못했다. 전통적인 코퍼스 수집에서도 자주 나타나는 핵심적인 이슈를 요약하면 다음과 같다. 첫째는 다루려는 연구 문제와 해당 코퍼스가 서로 부합하도록 하는 것이고, 둘째는 코퍼스의 규모, 균질성, 대표성에 관한 문제를 고려하는 것이다.

3. 해석을 돕기 위한 참조 코퍼스의 사용: 두 번째 작업 사례

앞 절에서 설명한 바와 같이, 코퍼스언어학 방법은 특별한 목적으로 구축된 소규모 코퍼스에든 대규모 참조 코퍼스(reference corpora)에든 적용할 수 있다. 비판적 담화 분석자들은 두 가지 접근법을 조합하여 이를 최대한 활용할 수 있을 것이다. 요컨대, 코퍼스의 규모가 작을수록 대규모 코퍼스에 기반한 근거에 비추어 해석을 검증하는 것이 더 중요하다. 예를 들어 어떤 단어나 구가 특정한 평가적 함의를 수반하기 때문에 이들 표현이 특수한 텍스트에서 사용된다고 인식할 수 있다. 이때 전반적인 언어 사용을 반영한 참조 코퍼스의 데이터가 이를 뒷받침해 주는가? 텍스트에 출현하는 어휘들은 보다 넓은 담화의 세계에서 어떤 종류의 언어적 '고정관념'을 전달하는가? 대규모 코퍼스와의 비교를 통해 얻은 근거는 의혹을 입증하거나 부인할 수 있기 때문에 "과잉해석과 축소해석"(O'Halloran & Coffin 2004)을 피할 수 있다. 물론, 이러한 비교를 통해 얻은 근거를 이해하는 것은 여전히 분석자의 해석 행위를 포함한다는 것을 인정해야 한다. 대규모 코퍼스가 우리에게 보여 주는 양적 근거나 질적 증거는 결코 자명하지 않으며, 그러하다고 주장하는 것은 심각한 착각이거나 순진한 발상이다. 물론 CDA에서 실증적 접근을 통한 신뢰도의 향상은 분명 환영받아야 하지만 완전한 기계적 담화 분석은 불가능하다는 냉철한 인식을 통해 이에 대한 생각은 어느 정도 조정될 필요가 있다. 혹시 완전한 기계적 담화 분석이 가능하다면 이는 더 이상 비판적이라 할 수 없을 것이다.

비교를 통해 얻은 근거에 대해서는 두 번째 사례로 설명하겠다. 이는 영국의 대중적인 일간지인 〈The Sun〉에 2007년 7월 실린 칼럼과 관련되며, 이때는 큰 홍수가 영국 중부의 광범위한 지역을 완전히 파괴했던 시기이다. 헤드라인은 "지금은 기생충들의 돈 꼭지를 잠가 버려야 할 때"(사회 복지 제도social benefit system를 남용하고 있다고 생각되는 사람들을 지칭하는 "기생충spongers" 또는 "거지scroungers"를 사용)라고 적혀 있다. 이 기사는 두 종류의 삶을 대조하고 있는데, 글로스터셔에서 홍수로 집이 파괴된 '근면한' 사람들과 "근면한 납세자"의 납부로 버크셔에서 새로운 임대 주택("공짜로 얻어 낸 길레스피스[12])")을 받은 열두 명의 아이를 둔 가족을 서로 대비시키고 있다. 기사에는 이 가족의 아버지가 "내가 일하는 게 경제적으로 이득이었다면 그렇게 했을 거예요."라고 말한 것이 인용되고 있다. 기사는 이와 같은 태도를 만들

---

12) (옮긴이) 길레스피스(Gillespies)는 영국의 유명한 건축 설계 회사로, 도시 설계와 조경 계획을 중점적으로 다루는 곳이다.

어 내는 제도가 바뀌어야 하며, "우리의 국가적 위기가 해결될 때까지"(밑줄 강조는 원문을 따름) 대외적 원조를 보류해야 한다고 주장한다. 기사에는 두 장의 큰 사진이 있는데, 하나는 글로스터셔의 침수된 집 사진이고, 다른 하나는 열두 명의 아이들에 둘러싸여 있는 부부의 사진이 덧붙여진 길레스피스의 50만 파운드짜리 임대 주택 사진이다. 칼럼의 필자는 정부와 야당 양측의 정치인들에게 영국의 근면한 시민들이 우선시되어야 한다고 항변한다.

대중적인 언론사의 여러 기고문과 마찬가지로, 이 칼럼은 '우리(us)'와 '그들(them)'을 대치시킴으로써 흑백의 극명한 이분법을 전개한다. '우리'는 "애써 마련한 집"이 침수된 "뼈빠지게 일하는 납세자(grafting taxpayer)"('근면한'을 의미하는 구어체 영국식 표현인 "grafting"을 사용함)를 지칭하는 반면, '그들'은 "길레스피스에 사는 이 세상의 뻔뻔하고 게으른 이들"이며 보다 암시적으로는 개발 지원금을 받는 아프리카의 수혜자들을 의미한다. '우리' 집단을 설정할 때 형용사 "근면한"은 핵심적인 역할을 한다. 이는 약 1,300단어로 된 기사에서 5회 등장한다. 이 중 4회의 사례에서 "근면한(hard-working)"은 적어도 하나의 다른 내집단 표지("영국 국민people of Britain", "영국 납세자British taxpayers", "우리 국민들our own people", "지역사회the communities")를 포함하는 명사 그룹의 일부로 등장한다. 아래에 인용된 출현 사례는 텍스트 전체에 꽤 고르게 퍼져 있으면서 일관성을 이룬다.

[1] ⋯ 기억해야 할 단 하나의 기본 규칙이 있다. 영국의 **근면한** 사람들이 우선시되어야 한다는 것이다.

[2] 그러나 솔직히, **근면한** 영국 납세자들이 정치인들을 가장 필요로 할 때면 우리의 정치인들은 거리를 떠도는 수백만 개의 꿔다 놓은 보릿

자루처럼 완전히 맥을 못 추는 듯하다.

[3] … 총리가 최근 아프리카에 약속한 우리의 간접세 80억 파운드는 말할
것도 없다. 하지만 우리의 **근면한** 국민들이 곤경에 처했을 때에는 우리
이 국가적 위기가 해결될 때까지 다른 모든 자선 활동을 즉각적으로
멈추어야 한다(강조는 원문을 따름).

[4] 앞으로 더한 일이 일어날 테니, 브라운[=총리]과, 카메론[=야당의 지
도자] 등은 소매를 걷어붙이고, (…) 황폐하고 **근면한** 지역사회에 관심
을 갖고 있음을 보여 주기 바란다(밑줄 강조는 원문을 따름).

[5] … **근면한** 납세자는 우유를 짜 가기만 하고 먹이는 주지 않아도 되는
돈줄(cash cow)이라는 왜곡된 생각.

이 사례들에 근거하여, 텍스트에 나타나는 "근면한"은 '우리' 집단을
형성하고 이에 긍정적인 자질을 부여함으로써 이데올로기적 작업을
한다고 볼 수 있다. 그렇다면 정확히 "근면한"의 어떤 점이 그렇게
강력하게 긍정적인 표지가 되게 하는가? 그리고 이러한 평가의 의미
부여는 일반적인 언어 사용의 경우에도 그러한가, 아니면 일부 담화
에만 특정된 것인가? 달리 말해, '근면한' 사람들에 대해 특별히 '타블
로이드적인' 태도가 있는가?

　Wordbanks의 참조 코퍼스를 통해 무엇을 알 수 있는지 보자. 우선,
총 5억 단어 이상의 코퍼스에서 "근면한"에 대한 연어 관계 목록을
MI 점수에 따라 정렬하면 다른 긍정적 형용사의 목록이 길게 제시된
다. 이 중에서 두 자릿수의 결합 빈도를 보이는 것을 고르면(즉, 이는
MI 점수가 5 이상인 것으로, "근면한"과 강한 연어적 결합을 나타낼 뿐 아니
라 최소 10회 이상 출현함을 의미함) 아래 〈표 7.6〉의 목록과 같다.

<표 7.6> 5억 단어 이상의 코퍼스 Wordbanks에서 추출한 "근면한"의 연어
(결합 빈도는 최소 10, MI 점수는 최소 5)

단어	결합 빈도	MI 점수
부지런한(industrious)	11	9.531038
성실한(conscientious)	19	9.158034
준수하는(abiding)	19	8.612447
정직한(honest)	75	7.322699
헌신적인(dedicated)	46	7.307235
훈련된(disciplined)	11	7.087851
충직한(loyal)	28	7.047991
진실된(sincere)	12	7.001116
능숙한(competent)	12	6.847253
의욕적인(ambitious)	28	6.793461
점잖은(decent)	38	6.724341
지적인(intelligent)	27	6.611245
열정적인(enthusiastic)	14	6.242391
배려하는(caring)	17	6.127628
유능한(talented)	15	6.044615
숙련된(skilled)	10	6.039344

이들 중 일부는 열심히 일하는 것이나 특정한 태도에 초점을 두는 것과 관련되지만("부지런한", "성실한", "헌신적인", "훈련된", "의욕적인", "숙련된"), 다른 것들은 고용의 영역과는 꽤 거리가 있는 매우 일반적인 자질을 나타낸다("정직한", "충직한", "진실된", "점잖은", "배려하는"). 속성의 특징에 대한 의미적 선호가 존재하며 의미적 운율은 긍정적임을 분명히 알 수 있다. 이러한 형용사들과 "근면한"의 연어적 결합이 통계적으로 유의성을 지닌다는 것은 누군가가 '근면하다'고 묘사될 때, 일과 관련 없는 이들 자질 중 하나가 가까이 인접하여 나타날 가능성이 보통의 상황에서보다 높다는 것을 의미한다. 물론 '가깝다'는 것이 '역접(but)에 의한 가까운 연결'을 의미할 수도 있기 때문에

<표 7.7> 5억 단어 이상의 코퍼스 Wordbanks에서 추출한 "근면한(hard-working)"과 "점잖은(decent)"의 공기

to denigrate Kilbane, who is a hard-working and **DECENT** professional. Yet on

a more **responsible, DECENT** and hard-working British citizen. He **is a credit to**

is that they are **DECENT** and hard working people," he said. Mr Xynias said

the barrel, most fathers are hard working **DECENT family types** trying to do

thousands of **DECENT, brave,** hard-working coppers. It's hardly surprising

that Hart was a **DECENT,** hard-working and **honest family man,** but added

lost on Saturday night. **DECENT,** hard-working people, people who are prepared to

things are bad when a **DECENT,** hard-working father resorts to taking surgeons

just as you see him. **DECENT,** hard-working, **genuine** and **Christian.** He's the

The bishops are **DECENT,** hard-working men in thankless roles, but the

Paul Duckworth was a **DECENT,** hard-working and **loving father.** <p> "The

The former teacher is **DECENT,** hard-working and **dutiful.** But as my colleague

of him is that he is a **DECENT,** hard-working bloke who was caught up in

TV. <p> Meanwhile most **DECENT,** hard working citizens will be lucky to see any

great to her family -a **DECENT** hard-working girl." <hl> Open house contest

town I grew up in was a **DECENT,** hard-working, hard-drinking, cloth-cap- and-

Erfurt, Germany, as "a **DECENT,** hard-working man". <p> But Judge Gareth

he said: "They were all **DECENT,** hard-working men - **great lads and great mates.** I

make life a misery for **DECENT,** hard-working people. <p> The phone number to

badly on thousands of **DECENT,** hard-working taxi men and women who want these

employer as "**good, DECENT,** hard-working men" who were mown down in a hail

with admiration as **DECENT,** hard-working people, who despite having very

but my parents were **DECENT** hard-working people. We used to go to church

of the game - the **DECENT,** hard-working people who work in and around

When I see a **DECENT,** hard-working man like you, with a responsible

admired his wife, a **DECENT,** hard-working, **self-sacrificing** woman; he couldn'

coal miners, each **DECENT,** hard-working union men with large families,

Slick Willy" into a **DECENT,** hard-working child of the middle class. He told

with New York: the **DECENT,** hard-working people who live here. And here's

he said, "a generally hard-working and **DECENT** people prepared to put

found them **DECENT, kindly,** hard-working, and **knowledgeable** within their

they will effectively stop many hard working **DECENT** Sikhs from earning a

of humanity; there's a lot of hard-working, **DECENT** people, a lot of children

level-headed, reliable, hard-working, **DECENT, orderly"** - are

and more time listening to the hard-working, **DECENT** majority that elected New

character who came from a "very hard-working and **DECENT** family". <p> The judge

<p> The puzzling aspect is why hard-working, **DECENT** people can see what is

각각의 연어가 "근면한"과 어떤 통사적 관계를 갖는지 확인할 필요가 있다. 즉, 다른 형용사가 근면하게 일하는 것에 내포된 덕목을 확증하는 것이 아니라 대조하는 경우가 있을 수 있다(입증된 가정은 아니지만 "근면함에도 불구하고 배려하는hard-working but caring"이라는 구를 참조하라). 그러나 이는 관련된 색인 결과를 검토함으로써 쉽게 규명될 수 있다. "점잖은(decent)"의 경우를 예로 하여 제시하면 〈표 7.7〉과 같은데, '덕목과 관련된' 형용사들은 순접(and)이나 쉼표를 통해 "근면한"과 연결되어 사실상 동일한 개인이나 집단에 적용된다. 〈표 7.7〉의 색인 결과는 "근면한"과 "점잖은"이 함께 나타날 때 통사적, 의미적으로 어떤 관계를 맺는지 보여 줄 뿐 아니라, 도덕적 함축을 분명히 가지면서 이들과 가까이 인접해 있는 다른 긍정적 자질들을 보여 준다(예: "정직하고 가정적인 남자", "참된 기독교인", "자기 희생").

이와 같은 연어 관계의 예들(수백만 단어 코퍼스에 반복적으로 나타나고 통계적으로 유의미한 것으로 입증된 것)은 "평가적 의미에 대한 객관적이고 경험적인 증거를 제공하며", 이러한 의미들은 "단순히 개인적이고 특이한 것이 아니라 담화 공동체에 널리 공유되는 것이다"(Stubbs 2001: 215). 사실상 어떤 단어가 높은 빈도의 연어 관계를 보이면 이는 해당 단어가 지닌 의미의 일부가 된다. 따라서 담화 분석자는 코퍼스에 기반한 연어적 정보를 바탕으로 하여, 평가적 의미에 대한 자신의 개인적이고 직관적인 판단을 공동체에 공유된 가정 및 판단으로 대체할 수 있다.

〈The Sun〉 기사의 "근면한"이란 어휘 사용을 좀 더 폭넓고 다른 시각에서 조망하기 위해서는 다른 독자층을 둔 신문에서 이를 어떻게 사용하는지 살펴볼 필요가 있다. 관련된 하위 코퍼스는 영국 일간지 〈The Times〉의 약 6천만 단어를 제공하는 Wordbanks Online이다. 〈The

Sun〉의 독자층은 C2, D, E 사회 계층에 속하는 이가 60% 이상인 반면, 〈The Times〉는 독자층의 89%가 A/B/C1 사회경제 집단에 속한다.13) 그리고 결과는 〈표 7.8〉과 같이, 〈The Times〉에서보다 〈The Sun〉에서 (백만 단어 당 상대적으로) 두 배 이상 "근면한"이란 어휘가 더 많이 출현한다.

〈표 7.8〉 Wordbanks Online의 하위 코퍼스 〈The Sun〉과 〈The Times〉에 나타난 "근면한" 의 빈도

	절대 빈도	상대 빈도(백만 단어 당)
〈The Sun〉	393	8.69
〈The Times〉	243	4.06

이뿐만 아니라 전체 5억 단어 코퍼스에서 나타난 여러 항목들을 포함하는 두 개의 하위 코퍼스에서, 고빈도 연어 목록은 서로 비슷해 보이지만 〈The Sun〉와 〈The Times〉의 눈에 띄는 차이점이 두 가지 있다. 하나는 "정직한(honest)"과 "점잖은(decent)"에 대한 것으로, 비록 두 목록에서 모두 나타나지만 〈The Sun〉 코퍼스에서 상대적으로 더 자주 나타난다.14) 또 다른 하나는 〈The Sun〉에서 "근면한"의 연어 목록에 포함된 한 단어("준수하는abiding", 가장 높은 MI-점수를 가짐)가 〈The Times〉의 목록에는 전혀 나타나지 않는다는 점이다. 연어 목록을 색인 프로그램 모드로 전환하면, 6회에 걸친 "준수하는"의 출현 모두가 "근면한"과 밀접하게 결합된 긍정적 자질 중 하나인 "법을 준수하는

---

13) National Readership Survey에 따른 수치이며, www.nrs.co.uk에서 볼 수 있다. 2007년 8월 9일 접속.

14) 백만 단어당 '정직한(honest)'은 〈The Sun〉에 0.3회 출현하고(총 15회의 예), 〈The Times〉에는 0.1회 출현한다(총 7회의 예). '점잖은(decent)'의 경우는 〈The Sun〉은 0.26회(총 12회), 〈The Times〉는 0.06회 출현한다(4회).

(law-abiding)" 때문에 나타난 것임을 알 수 있다(〈표 7.9〉 참조).

**〈표 7.9〉 Wordbanks Online의 〈The Sun〉 코퍼스에 나타난
"근면한(hard-working)"과 "법을 준수하는(law-abiding)"의 공기**

```
         against the respectable, hard-working, LAW-ABIDING majority. No wonder
   redit to their LAW-ABIDING and hard-working community. <p> A V DAVAR, East
     > Then hopefully LAW-ABIDING, hard-working parents like the Gells need neve
      t better meals than a lot of hard-working LAW-ABIDING people, better medic
      time all decent, LAW ABIDING, hard-working people were given some
           even exists. <p> How many hard-working, honest, LAW-ABIDING people can
```

이 연어적 관계에 내포되어 있는 사회적 구성은 어떠한 '객관적인' 의미론적 연관성에서보다도 명확하다. 어찌되었든 '게으르면서' 법을 준수하는 것이나 법을 준수하지 않으면서 주당 70시간을 매우 바쁘게 일하는 것 모두 완벽하게 가능하다. 한편, 그 자체로만 보면 "법을 준수하는"은 〈The Times〉(111회, 100만 단어 당 1.86회 출현)보다 〈The Sun〉(145회, 100만 단어 당 3.2회 출현)에서 훨씬 높은 빈도를 보인다.

요약하자면, 연구를 뒷받침하기 위해 참조 코퍼스를 사용하는 것과 관련하여 다음과 같이 결론을 내릴 수 있다.

- "근면한"은 서술을 위한 표지 그 이상이다. 색인 결과 행렬에 분명히 나타나는 의미적 선호 및 운율은 이것이 도덕적 속성을 반영하고 부여하는 담화의 본질이며, 근면하게 일하는 것이 품위, 정직, 충성심, 가족의 가치와 같은 긍정적인 자질과 함께 연관됨을 보여 준다.
- 이러한 패턴은 중산층을 주된 독자로 표방하는 〈The Times〉보다 서민층의 대중적이고 타블로이드적인 〈The Sun〉에서 상대적으로 더 두드러진다.

- 따라서 "근면한"을 사용하는 텍스트에 대해 비판적으로 분석하자면, "근면한"이 텍스트의 전체적 의미에 기여하는 것은 이 단어가 수반하는 이데올로기적 고정관념에 일부 기초하며, 이는 보다 넓은 담화의 세계에서 입증된 사용 패턴에 기인한다고 볼 수 있다. 그러므로 대규모 코퍼스를 통한 실증은 단지 개인 연구자의 차원이 아닌 담화 공동체 전반에 깔려 있는 가치와 태도에 대한 시각을 열어 '견제와 균형'을 가능하게 한다.

4. 비판

이 장에서는 CDA에 CL을 결합하는 것에 대해 논의하고 있다. 핵심은 연구자들이 코퍼스언어학을 적용할 때 그렇지 않을 때보다 훨씬 더 큰 대표성을 띠는 많은 양의 데이터를 면밀히 살펴볼 수 있다는 것이다. 나아가 보다 폭넓은 관점에서 CDA와 CL의 통합은 방법론적 다원화로 가는 의미 있는 움직임이다(McEnery & Hardie 2012: 233).

이러한 장점이 분명히 존재하지만 문제가 될 수 있는 여섯 가지의 항목이 있다. 이 절에서는 이에 대해 차례로 다룰 것이며 해당 주제는 아래와 같다.

1. 기술 격차와 표준화의 부족
2. 제도적 장벽
3. 자료 수집에서의 유혹 이겨내기
4. 탈맥락화된 텍스트
5. 언어 혁신

4.1. 기술 격차 및 표준화의 부족

이는 중요한 문제라기보다는 현실적인 문제이며 시간이 지나면 해결될 수 있다. 그러나 이 글을 쓰고 있는 현재로서는 여전히 큰 문제이다. 코퍼스언어학과 주류 CDA를 통합하는 것을 지지하는 이들 중에는 이 작업이 필요로 하는 노력을 경시한 채 '이건 그다지 어려운 일이 아니야'와 같은 류의 태평한 생각을 하는 이가 있다. 물론 이 작업이 아주 어려운 일은 아니지만 능숙하게 하는 데에는 시간과 노력이 필요하다는 것을 부인할 수 없다. 아마 도구를 익히는 무난한 작업을 하는 데에는 그다지 많은 노력이 들지는 않을 것이다. 그러나 분석 방법이 지닌 잠재력과 한계를 인식하고, 분석 기술을 연마하며, 발견 절차를 개선하여 궁극적으로 자신만의 연구 설계를 해낼 수 있는 생각의 방식을 개발하기 위해서는 상당한 노력이 필요하다.

여전히 많은 담화 분석자들이 이에 힘쓰기를 꺼리는 이유는 어느 정도는 코퍼스언어학 내부적으로 표준화가 부족하다는 안타까운 상황 때문일 것이다. 수백만 단어 규모의 코퍼스인 The British National Corpus와 Wordbanks Online의 경우만 해도 이 둘은 동일한 소프트웨어를 사용하지 않는다. 자가 구축 코퍼스를 분석하기 위한 다양한 색인 프로그램 패키지들도 마찬가지이다(예: Wordsmith Tools, Mononconc Pro, Sketchengine, AntConc15)). 검색 명령어도 다르고, 화면도 다르고, 분석 도구도 다르기 때문에 이러한 작업이 그리 만족스럽지는 않을

---

15) www.laurenceanthony.net/software/antconc, 2015년 8월 24일에 접속.

것이다.

4.2. 제도적 장벽

두 번째는 첫 번째와 관련된 것으로 개인적 차원보다는 제도적 차원의 문제이다. 비판적 담화 분석자와 컴퓨터 언어학자가 반드시 동일한 분과에서 연구하는 것은 아니기 때문에 서로 간의 의사소통이 원활하지 않을 수도 있다. 이들은 보통 서로 다른 학회에 참석하고 다른 학술지에 논문을 게재한다. 연구에 새롭게 발을 디딘 연구자가 이 두 가지 방법론 모두에 익숙하기는 어려우며 이들 중 하나의 방법론으로 합류될 가능성이 높다. 대부분의 언어학자들이 알다시피, 그러나 모든 언어학자가 이를 인정하는 것은 아니지만, 연구자들이 방법론을 선택하는 데 있어 오랫동안 편향된 시각을 갖는 것은 해당 방법론이 지닌 고유한 장점 때문이 아니라 연구자가 그 방법론을 먼저 접했기 때문이다.

연설이 될 것 같은 위험을 무릅쓰고 말하면, 지금은 비판적 담화 분석자들과 컴퓨터 언어학자들 간의 더 많은 의사소통이 요구되는 시점이다. 덧붙이자면, 비록 현실적인 모습이기는 하지만 CDA 연구자들이 IT 지원을 요청하는 것에 그쳐서는 안 되며, 코퍼스언어학자들이 사회와 관련된 담화 연구에서 최상의 가치를 제공하는 컴퓨터 도구를 개발하기 위해 CDA 동료들의 자문을 구하는 일로도 이어져야 한다. 기존의 참조 코퍼스 또한 이러한 측면에서 정비될 수 있을 것이다. 이를테면 Wordbanks에서 출처의 참고자료(맥락 결정에 핵심 요인)가 불충분하다는 점은 주지의 사실이다.

4.3. 자료 수집에서의 유혹 이겨내기

첫 번째와 두 번째 이슈는 이 방법을 새롭게 접하는 이들이 직면할 수 있는 잠재적인 어려움과 관련된 반면, 세 번째는 근래에 이 방법론으로 전환한 이들이 자료에 대한 열의를 조절해야 하는 것에 초점이 있다. 우리는 앞서 인터넷과 컴퓨터 처리를 통해 솔깃할 만한 양의 풍부한 데이터 목록을 만들 수 있음을 이야기하였다. 그리고 실제로 대규모 코퍼스의 수집과 분석은 CDA에서 자주 발생하는 '체리 따기'[16]식 선별의 위험성을 제거하는 데 중요한 역할을 한다. 일반적으로, 의심의 여지없이 코퍼스의 규모는 데이터의 대표성을 높이는 것과 관련되며 이는 결국 분석자의 주장에 대한 타당성을 강화한다. 한편, 다른 것들과 마찬가지로 기술의 발달에는 몇 가지 조건들이 수반된다. 다소 역설적이지만, 코퍼스 수집의 용이성은 초보자나 숙련자에 관계없이 분석자에게 뿌리치기 어려운 유혹으로 작용할 수 있다. 분석자들은 분별력을 가지고 코퍼스(나 음식 메뉴)를 구성하는 것이 아니라 마치 무제한 뷔페에서 데이터 '음식'을 마구잡이로 먹어 치우는 폭식가처럼 행동할 수 있다. 우리는 다음과 같은 질문들을 생각해야 할 것이다. 나의 연구 문제에 답을 줄 수 있는 텍스트는 무엇인가? 내가 선택한 코퍼스를 구성하는 텍스트는 '저기에' 존재하는 '담화의 세계'를 적절히 대표하는가? 이 질문들과 그 기저의 원리들 중 그 어느 것도 의미 없는 것이 없다. 오히려 이 문제들은 더욱 중요한 것으로 간주되며 그 이유는 바로 코퍼스 구축에 있어 분석자가 겪는 지나친 풍요로움 때문이다. 저장하기 쉬운 텍스트가 넘쳐나는

---

16) (옮긴이) 유리한 것만 보여 주는 태도를 의미한다.

상황은 프로젝트 초기 단계에서 코퍼스에 무엇을 포함시킬지에 대한 꾸준한 성찰이 필요함을 간과하기 쉽게 만들었다. 이는 지나칠 정도로 편향된 선택을 최대한 허용하자는 의미가 아니다. 만일 그렇게 된다면, 코퍼스에 기반한 접근법을 거스르는, 진짜 '체리 따기'식의 방법으로 돌아가는 것이다(그리고 이는 앞에서 표본추출에 대한 논의에서 언급한 포화 상태까지 코퍼스를 구축하는 순환적 방법을 사용하지 않는 이유이다). 요점은 비판적 담화 분석자가 코퍼스를 한 데 모을 때, 간단히 말해 자제력을 잃지 말아야 한다는 것이다.

4.4. 탈맥락화된 텍스트

네 번째 고려 사항은 앞에서도 언급했지만 여기서 다시 논의할 만한 것으로, 색인 소프트웨어를 통한 입력과 출력은 탈맥락화되어 있으며 기호학적으로 축소된 언어라는 점이다. 비록 프로그램을 통해 더 광범위한 텍스트 문맥(co-text)이나, 색인 결과가 포함된 전체 텍스트에 즉각적으로 접근할 수 있지만, 텍스트가 컴퓨터로 처리할 수 있는 형태로 변환되면서 상당히 많은 양의 비언어적 정보가 손실된다. 코퍼스 마크업은 비언어적 정보를 어느 정도 복구하는 데 도움을 줄 수는 있지만, 현재의 기술 발달 및 상용 가용성의 수준에서 볼 때 원본 텍스트의 완전 무결성을 보존하면서 색인 소프트웨어를 실행하는 것은 불가능하다. 따라서 이 영역은 '견제와 균형'의 발상이 다른 방식으로 이루어질 필요가 있으며, 분석자는 타이포그래피와 사진과 같이 색인 프로그램이 다룰 수 없는 모든 정보를 어딘가에서 접근할 수 있도록 하여, 분석을 할 때 이러한 정보가 완전히 손상되지 않고 복구될 수 있도록 해야 한다.

이러한 맥락에서 우리는 색인 소프트웨어가 개별적인 어휘 단위에 편향되었음을 상기해야 한다. 논증적 패턴과 같은 보다 넓은 차원의 담화적 현상이 코퍼스언어학 기술을 통해 포착될 수 있지만, 이는 특정한 단어나 구문, 또는 어휘-의미적 패턴을 중심으로 이들이 체계적으로 구체화될 때만 가능하다.

끝으로 코퍼스언어학은 언어적 세부사항에 초점을 둘 수 있는 상당한 잠재력을 지니기 때문에, 이데올로기가 부하된 개별 어휘의 언어적 윤곽을 구축하는 데 너무 몰두한 나머지 더 큰 그림을 잃지 않도록 경계해야 한다. 세부적인 것과 근시안적인 것을 보는 눈에는 미세한 경계가 존재한다. 이전 절의 "근면한"의 예로 돌아가 보자면, 만일 이 작업이 본격적으로 이루어진 연구의 일부였다면 "근면한"의 결과만을 살펴보는 것은 분명 불충분한 것이다(비록 이 신문 기사의 핵심이지만 말이다). 그것과 더불어 이 기사에 사용된 유의어 및 관련 표현에 대한 모든 영역을 참고하고 임금 노동 및 노동 윤리의 역사, 정치, 사회심리학에 대해 더 깊이 있게 탐구해야 할 것이다.

4.5. 언어 혁신

유념해야 할 다섯 번째 이슈는 BNC와 Wordbanks Online과 같이 크고 고정된 참조 코퍼스가 급격히 변화하는 언어의 전개 양상을 조사하는 데 무용하다는 것이다. 사회적 변화가 매우 빨리 나타나는 (그리고 CDA가 가장 많은 관심을 가지는) 영역에서 이러한 코퍼스는 아무런 도움이 되지 않는다. 청소년 문화, 광고, 새로운 이민자 집단 사이에 나타나는 다양한 코드 스위칭 등이 이들 영역의 대표적인 예이다. 이들을 코퍼스로 이용하기 위해서는 임시적인 자가 구축 코퍼스를 만드는 것이 유일한 방법이다.

4.6. 인식론적 이슈

CDA 연구에서, 컴퓨터의 도움을 받는 것은 실증적 연구를 지원함으로써 당신이 주장하는 바에 대한 확신을 더욱 강하게 한다. 그러나 주의할 점이 있다. 컴퓨터만 사용하게 되면 연구 결과에 대해 지나치게 확신할 수 있으며, 어떤 방법을 적용하였든 근본적으로 인식론적 문제가 다뤄져야 함을 잊게 만들 위험이 있다. 만약 인식론적 측면을 고려하지 않으면 이 문제들은 데이터를 불안정하게 해석하게 만들어, 설득력이 떨어지는 주장과 받아들여지지 않는 연구의 형태로 우리를 괴롭힐 것이다.

과하게 들릴 수 있으나 인식론(앎에 대한 이론)이 복잡한 분야임에도 일상적인 질문으로 좀 더 구체적으로 접근해 볼 수 있다. 우리가 알고 있다는 것을 어떻게 아는가? 근거로서 무엇을 인정할 것인가? 그리고 보다 구체적으로는 CDA 연구 맥락에서, 텍스트로 된 데이터를 어떻게 사회적 현실에 연결시킬 것인가? 어휘나 구의 사용이 실제로 우리에게 이야기하는 것은 무엇인가? 주어진 언어학적 항목의 존재, 부재, 혹은 빈도로부터 어떠한 결론을 논리적으로 이끌 수 있는가?

이러한 질문에 대한 확실한 답은 없으며 모든 프로젝트, 코퍼스, 연구 설계에 일률적으로 적용되는 답 역시 없다. 하지만 이러한 질문을 하는 행위 자체가 중요하다. 텍스트의 사회적, 정치적 의미를 화자 및 저자의 개별적인 언어 선택을 통해 우리가 직접적이고도 분명하게 '파악할' 수 있다고 가정해 버리는 것을 막아 주기 때문이다. 이와 같은 순진한 생각을 경계하기 위해 다음 사항들을 유념할 필요가 있다.

a. 코퍼스 프로그램이 우리에게 주는 근거는 결코 그 자체로 무언가를 나타내지 않는다. 지식은 단순한 데이터 처리 행위에 의해서가 아니라 분석자가 증거를 활용함으로써 생성된다. 증거의 활용이란 패턴을 식별하고, 흥미로운 특이점을 발견하고, 그리고 이 두 가지를 해당 텍스트가 생산되고 수신되는 맥락과 연관시키는 것이다. 연구를 점 잇기 놀이에 비교한다면, 컴퓨터의 도움은 점들의 위치와 그 점들이 얼마나 많은지 보여 주는 데 매우 유용하지만, 알아볼 수 있는 그림이 되기 위해서는 사람이 이 점들을 이어야 한다.

b. 언어 형태와 이것의 사회적 기능은 일대일 관계로 이루어지지 않는다 (Stubbs 1997: 6). 지적할 필요가 없는 매우 당연한 이야기지만, 이러한 사실은 컴퓨터가 생성한 구하기 쉽고 방대하며 '객관적'인 것처럼 보이는 데이터 앞에서 잊히기 쉽다. 어떤 항목의 사회적 의미를 파악하는 데에는 (재)맥락화가 필수적이다. 즉, 어휘 항목에서 구로, 구에서 색인 결과 행렬로, 색인 결과 행렬에서 텍스트로, 텍스트에서 다른 텍스트로 (따라서 상호텍스트적 체인이 형성됨) 해당 항목을 (재)맥락화하여야 한다.

c. 컴퓨터를 사용하는 코퍼스는 의심의 여지없이 CDA의 실증적 기반을 강화하는 데 매우 유용하다. 그러나 아무리 대규모의 다채로운 코퍼스라 해도, 이는 선택할 수도 있었던 텍스트 세계의 일부에 불과하다. 그러므로 코퍼스에서 도출한 모든 결론은 임시적이고도 코퍼스의 대표성에 상응해야 하며, 새로운 근거가 나타날 경우 다시 검토되어야 한다.

d. 코퍼스는 당연히 그 자체로 인공적인 가공품이다. (위의 '코퍼스 설계의 이슈'와 '탈맥락화된 데이터'를 제목으로 하는 절의 논의도 보라.) McEnery & Hardie는 "우리는 코퍼스 데이터와 언어 자체를 혼동해서는 안 된다"(2012: 26)라고 하면서 다음과 같이 말한다.

코퍼스는 우리로 하여금 언어를 관찰할 수 있게 하지만 이것이 언어 그 자체는 아니다. 또한 코퍼스만이 언어학자들이 언어를 탐구하는 데 사용해야 하는 유일한 도구라고 말하는 것이 아니다. 자기성찰과 다른 데이터 수집 방법은 언어학에서 그 고유한 역할을 한다. 실로, 자기성찰의 능력이 없다면 언어학자가 코퍼스의 도움을 받을 문제를 설정할 수 있을지 의심스럽다(강조는 원문을 따름).

e. 분석 과정의 어느 부분에 CL 방법을 도입해야 하는지, 연구의 전체적인 설계에서 어느 정도의 비율을 차지해야 하는지에 대한 엄격한 규칙은 없다. CDA 공동체가 '어떻게 담화 분석을 할 것인가'에 대해 토설하기를 꺼리는 것은 CL의 적용에 있어서도 영향을 미친다. 맥락을 다루는 '규약(protocols)'에 대한 Leitch & Palmer(2010)의 논문 이후에 이루어진 토론에서 비판적 담화 분석자들은 분석적이고 정돈된 알고리즘에 대한 경계심을 드러냈다. 그들의 주장에 대해 Chouliaraki & Fairclough(2010: 1218)은 CDA가 "연구 작업과 관련된 일련의 도구적 선택"으로 축소되어서는 안 된다고 발언하였다. 이들은 도리어 "엄격함보다는 의도적인 빈틈을 지닌 채 통합을 추구하는, 초학제성이라는 특권을 지닌 연구 방법론"을 지지한다고 하였다.

f. CL을 적용할 때, 코퍼스언어학이 생성하는 증거는 본래 수작업으로 이루어지는 질적 절차로 밝혀낼 수 있는 것보다 우수하지 않음을 알아야 한다. 코퍼스 도구는 다양하고 상호보완적인 통찰력을 제공하며, "실질적이고 변용할 수 있는 보조 수단"(McEnery & Hardie 2012: 233)으로 적절히 설명된 바 있다. 그러나 이 장점들이 다른 접근법들의 장점들을 상쇄하지는 않는다. 그러므로 방법론적 다각화의 정신은 경쟁이 아닌 협력이어야 한다. 이와 관련하여 McEnery & Hardie(2012: 233)은 아래와 같이 설명하였다.

이는 방법론에 대한 다원적 접근법의 핵심이다. 데이터의 한 유형이 다른 유형을 반드시 능가하는 것은 아니며, 오히려 데이터의 다양한 유형은 발견된 내용을 확인하거나 대립시킴으로써 서로 보완하는 데 사용될 수 있다.

g. 코퍼스에서 얻은 증거를 평가할 때, 한 데이터 세트에서 항목의 존재, 부재, 빈도에 대한 진술은 다른 데이터 세트와의 비교에 의해서만 타당해진다는 것을 기억하라. 코퍼스의 참조가 적절하다 여겨지는 지점은 바로 "악의적 주장"(Partington 2014 : 135)이 이루어지거나 증거로서 뒷받침해야 할 때이다.

h. 색인 소프트웨어는 양적 분석과 질적 분석 둘 다를 위한 도구를 제공하며, 우리는 항상 그것이 어떤 성격인지 분명히 해야 한다. 이를테면, 빈도 목록과 MI 점수는 실제로 자동으로 처리된 정량적 측정치이다. 반면 KWIC 색인 프로그램은 단지 질적 분석을 위한 토대가 되어 줄 뿐이다. 여기에는 다시 양적 요소가 포함될 수 있다. 예를 들어 다루고 있는 각 항목의 출현을 분류한 다음, 특정한 유형의 의미적 선호도를 나타내는 출현 횟수를 집계하는 것이다. 그러나 정교한 자동 의미 주석 시스템(예: Lancaster University에서 개발한 것, Potts 2013: 71~73 참조)을 사용하지 않는 한, 그런 한 줄 한 줄 식의 분류는 컴퓨터를 사용하지 않았을 때처럼 연구자가 편향되기 쉬운 해석적 행위라 할 수 있다. 이들 사이의 유일한 차이점은 (중요한 측면이기는 하지만) 색인 프로그램이 훨씬 더 많은 양의 데이터를 처리할 수 있다는 점이다.

i. 연구 결과를 제시할 때 양적 정보를 거짓으로 언급하지 않도록 해야 한다. 특히 초보 연구자의 경우, 정량화가 가능한 데이터에만 사로잡혀서 사실을 있는 그대로 정량화하는 것은 회피할 때가 종종 있다. 이들은 연구 결과를 작성할 때 대부분, 일부, 상대적으로 적은, 거의 전부, 좀처럼

없는과 같은 이른바 유사 양화사에 의존하곤 한다. 데이터를 분석한다는 것은 계산하거나 아니면 계산하지 않는 것 둘 중 하나뿐이다. 적정한 중간점이란 존재하지 않는다.

j. 끝으로, 컴퓨터 기반의 방법은 기적을 가져다 줄 수 없음을 기억해야 한다. 특히, 연구 설계의 다른 부분에 존재하는 결함을 메꿀 수는 없다. 표본추출 기술에 결함이 있고 표본이 왜곡된 경우, 전산화, 색인 결과, 그 어떤 통계 절차를 걸치더라도 그 결과는 문제가 있을 수밖에 없다. 마찬가지로 통계 방법에 결함이 있다면, Baker(2006: 179)가 아주 상세히 논의한 것처럼, 원하는 결과를 만들어 내기 위해 데이터가 "미묘하게 조작된" 것이나 다름없다. 만일 결과가 선택적으로 기술되거나 불리한 색인 결과가 무시된다면 결함은 방법론이 아닌 분석자의 진실성에 있다. 솔직히 말하자면, CDA 연구 설계에 CL을 통합하는 것은 단지 추가적으로 여기에 빈도표 몇 개를 넣고 저기에 코퍼스 통계를 집어넣는 전시용 행위가 아니다. 또한 '객관성'을 지닌 그럴듯해 보이는 몇 가지 도구를 통해 CDA를 비판하는 이들을 침묵시킬 수도 없다. 어떤 종류의 전문성이나 이데올로기적 배경을 가졌든지 분별력 있는 독자라면 더 높은 타당성과 신뢰성, 이에 따른 결과와 해석의 개연성 향상을 기대할 것이다.

본질적으로, 이러한 걱정의 대부분은 동일한 이슈와 관련된다. 즉 방법론적 잠재력에 대하여 현실적인 평가가 필요하다는 것이다. 우리들이 텍스트 작업을 수행할 때 사용하는, 이 은유적 의미의 도구는 문자 그대로의 도구와 거의 동일한 한계를 지닌다. 상황 맥락을 더 고려한 분석이 가능하지 않다는 이유에서 코퍼스언어학적 방법을 비판하거나 최신 신조어를 확인할 수 없는 10년이 지난 정적 코퍼스를

비판하는 것은 나사 드라이버에게 못을 못 박는다고 비판하는 것과
다름없다.

5. 요약

코퍼스언어학은 비판적 담화 분석에 도움을 주는 부분이 많다. 연구
자들은 많은 양의 텍스트 데이터를 사용하여 비판적 담화 분석의 실
증적 기반을 다짐으로써, 연구자의 편견을 줄이고 분석의 신뢰성을
강화할 수 있다. 거꾸로 비판적 담화 분석자들은 권력, 불평등, 변화와
같은 사회적인 관심사에서 영감을 얻은 연구 문제가 코퍼스언어학에
적용됨으로써 코퍼스언어학 자체도 풍부해진다고 자신 있게 말할 수
있을 것이다. 궁극적으로, 그들의 "이론적이고 방법론적인 교차 분
석"(Baker et al. 2008: 297)은 비판적 담화 분석과 코퍼스언어학 모두에
이익이 되어야 한다.

두 접근법을 결합하는 것은 일반적으로 다음과 같은 절차를 따른다.

- 사회적 문제로부터 도출된 연구 문제에 대한 조사를 가능케 하는 컴퓨
  터를 통한 코퍼스 구축
- 빈도 목록을 만들고, 키워드를 식별하며, 통계적으로 유의미한 연어를
  보여 주는 색인 소프트웨어를 통한 코퍼스 활용
- 연구 중인 사회적 이슈와 관련된 어휘 항목의 지배적 의미 선호와 의미
  운율을 규명하기 위한 색인 결과의 질적 분석
- 특수 목적 코퍼스와 대규모 참조 코퍼스의 결과를 비교한 결론 도출

또 다른 방법으로는, 수백만 단어로 이루어진 참조 코퍼스를 시작점으로 하여, 다양한 장르, 매체, 지리적 영역에 걸쳐 사회적으로 경합하는 어휘 항목의 언어 윤곽을 파악할 수도 있다.

코퍼스언어학의 부인할 수 없는 이러한 매력에 현혹되어 완전히 자동화된 CDA(사실상 또 하나의 언어학적 분석)는 존재하지 않는다는 사실을 잊어서는 안 된다. 색인 소프트웨어는 대량의 데이터를 처리하는 데 좋지만, 맥락을 고려한 의미 있는 분석을 하는 것은 여전히 연구자에게 달려 있다. 그러나 코퍼스언어학의 한계가 무엇이든지, 담화라는 것은 상당히 복잡한 것이므로 관점의 변화나 다른 방식으로는 가능하지 않은 통찰도 방법론적 도구 상자에 추가하는 것을 적극적으로 고려해야 한다.

한편, 방법을 선택하는 데 있어서 상상력과 생산성을 조화롭게 융합시킨 것과 이도 저도 아니게 목적 없이 짜깁기한 것 사이에는 아주 작지만 결정적인 차이가 있음을 기억해야 한다. 당신의 연구 설계가 어떤 쪽으로 귀결되는지는 다음 사항에 달려 있다. (i) 프로젝트의 목적에 대한 명확한 진술, (ii) 각 방법이 할 수 있는 것과 할 수 없는 것에 대한 엄격한 평가, (iii) 언어와 사회에 대한 핵심 가정을 포착하는 강력한 이론적 기초. 만약 현명하게 사용된다면, 코퍼스언어학은 발견을 돕고 분석적 엄격함을 더하여 질적 속성을 지닌 비판적 담화 분석을 보완하고 풍성하게 할 것이다. 앞서 소개한 비유로 돌아가자면, 아카데미상을 받은 조연배우는 나쁜 영화를 좋게 만들 수는 없지만, 좋은 영화를 더욱 훌륭하게 만들 수는 있다.

감사의 말

Bank of English®의 자료는 HarperCollins Publishers Ltd.의 친절한 허가 아래 사용되었다.

더 읽을거리

Baker, P. (2006) *Using Corpora in Discourse Analysis*. London and New York: Continuum.

이 책은 코퍼스언어학의 방법을 처음 사용하는 비판적 담화 분석자들에게 더할 나위 없이 적합하다. 이론적 배경과 함께 실제적인 조언과 몇 가지의 작업 사례를 아우르고 있다.

McEnery, T., Xiao, R. and Tono, Y. (2006) *Corpus-Based Language Studies: An Advanced Resource Book*. London and New York: Routledge.

이 책은 기초적인 것부터 코퍼스 기반 언어 연구의 핵심을 다루는 장에 이르기까지 초보자와 보다 숙련된 연구자 모두를 대상으로 한다. 세 번째 장에서는 여섯 가지의 확장된 사례연구가 제시되며, 교육학적 관점에서의 사전학, 제2언어습득, 사회언어학, 대조연구 및 번역 연구 등과 같은 다양한 영역을 포함한다.

O'keefe, A. and McCarthy, M. (eds) (2010) *The Routledge Handbook of Corpus Linguistics*. Abingdon and New York: Routledge.

이전에 코퍼스의 도움을 받는 작업을 수행해 본 적이 있지만 최근의 발전된 내용을 다시 살펴볼 필요가 있거나 새로운 방법론을 적용하여 연구를 확장하려는 경우, 이 책은 이 분야로의 훌륭한 진입점이자 좋은 지침서가 될 것이다. 총 45개의 장으로 구성되며 여기에는 코퍼스 구축과 설계, 주요 분석 절차, CL을 다른 연구 분야에 적용할 수 있는 방법 등이 포함된다.

Stubbs, M. (1996) *Text and Corpus Analysis: Computer-Assisted Studies of Language and Culture*. Oxford and Cambridge, MA: Blackwell.

Stubbs, M. (2001) *Words and Phrases: Corpus Studies of Lexical Semantics*. Oxford and Cambridge, MA: Blackwell.

두 권 모두 중요한 저서이다. '언어와 문화에 대한 컴퓨터 보조 연구'와 '어휘 의미론의 코퍼스 연구'와 같은 부제목에서 드러나듯이 CDA보다는 다른 것에 초점을 두고 있지만, 비판적 담화 분석자들, 특히 철저하게 실증적인 것에 '도전하려는' 이들이 꼭 읽어야 할 책이다.

과 제

1. 최근 2년의 가치 있는 최근 논문을 스캔하라. 하나는 비판적 담화 분석과 관련된 학술지 〈Discourse & Society〉에서, 또 다른 하나는 코퍼스언어학에 초점을 맞춘 〈International Journal of Corpus Linguistics〉를 보라. 비판적 담화 분석 논문 중 코퍼스언어학적 방법론을 채택한 비율은 어느 정도인가, 반대로 코퍼스언어학 논문 중 문법적 또는 사전적 문제가 아닌 사회·정치적 문제를 다룬 비율은 어느 정도인가? 조사 결과가 두 접근법 사이의 '상호 교류' 측면에서 시사하는 바는 무엇인가?

2. 현대 후기 산업 사회에서는 고용인이 자기 마케팅을 하고, 개인 브랜드를 개발하고, 의식적으로 그들의 정체성을 구성하여 지배적인(실제로 점점 더 패권적인) 시장 이념과 일치시켜 나갈 것으로 예상된다. 결과적으로 자아는 상품화되고 있다. (즉, 사고 팔 수 있는 상품처럼 취급된다.) 이러한 경향은 담화에 반영되며, 언어와 사회 사이의 변증법을 따라, 차례로 '시장화된' 담화는 상품화를 촉진한다. 그것의 징후들 중 하나는 어휘 층위에서의 팔다(sell), 거래하다(market), 브랜드화하다(brand)와 같은 동사 뒤에 자신을(yourself), 자신들을(yourselves)과 같은 재귀 대명사가 따라온다는 것이다(Mautner 2010: 126~127). 이러한 표현들을 다음에서 찾아보라. (i) 웹, (ii) BNC 같은 수백만 단어의 정적 코퍼스, (iii) COCA(Corpus of Contemporary American English)와 같은 대규모의 동적 코퍼스, (iv) 이런 표현들이 나타날 것 같은 소규모의 특수 목적 텍스트 코퍼스(예: 직무 역량

컨설팅 웹사이트). 먼저 양적 결과가 어떻게 다른지 보라. 왜 다른가? 코퍼스들 사이의 빈도는 비교될 수 있는가? 그 다음으로 문맥 색인 키워드의 결과를 질적으로 해석하여 이러한 현상이 어떤 사회적 영역에서 나타나는지 확인해 보라(예: 비즈니스 컨설팅, 인적 자원, 채용, 교육). 빈도가 낮게, 또는 높게 관찰되는 영역이 있는가? 결과의 차이가 지닌 흥미로운 지점은 무엇이라 생각하는가?

3. 학술적 맥락에서 출판물을 연구 실적으로 보는 것은 일반화되어 있다. 학계가 점점 더 시장원리의 대상이 되고 있다는 데에는 의심의 여지가 없지만, 어떠한 어휘 사용이 그러한 변화의 증거가 되는지 성급하게 결론 내릴 수는 없다. 연구 실적이라는 용어가 실제로 비즈니스 분야에서 빌려온 단어라고 주장할 수 있는 코퍼스의 증거는 무엇인가? 대규모 코퍼스에 접근하여 빈도표, MI 점수, 500 KWIC 색인들을 살펴봄으로써 연어적 윤곽을 그려 보라.

제8장 시각 자료와 다중모드 텍스트의 비판적 분석

Dennis Jancsary, Markus A. Höllerer & Renate E. Meyer

< 핵심어 >

다중모드성(multimodality), 비판적 담화 분석(CDA), 기호학(semiotics), 시각 자료(visuals), 시각성(visuality), 시각적 담화(visual discourse), 시각적 분석(visual analysis), 지식 사회학(sociology of knowledge), 의미 재구조화(meaning reconstruction), 질적 연구 방법(qualitative research methods)

1. 들어가기

이 장에서는 다중모드 텍스트, 즉 글이나 말로 표현되지 않는 기호학적 자원을 포함하는 텍스트를 비판적으로 분석한다. 특히 언어(verbal)와 시각적(visual) 모드의 의사소통의 관계에 주목하였다. 첫 번째 절에서는 현대 사회의 도처에 편재되어 있는 다중모드성(multimodality)에 대해 간략하게 다루고 핵심 개념들의 정의를 규정할 것이다. 이후 두 번째 절에서는 비판적 담화 분석(CDA)에 다중모드성이 어떻게 관련되는지에 대한 논증을 체계적으로 전개할 것이다. 세 번째 절에서는 다중모드 담화 분석의 비판적 접근을 적용한 몇몇 대표적인 연구를 정리할 것이다. 이들 연구는 다양한 이슈와 학문적 연구 영역을 다루고 있으며 이를 통해 다중모드 CDA가 다양한 형태로 적용될 수 있다는 것을 적절하게 제시할 수 있을 것이다. 네 번째 절에서는 하나의 특정 방법론을 실례로 들며 더 자세히 설명하고 실제 다중모드 텍스트를 기반으로 다양한 분석 단계를 설명할 것이다.

2. 다중모드 담화란 무엇인가?

2012년 일요일 아침, 시드니 해변가의 카페에 앉아 쌓여 있는 신문을 읽고 있다고 상상해 보자. 당신은 주말판 〈Australian Financial Review〉를 손에 들고 있다. 1면에는 유럽의 경제 위기가 어떻게 호주에 영향을 미치기 시작했는지에 대한 기사가 있다. 해당 기사에는 중국 경제가 타격을 입을 것이라는 두려움이 어떻게 호주 주식시장의 폭락으로 이어졌는지 상세히 설명하고 있고, 구체적인 수치를 제공하며 이와 연관된 사건들에 대해서도 더욱 자세히 논의하고 있다. 그러나 이 사실들은 (아주 중요할지라도) 당신이 처음으로 주의를 기울인 대상은 아니었을 것이다. 실제로 당신의 눈에 가장 먼저 띈 것은 믿을 수 없다는 제스처로 한 손으로 관자놀이 근처를 누르면서 당혹스러운 표정으로 화면을 응시하고 있는 경험 많은 사업가의 커다란 사진이었을 것이다. 눈에 띄는 이 사진은 다양한 경제적 변수의 감소 추세를 나타내는 일련의 추상적 그래프로 보완된다. 만약 나중에 그 기사가 무엇에 관한 것인지 친구에게 말해야 한다면, 당신은 여전히 이와 동일한 내러티브를 제공할 수 있을까? 이미지가 포함되지 않은 상태라도?

담화 연구는 본질적으로 언어와 가장 밀접하게 관련되어 있다. 결국 언어는 현실의 사회적 구성과 사회적 지식을 축적하는 중요한 자원이기 때문이다(Berger & Luckmann 1967). 불행하게도 이 사실은 실제 분석에서 연구자가 자주 문어나 구어 텍스트에만 집중하고 중요한 다른 정보들은 경시하거나 무시한다는 것을 의미한다. 다중모드 분석은(예를 들면, Kress & van Leeuwen 2001; Kress 2010) 기존 연구의 이러한 단점을 해결하는 것을 목표로 하며 의미적 기호를 만들거나 배포하는 여러 다양한 자료와 유의미한 자원을 인정한다. 지난 십 년간 다중모드 담화 분석은 상당한 추진력을 얻었고 그 결과 이 주제로 다수의 책이 출판되었다(예를 들면, Jewitt 2009; LeVine & Scollon 2004; O'Halloran 2004; Royce & Bowcher 2007). Kress(2010: 79, 강조는 원문을 따름)에 따르면 '모드(mode)'는 사회적으로 형성되었으며 의미를 만들기 위해 문화적으로 주어진 기호적 자원이다. 표상(represent)과 의사소통에 사용되는 모드의 예로는 이미지, 쓰기, 레이아웃, 음악, 제스처, 발화(speech), 움직이는 이미지(moving image), 사운드 트랙, 3D 개체가 있다. Kress는 의미를 만들어 내기 위해 사용되는 용어인 '자원'이라는 의미로 '모드'라는 용어를 사용했다는 점에 유의해야 한다. 특정한 의사소통 행위가 어떻게 생성되는지는 어떤 자원이 특정 사회적 상황에서 이용 가능하며 적절하다고 간주되는지에 따라 달라진다. 특정 문화 영역 내에서는 비슷한 의미들이 다른 모드로 표현될 수도 있다(예: Kress & van Leeuwen 2001). 그러나 이용 가능한 자원의 '풀(pool)'과 이 자원들의 의미 잠재력은 문화적으로 제한되어 있기 때문에 모든 자원이 언제나 가능하거나 적합한 것은 아니다. 예를 들어, '모드의 금기 양식'은 일부 종교에서 특정한 주제에 대해 묘사하는 것을 명시적으로 금지한다. 역사적으로 특정 인물, 사건, 가치관, 믿음에 대한 시각적 지시체를 의도적으로 파괴하는 우상 파괴(iconoclasm) 사례를 상당히 많이 찾아볼 수 있다. 그러나 그렇게 멀리까지 가지 않아도 된다. 각각 다른 장르의 책을 생각해보자. 아동 도서는 보통 시각성이 지배적인 모드가 될 정도로 많은 삽화가 들어가 있고 문어 텍스트는 부차적이다(예: Kress & van Leeuwen 2006). 이와 반대로 법전은 주로 언어적이며 일상적 발화와는 다른 특별한 언어를 사용하기도 하고, 규약과 조항으로 된 배열(typography)도 일상적 발화와는 다르다. 그 반대의 경우, 즉 법전 안에 사진들이 들어 있거나 아동 도서 안에 조항들이 나열된 경우는 찾아보기 어렵다.

따라서 우리는 다중모드가 문화적 및 제도적 규칙, 즉 무엇이 적절하고 적절하지 않은지를 알려주는 규범과 관습, 지침에 의해 지배된다는 결론을 내릴 수 있다. 이러한 경계 안에서 사람들은 상당히 재량껏 자신의 메시지를 나타낼 수 있다. 예컨대, 친구에게 방금 구입한 새 차를 설명하고 싶다면 더 일반적인 세부 사항(예: 차종, 브랜드, 색상, 인테리어 디자인에서의 특징)과 기술적인 사양(예: 엔진 출력, 연료 소모량, 하이브리드 드라이브, 배기 장치/배기 시스템)을 포함하여 설명할 수도 있다. 물론, 친구가 직접 볼 수 있도록 사진을 보여 줄 수도 있는데, 이렇게 하면 더 즉각적이고 전체적인 인상을 줄 수 있다. 그렇지만 동시에 눈으로 보이지 않는 정보(예: 연료 소모량)는 전달되지 않을 것이다. 그러나 언어적이거나 시각적인 묘사는 내가 염두에 두었던 사항이 아닐 수도 있다. 예를 들어, 무소음 전기 동력 장치(혹은 스포티한 엔진소리)에 특별히 열광한다면, 친구에게 그 소리를 들려주고 새 차에 직접 타 보라고 권유할 수도 있다. 더 어려운 것은 새 차를 운전하는 느낌을 전달하고 싶을 때다("나는 도저히 설명하지 못하겠으니까 네가 직접 경험해 봐"). 여기에는 직접 차를 만져보고 운전석에 앉아보는 경험이 포함될 것이다. 이러한 모든 모드는 '나의 새 차'가 어떤지에 대한 다양한 측면을 전달한다. 친구에게 더 '완전한' 인상을 주기 위하여 모드의 일부를 결합하여 이들이 가진 강점을 활용할 수 있다. 또는 이 의사소통 상황에서 가장 중요한 한 가지 모드에 집중할 수도 있다. 어쨌든 나는 결정을 내릴 것이고, 이 결정은 문화적, 제도적 규칙(예를 들어, 가죽 시트커버의 조각을 친구에게 보내서 직접 냄새를 맡을 수 있게 하는 것은 지나치게 사치스러운 일일 것이다)과 현재 나의 특별한 관심사(예를 들어, 차의 힘을 나타내는 엔진 소리)에 따라 결정된다. 다중 모드 담화 분석은 이러한 각 모드의 다양한 기능과 상호 관계에 특히 주의를 기울인다(예를 들면, Machin & Mayr 2012; Unsworth & Cléirigh 2009).

개별 모드 안에 내재된 의미는 항상 동일하지는 않으며 시간이 흐름에 따라 변한다. 달리 말해, 이것은 문화적으로나 역사적으로 불확정적이며(contingent) 개별 행위자는 서로 다른 모드를 사용하고 이해할 수 있는 경계를 파악하게 해 주는 '사회-역사적 선험(socio-historical a priori)'을 가지고 태어난다(Luckmann 1983)는 것이다. 예를 들어 현대 서구 세계에서 우리는 일상생활에서 경험하는 시각 정보의 양과 질이 놀라울 정도로 증가해 온 것을 목격했다(예: Kress & van Leeuwen 2006; Meyer et al. 2013; Mitchell 1994). 시각적 정보를 디지털화할 수 있는 가능성과 이를 몇 초 내에 전 세계적으로 확산시킬 수 있는 기회는 우리가 의사소통하는 방식에 엄청난 변화를 가져왔다. 누군가는 일종의 의사소통의 '민주화'에 대해 말하고 싶을지도 모른다(예: Kress 2010). 모든 긍정적이고 부정적인 함축과 함께 말이다. 다른 사회와 문화에서는 언어적인 것이 시각적인 것과 엄격하게 구별되지 않기도 하며, 이는 다중모드가 다른 형태를 취하고 다른 기능을 수행할 수 있음을 의미한다. 모드들 간의 특정한 '분업'은 문화적으로 구성되며 각각의 사회적 합의를 따른다. 비판적 분석은 이를 인식해야 하고, 특정 문화 및 제도적 환경에서 한 모드가 다른 모드보다 우세하다는 것이 무엇을 의미하는지에 대하여 명확한 개념을 반드시 가져야 한다.

3. 비판적 담화 분석과 다중모드성의 관련성

3.1. '비판적'이라는 의미에 대한 주안점

'비판적' 다중모드 담화 분석을 이해하기 위해 반드시 고려해야 할 중요한 측면들이 있다. 첫째, 비판적 담화 분석(CDA)은 하나의 방법이 아니라 다양한 접근법, 이론적 모델, 연구 방법들을 포괄하는 연구 프로그램이다(예: Wodak 2011a, 이 책의 Wodak & Meyer를 함께 보라). 마찬가지로, '다중모드' CDA는 특정한 접근법이 아니라, 매우 기본적인 수준에서 담화가 단지 언어적인 것이 아니라 다양한 모드의 결합임을 인정한다는 것을 나타낸다. 둘째, '비판적'이라는 것은 무엇이 어떻게 그러한지, 왜 그런지, 어떻게 달라질 수 있는지에 대한 질문들과 관련된다(예: Fairclough 2010; Wodak 2011a). 그러한 질문은 담화들이 전형적이라기보다 수행적이고 구성적이라는 것을 가정하는 구성주의의 인식론적 배경에서만 대체로 유의미할 것이다. 이는 사회적 현실은 인간의 성취이며, 적어도 이론적으로는 서로 다르게 구성될 수 있음을 의미한다. 하지만 사회적 현실은 그 생산자들에게 역으로 작용하기도 해서, 이들을 행위자로 구성하고, 그 이상의 의미를 만들어 내기 위한 이들의 이익과 잠재력을 구성하기도 한다 (Berger & Luckmann 1967). 이러한 관점에서 우리는 이미 언어가 의미를 구성하는 가장 중요한 자원이라고 주장한 바 있다. 셋째, 다중모드 CDA의 핵심은 어떻게 권력과 이익이 특정한 사회 현실을 구성하는 데에 기반이 되는지에 초점을 맞춘다는 것이다. 따라서 분석은 (재)생산과 지배적 '진리(truths)'에 대한 논쟁에서 담화가 하는 역할을 중심으로 진행되어 왔다(예: van Dijk 1993). 비판적 분석은 연구 대상에서 연구자를 의도적으로 '떼어 놓고' 텍스트를 광범위하게 해석함으로써 특정 담화에 있는 지배적 구조들을 '발굴'하고 대안적 현실을 발견하는 것을 가능하게 한다.

비판적 담화 분석에는 다양한 초점, 개념적 배경, 분석적 접근 방식과 함께 서로 다른 고유의 접근법이 존재한다. 그러나 이것들은 모두 담화가 사회를 형성하고 동시에 담화가 사회에 의해 형성된다는 견해를 공유한다.

3.2. 다중모드성이 비판적 담화 분석에 기여한 것

지금까지 논의한 바에 따르면, 다중모드성이 비판적 담화 분석에서 중요한 주제임을 인정하는 것은 어렵지 않다. Machin & Mayr(2012: 6)에 따르면, "의미는 일반적으로 언어를 통해서만이 아니라 다른 기호적 모드를 통해 전달된다". 이때 권력, 진실, 이익은 이러한 다른 모드들에 의해 표상된다. 예를 들어, 시각적 의사소통에 대한 연구에서는 시각화가 어떤 것을 사실처럼 보이게 하는 특성을 가지기 때문에 특히 저자의 진리 주장을 뒷받침하는 데 적합하다고 분석되어 왔다(예: Graves et al. 1996). 시각 자료는 종종 권력 구조와 헤게모니를 '객관적'인 표상으로 '위장'할 수 있다. 이와 동시에 사물을 보는 관행에도 권력 관계가 내재되어 있으며, '응시(gaze)'는 관찰자와 피관찰자 모두를 통제하는 통제 기법으로 분석되어 왔다(예: Foucault 1979; Kress

& van Leeuwen 2006; Styhre 2010). 다중모드 CDA에서 한 가지 중요한 점은, 모드가 저자의 의식적인 선택과 무의식적인 선택으로 구성된다는 점이다. 이때 저자는 이 모드를 만드는 순간의 이익뿐 아니라, 자신의 특정한 사회적 위치와 문화적 위치를 반영한다(예: Kress 2010; Machin & Mayr 2012).

다중모드 CDA가 모드와 권력 간의 관계를 평가할 수 있는 몇 가지 방법이 있다. 첫째, 권력과 지배의 문제는 '어떻게' 다중모드 담화가 만들어졌는가에 대한 문제와 관련되어 있다. Kress는 "'강력한' 기호 제작자는 청중의 이익과 능력을 고려할 필요가 없다"고 주장했다(Kress 2010; Kress & van Leeuwen 2001, 2006). 기호 제작자들은 완전히 자신들의 필요에 의해 기호를 만들지만, 기호에 대한 해석 작업은 청중의 몫이 된다. 예를 들자면 국가 관료제가 전통적으로 그러한 형식을 취해 왔다. 시민들은 실제로 특정한 '관공서 용어'를 그저 '배워야' 했다. (독일에서는 이러한 현상을 설명하기 위해 '관청 독일어Beamtendeutsch'라는 단어를 만들어 내기도 했다. 예를 들어, van Leeuwen & Wodak 1999 연구를 보라.) 반대로 만약 청중이 기호 제작자보다 더 많은 권력을 가진다고 가정한다면, 기호는 우선적으로 청중의 필요와 이익을 위해 소통되고 디자인될 것이다. 물론 이때도 여전히 기호 제작자의 이익을 저해하는 정보를 '숨길' 수도 있다. 이에 대한 좋은 예로는 회사가 투자자로 하여금 적절한 행동과 실행들에 수긍하게끔 만드는 현대의 기업 보고 관행이 있다. 이러한 상황에서 (다중모드) 의사소통은 투자자의 기대치를 예측해야 하며(예: Höllerer 2013) 회사는 최대한의 설득력을 발휘하기 위해 다양한 모드를 사용한다. 이런 종류의 권력이 의사소통의 형태와 디자인으로 구현되는 것이다.

둘째, 당연하게도 권력과 권력 구조는 내용을 통해 생성되고, 도전받고, 재협상된다. 이는 의사소통의 본질이다. 기업의 의사소통은 대개 이사회에서 자신감 있는 자세로, 역량과 전문성을 전달하며 신뢰를 창출하는 방식으로 이루어진다. 신문은 특정 행위자나 행위자 집단을 긍정적, 부정적 방법 모두를 통해 구성하며 이를 위해 다중모드적인 디자인을 자주 사용한다. Hardy & Phillips(1999: 19)는 시사만화에서 이주 담화가 "난민을 사기꾼으로, 이주 시스템을 부적절한 것으로, 대중은 보호를 필요로 하는 것"으로 묘사한 것을 발견하였다. 다중모드 담화는 또한 사회 운동을 위한 시위 자료에서도 사용되는데(예: Phillips 2012), 여기에서 시각 자료는 언어적 묘사보다 훨씬 더 즉각적으로 중심 메시지를 전달하며, 강한 감정적 반응을 만들어 낸다. 이 모든 예들에서 다중모드 CDA는 전반적인 의미화 작업에 각 모드가 고유한 기여를 한다는 것을 인정하는 관점을 제공한다는 특징을 가진다. 따라서 다중모드 담화 연구자의 핵심 과제는 모드의 조합(또는 '앙상블', Kress 2010을 보라)이 사회적 현실의 특정 버전을 제안하는 방식을 재현하는 것이다. 그것은 권력과 관련하여 중립적이지 않으며, 몇몇 이익들은 배제시키면서 다른 몇몇 이익들에만 기여한다.

마지막으로, 다중모드성은 사회적 권력과 관련하여 '말할' 권한이 누구에게 있는가를 묻는다. 즉, 누가 특정 모드에서 '목소리(voice)'를 부여받는지 질문한다는 것이다. 예를 들어 현대 서구 문화에서 언어적 의사소통이 시각적 텍스트나 소리보다 강력하게 통제된다는 점을 고려하면, 시각적 텍스트나 소리와 같은 (이러한) 대안적 모드들은 소외 집단에 의한 저항과 전복을 위해 사용되기 더 쉬울 것이다. 다중모드성은 잠재적으로 권력의 체계적인 재분배를 포함하는 거대한 의사소통적 전환의 일부분일 수도 있다. 더 많은 사람들이 서로 다른 모드와 미디어를 이용하여 의사소통하게 됨에 따라 헤게모니와 저항의 개념이 조정되어야 할지도 모른다. Kress(2011: 21)은 "모든 의사소통 영역에서, 이러한 권력의 재배치는 현대적 의사소통의 여러 양상에서 (적어도 겉보기에는) 위계적인 관계에서 더 개방적이고 참여적인 관계로, 권력 구조를 '수직적' 구조에서 '수평적' 구조로 변환하는 것으로 개념화될 수 있다"라고 주장한다. 더 많은 참여 가능성(예: 인터넷의 개방성을 통한 참여)에 의한 구조적 측면과 모드성(modality)의 측면에서(예: 구어보다 훨씬 광범위한 표현 양식의 합법화) 나타난 이러한 변화의 영향은 여전히 불분명하다. 그럼에도 이러한 질문을 시기적절하게 다루는 비판적 연구가 매우 중요할 것이다.

이어지는 절에서는 보다 포괄적인 모습을 포착하기 위해, 다중모드 데이터를 사용하여 권력과 이익, 목소리를 다룬 연구에 대해 논의할 것이다. 첫 번째 부분은 권력의 문제를 더 철저하게 재구성하는 연구인데, 여기에서는 다중모드 담화가 특정한 이익을 '자연스럽고', '객관적이고', '사실인 것처럼' 보이게 함으로써 의사소통에 또 다른 특질을 더한다는 것을 보인다. 두 번째 부분에서는, 다중모드 담화가 소외된 목소리를 비판적 연구 내에서 두드러지게 낼 수 있는 기회를 어떻게 제공할 수 있는지에 대해 논의한다.

4. 선행연구와 연구 사례

모든 범위의 다중모드성을 전부 논의할 수는 없기 때문에 우리는 언어와 시각이라는 두 가지 특정 모드 간의 상호 관계에 중점을 두기로 한다. 실제로 관련 있는 여러 다른 모드 중에서도(예를 들어 소리에 대한 Pinch & Bijsterveld 2012를 보라) 시각 영역의 연구는 지금까지 가장 많은 학계의 관심을 받아 왔으며, 가장 구체적이고 풍부한 사례를 제공한다. 관련 문헌 검토에 있어 Meyer et al.(2013)은 시각적 연구가 다양한 유형과 형태로 이루어지며 각 연구는 시각 자료가 수행하는 역할에 따라 대략적으로 분류될 수 있다고 주장하였다. 보다 자세히 이들은 다음과 같이 구별된다. 현존하는 시각 담화 의미를 추적하는 고고학적 접근법, 현장에서 시각적 자료의 실제 사용과 자료의 조작에 중점을 둔 실제적 접근법, 더 심리학적인 지향성을 가지며 시각 자료가 관찰자에게 주는 인지적 영향을 연구하는 전략적 접근법, 현장에서 행위자와 의사소통하기 위해 시각 자료를 사용하는 대화 접근법, 그리고 시각 자료를 더 풍부한 연구 문서로 만들 수 있는 기회로 보는 문서화 접근법 등이 있다. 이 모든 접근법을 통해 권력과 이익을 다룰 수 있지만, 본 연구에서는 다중모드 CDA의 출발을 위해 우리의 관점에서 매우 유망해 보이는 두 가지 접근법에 집중하고자 한다. 바로 고고학적 접근법과 대화 접근법이다.

4.1. 다중모드에서 권력과 이익을 '폭로하기'

우리가 고고학적 전통이라고 부르는 연구에서는 다중모드적 인공물을 이들이 생산되는 문화적 체계를 들여다볼 수 있는 일종의 '창'으로 본다. 이를 통해 우리는 이러한 인공물들이 만들어지고, 유지되고, 도전받는 의미 구조에 대한 이해를 넓힐 수 있다. Preston et al.(1996)에 따르면 시각 자료는 사회 현실을 비추고, 가리고/왜곡하며, 구성할 수 있다. 단순한 관점에서는 시각 자료가 오로지 현실의 반영(즉, 표상)일 뿐이라고 보지만, 비판적 관점에서는 이들이 기호 제작자의 이익에 맞지 않는 현실의 여러 양상들을 감출 수 있으며 이들이 구성하는 현실은 언제나 여러 대안 중 하나일 뿐이라는 점을 인정한다.

제시 1: 다중모드 CDA에서의 고고학적 접근법

비판적인 고고학적 접근법의 일반적 목적은 특정 집단이나 사람들이 시각적으로 어떻게 묘사되는지, 혹은 어떻게 보이지 않게 되는지에 대해, 그리고 이것이 사회에서 그들이 가지고 있는 지위와 권력에 관해 우리에게 무엇을 말하는지에 대해 살피는 것이다. 여기에서 다중모드성이 중요한 이유는, 예를 들어 법적 또는 문화적 이유로 언어화할 수 없는 메시지를 전송하기 위해 시각적 모드가 의도적으로 사용될 수 있기 때문이다(McQuarrie & Phillips 2005).

예컨대, Hardy & Phillips(1999)는 신문의 (그림과 글로 된) 정치적 시사만평에 대한 연구에 비판적 접근법을 적용하여 캐나다 이민 시스템 내의 행위자들의 지위 할당과 관련된 담화 주제를 재구성하였다. 그들은 먼저 논의의 주요 대상(난민, 정부, 이민 시스템, 대중)을 재구성하고 이러한 대상들에 할당된 의미를 분석했다. 이 연구는 다른 행위자들 사이에서, 난민들이 일반적으로 사기꾼, 피해자, 혹은 둘 다로 여겨지며, 또한 다른 이민자들과 비교하여 특권을 누린다고 여겨지는 것을 발견했다.

Schroeder & Zwick(2004)는 조금 다른 관점에서 기업 광고의 남성성 양상을 분석하였다. 이들은 예술사, 시각적 연구 및 사진으로부터 얻은 통찰을 활용하여 사람을 시각적 소비를 위한 전시 대상으로 만드는 소비 사회의 핵심적 은유로서 '거울'을 재구성해 낸 바 있다.

또한 시각적 분석과 다중모드 분석은 기본 담화 구조, 그리고 존재와 부재의 문제를 밝히기 위해 활용될 수 있다. 예를 들어 Höllerer et al. (2013)은 오스트리아 기업의 사회적 책임(CSR)에 대한 연간 보고서에서 기업의 사회적 책임에 대한 시각적 표현에 내재된 의미 구조에 집중했다. 이 연구에서는 양극단 사이에 걸쳐져 있는 21개의 '담화 수반 차원 (discourse carrying dimension)' 세트를 발견하였다. 이들 양극단은 다수의 토포스로 뭉쳐져 있다. 이 연구는 기업의 사회적 책임에 관한 담화 맥락에서 이미지가 공간의 대립을 중재하고, 시간의 간극을 메우고, 다양한 제도적 영역을 연결하고, 신뢰 간극을 극복하는 데 도움을 준다는 것을 발견하였다. 또한 어떤 극단은 지배적인 반면 다른 극단은 거의 존재하지 않는다는 실증적 결과를 도출하였다. 따라서 이 연구는 특정 담화에서의 '사각지대'를 드러내어 비판적 성찰을 가능하게 해주는 연구의 좋은 예로 볼 수 있다.

제시 1의 예시는 다중모드성이 전통적인 CDA를 상당히 풍부하게 할 수 있는 방법을 보여 준다. 제시된 모든 분석들은 이미지를 포함하고 있다. 그러나 이러한 시각적 내용 이상에 대한 논의로 넘어가 보자. 이때 시각적 부분과 언어적 부분 간의 관계는 텍스트의 수행력을 이해하는 핵심 요소이다. 바로 이 모든 요소들의 '조합(orchestration)'(Kress 2010)이 특정한 버전의 사회 현실을 만들어 내고, 다른 것을 제외한 특정 이익에 기여한다.

4.2. 소외된 주체에게 목소리를 주기 위한 다중모드 담화의 사용

권력은 담화의 존재 속에서만 나타나는 것이 아니다. 권력은 종종 담화의 부재에서 더욱 분명하게 나타낸다. 이는 처음에는 매우 추상적이고 모호하게 들릴지도 모른다. 하지만 여러 가지 이유로 특정 주제에서 목소리가 배제된 사람들을 생각해 보라. 권력과 지배를 연구하는 학자들은 권력이 직접적인 방법으로도 나타나지만, 간접적인 방법으로도 나타난다는 것을 오랫동안 인식해 왔다. 어떤 주제들이 이슈가 되지 않게 하거나 대중 담화에 포함되는 것조차 막는 방식으로 행해진다는 것이다(예: Bachrach & Bantz 1962; Lukes 1974). 비판적 연구에서 중요한 한 가지 개념은 목소리이다. 이는 특정 상황, 특정 주제에 대해서 말하는 것이 합법적으로 승인되는 사람은 누구인지 그리고 누가 그렇지 않은지에 대한 질문과 관련된다. 사회 과학은 공개적으로 이용 가능한 담화의 기록만을 분석함으로써 권력자들의 담화를 지나치게 강조하고 본질적으로 그들 버전의 현실을 재현할 위험이 있다. 우리는 이러한 점에서 사람들에게 가능성을 열어 주고 권력을 부여하는 다중모드성, 이 중에서도 특히 시각성의 측면에 집중하고자 한다.

제시 2: 다중모드 비판적 담화 분석에서의 대화 접근법

대화적 전통에서의 비판적 연구는 주로 소외 집단의 목소리와 관련되어 있으며 어떻게 '침묵된' 담화를 포착할 수 있는지에 관한 것이다. 한편으로 이것은 (지배적인) 언어적 모드로 표현되지 않은 내러티브에 주의를 기울임으로써 달성되며, 또 다른 한편으로는 현장에 있는 행위자가 다중모드적 방법을 통해 조직적으로 자신의 경험을 공유할 수 있게 함으로써 달성된다.

Bell(2012)는 특정 맥락에서 이 시각성이 어떻게 더 약한 집단에 힘을 부여해 주는지에 대한 훌륭한 예시를 보여 준다. Bell의 연구는 직원들이 기업 내 권력자들의 공식적이고 지배적인 언어 내러티브에 저항하기 위해 시각적 담화를 어떻게 이용하고 있는지를 보여 준다. 이를 통해 직원들은 조직의 '죽음'에 더 잘 대처할 수 있도록 체제 전복적인 형태로 그 조직의 기억을 창조한다. "포드 경영진이 재규어를 사살한 것으로 표상하는 이미지를 생산해냄으로써 그들은 현재에서 과거에 대한 대안적인 시각을 제시한 것이다. 이러한 내러티브는 단어가 말해지거나 쓰이기만 한 것보다 더 비극적이고 끔찍하다."(Bell 2012: 13)

두 번째 예시인 Slutskaya et al.(2012)의 연구는 인터뷰 대상자에게서 더 풍부하고 적절한 응답을 이끌어내기 위해 시각 자료가 힘을 부여하는 양상을 체계적으로 활용한다. 그들의 연구는 도축업자들의 '더러운 일'과 이에 관련된 정체성 구축에서의 위협들에 대한 것이었는데 곧 심각한 문제에 직면했다. 남성성과 가부장제에 대하여 확립된 가정들과 이와 연관된 문화적이고 사회적인 태도가 도축업자들이 가질 수 있는 대안적인 목소리들을 근본적으로 '침묵시켰기' 때문이다. 인터뷰 대상자들은 자신들의 대답이 '불충분'할까 두려워 인터뷰 상황을 편안하게 느끼지 못했고, 결국 순수하게 언어적으로만 진행된 인터뷰는 실패할 수밖에 없었다. 이에 따라 도축업자들의 직업 정체성의 핵심인 신체적 속성을 '드러내기' 위해서는 사진 촬영이 더 적합하다고 보고 사진으로 이끌기(photo-elicitation, 즉 대화 '유발기제'로서 직접 사진을 찍는 것)를 시도하였는데, 이 방식이 훨씬 더 유용한 것으로 증명되었다.

이처럼 다중모드 형태의 인터뷰는 숨겨져 있는 담화들을 표면화하는 데 더 성공적이다. 이와 같은 새로운 방법론적 설계는 비판적 담화 분석에 충분한 잠재력을 제공할 수 있는 것이다.

제시 2의 예는 '공식적' 담화에서 들려지고자 애쓰는 소외된 목소리가 '현실이 어떠한지(how things are)'에 대한 자신들의 버전을 만들기 위해 시각화와 같은 대안적 경로를 사용한다는 것을 보여 준다. 그러나 목소리의 결여는 종종 수사적 언어 능력의 결여와 관련된다. Warren (2005: 871)은 다음과 같이 말한다. "글쓰기는 학술적 또는 문학적 전통에 따른 관습적인 기술이며, 근본적으로 작가의 리터러시, 어휘의 범위, 문법 구조에 대한 지식 정도에 따라 달라진다. 또한 창작 글쓰기에서 아마도 산문 구성과 시적인 비유까지도 모두 교육의 결과이며, 따라서 사회·경제적 환경의 결과로 볼 수 있을 것이다." 소외 계층은 담화에서 정치적으로 배제될 뿐만 아니라 자신의 현실을 적어도 같은 정도의 정교한 방식으로는 언어로 표현하지 못하는 경우가 많다. 그러나 사진과 같은 장르는(예를 들어, 스냅샷의 형태) 그런 기술을 요구하지 않는다. 이미지는 종종 정교하고 장황한 설명보다 사람들의 삶의 세계에 더 가깝다. 따라서 사진으로 이끌어내기나 포토 보이스[1](예:

Warren 2002, 2005)와 같은 기술은, CDA에서 일반적으로 학술 연구에 다루어지지 않는 담화에 접근하기에 적합한 방법이다.

정리하자면, 바로 앞에서는 다중모드 담화 분석이 다소 포괄적이고, 넓고, '신선한' 시도임을 설명했다. 한편으로 사회적 현실은 다양한 다중모드적 방식으로 구축되고, 유지되고, 변형된다. 이는 비판적 연구자들이 입말과 글말을 넘어선 수사학을 다루기 위한 '리터러시'를 습득해야 함을 의미한다. 다른 한편으로, 다중모드 담화는 전복적이고 대안적인 세계관을 위한 매개체인 반면, 언어적 담화는 종종 지배적인 이익과 지위뿐 아니라 현상 유지를 선호한다. 이러한 사실들은 비판적 연구자들이 그들의 연구에서 언어적 형태의 의사소통에만 주의를 빼앗기지 않아야 함을 상기시켜 준다. 권력은 담화 모드의 내용뿐 아니라 접근과 형식에도, 그리고 구성에도 존재한다.

5. 분석 절차에 대한 간단한 시연

5.1. 다중모드 분석 방법에 대한 일반적 언급

다중모드 분석을 다루는 출판물이 점점 늘어나고는 있지만(예: Jewitt 2009; Kress 2010; Kress & van Leeuwen 2001, 2006; Machin & Mayr 2012), 불행히도 담화 안에 있는 복수의 모드를 명시적으로 다루면서 의미 만들기(meaning making)의 중심 측면으로서 이들의 상호 관계를 체계

---

1) (옮긴이) 포토 보이스(photo-voice)는 주로 가난, 언어 장벽, 인종, 계급, 민족, 성별, 문화 또는 다른 환경으로 인해 제한된 힘을 가진 사람들이 비디오, 사진 이미지를 사용하여 자신의 환경과 경험의 측면을 캡처하고 다른 사람들과 공유하는 과정이다.

적으로 논의하는 실증적 연구들은 여전히 부족하다. 앞에서 논한 예는 언어 이외의 모드가 유의미할 수 있음을 보여 준다. 그럼에도 이 연구들은 언어를 넘어선 모드 간의 차이와 연관성을 명확히 설명해 주지 않는다. 그러므로 우리는 이 절에서 두 개의 다중모드 텍스트를 체계적으로 논의함으로써 유용한 분석 절차의 예를 보이고자 한다.

여기서 방법론적 접근법을 제시하기 전에 언급하고 싶은 몇 가지 주의 사항과 경고 사항이 있다. 첫째, 구체적인 분석 형식은 특정 연구 질문, 연구 맥락 및 데이터에 적합해야 하기 때문에 일반적인 '다중모드적 방법'이라는 것은 존재할 수 없다. 둘째, '다중모드'는 여러 다른 것들을 의미할 수 있으며 따라서 그들 모두는 특정한 분석 도구를 필요로 한다. 예를 들어, 소리 분석(예: Pinch & Bijsterveld 2012)에서는 언어나 시각 분석과는 매우 다른 기술이 요구된다. 이러한, 그리고 다른 이유들로 다중모드 연구에는 표준화된 분석 방법이 없다. 여기에서는 언어 및 시각 텍스트를 포함한 다중모드 자료의 분석에 주로 유용한 하나의 특정 방법을 제시하고자 한다. 그러나 이러한 응용 분야에도 다양한 접근법이 존재한다(그리고 필요하다). 그러므로 다중모드 담화 분석에 대한 비판적 접근 방식을 아우르는 장을 쓰는 것은 다소 어려운 일이다. 다중모드 담화는 언어 담화보다 훨씬 더 복잡하며, 언어적 CDA만 보더라도 지금 이 책은 놀랄 만큼 많은 인식론적, 방법론적, 분석적 접근법이 존재한다는 것을 보여 준다. 나아가 이 장에서는 전형적인 '텍스트' 두 가지에 대해서만 논의하고 있다. 이것들은 담화 조각들을 구성하며, 우리는 이들을 분리하여 제시한다. 이는 이들이 어떻게 특정 담화 줄기(strand)의 전형성과 특징을 보여 주는지, 그리고 어떻게 특정 담화 가닥(thread)에 위치하는지를 보일 수 없음을 뜻한다. 따라서 다음 사례들은 완전한 비판적 담화 분석이 아니라 특정 담화 조각에 대한 보다 상세한 분석의 예시로 이해되어야 한다. 우리는 분석을 위해 몇 가지 '길잡이 질문'에 중점을 두고, 자료에서 특히 눈에 띄는 자질들과 자료에 대한 해석을 선택적으로 제시하고자 한다. 이 장의 마지막 부분에서는 해당 분야의 다양한 주제와 접근법에 대해 보다 깊은 이해를 도와주는 더 읽을거리를 제시할 것이다.

5.2. 방법/방법론 소개

이 장에서 제시하는 분석 절차는 시각 사회학과 기호학의 서로 다른 가닥, 특히 Kress & van Leeuwen(2006)의 사회 기호학, Müller-Doohm(1997)의 구조 해석학적 상징 분석, Bohnsack(2007)의 문서화 방법(documentary method)에서 영감을 받았다. 이 절차는 처음 호주에서 기업의 사회적 책임의 시각적 (재)맥락화에 대한 연구 프로젝트를 위해 개발되었으며(Höllerer et al. 2013), 비즈니스 미디어에서의 세계 금융 위기 형성에 관한 비교적 최근의 연구에서 다중모드 담화를 분석하는 데에 적용되었다. 이 접근법의 주된 이점은 전체 분석의 해석적 특징을 손상시키지 않으면서 더 많은 양의 시각적 데이터와 다중모드 데이터를 다룰 수 있다는 점이다. 그것은 특정한 연구 문제(들)와 해당 자료에 적용될 수 있는 일종의 '템플릿(template)'을 구성한다. 우리는 이상적이고 전형적인 5단계의 분석을 제안하고 이를 두 가지 다른 다중모드 텍스트를 통해 설명하려 한다. 각 단계에서 우리는 분석을 용이하게 하기 위한 몇 가지 '길잡이 질문'을 제안할 것이다. 그런 다음, 이러한 분석을 더 큰 표본으로 확장하는 방법과 이를 위해 어떤 개념과 방법론적 접근 방식을 활용할 수 있는지 논의하겠다.

우리의 접근 방식은 특정 연구 목적에 따라 일부 측면과 단계를 확장하거나 축소할 수 있다는 점에서 유연하다. 또한 길잡이 질문도 그에 따라 다를 수 있으며 질문에 답하기 위해 다른 해석학적 기법이 적용될 수 있다. 〈그림 8.1〉은 대략적인 개요를 제공하고 있다.

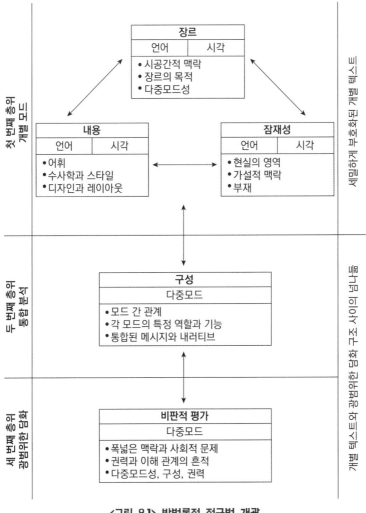

<그림 8.1> 방법론적 접근법 개괄

각 단계를 설명하기 위해 두 개의 실제 다중모드 텍스트에 대해 논의하고자 한다(〈그림 8.2〉와 〈그림 8.3〉을 보라). 바로 두 페이지짜리 기업 연례 재무 보고서와 경제 신문의 1면이다.

5.3. 두 개의 다중모드 텍스트 사례 분석

1단계: 장르의 특징화

텍스트 장르는 텍스트가 가지고 있는 제도적 틀의 일부이며(이 책의 Reisigl & Wodak을 보라) "반복되는 상황에 반응하며 전형화된 의사소통 행위"로 이해될 수 있다(Yates & Orlikowski 1992). 따라서 텍스트 장르는 특정한 '장르 규칙'을 정하며 텍스트의 실제 형식과 내용에 큰 영향을 미친다. 이 규칙들을 아는 것은 텍스트를 분석하는 데 있어 핵심적이다. 왜냐하면 이 규칙들은 저자들이 어떤 선택을 하고 수용자들이 텍스트를 어떻게 이해하는지에 영향을 미치는 근본적인 조건들을 이해하는 데에 기본적인 틀을 제공하기 때문이다.

장르 및 장르의 핵심 차원에 대해서 몇 가지 핵심 질문을 제기할 수 있으며, 다음에서는 그 중 몇 가지를 강조하고자 한다.

- 텍스트의 시공간적이고 사회문화적인 맥락은 무엇인가?
- 텍스트 생산자는 누구이며, 수용자는 누구인가?
- 텍스트 장르의 목적은 무엇인가? 텍스트 장르는 얼마나 제도화되어 있는가?
- 다중모드성과 관련하여 이 장르가 가지는 특징은 무엇인가?

〈그림 8.2〉 OMV 연례 보고서 2012
(OMV 동의하에 재사용)

예시 1. 첫 번째 예시가 되는 다중모드 텍스트는 OMV(오스트리아 비엔나에 본사가 있는 국제적인 석유 가스 종합회사)의 2012 연례 재무 보고서에서 가져온 것이다. 이 회사의 주요 사업은 석유와 가스 탐사 및 생산, 천연 가스 유통 및 발전, 석유 제품의 정제 및 마케팅이다. OMV는 수익 측면에서 오스트리아 최대의 상장 기업이다. 따라서 이 텍스트의 시공간적이고 사회적인 맥락에 대한 보다 자세한 설명에서는 예컨대, 2008년의 글로벌 금융 위기 몇 년 이후의 시대 상황, 석유 및 가스 사업의 특수성, 오스트리아의 특정한 거버넌스 모델이나 경영의 다중 책임성과 같은 보다 세계적인 문제(기업의 사회적 책임, 지속 가능한 가치 등)를 강조할 수 있을 것이다.

상장 공개 기업의 연례 보고서에는 일반 대중들도 접근이 가능하며 기업 웹사이트에서 정기적으로 다운로드할 수 있다. 생산 측면에서 연례 보고서 장르의 텍스트는 일반적으로 "기업을 대신하여 경영진과 커뮤니케이션 전문가가 총괄하여 작성한다"(Höllerer 2013: 586). 예를 들어, 이 텍스트들은 다른 인쇄 미디어와 달리 다양한 관심사를 지닌 더 높은 자격을 갖춘 청중을 대상으로 한다(예: 재무 분석가, 주주, 경쟁자, 은행 및 채권자, 규제 당국, 저널리스트 또는 비정부기구NGO). 연례 보고서 장르는 매우 높은 수준으로 제도화되어 있다. (즉, 일부 내용에는 법적 규제가 요구되는데, 예를 들어, GRIGlobal Reporting Initiative[2])와 같은 지침에 따라 표준화된다.) 이와 동시에 보고서 장르에서는 비언어적 부분에서 각자의 특성을 살리고 창조성을 발휘할 수 있는 상당한 여지가 있다. 연례 보고서는 주로 회사를 소개하기 위한 목적으로 사용되고 (예: 역사, 임무, 사업 영역 또는 현 전략) 업무와 결과를 설명하기 위해 (재정적 성과 측면에서, 그러나 점점 더 사회적 및 생태적 차원과 관련하여) 사용된다. 이러한 방식으로 그들은 일정 자격을 갖춘 대중의 인식을 형성하는 것을 목표로 한다. 내용과 레이아웃은 주관적 의제에 의해 주도되지만, 이러한 텍스트에서는 '진리 주장'이 존재하며 생산자가 '진짜' 사실과 수치를 제시한다고 주장된다.

기업의 연례 보고서는 다중모드성을 높은 수준으로 활용한다. 그래프, 차트, 수치뿐 아니라 사진 및 기타 이미지와 같은 시각적 요소들도 종종 언어 텍스트를 증폭, 확대 또는 위장하는 데에 사용된다. 일부 기업들은 더 나아가서 보고서에 재질과 촉각적 모드(예컨대, 다른 표면이나 3차원 요소)를 추가하거나 전자 보고서에 비디오 클립을 제공한다. 그러나 시각 자료를 사실성을 더하기 위해 사용하는 대신 상징성

---

2) (옮긴이) 지속 가능 보고서에 대한 가이드라인을 제시하는 국제기구이다.

〈그림 8.3〉 Australian Financial Review
(표지, 2012년 5월 19~20일자: Fairfax Media 동의하에 재사용)

을 강조하기 위해 활용하는 트렌드나(우리가 보는 예시는 이러한 방향으로 나아간다), 고도로 미적인 보고서를 작성하기 위해 시각 자료를 텍스트 레이아웃의 장식 정도로 축소시키는 트렌드가 있기도 하다.

예시 2. 두 번째 예시는 2012년 5월 〈Australian Financial Review〉의 표지이다. 따라서 (비즈니스) 미디어 영역에 속한다. 〈Australian Financial Review〉는 호주의 경영, 금융, 경제 방면에서 중요한 발언권을 지니고 정책을 위한 중재자 역할을 한다. 〈Australian Financial Review〉는 Fairfax Media에서 축쇄판 형식(주 6일)으로 온라인에 게시된다. 이 신문은 광범위한 관점과 의견을 제시하고는 있지만, 경제 자유주의를 분명히 지지하는 일관된 편집 노선을 견지해 왔다. 텍스트의 시공간적, 사회문화적 맥락에 대한 분석은 최근의 금융 위기, 글로벌 금융 시장, 호주의 경제 시스템과 경영 환경 등에 대해 지적할 것이다.

미디어는 고도로 구조화된 장르이다(예: van Dijk 1988). 비즈니스에서의 미디어 보고서는 고도로 제도화된 '스토리 텔링' 활동으로, "전문적이고 기술적인 역할을 기반으로 … '적절성의 논리'"(Cook 1998: 61)에 의해 높은 수준으로 관리된 방식으로 뉴스를 전달한다. 이때 일부는 또한 특정한 '미디어 논리'로 설명되기도 한다(예: Altheide & Snow 1979). 표지의 디자인과 레이아웃은 이러한 논리의 핵심이며, 종종 대상이 되는 청중이나 제작의 문화적 맥락에 따라 다르다. 예를 들어, 앞서 제시한 예시에서 디자인은 전반적으로 앵글로색슨의 양식을 따르는데(예: 표지에서 몇 가지 이야기를 시작하고 뒷장에서 계속하거나, 다소 기억하기 쉬운 짧은 제목을 사용하고, 1면에서 사설 논평을 피하는 방법 등) 이러한 것들은 수석 편집팀이 내린 중요한 결정에 해당한다. 일간 경영 뉴스의 청중은 경영 전문가와 개인 투자자 등 사회경제적 엘리트로 구성되어 있기 때문에 매스미디어 소비자와는 매우 다르다.

미디어 뉴스 제작은 지금은 고전이 된 Tuchmann(1973)의 구절인 "예기치 못한 일을 일상화하라"로 의미심장하게 묘사된 바 있다. 경영 및 금융 뉴스는 종종 '사회 현실에 대한 세계적 전망'을 제공하는 것으로 개념화된다(Berglez 2008: 847). 미디어 뉴스는 경제적 차원에 특히 중점을 두고 더 많은 청중들에게 사회적 현실에 대한 접근을 제공한다. 가장 중요한 것은 이들이 공공 담화 안에서 게이트키핑[3]을 하고 의제를 설정하는 기능이 있다는 것이다(예: 특정 문제를 보도하기로 선택했다는 것은 다른 문제에는 침묵한다는 것을 암시한다). 미디어 뉴스는 '진정한' 사실과 인물을 보도한다고 주장하지만, 그들은 자신들이 다루는 문제에 대해 입장을 취하기도 한다.

미디어 담화에는 다중모드성을 사용하는 강력한 전통이 있다. 주로 시각적 요소를 통해 주의를 끌거나, 틀을 잡거나, 보충하거나, 언어 텍스트와 대응하도록 사용하는 것이다. (미디어에서의 체계적인 '다중모드 기술'에 대해서는 Höllerer et al. 2014를, 인쇄 및 온라인 신문의 시각적 담화에 대한 이전 연구들에 대해서는 Cock et al. 2011; Fahmy 2010; Knox 2007, 2009를 보라.)

2단계: 명백한 내용 포착하기

텍스트에서 나타나는 명백한(manifest) 내용에 대한 분석은 다양한 형태를 취할 수 있으며, 모두 내용 분석에 대한 서로 다른 접근 방식을 가지고 있다. 이 단계의 가장 중요한 기능은 연구자가 텍스트의 '언어'

---

3) (옮긴이) 기자나 편집자와 같은 뉴스 결정권자가 뉴스를 취사선택 하는 일, 또는 그런 과정을 말한다.

와 다른 지배적인 자질들에 민감해지도록 하는 것이다. 따라서 이 단계에서는 단어와 시각적 요소의 관습적 의미에 중점을 둔다. 우리는 다음과 같은 길잡이 질문을 제시한다.

- 텍스트에 나타나는 특별한 '어휘'는 무엇인가?
- 어떤 종류의 수사나 문체적 기법, 전략이 사용되었는가?
- 어떻게 텍스트 전반의 '디자인'과 '레이아웃'을 기술할 것인가?

이러한 질문에 답하기 위해 연구자는 기존 문헌에서 가져온 다양한 부호화 체계를 활용할 수 있다. 예를 들어 시각적 어휘를 부호화할 때, 아주 기본적인 출발은 시각적 텍스트에서 다른 종류의 사람들(예: 남성/여성, 어린이/노인), 물체(예: 움직이는 것/움직이지 않는 것), 행동(예: 일방향/양방향), 그리고 배경(예: 외부/내부, 사적/상업적)들을 찾는 것이다. 스타일적으로 문헌의 사진과 그림은 조명, 원근감, 시선, 화면 연출(mise-en-scène), 관찰자와 이미지 간의 상호작용과 같은 영감을 제공한다(언어 텍스트 분석에 대한 더 자세한 기술은 이 책의 Reisigl & Wodak, 그리고 Mautner를 보라). 마지막으로 레이아웃은 특히 위치 짓기(positioning), 중첩(overlapping) 또는 다른 모드에 대한 '참조(reference)'를 포함하여 전체 텍스트를 구성하는 다양한 방법과 관련된다. 우리는 앞서 살펴 본 두 가지 예시를 바탕으로 이를 간략하게 설명할 것이다.

예시 1. 이 텍스트에서 나타난 언어적 어휘의 특징은 이 텍스트가 긍정적이고 기술적인 언어에 강하게 의존한다는 것이다. '매매 프로그램', '비용 관리', 또는 '영업 자본'과 같은 단어들은 특정 형태의 교육을 필요로 한다. 이처럼 지나치게 기술적이라는 것 이외에도 '안정', '성장', '강화', '진행'과 같은 단어들에서 보여지듯이 사용되는 언어가 명백히 긍정적이라는 것도 확인할 수 있다. 이 텍스트의 언어적이고 수사적인 방법은 은유에 의존하고 있다는 것(주로 '죽음에 대한 은유', Lakoff & Johnson 1980을 보라) 정도를 제외하면 그다지 정교하지 않다. 이에 대해서는 아래 3단계에서 더 자세히 설명하겠다.

비엔나 외곽에 위치한 이 회사의 정유 공장 사진에 나타난 시각적 어휘는 회사 산업의 특정 자질을 분명하게 강조한다. 그것은 순수하게 내용적 측면에서는 다소 제한적인데, 전체적으로 '하늘'로 구성된 미니멀리즘적 환경에서의 '산업적 건축물'을 포함하고 있고 '빛', '녹색 선', '체크리스트'의 형태도 포함하고 있다. 스타일의 측면에서, 이러한 이미지는 다양한 형태의 조명 효과를 강조하는 야간의 정유 공장을 묘사한다. 전반적으로 빛은 이미지에 영향을 미치는 중요한 요소이다. 또한 관찰자(viewer)는 이미지 내부 물체들의 관계 안에서 '올려다보는 시선'을 취하게 된다. 원거리에서 촬영되었기 때문에 전체의 '완전한' 조망은 가능하지만, 주변 환경은 의도적으로 결여되어 있다. 또한 이 이미지는 디지털로 확대된 것으로 보인다.

전체 구성은 두 페이지로 나누어져 있다. 산업 단지의 이미지는 작품의 배경이자 중심이기도 하다. 쪽 제목은 왼쪽 상단에 있으며, 왼쪽 하단부터 오른쪽 상단으로 '상승하는' 패턴으로 배열된 4개의 작은 단락이 있다. 각 단락은 '체크박스' 그림 문자와 함께 페이지에 '고정되어' 있다.

예시 2. 신문의 언어적 어휘는 훨씬 제한이 적고, 덜 기술적이다. 신문이 담아내는 의미는 확실히 부정적이다. 몇 가지 단어는 즉각적인 위험(예: '폭발점flashpoint', '위기', '낙진fallout')과 갈등(예: '살해', '범죄', '침묵', '반대')의 존재를 지적한다. 또한 첫 번째 예시와는 완전히 반대로 하향의 방향성을 보여 준다(예: '슬럼프', '빠지다', '떨어지다', '미끄러지다'). 이것이 호주 신문이라는 점을 감안할 때 '유로'와 '중국'이 두드러지게 등장한다는 점은 주목할 만하다. 덧붙여, 신문의 어휘에는 더 많은 숫자가 포함된다. 첫 번째 예와 마찬가지로 여기서의 언어 텍스트도 어느 정도 은유에 의존한다. 수사적 장치로서의 숫자는 '연산화'와 '객관화'를 위해 사용된다.

시각적 어휘는 첫 번째 예시보다 더 제한적이며, 인간이라는 요소에 근본적으로 중점을 둔다. 이 페이지의 주요 주제와 관련된 세 장의 사진은 모두 정장을 입은 '남성들'을 중심으로 한다. 중앙의 이미지에는 추가적인 '그래프'가 더해져 주가 성과나 통화와 관련된 여러 수치를 역동적으로 보여 준다. 시각적 수사와 관련하여, 제스처나 표정은 특정 분위기와 감정을 불러일으킨다. 사람들은 클로즈업 샷으로 잡혀 독자에게 더 '실제적'이고 '개인적'으로 비치도록 만들어지지만, 이들 중 누구도 카메라를 직접 응시하는 사람은 없다.

이 예시의 레이아웃은 첫 번째 사례보다 더 복잡하다. 미디어에서는 언어 텍스트 사이에 적용되는 전형적인 '위계'가 있다(van Dijk 1988). 첫 번째 제목은 가장 크고 눈에 띄며, 이는 신문 1면 전체에 걸친 '틀'을 만드는 것처럼 보인다. 페이지 정중앙에는 큰 이미지가 있고, 이 이미지는 두 개의 시각적 요소를 콜라주로 결합한다. 페이지 하단에 있는 두 개의 작은 초상화는 사진 주위에 정렬된 각각의 텍스트로 '확장되어 가는' 것처럼 보인다. 전체 기사 섹션의 상단에는 신문 제목이 있고, 하단에는 다음 장의 '미리보기'가 표시된다.

3단계: 잠재 요소의 재구성

명백하게 드러난 내용에 대한 기술과 수사학적이고 스타일적인 전략에 대한 기술은 텍스트 기저에 있는 광범위한 의미 구조의 분석으로 보완된다. 이 단계의 핵심 목표는 텍스트 내에서 의미가 명백하게 드러나는 층을 초월하여 숨겨진 의미를 파악하는 것이다. 전반적인 질문은 여러 관점에 걸쳐 모두 유사하다.

- 텍스트에 사회 현실의 어떠한 부분 또는 어떠한 '영역'이 등장하는가?
- 어떻게 가정되고 있는 사회적 맥락이 텍스트 안에서 '말이 되도록' 특징지어지는가?
- 텍스트 안에서 예상되거나 예상되지 않은 '부재'를 찾을 수 있는가?
  (예를 들어, 실현되지 않은 대안이라는 의미에서)

이는 주로 이러한 분석들을 통해 텍스트의 개별 요소들이 가리키는 더 넓은 사회적이고 상호 담화적인 맥락들을 재구성해야 한다는 것을 의미한다. 텍스트와 장르에 따라 다른 부호화 전략들이 적절할 수 있다. 다양한 수사 구조(예: 로고스, 파토스, 에토스)나 논증 구조(예: 삼단논법, 토포스)들과 마찬가지로, 1단계에서 부호화되었던 비유적 표현이나 비유법(예: 은유, 환유, 역설)들은 그러한 더 넓은 구조를 파악하는 데에 유용한 출발점이 될 수 있다. 보다 일반적으로는 해석학적 분석의 모든 형태(예: Keller 2008; Hitzler & Honer 1997; Hitzler, Reichertz & Schröer 1999)가 영감을 주고 지침을 제공할 수도 있을 것이다.

예시 1. 이 텍스트는 전문성과 과학기술을 매우 강조하고 있다. 시각적 어휘와 언어적 어휘들 모두 경영과 산업/기술 영역의 어휘를 광범위하게 사용한다. 텍스트에 그려진 것처럼 조직은 행동하는 주체가 되고, 유능하며, '활기차다'. 어휘는 활동적이며 텍스트의 시각적 부분은 이러한 인상을 더 증폭시키기 위해 빛, 에너지, 움직임 등에 초점을 둔다. 은유 또한 '건설'의 영역(예: '기둥', '건축', '설치')에서 도출되며 이는 기사의 가장 중심에 있는 시각적 요소인 공장 건물에 반영되어 있다. 따라서 어휘가 텍스트의 언어적 부분뿐만 아니라 시각적 부분에서도 안정성과 움직임 사이의 흥미로운 긴장감을 만든다는 것을 발견할 수 있다. 조직은 상당한 속도로 계속해서 진보하고 있고 (끊임없는) 경제 성장이 가능할 뿐만 아니라 이러한 성장이 중심 목표라는 점을 함축한다. 사업 확장은 필요하지만 자기 자산을 안정적으로 확보하는 것 역시도 중요하다. 그러나 타성은 바람직하지 않다. 이미지의 색상 부호(파란색과 녹색)는 회사 로고를 반영하며, 녹색은 또한 환경주의 영역에 대한 암시로 해석될 수 있다. '더러운' 산업(석유)에 종사하고 있음에도 불구하고, 회사는 필수적이고 실질적인 서비스('빛')를 제공하며 '녹색' 가치를 구현하는 절차와 환경적 가치를 지지한다.

이 텍스트에는 핵심적으로 '사람'과 '자연'이 부재한다. 텍스트의 언어적 측면과 시각적 측면에서 일관성이 있기 때문에 이 모든 것들이 더욱 두드러진다. 두 페이지에 걸쳐 구성된 세계에는 직원, 고객, 투자자와 같은 인간 행위자, 혹은 더 일반적인 자연의 모습이 완전히 결여되어 있다. 언어 텍스트가 수동태 구조에 의존하지 않는 경우에는 조직이나 부서와 같은 '추상적' 행위자를 많이 사용하게 된다. 이를 통해 텍스트의 과학기술적 '느낌'을 강화하고 조직의 이미지를 '강력한 기계'로 만들어 나간다.

예시 2. 신문 기사에서, 영역(domain)은 언어 텍스트에서 더 명확하게 제시되고 있다. 사용되는 언어는 대체로 재앙과 갈등의 언어이며 무력 충돌에 해당하는 다소 극단적인 어휘를 사용하기도 한다(예: 살해, 폭격). 기사는 안전성에 대한 실질적 언급이 없는 상태에서 (부정적인) 역동성에 초점을 완전히 맞추고 있다. 가정되고 있는 사회적 맥락은 매우 격식적이고 진지하다. 돈(money)은 문자 그대로 통화(currency)이다. 여기에 그려진 세상은 장난스럽지도 창의적이지도 않다. 특히 지금은 위기 상황이다. 칙칙하고 어두운 (대부분 검정색) 색상은 텍스트 전반의 심각하고 극적인 인상을 강화한다. 사람들의 표정과 몸짓은 이러한 해석을 뒷받침한다. 주요 세 인물은 각각 절망, 무력감, 결단력을 나타낸다. 또한 이것은 모두를 위한 세상이 아니다. 돈과 정치의 세계는 백인 엘리트 남성이 지배한다. 의사 결정은 주로 선택된 소수에 의해 이루어지며, (이러한 결정에) 달려 있는 돈의 액수는 평범한 시민들을 당혹시킬 만한 수준이다.

신문 지면에서는 눈에 띄는 부재가 파악된다. 바로 어떠한 형태의 다양성도 나타나지 않는다는 점이다. 텍스트는 은유적으로 정장을 입은 중년 백인 남성들로만 이루어진 '올드 보이스 클럽(old boys' club)'처럼 보인다. 이 인상은 전체 페이지에서 더 증폭된다. 지면에 등장하는 단 두 명의 여성은 경영보다는 예술과 관련이 있으며, 한 명은 예술가고 다른 한 명은 모델이다. 또한 신문에 묘사된 모든 사람은 백인이다. 이러한 이미지가 '단지 현실을 표상'한다고 주장할 수도 있지만, 이것이 사실인 경우는 거의 없다. 이미지는 항상 선택이며, 어떤 사회적 현실에 대한 '틀'을 짓는 것이다. 묘사에 있어서의 이러한 동질성은 편집진의 결정에 의한 것이다.

4단계: 구성

네 번째 단계는 특별한 방식으로 '구성되는(composing)' 다중모드 텍스트의 효과를 재현하는 데 중점을 둔다. Kress(2010)은 이러한 구성을 다중모드의 의미를 형성하는 핵심 측면 중 하나로 강조했다. 이전 단계에서는 서로 다른 모드를 각각 분리하여 분석했지만, 이제는 더 통합된 접근 방식으로 전환하고자 한다.

- 언어적 요소와 시각적 요소는 어떻게 서로 관련이 되는가?
- 텍스트에서 언어적인 것과 시각적인 것의 특별한 '역할'과 '기능'은 무엇인가?
- 이 구성을 통해 만들어지는 통합된 '메시지' 또는 '내러티브'는 무엇인가?

이런 질문에 답하기 위해 연구자들은 위계적 배열(hierarchial arrangements, '텍스트 구조에서 해당 모드가 다른 것들보다 높거나 낮은 수준에 있는가?') 이나 강조 및 우위에 관한 문제('어떤 모드가 주목을 받는가?')와 같은 모드 간의 상호 관계의 다양한 측면에 초점을 맞출 수 있다. 또한 유사점, 차이점 및 참조는 내용과 잠재 의미의 측면에서도 파악할 수 있다('이들 어휘는 어떻게 비슷한가?' 앞 단계 참조). 다중모드 텍스트에는 단 하나의 내러티브만 포함되는 경우가 드물다는 점에 주목하여야 한다. 오히려 이들의 다성성(multivocality)은 전체 담화 수준에서 여러 가지 다양한 내러티브와 연결되는 중요한 자산이다. 그러므로 앞선 예시에서 나타나는 내러티브를 모두 남김없이 제시하는 것은 불가능할 것이다. 우리는 오로지 그들이 우리에게 말하는 가장 지배적인 이야기가 무엇인지만을 제시할 뿐이다.

　예시 1. 텍스트의 언어적인 부분과 시각적인 부분은 서로를 분명하게 강화하고 지원한다. 언어적 모드는 '정보 제공'을 위해 사용되며 맥락과 더 상세한 정보를 제공한다. 이미지는 강하게 스타일화되어 있지만 언어 텍스트는 '진실(truth)'을 말하고 '사실(facts)'을 제공해야 한다. 반면 시각적 모드는 구체적인 회사 건물의 묘사를 통해 메시지를 '개인화'한다. 또한 이것은 역동성, 심지어는 '산업적 낭만(industrial romance)'과 같이 언어 텍스트로는 전달이 쉽지 않은 속성을 추가하여 전반적으로 메시지를 보다 '실감 나게' 만든다. 세 번째 모드로, 레이아웃은 다른 두 모드를 함께 연결하면서 강조하고 위계를 만들어 준다. 전체적인 구성은 힘, 성장, 움직임의 인상을 만들어 낸다. 또한 단락의 배열은 상승 추세를 암시하고 체크박스는 목표를 달성했다는 것을 암시한다. 이는 기본적으로 기업이 올바른 길을 선택했으며 따라서 기업의 미래가 밝다는 것을 암시한다. 또한 이 회사는 '절대 잠들지 않고' 필수적인 서비스를 제공하는, '잘 작동되는 기계(well-oiled machine)'임을 표상한다.

예시 2. 감정과 분위기의 차원에서, 텍스트의 언어적 측면과 시각적 측면은 서로를 높은 수준으로 강화한다. '신뢰성'과 '사실성'을 만들어 내는 일은 언어적 모드와 시각적 모드에 동일하게 배분된다. 단어는 등장인물들의 목록, 사건의 순서 및 일부 숫자를 제공할 뿐이지만, 그래프는 이 개발을 '객관적으로' 표상한다. 시각적 모드는 실제 사람들과 더 밀접하게 연결되어 있기 때문에 첫 번째 예시와는 약간 다른 방식으로 '감정'의 차원을 추가한다. 경기 침체에 대한 두려움에 초점을 맞춘 첫 번째 기사에서 그러한 공포와 두려움은 이미지 속 중심 행위자들의 행동에 완벽하게 반영되어 있고 도표는 이를 합리적이고 측정 가능하게 만든다. 다른 기사에서 묘사된 사람들의 얼굴은 이에 따른 심각성과 결단력을 보여 준다. 전반적으로 이 페이지는 기능들

간의 '삼각' 구조를 보여 준다. 큰 이미지는 주가 하락과 개인의 고통, 절망을 연결하는 가장 상징적이고 감정적인 이미지이다. 그래프는 메시지를 '합리화'하고 신문 하단에 있는 두 사람은 문제를 '개인화'한 다. 이것은 세계적(어쩌면 다른 나라에서 유입된) 불황과 경제 침체의 압도적인 힘에 대항하는 사회적 (남성) 엘리트의 투쟁이나 무력에 대한 이야기를 통해 은유와 사실성 사이의 정교한 평형 상태(equilibrium)를 만든다.

5단계: 결론과 비판적 평가

앞선 모든 단계들은 텍스트 내에서 사회적 의미의 '패턴'을 재구성하기 위해 서로를 기반으로 하여 정보를 제공한다. 비판적 분석의 관점에서 텍스트에 대한 마지막 질문 세트는 이해 관계와 권력에 관한 문제와 관련된다. 물론 여기에서 제공된 한정적인 지면에서 자세하고 철저한 분석을 제시하는 것은 불가능하다. 오히려 우리는 그저 가장 눈에 띄는 요소 중 일부를 지적하고 독자가 자신의 분석을 지속해 나가도록 격려하고자 한다.

- 해당 분석이 텍스트가 포함된 광범위한 사회 문제와 특정 기관, 문화적 맥락에 대해 무엇을 말해주는가?
- 존재와 부재 속에서 발견되는 이해 관계와 권력의 서로 다른 흔적들을 어떻게 묘사할 수 있는가?
- 어떻게 서로 다른 모드와 이들의 전체적인 구성이 권력을 강화하거나, 권력에 도전하거나, 아니면 이러한 권력을 은폐하는가?

예시 1. 우리는 이와 같은 구성이, 기업이 차별화된 청중에게 자신의 행위를 합리화하는 데에 점점 더 많은 어려움을 겪고 있다는 맥락을 나타낸다고 합리적으로 추론할 수 있다. 이 다중모드적 구성은 힘과 속도를 표현할 뿐만 아니라 역동성을 책임감 있게 관리할 수 있는 잠재력을 표현한다. 이는 무한 성장의 '메타-내러티브'를 영속화하고, 기업이 그러한 성장을 지속할 수 있음을 시사한다. 동시에 이러한 태도는 본질적으로 이기적인 행동이 아니라, 오히려 사회의 기본적 요구를 충족시키며(에너지, '어둠을 밝히고', '남들이 잘 때 활동하는') 환경적으로 책임감 있는 방식(녹색을 강조, '낭만적'인 이미지화)으로 나타난다. 이것은 기업들이 투자자들의 모순된 기대치를 제거하기 위해 다중모드 텍스트를 사용한다는 최근의 연구 결과와도 매우 일치한다(Höllerer et al. 2013).

이러한 구성에서 드러나는 이해 관계와 권력의 흔적들은 모드들의 가시성에 따라 서로 달리 나타난다. 권력의 가장 명백한 형식은 공개적으로 묘사된다. 즉 고객에게 필수적인 서비스를 제공하면서도 더 큰 범위에서의 책임감 역시 가지고 있는 성공적이고 성장하는 기업의 권력이 드러나 있는 것이다. 텍스트에 존재하는 특정 '부재'에 초점을 맞추면, 보다 미묘한 측면을 발견할 수 있다. 예를 들어, 기계를 작동시키는 사람들을 계속 '보이지 않게' 함으로써, 이러한 구성은 기술 자체뿐만 아니라 기업을 추상적이고 합법적인 구성물로 만들며 기술과 기업 자체에 권력과 주체성을 부여한다. 이 회사에서는 일반적으로는 시각화에서 사람들을 광범위하게 사용하기 때문에 이 광고에서 사람들이 부재한다는 것이 특히 두드러진다. 눈에 보이지 않는 두 번째 측면은 (일반적으로 석유와 가스 산업에서 다소 논쟁적인) 생산의 '더러운' 측면이다.

텍스트의 언어적 부분은 실제 '보고서'이다. 이는 '체크박스'라는 시각적 요소를 통해 강화된 목표 달성과 해결된 도전 과제를 제시한다. 이미지는 비록 추상적일지라도 이러한 성과에 '외관(face)'을 제공한다. 또한 즉각적인 사실성을 통해, 석유 정제소를 실제로 '아름답고' 미적인 것으로 묘사한다. 지속적인 강화와 반복(체크 박스, 상승하는 단락 배열, 전경에 드러나는 빠른 움직임, 낙관적 언어 텍스트)을 통해 제목 ('수익률은 순조롭게 증가하고 있습니다')에서 발견되는 중심 메시지는 모든 모드로 동시에 전달되므로 훨씬 설득력이 있다.

예시 2. 이 텍스트에서는 맥락과 관련하여 적어도 두 가지의 관련 양상이 눈에 띈다. 첫째로는 측정 가능성, 정확성, 인과성에 명시적, 암시적으로 초점을 맞추고 있다는 점이다. 이는 명시적으로 텍스트뿐만 아니라 그래프와 이미지에서도 정확한 숫자에 초점을 맞춤으로써 제시된다. 그래프의 정확한 의미를 이해하지 못하는 사람조차도 이러한 정확성의 중요성을 '알아낼' 것이다. 이러한 정확성은 페이지 하단의 '탈맥락화된' 사람들의 묘사에서도 어느 정도 반영된다. 이미지에 '잡음(noise)'이 없는 것은 누가 이 사진들 가운데 중심인지에 대한 의문을 남기지 않는다. 이렇게 측정 가능한 정확성과 인과관계에 기반을 둔 두 번째 측면은 책무, 의무 및 책임을 부여할 필요성에 의해 구성된다. 커다란 머리글은 '주가 폭락'의 원인을 매우 분명하게 밝히고 있으며, 다른 기사에서도 역시 범인과 영웅이 누구인지 머리글만큼 명확하게 밝히고 있다.

두 번째 예시에서는 이해 관계와 권력을 감지하기 더 어렵다. 그것은 주로 존재와 부재로 구성된다. '심각한' 비즈니스 미디어라는 맥락에 맞는 다중모드 텍스트 내에는 '진실'에 대한 암묵적인 주장이 있다. 이러한 주장은 한편으로 '현실적'인 사진으로 표현되고, 다른 한편으로는 숫자와 차트를 광범위하게 사용함으로써 표상된다. 텍스트의 시각적 부분에는 또한 '누가 관련이 있는가'에 대한 추가 정보도 포함되어 있다. 앞에서 우리는 이 텍스트에서 '비즈니스'는 독점적으로 '남성'과 관련되며 특히 위기 상황이나 '위력'에 대항하는 싸움에서 '남성' 리더십의 담화를 영속시킨다고 언급하였다. 예술의 영역에 여성을 배치하는 것은 이러한 인상을 강화시킨다. 이런 의미에서 이미지는 단순히 언어 텍스트의 삽화 그 이상이다. 텍스트와 시각의 결합은 '어떤 종류의 사람'이 주인공(지도자, 영웅 혹은 범인)인지를 결정하며, 이 텍스트에서는 정장을 입은 백인 엘리트 집단 중년 남성들이 그 대상이 된다.

5.4. 대형 표본 분석으로의 확장

지금까지는 단일한 다중모드 텍스트에 대한 절차만을 설명하였다. 일부 질적이고 해석학적인 접근법은 단일 텍스트가 특정 질문에 대한 연구에 충분하다고 명확하게 주장하는데 이는 하나의 텍스트에 이 텍스트가 내장된 사회적, 담화적 구조가 포함되어 있기 때문일 것이다(예: Oevermann et al.(1979)의 객관적 해석을 보라). 그러나 담화 가닥의 광범위한 부분을 재구성하고 다른 가닥에 대한 비교 분석을 제공하며 장르 전반 또는 영역 수준(field level)에서 패턴을 찾거나 시간 경과에 따른 전개를 연구하기 위해서는 종종 더 큰 규모의 표본이 필요하다.

기본적으로 영역 수준의 분석은 개별 텍스트와 동일한 절차를 사용한다. 1~3단계는 변경 없이 그대로 유지되며, 다만 더 큰 텍스트 집합에 적용된다는 점만 다르다. 4단계부터, 연구자들은 개별 텍스트와 광범위한 담화 구조 사이의 끊임없는 '넘나듦(oscillation)'의 과정을 시작할 것이다. 여기서의 과제는 각 텍스트 요소를 담화 구조와 연결시키는 데 사용할 유용한 개념을 찾는 것이다. 선택지는 다양하다. 예를 들어, 우리 자신의 연구에서는(예: Höllerer et al. 2013, 2014) 틀의 사용(예: Gamson & Modigliani 1989; Meyer & Höllerer 2010), 토포스(예: Jancsary 2013; Wengeler 2003), 담화 전달 차원(예: Bublitz 2011; Link 1997), 그리고 내러티브(예: Czarniawska 2004; Rowlinson et al. 2014)를 사용한 바 있다. 다른 분석적 개념으로는 해석들(Deutungsmuster)(예: Meuser & Sackmann 1991; Oevermann 2001)이나 합법화 전략(예: Meyer & Lesfsrud 2012; Vaara & Monin 2010; van Leeuwen & Wodak 1999)이 있다. 이 모든 접근법들의 공통점은 특정 영역이나 주제에 대한 의미 구조의 차별화된 분석을 가능케 한다는 것이다. 사회적 현실과 의미는 하나의 덩어리로 이루어진 것이 아니라 의미의 세부적인 '구역들(zones)'로 나뉜다. 다중모드 연구는 이러한 구역을 이해하는 추가적인 방법과 이들이 발생되고 유지되거나 도전받는 방식을 제공한다.

6. 요약

이 장에서 우리는 다중모드 CDA의 주요 측면과 차원, 함의에 대해 자세히 설명하고자 하였다. 우리는 이것이 CDA의 특이한 변형이 아니라는 점을 강조하고 싶다. 오히려 이것은 사회적 현실을 (재)구성하는 여러 방법과 자원들을 다루는 광범위한 담화-분석적 접근법을 포괄한다. 다중모드 CDA는 다양한 형태의 자료와 관련 있으므로 잘 채워진 개념과 방법론적인 도구 상자를 사용해야 한다. 사실 이 장에서는 사용 가능한 모든 도구에 대한 포괄적인 개요를 제공하지는 못했다. 우리는 부록의 더 읽을거리에서 다중모드 CDA와 관련된 보다 구체적인 주제로의 심층적 참여를 가능하게 하는 추가 자료를 제공하려 한다.

우리는 다중모드 자료(즉, 시각적 요소와 언어적 요소)의 대형 표본 분석에 적용할 때 특히 적합한 하나의 구체적인 방법론을 상세하게 제시하였으며, 이는 담론과 사회 현실을 구성하는 포괄적인 기저 의미 구조들 구조를 찾아내기 위해 활용될 수 있다. 우리는 여기에서의 방법론적 제안이 결코 다중모드 CDA가 진행되어야 하는 표준화된 '개요(schema)'를 제공하는 것이 아님을 잘 알고 있다. 따라서 이러한 내용은 다중모드 CDA를 어떻게 수행할 수 있는지를 보여 주는 예시로 이해되어야 한다. 다만 우리가 조금 더 체계적인 방식으로 아이디어를 제공하였고, 이를 통해 그러한 분석이 어떻게 수행되어야 하는지에 대해 독자들에게 영감을 주었기를 바란다. 또한 이 접근 방식의 강점은 유연성, 융통성, 그리고 (작은 표본이나 단일 사례의 심층적 해석에 탁월한 다른 방법론과는 대조적으로) 다중모드 자료의 대용량 코퍼스에 적용할 수 있다는 점이라는 것을 강조하고 싶다. 우리의 길잡이 질문은 주로 언어적 텍스트와 시각적 텍스트의 분석을 위해 개발되었지만, 다른 담화 모드를 대상으로 하는 연구에도 비교적 용이하게 적용할 수 있을 것이다.

물론, 다중모드 분석에는 아직 직면해야 할 중요한 과제가 다수 존재한다. 첫째, 다중모드 분석은 데이터와 문서에 대한 의존도가 높다. 일부 데이터 수집 형태(예: 인터뷰, 설문 조사)는 언어적인 것을 넘어서는 모드들에는 잘 맞지 않는다. 또한 현장의 행위자는 자신의 경험에 대한 다중모드적 설명을 제공하는 것을 꺼려할지도 모른다(예: 사진, 비디오, 그림). 둘째, 다중모드 연구는 연구자에게 동시에 다양한 모드를 다룰 수 있는 능력을 요구한다는 부담을 준다. 이 모든 모드는 각 모드에 따라 개별적이고, 매우 다양한 분석적 기술 세트를 전부 요구한다. 셋째, 서로 다른 모드들은 다소 특수한 방식으로 의미를 만들어 내기 때문에 이들 간의 비교는 쉬운 일이 아니다. 넷째, 현대 출판물들은 종종 언어적 모드 외의 다른 방식을 다룰 준비가 되어 있지 않다. 그럼에도 불구하고 다중모드 리터러시는 다양하고 점점 더 접근이 쉬워지는 다양한 담화의 모드를 통해 계속해서 구성되고, 중재되며, 재생산되고, 도전받는 현대 사회의 현실을 포착하게 해준다. 따라서 우리는 다중모드 리터러시가 사회적 세계를 연구하는 학자들에게 필수적인 것이라고 생각하는 바이다.

더 읽을거리

Kress, G. (2010) *Multimodality: A Social Semiotic Approach to Contemporary Communication*. Abingdon: Routledge.

이 책은 사회 기호학적 관점에서 다중모드 담화에 대한 풍부하고 자세한 소개들을 제공한다. 이 책은 의미와 의사소통에 대한 정교한 이론적 논의를 제공하며, 개념과 아이디어에 보다 쉽게 접근할 수 있도록 풍부한 사례와 삽화를 활용하고 있다.

Kress, G. and van Leeuwen, T. (2006) *Reading Image: The Grammar of Visual Design*. London: Routledge.

이 연구는 의사소통에서의 시각적 모드에 초점을 맞추어 시각이 '작동'하는 방식과 시각을 보다 체계적으로 이해할 수 있는 방법을 심층적으로 다룬다. 시각적으로 나타날 수 있는 다양한 양상들을 내용부터 스타일, 잠재 의미까지 함께 살핀다. 이는 담화 안에서 나타나는 시각적 요소들을 더 잘 이해하기 위한 귀중한 자료이다.

Machin, D. and Mayr, A. (2012) *How to Do Critical Discourse Analysis: A Multimodal Introduction*. London: Sage.

이 책의 저자는 다중모드성을 그들의 비판적 담화 분석에 명시적으로 포함시킨다. 이 책은 다중모드 비판적 담화 분석이 포괄하는 다양한 측면에 대한 접근 가능하고 훌륭하게 구조화된 개요이다. 이 책은 체계적인 방법으로 사람들과 행위, 부재, 설득, '진실'을 표상하는

발화 및 화자에 대한 주제를 다루며, 저자들의 접근 방식을 보여
주는 삽화를 풍부하게 제시하고 있다.

Meyer, R. E., Höllerer, M. A., Jancsary, D. and van Leeuwen, T.(2013) *The
Visual Dineision in Organ ⌐zing, Organization, and Organization
Research: Core Ideas, Current Developments, and promising Avenues.*
Academy of Management Annals 7: 487~553.

이 연구는 조직과 관리에 대한 연구에서 나타나는 시각과 시각성에
대한 자세하고 분석적인 개요를 담고 있다. 또한 시각성을 광범위
하게 다루는 분야(예: 심리학, 커뮤니케이션 연구, 철학)도 다루고
있다. Meyer와 동료는 시각이 (비판적) 연구에서 다양한 역할을 할
수 있음을 밝히며, 이 분야에서 향후 연구에 영감을 줄 접근법들의
유형을 제시한다.

Rose, G. (2007) *Visual Methodologies: An Introduction to the Interpretation
of Visual Materials.* London: Sage.

저자는 시각 분석에 대한 가장 두드러지고 유망한 방법론적 접근법
에 대한 정교한 개요를 제시한다. 이 책은 내용 분석, 기호학, 정신
분석, 청중 연구 및 인류학적 접근법을 다룬다. 이 연구에는 두 개
의 장에 걸쳐 시각적 담화 분석에 대한 내용이 나온다.

(A) 당신의 흥미를 끄는 타블로이드 신문 하나를 선택하라. 그 가운데 시각적 요소를 포함하고 있는 하나의 기사를 선택하라.

1. 언어 텍스트에서 '어휘'를 살펴보자. 그 중에서 가장 눈에 띄는 명사, 동사, 형용사는 무엇인가? 이 어휘들을 특정한 '영역'(예: 전쟁, 사랑, 가족, 스포츠)에 포함시킬 수 있는가?

2. 같은 맥락에서 시각적인 '이미지(imagery)'를 살펴보자. 어떤 요소들을 식별할 수 있는가(예: 사람, 사물, 행동)?

3. 시각적인 텍스트와 언어적인 텍스트를 요약해 보자. 이때 두세 문장이 넘지 않도록 짧은 내러티브로 구성해 보라.

4. 이 스토리는 서로 어떻게 연관되는가? 서로를 보완해주거나 서로 모순 되는가? 아니면 그들이 서로 연관되지 않는 것처럼 보이는가? 모드를 통해 말할 수 있는 종합적인 이야기가 있는가?

5. 이 이야기는 누구의 이익을 위해, 어떠한 방식으로 말해지는가? 승자와 패배자를 찾아낼 수 있겠는가?

추가로 고려해야 할 몇 가지 사항은 다음과 같다.

- 텍스트의 언어적 부분을 먼저 인지하는 것과 시각적 부분을 먼저 인지 하는 것은 어떤 차이를 만들어 내는가? 만일 그렇다면 정확히 무엇이 변하는가?

- 텍스트의 언어적이고 시각적인 부분이 공간적으로 어떻게 배치되는지

가 중요한가? 만일 그렇다면, 그 부분을 재배치했을 때 어떤 변화가 나타나는가?

(B) 가장 좋아하는 영화 중에 한 장면을 골라 보자(가급적 등장 인물이 대화하고 있는 장면을 선택하라).

1. 그 안에서 어떠한 모드를 찾아낼 수 있는가? (예: 구어, 시각적 인상, 보디랭귀지, 장면의 구성)

2. 앞서 발견한 모드들을 정의해 보자. 전체적인 구성에서 이 모드들은 어떠한 역할이나 기능을 하는가? 이에 대한 인상은 다른 모드와 어떻게 다른가? 이것을 평가하는 한 가지 방법은 하나의 모드가 부재할 때 그 장면이 당신에게 어떠한 영향을 미칠지 상상하는 것이다.

3. 장면 안에서 명시적으로 '말해지거나' '보여지지' 않는 모드들의 특정한 상호작용을 통해 어떠한 정보를 찾아낼 수 있는가?

추가로 고려해야 할 몇 가지 사항은 다음과 같다.

• 장면 안에서 모드들이 나타나는 특정한 '순서'가 있는가? (예: 강렬한 시각적 인상이 먼저 나타난 다음 언어가 나타나는 것) 이러한 것들은 장면을 이해하는 데 어떠한 영향을 미치는가?

• 개별 모드를 바꾼다면 장면의 의미가 완전히 달라질 수도 있는가? 만일 그렇다면 어떻게 달라질 수 있는가?

감사의 글

덴마크 연구 위원회의 재정 지원에 깊은 감사를 표한다(DFF-1327-00030).

제9장 비판적 담화 연구와 소셜미디어

: 변화하는 미디어 생태계에서의 권력과 저항, 그리고 비판

Majid KhosraviNik & Johann W. Unger

< 핵심어 >

비판적 담화 연구(critical discourse studies), CDS 2.0, 디지털 담화(digital discourse), 행동유도성(affordances), 비판적 디지털 담화 분석(critical digital discourse analysis), 표적 집단(focus group), 참여형 웹(participatory web), 정치적 저항(political resistance), 권력(power), 프로섬션(prosumption), 시위(protest), 소셜미디어(social media)

1. 들어가기

풍요로운 사회에서 살고 있는 대부분의 성인과 십대들은 소셜미디어를 날마다 사용한다(미국에 대한 데이터는 Duggan & Smith 2013을 보라). 소셜미디어는 시간이 지날수록 더욱더 복합적인 방식으로 이들의 삶을 가로지른다(Thurlow 2012도 보라). 예를 들어 광고와 트립어드바이저(TripAdvisor)의 리뷰 같은 홍보성 텍스트나 페이스북(Facebook)처럼 새로운 형식으로 시위를 동원하는 것 등에 있어서 해시태그와 소셜미디어 로고는 광범위하게 사용된다. 보다 덜 풍요로운 사회에서도 소셜미디어의 사용은 널리 보급되어 있는데 이는 더 부유한 사회와 유사한 방식으로뿐만 아니라 다양한 사회적, 상업적 실행을 위해 문자 메시지를 사용하거나(Aker & Mbiti 2010; Cole et al. 2013) 시민의 권력과 집단 정체성을 형성하는 새로운 여지를 제공하는 것(KhosraviNik & Zia 2014)과 같은 방식으로도 이루어진다.

이와 동시에 개인, 집단, 기관이 소통해 온 전통적 방식 또한 급격하게 변화하고 있다. 일부 인구 통계 자료에 따르면 전화통화는 인스턴트 메시지보다 훨씬 덜 사용되며 손편지는 골동품이 되었고 비교적 새롭고 유비쿼터스적 플랫폼인 이메일조차도 문어 의사소통을 할 때 가장 먼저 선택하는 방식은 아니다(Lenhart 2012). 거대한 미디어 조직에 여전히 경제적, 정치적 권력이 상당히 집중되어 있으며 그렇기 때문에 이러한 조직이 사회에 계속 영향을 행사하지만 대부분의 (풍요로운) 세계에서 종이 신문은 구독자가 많이 줄어들었고 판매 부수는 내리막길을 걷고 있다(Siles & Boczkowski 2012를 보라). 반면에 신문 웹사이트는 뉴스 검색을 위한 소셜미디어와 함께 번창하고 있다(예를 들어 Holcomb et al.(2013)은 미국 성인의 약 30퍼센트가 페이스북을 통해 뉴스를 검색한다고 하였다. 여기에는 기성 미디어 기업의 웹사이트 링크도 포함되어 있기는 하다).

디지털로 매개된 언어 데이터의 가용성과 성장세가 점차 커지고 사회적, 정치적, 경제적 과정의 여러 측면에서 소셜미디어의 영향력이 행사됨에 따라, CDS와 같이 사회적 목표를 추구하는 비판적 접근법은 미디어를 통한 의사소통의 집중이나 사회적 담화의 생산 및 확산과 관련된 규범의 변화를 인식해야만 한다. 한편 소셜미디어를 통한 의사소통은 매스미디어가 권력을 장악하게 되는 핵심인 유통 과정의 변화뿐만 아니라, 일정한 (특권이 있는) 생산자가 콘텐츠를 (보통의 힘없는) 소비자에게 선형적으로 전달하는 전통적 방식에서 탈피하는 의사소통의 새로운 역학 관계를 발생시켰다. 이러한 의사소통의 역학 관계는 참여형 인터넷, 또는 '웹2.0'(O'Reilly 2007)이라 일컫게 된 것의 핵심에 있다. Seargeant & Tagg(2014)에 따르면 소셜미디어의 본질은 사용자들이 직접 콘텐츠를 생산할 수 있도록 참여와 상호작용을 촉진하는 것이다. 소셜미디어란 "메시지 및 다른 미디어를 공유함으로써 네트워크나 커뮤니티를 구축하고 유지할 수 있는 인터넷 기반의 사이트와 플랫폼"(2014: 3)이다. 한편, Ritzer & Jurgenson(2010)은 소셜미디어 기술이 자연스러울 뿐 아니라 교묘하게 '프로섬션(prosumption)'의 과정을 지속시킨다고 보았다. 그들이 이름붙인 프로섬션이란, 소비자를 일하게 하면서 물적 세계의 생산자–소비자 간 구분을 약화시키는 보다 덜 물질적인 개념을 담고 있다. 셀프 계산대처럼 넓은 의미의 프로섬션이 있는가 하면, 위키피디아(Wikipedia), 블로그(blog), 유튜브(YouTube), 플리커(Flickr), 인스타그램(Instagram), 페이스북(facebook), 트위터(Twitter) 같은 웹 기반의 플랫폼은 좁은 의미의 프로섬션에 해당되는데 이들은 사용자가 콘텐츠를 만들고 업로드하여 다른 사용자가 이를 보고 서로 상호작용함으로써 생산과 소비의 통합을 용이하게 한다는 특성을 지닌다(2010). Fuchs & Sevignani(2013), Fuchs(2014)는 마르크스주의적 관점을 뚜렷하게 드러내면서 다양한 참여형 플랫폼에서의 프로슈머들의 활동을 디지털 노동으로 간주한다. 이와 같은 해석의 핵심은 "자본을 축적하기 위하여 현 시대의 인터넷 플랫폼 기업이 취하는 지배적 모델은 사용자들의 무상 노동 착취에 기반한다"(Fuchs & Sevignani 2013: 237)는 점이며, 이는 '이익 창출의 가치'가 (개인 정보를 공유하는 것을 포함한) 콘텐츠 생산을 통해 만들어질 뿐아니라 유통 과정에 필요한 노동이 사용자들에 의해 무보수로 이루어지는 것과 관련된다. 소셜네트워킹사이트(SNS)에 접속하는 것은 방대한 양의 데이터를 생산할뿐더러(생산자로서의 가치), 타깃 광고가 사용자에게 제시되는 동안 사이트에서 시간을 보냄으로써(소비자로서의 가치) 플랫폼 소유주에게 가치 창출을 가져다준다(2013: 260). 텔레비전에 적용해 보자면, 프로슈머들은 창의적인 콘텐츠와 광고의 시청자일 뿐만 아니라 바로 그 콘텐츠의 공동 창작자이자 공동 유통자인 것이다.

Ritzer & Jurgenson(2010)은 참여형 웹에 자본주의 모델을 적용하는 것은 새로운 차원의 복잡성을 수반한다고 본다. 이를테면 자원에 대한 철저한 통제가 이루어지지 않으며, 참여형 웹의 다양한 사회적-의사소통을 가져오는 행동유도성(affordances)은 반(反)자본주의와 진보운동에 활용되거나 이익 추구 이외의 목적에 우선적으로 기여하기도한다. 또 다른 문제는 전통적 의미에서의 마르크스주의적 착취 개념으로 보기 어렵다는 것인데, 이는 놀이노동(Fuchs 2014)이라고도 하는 해당 현상에서 "프로슈머가 자신의 행위를 즐기고 심지어 매우 좋아하며 아무런 대가 없이 기꺼이 긴 시간을 할애하려는 것으로 보이기"(2010: 22) 때문이다. 노동력에 대한 전통적 마르크스주의의 관점에서보자면, 착취는 물리적 협박이나 생계에 대한 위협과 같은 강제적과정으로 이해된다. 또한 착취를 당하는 이들 사이에서도 착취에 대한 인식이 존재한다. 소셜미디어에서의 노동이 지니는 자발적 속성이 강제의 측면을 제거하기는 하지만, 자본에 의해 전유되는 온라인 부의 생산자로서 프로슈머가 기능하는 한 착취 관계의 특성은 분명 존재한다(Fuchs 2014). 또한 페이스북은 "고립과 사회적 불이익으로 사용자들을 위협하는 형태로 사회적 강제"를 행사하는 것으로 논의되기도한다(Fuchs & Sevignani 2013: 257). 중요한 또 다른 사실은 SNS 기업이다른 사람들과 미묘하게 구분되는 (콘텐츠 생산자인) 사용자의 삶의모습을 포착하고 방송하여 플랫폼에서 (시청자들이) 가능한 한 많은시간을 보내거나 활동하게 하며, 이를 위해 상업성에 기여하는 다양한 장려책이 사용된다는 것이다. 따라서 연구자들은 한편으로는 전파의 수단으로 사용되는 소셜미디어의 디지털 매개 언어와 사회적 행위를 비판할 수 있다. 그리고 다른 한편으로는 미디어의 민영화를 심도 있게 비판하는 동시에 새로 만들어진 공간의 가능성을 시민적 실천을 위하여 고찰하고 논의해야 한다. 이는 과학기술의 진보를 통한 전반적인 만족감과 후기현대사회에 만연한 소비주의 시장 논리의 맥락에 적용된다. 대부분의 비판적 담화 연구자들이 지향하는 귀추적 운용에서는 데이터의 특정 형식 및 장르가 분석에 어떤 영향을 주는지 고려하는 동시에 다양한 방면의 이론적 발전이 이루어지도록 심혈을 기울여야 한다. 그리고 둘 사이를 오가며 적절한 연구 문제와 방법을 설정해야 하는 것이다.

우리는 우선 CDS에 존재하는 웹에 대한 기존의 접근법들을 검토하고 이 접근법들이 소셜미디어 연구에 어떠한 영향을 미치는지 살펴보겠다. 그 다음에는 미디어 생태계의 전면적인 변화 측면에서, 미디어 및 커뮤니케이션 연구를 비롯한 다른 분야에서의 도전 과제들을 논의할 것이다. 끝으로, 소셜미디어를 탐구하고자 하는 CDS 연구자를 위한 방법론적 문제를 고찰하고, 앞에서 논의한 몇 가지 쟁점을 보여주는 두 가지 사례 연구를 제시하겠다.

2. 비판적 담화 연구의 원리와 소셜미디어

CDS 연구자들은 꾸준히 '사회적 의식을 가지고 언어를 분석'해야 함을 주장해 왔으며 철저히 기술적으로 다뤄지던 학문을 문제 중심의 접근법으로 확장시켰다(Blommaert 2005: 6). 언어를 사회적 맥락에서 이해하는 것은 사실상 '언어적' 분석과 '담화' 분석을 구분해준다(담화를 맥락에서의 텍스트로 이해한 Cook(2001)을 보라). 그런데 언어 연구의 학문적 전통들에서 모든 '담화 분석'이 '비판적'이지는 않으며(또는 그럴 필요가 없으며), 이는 컴퓨터 매개 의사소통(computer-mediated communication, CMC)에 대한 전통적 연구와 CDS의 첫 번째 접점을 제공해 준다. 미디어 중심 접근법은 컴퓨터 매개 의사소통에 대한 초기 연구에서 가장 두드러진 특징인 사회적 (그리고 개인적) 맥락의 중요성은 뒤로하고 미디어 기술의 사회적 영향력을 중시하였다. 이에 대응하여 Androutsopoulos(2008)은 (다른 언어 현상 중에서도) 상호작용과 정체성 형성, 언어 변이 등을 살펴보기 위하여 소셜미디어에 대한 더 사회언어학적이고 민족지학적인 접근법을 취한다. 거시적 차원에서, 과학기술보다 사회에 초점을 맞추는 것은 소셜미디어에 대한 CDS 접근법을 고찰하는 첫 단계이다. 흥미롭게도, 연구의 출발점으로 사회를 중시하는 것은 담화 분석에 대한 미시적이고 기술적인 접근법과 보다 넓은 차원의 CDS 접근법을 구분해 주기도 한다. 한편 사회정치적 맥락화가 어느 정도 중시되어야 하는가에 대한 논쟁이 있지만, 언어학적 담화 분석의 전통들이 언어에만 고립되어 있던 분석에 (CDS의 관점에서) 의미 있는 혁신을 이루어 왔다는 점을 인식해야 한다. Susan Herring의 연구(예: 2004)는 이러한 측면에서 매우 중요하다. Herring(2004)는 디지털 미디어에 언어적 담화 분석의 전통을 적용하였는데, 뉴미디어 생태계를 포함하도록 담화 분석의 범위를 확장시키고자 노력했다. Androutsopoulos와 Herring의 연구는 의사소통과 사용자 커뮤니티의 맥락에 초점을 둬야 한다고 강조한다는 점에서 CDS의 관점으로 논의될 수 있다. 많은 CDS 연구자들이 언어적 특성을 최대한으로 기술하였고 이를 다양한 층위의 맥락과 연결했다(KhosraviNik 2010: 67을 보라). 따라서 CDS의 비판성은 반성적인 것과 연관되며 이는 연구 방법의 층위에서만 아니라 (단지 기술적인) 담화 분석의 결과를 맥락 속에서 해석하는 것과도 관련된다(Wodak 2001: 9).

2000년대 중반에, Mautner는 연구자들이 새로운 의사소통의 장으로 진입하여 풍부한 자료를 활용할 것을 권고하였다(Mautner 2005: 812). 그 이후로 참여형 웹은 페이스북 페이지나 트위터 해시태그 같은 실행공동체들과 함께 어떤 면에서 더 체계화된 것은 사실이다. 하지만 다른 한편으로 Mautner는 당시의 전통적인 CDS 연구에 있어서 "미리 주어진 질서가 부족하고, 목소리와 장르가 무차별적으로 섞이는 것"(2005: 817)은 특별한 문제라고 강조하였다. 동시에, 장르 혼합은 그 자체로 새로운 의사소통 생태계의 주요 특징이기도 하다. 전통적 (매스)미디어의 일정한 장르 형식과 일방향적으로 이루어지는 텍스트 실행 대신, 이제 사용자는 다양한 텍스트 장르를 동시적으로 다룬다. 여기에는 제도와 관련된 비교적 형식적인 참여(예를 들면 사이트에 피드백하거나 뉴스기사에 감응함으로써 텍스트에 '반응'을 보이는 것)와 개인 간의 '일상적인' 의사소통 참여(예를 들면 와츠앱WhatsApp 같은 인스턴트 메시지 프로토콜을 사용하여 친구들과 이야기하는 것)가 포함된다. 페이스북처럼 엄청나게 인기 있는 SNS는 제도와 개인 (또는 권력이 있는 텍스트와 평범한 텍스트) 모두에 동시적으로 적응해 나간다. 이와 같은 새로운 결합 공간은 장르의 구분을 무너뜨렸으며 비격식적 의사소통을 넘쳐나게 만들었다. 또한 텍스트적 권력에 매이지 않는 잠재력도 존재하는데, 현재 텍스트 권력은 매스미디어의 밀어붙이기식 의사소통 전략이 아니라, 일반 사용자들을 반응하게 하는 끌어당기기식 전략 (예: '좋아요' 달기)을 통해 결정된다. 웹 공간이 대기업화되는 경향과 함께 사용자들에게 콘텐츠를 '밀어붙이는' 플랫폼이 많이 존재하기는 하지만, 참여형 웹은 텔레비전(방송)처럼 밀어붙이는 '단절적' 미디어가 아니다(Gretzel et al. 2000: 150). 부분적으로 이는 SNS상에서의 의사소통이 매우 일상적, 지역적, 사적, 개인적 형식의 의사소통에서 집단적, 정치적, 경제적, 문화적으로 가장 중대한 의미를 지닌 의사소통으로 확장된 이유이기도 하다.

또한 사이트와 텍스트가 끊임없이 변하기 때문에 웹의 비역사성도 문제가 된다. 이는 CDS에서의 자료 선택 및 분석의 반복가능성과 명료성, 즉 데이터 선택의 체계성 및 데이터 세트의 비교가능성과 관련된 넓은 차원의 문제로 이어진다. 그럼에도 불구하고 우리는 웹이 등장하기 전부터 연구에 적합한 데이터를 구축하는 것을 논의해 왔다고 주장하고자 한다. CDS는 체계적인 자료 선택 절차를 따르고자 하며, 이 절차는 문제 지향적인 연구에서 설정하는 의제의 맥락 또한 세심하게 고려해야 하기 때문이다.

Scollon & Scollon(2004)는 참여형 웹과 상관없이 일반 웹 이전의 형식인 이메일에 대해 연구하였다. 이메일은 디지털 방식으로 상호작용하는 것으로, 일부 학자들은 이메일의 현재 지위를 소셜미디어로 간주하기도 한다(Page et al. 2014: 6). 이들이 CDS의 관점에서의 소셜미디어 연구에 기여한 핵심은 맥락을 단지 구분된 층위로 본 것이 아니라(Unger 2013: 41ff.을 보라), 각각의 요소가 (결합하여) 서로 영향을 주는 네트워크로 이해한 것에 있다. 또한 이들의 연구는 더 최근에 이루어진 리터러시 관점에서의 소셜미디어 연구들에 영향을 주었(고 이들과 잘 연결된)다(이를테면 Barton & Lee 2013을 보라). 보다 융합적으로 접근한 Lemke(2002)는 (참여형 이전의) 제도적 웹 페이지를 다중모드적으로 분석하였다. Lemke에 따르면 디지털 텍스트의 의미는 다양한 기호적 요소들의 상호작용과 이를 독자가 이해하는 것만으로 생성되는 것이 아니라, 독자가 텍스트의 다른 부분을 읽고 텍스트 사이를 오가며 탐구하는 것(즉, 하이퍼링크)에 의해 이루어진다. Lemke는 이를 '횡단'이라고 칭하였다. 마지막으로 살펴볼 CDS 관점에서의 디지털 텍스트 연구는 Wodak & Wright(2006)으로, 이들은 유럽 연합이 정치 참여를 장려하기 위해 만든 온라인 토론 포럼을 분석하면서 '민주주의적 결핍'에 대해 고찰하였다. 이들은 주제 전개 및 논증 형식에 대한 설계, 그리고 제도적 (또는 개인적) 통제의 중요성을 강조하였으며 이는 컴퓨터 매개 담화 분석에 적용되는 내용이기도 하다. Graham(2006)은 소셜미디어 텍스트에 초점을 두지는 않았지만 보다 전반적인 관점에서 기호 현상과 정보 흐름의 '초자본주의' 체제에 대한 분석을 통해, 사회 변화가 미디어 생태계의 변화를 수반한다고 하였다. "뉴미디어가 등장하는 시기는 그 정의 자체에서도 알 수 있듯이, 인간관계의 확장과 변형이 이루어지는 시기와 정확히 일치한다. 뉴미디어는 대개 인간관계의 범위와 특성을 불가역적으로 변화시킨다."(Graham 2006: 12)

3. 의사소통 권력과 소셜미디어

전통적인 미디어(예: 보도와 방송)에 대한 CDA 연구의 텍스트 분석에서는 의사소통 권력이 존재한다고 가정한다. 이러한 의사소통 권력의 핵심은 소수의 엘리트 생산자가 다수의 평범한 수신자에게 콘텐츠를 거의 일방적으로 전달한다는 사실에 있다. 여기에 존재하는 가정은 다음과 같다. 첫째, 텍스트는 미디어(엘리트들)로부터 사회로 선형적이고 일방향적으로 공급된다. 둘째, 미디어 텍스트의 생산과 소비에 명확한 구분이 존재한다.

텍스트가 상징을 주도하는 엘리트들에 의해 우선적으로 통제된다는 사실은 거시적 구조(즉, 매스컴에 대한 소유주 집중 같은 산업적, 정치적, 경제적 차원)뿐만 아니라 국부적 의사소통 실행(예를 들어, 텍스트의 뉘앙스, 또는 응답할 기회가 거의 없는 수신자)에서도 나타난다. 미디어 커뮤니케이션 연구의 접근법들은 상호작용적이고 참여적인 새로운 행동유도성의 방식이 출현하기 전에도 청중의 수동성을 지나치게 강조하거나 효과 모델에서 정치의 영향을 과도하게 단순화하는 것에 대항해 왔다. 그러나 종종 이 과정에서 청중의 권력에 대한 설명이 과도하게 단순화되기도 하였다. 최근의 과학기술의 변화에 따라 다수의 학자와 미디어 평론가들은 정치, 저널리즘, 교육 등 많은 영역에서 사회적 변화가 급속히 이루어지고 있음을 언급해 왔다(다소 논쟁적이기는 하나, 비판적 논의에 대해서는 Morozov 2011을 보라. 디지털 미디어가 의사소통을 변화시키는 방식에 대한 폭넓은 관점에 대해서는 Castells 2009를 보라). 그러나 이러한 변화로 인해 모든 사용자가 평등하고 민주적인 방식으로 미디어에 접근할 수 있는 유토피아가 이루어진 것은 아니다(Wodak & Wright 2006을 보라). 그럼에도 불구하고 다양한 층위와 복합적 기능을 지닌 '(의사소통) 권력의 새로운 공간'이 형성되었으며 이 공간은 다양한 사회정치적, 과학기술적 맥락에서 서로 다른 방식으로 수용되고 사용될 수 있다.

소셜미디어는 메시지를 일방적으로 전달하는 전통적 미디어와 달리, 상호작용의 특성을 지니고 있기 때문에 본질적으로 그리고 실질적으로 다중모드적이고 사용자 중심적이다. 이러한 변화는 '공식적' 텍스트와 '비공식적' 텍스트의 구분에 영향을 주었다. 비록 시장의 권력과 거시 구조가 새로운 공간과 인프라를 체계적으로 식민화하기는 하지만, 더 많은 콘텐츠가 사회적으로 생산되고 소비됨에 따라 권력을 가진/권력을 가지지 못한 목소리의 이분법적 구분은 약화되고 있다. 담화에 대한 (또는 담화 이면의) 제도적 권력, 즉 매스미디어의 권력은 약해진 것처럼 보이는 반면, 담화 속의 권력, 즉 실제 언어 사용에서의 권력은 오늘날 정치와 재계에서도 관심을 두는 중심 영역이 된 것으로 보인다(이러한 양상에 대한 전체적 논의는 KhosraviNik 2014를 보라). 낙관적으로 보자면 소셜미디어는 콘텐츠를 청중에게 밀어붙이는 매스미디어의 권력을 분산시키고 개개의 의사전달자에게 일종의 참여자 역할을 부여하였다. 텍스트의 생산과 유통 과정에 대한 접근이 가능해짐으로써, 의사소통 권력의 집중점이 "고정되지 않고 맥락적 환경에 따라 이동하며"(Kelsey & Bennett 2014: 43), 저항 담화를 위한 공간이 제공될 뿐만 아니라 효율적으로 활용된다(예를 들어 2014: 43). 보다 최근에는 참여형 웹을 비관적으로 바라보는 관점이 존재하기는 하지만(이를테면 Morozov 2011), 참여형 웹은 여전히 많은 이들에게 혁명적이고 유토피아적인 것으로 여겨진다. 사이버자유주의자들은 인터넷이 포스트모던의 급진적인 개인주의와 관련되며 민주화를 가능하게 한다고 확신한다.

데이터 측면에서 보자면, 이 새로운 분권화와 더불어 급작스레 미디어 프로슈머들에게 부여된 권력은 사회 과학 연구에서 적절히 활용할 수 있는 대규모의 데이터 세트를 창출하는 흥미로운 부수 효과를 낳았다. 이전에는 인터뷰, 표적 집단, 실제로 함께 참여하는 민족지학적 관찰 등을 통해서 언어적이고 다중모드적인 데이터를 얻을 수 있었지만, 이제는 다양한 웹 플랫폼을 통해서도 얻을 수 있게 되었다(Koteyko 2010). 물론 이 같은 유형의 언어적 데이터를 고려할 때 몇 가지 근본적인 문제들이 존재한다. 윤리적 문제뿐만 아니라 디지털 양극화와 접근 가능성, 대표성, 실행공동체와 디아스포라 정체성 개념에 대한 혼란과 같은 문제들을 생각해야 하는 것이다. 그러나 소셜미디어는 다양한 비주류 정체성을 구성하고 표상하는 것을 가능하게 했으며, 이는 정보와 문화의 민주화로 볼 수 있다(Kahn & Kellner 2004). 한편으로 새로운 데이터 출처들은 이를테면 사회적 태도와 담화들이 모여 있는 형태의 하나로서, 비판적 언어 및 커뮤니케이션 연구의 흥미로운 현장이 될 수 있다(예: KhosraviNik & Zia 2014). 이는 정치적, 실무적, 현실적 이유 등으로 인하여 데이터에 상향식으로 접근하는 것이 때로는 거의 불가능하기 때문이다. 전통적 개입 정치의 주요한 두 강제력(검열과 통제)과 공론장에 대한 자본주의의 식민화는 민주화 및 제4계급[4]으로서 미디어의 역할에 전형적이고 오래된 장애물이 되어 왔다. 전자는 세계의 보다 덜 부유한 지역에 더 널리 퍼져 있는 한편, 보다 부유한 지역의 많은 커뮤니티에서는 급증한 시장의 힘과 급격히 발전한 자본주의가 민주화의 진행을 저해하였다. 그러므로 참여형 웹의 기능, 특성, 원동력, 그리고 이것이 해당 사회에 미칠 영향은 각기 다른 맥락에서 (근본적으로) 다양화될 수 있다. "소셜미디어는 정치적 대화와 관여뿐 아니라 사회적 포용력, 집단에 대한 인정, 다원화된 참여의 새로운 실천이 이루어지도록 돕는다."('아랍의 봄'을 논의한 Cottle 2011: 650; Dahlgren 2009에 기반함) 이러한 맥락에서 페이스북 같은 소셜네트워킹사이트는 정치에 관심이 없는 대중들을 정치적 논의의 자리로 다시 이끌어 오고, 각각의 시민들이 다른 시민이나 정치인들과 의사소통하고 토론할 수 있게끔 한다고 논의되

---

4) (옮긴이) '제4계급'이란 정치에 직접 관여하지 않으나 정치적 영향력을 가진 언론인 등의 집단을 말한다.

어 왔다. 그러나 대중과 정치적 영역을 다시 연결한다는 이상은 대체적으로 발전된/부유한 상황에 있는 시민들의 비정치적 맥락에서 비롯되는 것이다. 2011년 이집트 혁명이 보여 주듯이, 세계 여러 지역에서 사회 구성원과 정치를 다시 연결하는 것은 소셜미디어 자체가 아니라 목적을 달성하기 위해 행동을 유도하는 어떤 방식이라도 모두 활용하는 정치가 포화된 상태의 사회이다(Tufekci & Wilson 2012 참조). 그러므로 소셜미디어 혁명을 이야기하는 것은 타당하지 않으며 소셜미디어를 활용한 혁명과 그것들에 비춰진 혁명을 이야기해야 한다. 따라서 그와 같은 사회적 운동을 '트위터 혁명'이나 '페이스북 혁명'과 같이 칭하는 것은 해당 국가의 사회정치적 맥락을 곡해하거나 경시하게 만들 수 있으며 "관련된 정치의 복합성 및 미디어의 복합성 모두에 대한 판단을 흐릴 수 있다"(Cottle 2011: 650). 이러한 주장의 핵심은 사회의 속성과 디지털 미디어(또는 전통 미디어)의 역할을 일반화하여 생각하는 것을 피하고, 앞서 말한 "국가 권력 구조, 군대의 역할(들), 다양한 사회들 안팎의 정치적 반대 조직"(p. 657)의 측면에서 미디어의 활동을 관찰하고 조망하는 데 있다. 그럼에도 불구하고 다양한 비민주적 맥락에서 소셜네트워킹사이트가 비교적 자유로운 저널리즘 영역으로서 건전한 숙의 공간의 부족함을 보충해 주는 플랫폼이라는 점은 인정할 수밖에 없다.

4. 소셜미디어에 대한 비판적 담화 접근법의 최신 경향

앞에서 소셜미디어 플랫폼에 대한 연구 맥락이 CDS, 미디어 연구 및 관련 영역들에서 정립한 이론에 많은 도전 과제를 제기한다고 하였다. 이제 소셜미디어가 어떤 방법론적 도전 과제를 제시할 수 있는지 살펴보고, 이를 극복할 수 있는 몇 가지 방법을 제안하겠다. 이 절에서는 소셜미디어가 비판적 담화 연구자들에게 제기하는 방법론적 이슈를 자세히 살펴본 다음, 위에서 언급한 두 가지 접근법을 간략히 개관하겠다. Susan Herring의 컴퓨터 매개 담화 분석(computer-mediated discourse analysis, CMDA)과 Jannis Androutsopoulos의 담화 중심 온라인 민족지학(discourse-centred online ethnography, DCOE)이 여기에서 논의할 내용이다.

(본래 전혀 다른 미디어 생태계와 미디어 절차를 위해 개발된) 소셜미디어 연구, 특히 CDS와 같은 체제의 연구는 보다 미시적인 분석에 앞서 텍스트의 거시적 특성을 설명하기 위해 데이터 유형의 차이와 새로 나타난 행동유도성의 특징을 인식할 필요가 있다. 그러나 초기 컴퓨터 매개 의사소통 연구에서 주장한 것처럼 '온라인 세계'를 현저하게 다른 담화의 장으로 분리시키는 것은 CDS 연구가 추구하는 사회 비판의 목적에 부합하지 않는다. 따라서 CDS 연구자들은 데이터를 직접적이고 더 넓은 맥락으로부터 철저히 분리시키지 않듯이, '오프라인'과 '온라인'을 서로 분리되어 있거나 독립적인 것으로 다루어서는 안 된다. Jurgenson(2012)는 오프라인과 온라인을 나누는 세계관을 '디지털 이원론'이라고 불렀다. 완전한 인공지능과 기계의식이 나타나기 전까지 디지털 매개 텍스트는 신체를 가진 인간에 의해 만들어진다. 자동화된 프로그램에 의해 생산된다 할지라도 이 역시 결과적으로 인간에 의한 것이다. 이와 동시에 '1. 들어가기'에서 언급한 바와 같이, 일상적으로는 느끼지 못한다 하더라도 대부분 인간의 삶은 디지털로 매개된 실행에 의해 영향을 받거나 확장된다.

광범위한 연구 프로그램으로서 담화에 대한 비판적 연구는 대부분

사회정치적 맥락 속에서 비판적 관점으로 설명되는 언어적 데이터 뭉치를 중심으로 분석한 것에 기반을 두고 있다. 이 폭넓은 체제 안에서 텍스트 분석은 그것의 유포 과정을 다루기 위해 장르별 (제도적, 매체적) 배경을 고려한다. 이러한 배경에는 데이터의 특성, 청중의 범위와 특징, 의사소통 장르에 따른 행동유도성과 의사소통의 선택권, 사용된 언어의 언어학적 자질에 대한 정보가 해당된다. 〈그림 9.1〉에서 제시하는 바와 같이, 그 출처가 신문이나 온라인 자료인 의사소통 자원(즉, 데이터)에 대한 분석은 미디어직 실행과 사회정치적 실행의 두 가지 맥락 차원이 함께 고려되어야 한다. 양방향성과 더불어 사용자의 역할이 텍스트 소비자에서 텍스트 생산자로 변화하는 가능성이 참여형 웹의 전반적인 특성이기는 하지만, 이러한 역학 관계는 웹의 다양한 하위 장르에 모두 나타나지는 않는다. 참여형 웹의 의사소통

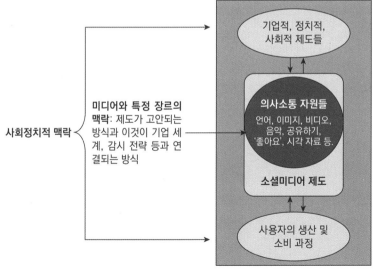

〈그림 9.1〉 텍스트, 사회, 소셜미디어 제도의 역학 관계
(KhosraviNik(2015, 근간) 인용)

실행에는 광고와 블로그 게시물처럼 정지 상태의 조직화된 텍스트 묶음뿐만 아니라, 신문 의견란이나 페이스북처럼 '독자'로서 상호작용하는 사용자의 의사소통이 있다. CDS에는 정치인, 정책, 매스미디어와 같이 영향력 있는 특정 텍스트를 다루는 견고하게 확립된 전통이 존재하며, 특히 신문 기사와 정치 연설 같은 텍스트에 대한 대규모 연구가 많이 이루어져 왔다. 이러한 자원들이 사회적, 정치적으로 가장 관련성 있는 텍스트로서 관심을 끌기 때문이다. 그러나 소셜미디어 데이터를 포괄하는 CDS 연구를 위해서는 이러한 제도적 텍스트를 상호작용이라는 새로운 맥락에서 살펴보고 분석해야 하며, 동시에 참여형 웹의 텍스트 실행에 대한 핵심적 속성이 의사소통의 사회성이라는 점을 유념해야 한다. 사용자가 생산한 콘텐츠와 공식적인 콘텐츠는 여전히 구분되지만, 더 중요해지거나 주목받을 수 있다는 면에서 '크라우드소싱(crowdsourcing)'에 대한 일반적 공감대가 존재하며, 이러한 의미에서 사용자가 생산한 콘텐츠와 공식적인 텍스트는 서로 경쟁한다. 〈그림 9.1〉과 같이 소셜미디어의 의사소통 형태와 속성은 미디어 제도 자체의 특성에 영향을 받는데, 이를테면 미디어 제도가 구성되는 방식과 감시되는 방식에 영향을 받는다는 것이다. 다시 말해서, 소셜미디어에서 사용되는 언어(와 의미를 지닌 다른 자원)를 맥락화하는 첫 번째 단계는 이러한 의사소통이 미디어 제도 안에서 어떻게 제공되지를 살펴보는 것이다. 이 체제 안에서 다양한 담화가 유지되고 지속되며 확산되고 구축될 수 있다. 의사소통의 하위 장르는 이미 확립되어 있는 장르적 관례 안에서 주의 깊게 다뤄져야 하는데, 우리는 블로그 게시물, 논평, 일련의 인스턴트 메시지 대화 등에 대해 논의할 것이다. 끝으로, 이러한 모든 장르 및 해당 미디어에 대한 고려사항들은 보다 넓은 사회정치적 맥락 안에서 이해해야 함을 기억해야 한다. 즉 특정 맥락에서 공적 영역의 속성, 시장화의 정도와 지배력, 정치적 의사소통의 역학 관계를 비판적으로 고려해야 한다.

앞에서 기술한 것처럼 소셜미디어를 더 넓은 사회정치적 맥락과 미디어 상황에 위치시키는 것과 더불어, Herring의 제안에 따라 미디어와 상황의 구체적인 양상에 주목하여 소셜미디어 데이터를 더욱 효과적으로 분류함으로써 더 상세히 분석해 보겠다. 〈표 9.1〉은 소셜미디어 데이터를 언어적, 기호적으로 분석할 때 일반적으로 고려할 수 있는 몇 가지 요소를 보여 준다. 이 중 일부는 첫 번째 사례 연구에서 CDS 접근법에 통합할 수 있는 방법을 논의하면서 제시하겠다. 아래의 장르 분류는 한편으로 미디어의 행동유도성에 따라 텍스트의 각 자질들을 결합시키고, 또 다른 한편으로 참여자들의 사회적 맥락을 명시해 준다.

〈표 9.1〉 미디어 및 상황 요소

	동시성	비동시적-동시적
	메시지 전달	일대일, 일대다, 다대다
	전사물의 지속성	일시적-보존적
미디어 요소	메시지의 규모	전달된 텍스트의 양
	의사소통 경로	말, 이미지, 소리, 비디오
	개인정보 설정	공적, 반(半)공적, 반(半)사적, 사적 맥락
	익명성	사이트에서 참여자의 정체성이 나타나는 정도
	메시지 포맷	상호작용을 나타내는 구성
	참여자 구조	관련된 참여자들의 수
	참여자 특성	명시되거나 가정된 인구학적, 이데올로기적 특성
	목적	상호작용의 목적(개인과 집단 차원 모두)
상황 요소	화제	소재
	어조	형식적, 또는 비형식적
	규범	집단이 확립한 용인되는 관행
	코드	언어 변이, 문자 선택

출처: Herring(2007); Page et al.(2014)에서 재인용

영향력 있는 텍스트에 일반적으로 적용하는 분석 방법을 소셜미디어 자료에도 적용할 수 있지만, 소셜미디어에서의 분석 대상을 이용하고 규정하는 데 있어 몇 가지 당혹스러운 실무적 문제가 존재한다. 이를테면 다음과 같다.

1. 매우 방대한 소셜미디어 플랫폼에서 데이터를 어떻게 수집하고 선택할 것인가.
2. 텍스트 생산과 소비 과정에서 나타나는 본질적인 비선형성을 어떻게 다룰 것인가.
3. 소셜미디어의 측면에서 맥락을 어떻게 규정할 것인가.
4. 데이터의 순간성, 플랫폼 포맷과 기능의 지속적인 변화를 어떻게 다룰 것인가.
5. 미디어와 장르별 의사소통의 맥락을 설명하기 위해 어떻게 체계적으로 관찰할 것인가.
6. 데이터 공개가 이루어지는 방식에 대한 개인의 권리와 이해를 존중하는 윤리적 체제를 어떻게 결정할 것인가.

참여형 웹은 비선형적인 의사소통 맥락을 지니기 때문에 관찰적 특성이 강한 연구 접근법이 유용하게 사용될 수 있다. 즉, 의사소통 데이터 그 자체보다 의사소통 사건에 주목하는 것이다. (적어도 연구 초기 단계에서) 참여관찰법은 사용자의 의사소통적 역학 관계, 플랫폼의 행동유도성, 상호 연결성, 장르 특성, 미디어 맥락을 설명하는 데 필수적이다. 그러므로 데이터와 분석에 대한 사례 연구 접근법은 CDS 접근법에 적합해 보인다. 이 글에서는 세 가지의 포괄적인 지향점을 제시하고자 한다.

1. 우리는 담화 분석가로서 사용자의 사회적 맥락과 의사소통을 고찰한다.
2. 우리는 담화 분석가로서 장르, 콘텐츠, 의사소통을 단지 기술하는 것에만 만족하지 않는다.
3. 우리는 소셜미디어 연구자로서 참여형 웹을 사회에 속한 개인들이 사용하는 일종의 미디어 장치로 본다. 그렇기 때문에 디지털 매개 텍스트의 고유한 속성이 분석에 영향을 줄 수 있음을 인식함에도 불구하고, 디지털 매개 텍스트를 물질적 세계나 '현실'과 분리된 '가상'의 세계로 다루지 않는다.

이밖에도 데이터를 둘러싼 여러 이슈들은 방법론적 체제 선택에 연관될 뿐 아니라 직접적인 영향을 받기도 한다. 예를 들어, 좀 더 민족지학적인 접근법은 한층 적은 양의 데이터를 더욱 정밀하게 주시하는 것이 가능하다. 그러나 이는 참여자들의 동의를 얻어야만 정보를 얻을 수 있음을 뜻하고, 해당 소셜미디어 플랫폼의 다양하고 특징적인 실행에 대한 폭넓은 관점은 배제될 수 있다. 반면에, 소셜미디어 자료를 살펴보기 위해 코퍼스-보조 담화 연구(이 책의 Mautner의 논의를 보라)를 수행하면 자료를 둘러싼 사회정치적 맥락에 존재하는 가설들을 검증할 수는 있지만 개별적 상호작용의 뉘앙스를 포착하기는 어렵다.

컴퓨터 매개 의사소통에 있어서 Jannis Androutsopoulos와 Susan Herring은 각각 사회언어학과 담화 분석의 전통에서 사회적, 맥락적 요소에 주목하는 담화 분석을 위한 영향력 있는 접근법을 제시하였다. Androutsopoulos(2008)의 담화 중심 온라인 민족지학(DCOE)과 Herring(2004)의 컴퓨터 매개 담화 분석(CMDA)은 컴퓨터 매개 의사소통(CMC) 연구의 초점이 미디어에서 다른 곳으로 이동해야 한다고 주장한다. 즉, 새로운 장르와 플랫폼이 언어의 형식과 내용에 어떤 영향을 주는가에 대한 관심에서 사용자와 맥락에 주목하는 접근법으로 발전해야 한다는 것이다. Thurlow & Mroczek(2011)과 Androutsopoulos & Beißwenger(2008)은 주류 CMC의 분석적 접근법과 자신들이 컴퓨터 매개 담화 분석이라고 칭한 접근법을 구분하였다. 후자는 뉴미디어의 의사소통을 다루는 데 있어 문제 지향적이며 상황에 초점을 둔 접근법이다. 이들의 연구가 반드시 아주 비판적인 지향을 지지하는 것은 아니지만, CMC 연구의 초점이 변화함에 따라 문제 지향적이고 사회와의 관련성을 추구하는 CDS의 원리에는 보다 근접하게 되었다.

　Herring(2013)은 CMDA가 비판적 담화 연구와 함께 "지위, 갈등, 협상, 체면 관리, 유희 등의 언어적 표현, 그리고 담화 스타일/방언 등"과 같은 언어적 (또는 기호적) 현상과 쟁점을 살펴보기 위한 이론적 렌즈가 될 수 있다고 본다(이에 대한 개괄적 논의는 Page et al. 2014: 40을 보라). Herring은 현상에 대한 고찰에 초점을 두는 반면 Androutsopoulos (2008)은 관찰과 접촉에 대한 실천적 지침을 제공한다. 이는 소셜미디어 연구자들이 그것의 과학기술적 측면과 담화적 측면만이 아니라 관계와 과정(즉, 사용자들이 무엇을 행하는지, 그리고 그들이 서로의 관계 안에서 이를 어떻게 행하는지)에 대해서도 관심을 가져야 함을 시사한다. 복합적인 방법과 과학기술뿐만 아니라, 자료나 관찰 결과를 참여자들과 반복적으로 검토하는 것에 대한 강조는 C.S. Peirce의 전통과 Cicourel의 다각적 접근법을 따르는 CDS의 재현 가능하고 귀추적인 추론 원리에 부합한다(이 책의 Wodak & Meyer를 보라).

　소셜미디어에 관심이 있는 CDS 연구자는 어떤 언어적, 기호적 현상을 조사할지를 정할 때 (이 책의 다른 장에 실린 방법과 같이) 양태, 전제, 통사, 명사화, 은유와 같은 기존의 전통적인 분석 범주를 적용할 수 있는지 고려할 것이다. 현상의 선택은 맥락과 장르에 매우 의존적이라는 점에 주목해야 한다. 웹 사이트는 인쇄물이나 방송 기반의 이전 유형과 직접 비교할 수 있는 다양한 장르들을 포함하는데, 예컨대 뉴스 사이트 대 종이 신문, 또는 정치 연설 유튜브 클립 대 텔레비전 방송을 들 수 있다. 디지털 매개 텍스트에 국한시키자면, 이메일이나 문자 메시지 기반 대화 등 참여형 이전의 웹 장르, 이제는 전문가보다 주로 사용자가 콘텐츠를 생산하는 리뷰 웹사이트와 같이 참여형 웹에 맞추어진 장르, 마이크로블로그(예: 트위터)와 같이 완전히 새롭거나 새로워 보이는 장르가 있다. Herring(2013)은 이것들을 각각 익숙한 것, 재구성된 것, 새로 등장한 것으로 분류한다. 분석 범주를 설정할 때 이러한 장르적 차이를 기억하는 것이 중요한데, 이는 한 장르에서 매우 두드러진 특성(이를테면 공식적인 정치 연설에서 사용되는 농담과 반어법)이 소셜미디어의 맥락에서는 더 적게 나타날 수도 있고 혹은 반대의 경우도 가능하기 때문이다.

소셜미디어 환경에서 텍스트의 배포와 반응은 기존 미디어 생태계에서보다 훨씬 빠르게 이루어진다(Tufekci & Wilson 2012). 서로 다른 플랫폼들은 휴지가 짧고 상호작용이 지속적으로 이루어지는 동시적 상호작용을 촉진하거나(예: 인스턴트 메시지), 대화가 다시 시작되기 전에 긴 중단이 있는 비동시적 상호작용을 촉진하기도 한다(예: 이메일). 그러나 Darics(2014)는 이러한 구분 경계가 고정된 것이 아님을 지적하고 있다. 즉, 이메일 교환이 거의 즉각적으로 이루어질 수도 있고 인스턴트 메시지가 오랜 시간의 간격을 두고 교환될 수도 있는 것이다.

소셜미디어 데이터를 비판적으로 분석할 때 발생할 수 있는 문제와 분석을 위한 언어적, 담화적 특성과 관련된 쟁점들을 지적하였으므로, 이제 두 가지 사례 연구로 넘어가겠다. 첫 번째 연구에서 우리는 '미시적' 관점에서 소셜미디어의 '표적 집단'을 어떻게 설정하는지에 대해 간략히 기술하고 소셜미디어에서의 토론 내용 일부를 분석하겠다. 두 번째 연구에서는 더 '거시적 층위'에 초점을 두고 웹상에서 이루어지는 최근의 세계적 시위와 관련된 이미지를 살펴봄으로써 미디어 생태계와 그 과정을 다루겠다.

5. 사례 연구 1: 정치적 저항에 대한 페이스북 '표적 집단' 연구

사례 연구 개요

개괄적 연구 문제: 페이스북 사용자들은 디지털 매개 형식의 정치적 저항에 어떠한 태도를 지니며, 담화적으로 이를 어떻게 구성하는가? 페이스북은 표적 집단과 같은 데이터 수집에 있어 얼마나 유용한가?

데이터 출처: 이 연구의 데이터를 수집하기 위해 특별히 설정된 페이스북 그룹[5]

데이터 수집 및 분석 방법: 그룹에 일련의 질문을 게시하고 연구자의 동료 네트워크에 기반하여 사용자를 초대하였으며 소수의 답변을 얻었다. 주제 식별, 정체성 구성, 담화 전략에 주목하여 모든 답변을 분석하였다 (이 책의 Reisigl & Wodak의 연구를 보라).

---

5) (옮긴이) 페이스북 그룹은 소규모의 의사소통을 위한 공간으로, 공통 관심사를 공유하고 의견을 표현할 수 있는 곳이다. 사람들은 여기에서 문제를 논의하고 관련된 사진이나 콘텐츠를 공유한다. 그룹을 만들 때는 누구나 가입할 수 있도록 공개할지, 회원 가입을 위한 관리자의 승인을 요구할지, 초대를 통해서만 비공개로 유지할지를 결정할 수 있다. 페이스북 페이지와 마찬가지로 그룹의 새 게시물은 회원들의 뉴스피드에 포함되며, 그룹의 화제는 스포츠 모임과 같은 가벼운 것에서부터 정치적 국제적 문제와 같은 진지한 화제까지 광범위하다(페이스북 공식 홈페이지에서 인용).

본 사례 연구에서는 좀 더 방법론적인 측면에 초점을 맞추되 페이스북을 사용하는 표적 집단과 유사한 사례에도 적용되는 도전 과제와 장점들을 살펴보겠다. 여기에서 다룰 표적 집단은 9장의 저자 중 한 명이 '정치적 저항 온라인 연구 프로젝트(Political Resistance Online Research Project, PRORP)'의 일환으로 구성하였으며, 이는 페이스북을 통해 http://tinyurl.com/PRORP-FB에서 접속할 수 있다. 담화-역사적 접근법은 전통적으로 면대면 표적 집단을 광범위하게 사용하지만(예: Kovács & Wodak 2003; Unger 2013; Wodak et al. 1998; Wodak et al. 2009; 질적 사회 과학에서 표적 집단을 사용하는 지침에 대해서는 Krzyzanowski 2008을 보라), 비판적 담화 연구 전체에 이를 반드시 적용할 필요는 없다. 위에서 언급한 바와 같이 비판적 담화 분석자들은 전통적으로 '영향력 있는' 텍스트를 다루어 온 반면, 연구 문제를 다루는 데 있어서 반드시 다각화된 접근법을 취하는 것은 아니다(Unger 2013을 보라). 이 페이스북 표적 집단을 설정한 목적은 한편으로는 자세한 연구를 위해 다양한 정치적 저항의 실천을 개괄하기 위해서이고, 다른 한편으로는 정치적 저항이 어떻게 논의되는지를 파악하기 위함인데, 이를 연구자의 친구와 동료들을 통해 착수해 보려고 한다. 또 다른 한편으로는 데이터 수집의 현장으로서, 그리고 이러한 종류의 소셜미디어 기반 표적 집단으로서 페이스북 그룹이 연구 도구로 활용될 수 있는지 검토하기 위해서이다. 다른 이점들 가운데 하나는 참여자들이 시공간의 경계를 초월할 수 있다는 것인데, 대면 상황을 기반으로 하는 표적 집단 연구에서는 이것이 불가능하다. 물론 방대한 미디어 생태계 안에는 정치적 저항을 둘러싼 문제들을 고찰하기 위해 사용할 수 있는 다른 텍스트들이 존재한다. 이들 중 일부는 이미 '정치적 저항 온라인 연구 프로젝트'에 포함되었으며, 여기에는 활동 단체의 이메일 코퍼스, 점거 운동, 2011년 런던 폭동과 같은 특정 사건 관련 트윗, 우크라이나/러시아 위기 사태와 관련된 레딧(Reddit)의 대안적이고 비판적인 뉴스 큐레이션이 포함된다. 그러나 소셜미디어 데이터를 사용할 때 핵심이 되는 제약 중 하나는 실제로 해당 자료를 활용할 수 있는지에 대한 실용성의 문제이다. 이 글을 쓰는 시점에서, 페이스북은 다른 플랫폼과는 다르게 참여자가 개인정보 보호 정책을 읽을 수 있는 기회를 가지는 경우에 한하여 연구를 명시적으로 허용한다. 그러나 이는 참여자들에게 동의를 얻는 어려움과는 별개로, 이미 만들어진 데이터(특정 운동이나 시위에 관한 페이스북 페이지6)의 콘텐츠와 같은 것)를 사용하는 것이 페이스북의 정책에 위배될 수 있음을 의미한다. 일단 이러한 어려움이 어느 정도 해결되더라도 특정 형식으로 데이터를 생성할 때 충분한 답변을 어떻게 얻을 수 있는가의 문제가 남는다. 참여에 대한 보상이 제공되지 않기 때문에(이 자체로 윤리적이고 방법론적인 문제를 지니는데) 연구자는 단지 참여자의 호의에 의존한다. 그렇기 때문에 압도적으로 방대한 양의 데이터가 존재하는 한편, 윤리적이고 합법적으로 사용 가능하면서 구체적인 질적 연구에 실제로 사용할 수 있는, 사용자의 콘텐츠를 그대로 가져다 쓸 수 있는 데이터의 양은 훨씬 적다. 이 사례 연구에서는 데이터를 상세하고 철저하게 분석하지는 않고, 소셜미디어 텍스트의 더 '미시적인' 분석의 일부가 될 수 있는 언어적, 담화적 특징을 지적하면서 이러한 종류의 데이터가 지닌 방법론적 문제점에 주목할 것이다.

---

6) (옮긴이) 페이스북 페이지는 유명인, 브랜드, 기업 등이 개설한 공식적인 프로필이다. 공개 범위를 설정할 수 있는 일반 개인의 프로필과는 달리, 페이지는 기본적으로 인터넷의 모든 사용자에게 표시된다. 페이지를 통해 팬은 해당 기업이나 유명인과 상호작용할 수 있다. 페이지의 중요한 특성 중 하나는 실제성으로, 페이스북에는 페이지의 진위 여부를 확인하는 팀이 존재한다(페이스북 공식 홈페이지에서 인용).

위에서 제시한 바와 같이, 이러한 종류의 연구에서 중요한 고려 사항 중 하나는 어떠한 윤리 원칙을 적용하는가이다. 이는 두 가지 측면에서 모두 실질적인 문제로 작용한다. 즉, 하나는 연구자가 속한 기관에서 요구하는 기준을 모두 충족시켜야 한다는 것이고, 다른 하나는 대부분의 비판적 담화 연구자들이 추구하는 문제 지향성이나 해방적 입장과 연관되어야 한다는 것이다. 많은 소셜미디어에 존재하는 상당량의 대중적 데이터를 사용함으로써 참여자를 윤리적 위험에 노출시킨다면(이를테면 참여자들의 신분이 밝혀지는 것) 우리가 도우려고 하는 바로 그 사람들에게 해를 끼치는 것이다. 대부분의 '무료' 소셜네트워킹사이트(사용자는 경영자와 회사가 착취할 수 있는 생산물이 됨. 위의 논의를 보라)가 상업성과 잠재적인 착취성을 지니고 있음을 감안하면 비판적 시각을 추구하는 연구에서 과연 페이스북을 사용해야 하는지에 대한 문제 또한 존재한다. 그러나 참여자를 자료 수집의 목적으로 새로 가입시키는 것이 아니라 이미 페이스북을 사용하는 이들로 제한함으로써 이러한 위험을 다소 완화시킬 수 있다. 이미 언급한 바와 같이 페이스북에는 연구에 대한 자체적인 규약이 있다. 글을 쓰는 이 시점에서, 연구자는 플랫폼을 통해 수행하는 모든 연구를 공개적으로 밝히고 개인정보 보호 정책을 갖추어야 한다. 정책을 그룹 페이지에 잘 보이도록 게시하여 모든 신규 사용자가 참여하기 전에 읽게 한다. 익명성과 관련된 또 다른 문제가 존재하는데, 이는 대중적으로 공개된 텍스트를 완전히 익명화하는 것이 사실상 불가능하다는 점이다. 그러므로 참여자들은 자신의 게시물이 그룹 페이지에 남아 있는 한 (적어도 그룹 구성원들에게는) 작성자가 누구인지 식별될 수 있다는 안내를 받는다. 데이터를 복제하여 재생산할 때는 하나의 절충안으로서 성을 제외한 이름만 사용하기도 한다. 물론 데이터를 여전히 쉽게 사용할 수 있고 검색할 수 있는 한, 참여자 중 한 명이 언급한 단체의 이름을 생략하는 것은 큰 의미가 없을 수도 있다. 어쨌든 참여자는 언제든지 자신의 데이터를 삭제할 수 있고, 그렇게 하기로 하면 참여자들을 즉각적으로는 식별할 수 없게 되므로 윤리적 위험이 다소 완화된다(일단 자료를 출판하는 데 동의했다면 그럴 수 없음).

그 다음으로 고려할 사항은 원하는 반응을 끌어내기 위해 어떤 질문을 해야 하는가이다. 면대면 상황의 표적 집단에서는 대개 말하기의 형태로 질문이 이루어지는 동시에 이에 대하여 참여자가 아주 짧게 생각한 후 답변하는 식으로 문답이 이루어진다. 이와는 달리, 미디어로 매개되는 부류의 표적 집단은 게시물을 올리기 전에 답변에 대해 생각할 시간이 주어진다. 그렇기 때문에 면대면 표적 집단의 상황이었다면 진행자가 단계적으로 물었을 질문이 상대적으로 복잡하거나 잇따른 질문들로 한 번에 제시되기도 하고 참여자들 사이의 토론과 의미 협상이 허용되기도 한다.

페이스북 표적 집단에게 제시된 질문은 다음과 같다.

1. 당신에 대해 간단히 이야기해 주십시오. (예: 왜 이 그룹에 가입했습니까, 보통 인터넷으로 무엇을 하십니까 등)
2. 당신에게 '정치적 저항'이란 무엇입니까?
3. 온라인에서 '정치적 저항'이라고 부를 수 있는 어떤 종류의 활동에 참여하고 있습니까?
4. 오프라인과 비교하여 온라인상의 정치적 저항이 얼마나 유용하다고 생각하십니까? 예를 들어주십시오.
5. 페이스북이나 트위터 같은 소셜미디어가 정치적 저항에 변화를 주었습니까? 어떤 방식으로 변화를 주었습니까? 예를 들어주십시오.

6. 소셜미디어가 확산되기 전 인터넷상에서의 정치적 저항은 어떠하였습니까? (예: 웹사이트, 게시판, 이메일 등을 통해)

7. 앞으로 (온라인에서의) 정치적 저항이 어떻게 전개될 것 같습니까?

위의 질문들은 한 곳에 게시되어 참여자들이 하나의 게시물에서 모두 답변하기도 하고, 또 각각의 게시물로 게시되어 개별적으로 답변하기도 하며, (일부의 참여자들이 한 것과 같이) 서로의 의견을 관련짓기도 하였다.

세 번째 단계는 참여자를 모집하는 것이다. 이 글에서는 연구자의 친구들에서 시작하여 동료, 학생, 그리고 페이스북 친구로 추천되는 이들이 포함되었다. 이같이 눈덩이 방법으로 참여자를 모집하는 것은 질적이고 민족지학적인 사회 과학 연구에서 일반적이다. 어떻든 사용자와 관련하여 대표성 있는 표본을 목표로 하지는 않으면서, 결과적으로 연구자의 교제 범위로부터 넓혀 나가는 방식으로 참여자 집단이 확장된다. 여기에는 모든 참여자가 연구자의 전반적인 세계관을 공유하는 '필터 버블(filter bubble)' 효과(Pariser 2011)의 위험이 존재한다. 그러나 '눈덩이 표집'이 (친구의) 친구의 친구로 두 번째, 세 번째 파도를 타면 이 효과는 다소 희석될 수밖에 없다. 이전까지의 표적 집단 기반 연구는 보통 '평범한' 참여자들을 국민 정체성, 중립성, 차별, 언어 정체성처럼 연구에 있어 중요한 특정하고 복합적인 개념들에 맞추어서 파악해 왔다. 그러나 종종 그 반대 역시 목표가 되므로 참여자들의 의미 협상 속에서 그 개념들이 확인되기도 한다. 이를 통해 해당 개념들이 경험적으로 연구하기에 얼마나 견고한 것인지가 규명된다. 이 페이스북 표적 집단에서 처음 질문들은 정치적 저항을 실천하는 것의 범위와 속성을 설정하는 것만이 아니라, 이러한 실천이 문자 매체에서 어떻게 말(이나 아마도 타자)로 구성되는지를 생각해 보기 위해 작성되었다. 데이터 수집 초기인 2011년 중반부터 2012년 초반까지 2~5명의 사람들에게 각 질문에 대한 답변을 받았지만 다소 실망스러운 측면이 있었다. 그러나 참여자들의 답변(1개의 단어부터 200개의 단어까지 범위가 광범위함)은 많은 흥미로운 쟁점들을 불러일으켰다. 아래에서 이를 간략히 다룰 것인데 주제 식별을 포함하여, 참여자들의 정체성과 정치적 저항의 개념을 구성하는 언어적 자질에 대해 면밀히 분석할 것이다.

면대면 표적 집단의 경우, 일반적으로 담화의 주요 주제와 부차적 주제를 식별하는 것으로부터 시작한다(Krzyzanowski 2008; Unger 2013). 이는 페이스북 표적 집단에도 해당될 수 있다. 예를 들어 두 번째 질문에서, 한 명을 제외한 모든 참여자들은 구체적으로 질문하지 않았음에도 불구하고 디지털로 매개된 저항의 실천을 명시적으로 언급하였다. 이를테면 다음과 같다.

Jonathan: 저에게 있어 정치적 저항이란 (일반적으로 정부가) 밀어붙이는 결정에 강력히 반대하는 행위입니다. 안타깝게도 인간의 타성은 보다 극단으로 대립하는 사안에 저항하는 것을 제한시키려는 경향이 있습니다. 제 생각에 정치적 저항은 활발하게, 이를테면 국가 검열법을 어기는 웹을 통해 이루어지고 있는 것 같습니다(두 가지 예를 들자면, 대중에 대한 공개를 법적으로 금지하는 것들을 폭로하는 영국의 트위터, 이란의 소셜미디어(오늘의 가디언 뉴스(today's Guardias news) 사이트)).

그러나 참여자들에게 처음 물은 (도입) 질문은 인터넷을 대개 어떤 목적으로 사용하는지에 대한 것이었고, 또 참여자들이 언제든지 원하기만 한다면 답변하기 전에 모든 질문을 볼 수 있었기 때문에 위와 같이 말한 것이 그리 놀라운 일은 아니다. 더욱이, 표적 집단이 활동하는 페이스북이라는 맥락과 디지털 매개 저항의 실천을 관련지었을 수도 있다. 대부분의 답변에서 울타리 표현이나 완화 전략, 또는 입장 표지들('저에게 있어', '제가 보기에는', '제 생각에는')이 나타났다. 이것은 참여자가 '비전문가'로서의 정체성을 구축하는 자리매김(footing, Goffman 1979에서 가져온 개념)이라는 전환적 과정을 보여 주며, 추후에 참여자가 자신의 경험을 보다 자신 있게 소개하거나 익숙한 디지털 매개의 저항적 실천에 대해 이야기할 때 다시 나타난다. 이는 네 번째 질문 '오프라인과 비교하여 온라인상의 정치적 저항이 얼마나 유용하다고 생각하십니까? 예를 들어주십시오.'에 대한 답변에서 찾아볼 수 있다. 주목할 점은 이러한 대답이 입말을 바탕으로 하는 표적 집단과는 분명히 구분되기는 하지만(소셜미디어에 대한 다른 언어적 연구의 개괄은 Page et al. 2014의 2장을 보라), 주제 전개 및 정체성 협상의 측면에서는 유사하다는 것이다. 또한 이 답변들은 다른 유형의 디지털 매개 토론(포럼 게시물, 온라인 뉴스 기사의 댓글)과의 유사성을 보이기도 한다. 이 연구의 목적 중 하나는 디지털로 매개된 정치 저항의 다양한 형식을 확인하고 이에 대한 태도를 살펴보는 것이므로 답변들의 내용이 중요했다. 그러나 표적 집단 데이터에 대한 대부분의 담화 분석에서와 같이 형식에 주목하면, 보다 넓은 맥락에서 참여자들의 관계와 태도를 더 깊이 있게 이해할 수 있다.

Lisa-Maria: 앞에서 간략히 언급한 것처럼, 저는 온라인에서의 정치적 저항은 오프라인 시위의 (주요한) 한 부분에 지나지 않는다고 생각합니다. 제 생각에는 사람들을 규합하고 '저 바깥에 있는' 사람들의 의견과 생각을 모으기 위해서 필요한 것 같아요. 하지만 오프라인 사건을 완전히 대체할 수 있다고 생각하지는 않아요. 예를 들어, 2009년 [생략] 대학 점거 사태를 보자면, 저는 단지 온라인 운동만으로는 그러한 결과가 나오지 않았을 것이고, 확실히 텔레비전이나 신문 같은 다른 미디어에 못 미치는 주목을 받았다고 확신합니다. 학생들은 건물을 점거함으로써 특정 정치인뿐 아니라 다른 정당들도 등록금 문제나 대학에서의 고충 상황을 다루도록 압박했습니다. 안타깝게도 많은 사람들의 관심을 받는 문서라 하더라도 종이 한 쪽은 쉽게 서랍에 처박히거나 버려질 수 있습니다. 이는 온라인상의 정치적 저항에서도 동일합니다. 저는 이러한 저항이 오프라인 사건과 결합되지 않고서는 너무나도 쉽게 간과될 수 있다고 생각합니다.

Jonathan: 온라인상의 저항은 매우 강력할 수 있습니다. 온라인 매체의 양상은 매우 큰 차이를 만듭니다. 수천 번 공유되고 수많은 '좋아요'와 태그가 달린 영상을 시청하는 것이 미디어 사용에 있어 더 용이하고 '읽기'도 더 쉽습니다. 온라인 미디어는 (웹2.0/3.0의 흐름에서) 유포되고 개작될 수 있으며, 노동력을 조직하거나 분업할 필요가 거의 없이 다양한 종류의 사람들이 접속합니다. '악의 축' 국가(타국에 의해 조장되면 분명 다른 심각한 의제를 지님)를 겨냥하지 않는 최근의 한 사례는 뉴욕 자전거 사건입니다. 자전거를 타던 사람이 공사 현장을 피해서 차도로 가다가 벌금을 물게 되었습니다. 그는 자전거 길로만 가려다가 여러 가지 것들과 충돌하는 모습을 보여 주는 '법 지키기'라는 영상을 게시하였습니다.

Annamária: 다시 한 번 동의합니다. 온라인 저항은 정치 운동을 위한 *하나의* 도구이지만 *유일한* 도구는 아닙니다. 온라인 도구의 도움으로 대중들을 규합했던 '아랍의 봄'을 예시로 들고자 합니다. 이번 여름에 영국에서 발생한 일도 이와 마찬가지였습니다. 그러니까, 맞습니다, 온라인상의 정치적 저항은 가능하며 효율적일 수 있지만, 저는 100% 온라인으로 이루어진 운동이란 없다고 생각하며, 최소한 제가 들어본 바로는 없습니다.

Sylva: 제 생각에는 사람들이 가상 공간에서 의사소통하는 데 이미 익숙해졌기 때문에 온라인상의 저항이 더 효과적인 것 같습니다. (제가 살던 런던의 [생략]에서) 보다 깨끗한 동네를 만들기 위해 지자체로 보내는 환경 탄원서에 서명한 적이 있습니다. ― 동네 공원에서 서면으로 이루어졌죠. 전 그 탄원서가 효력을 낼 거라고 생각하지 않았습니다. 매우 적은 수의 사람들만이 이런 일에 대해 알았고 서명한 이들은 그저 우연히 지나가는 행인들에 불과했습니다. 손으로 작성한 이름, 상세한 연락처, 서명은 분명 읽기 어려웠을 것입니다.

앞의 질문은 온라인과 오프라인의 정치 저항은 다르며 각기 독립적으로 존재할 수 있음을 전제로 한다. 달리 말하면, 디지털 이원론적 세계관을 지지한다(관련 질문들은 이러한 관점에 문제를 제기하는 Jurgenson의 연구가 나오기 전에 작성된 것이다. 앞의 내용을 보라). 그런데 참여자들은 다양한 방식으로 이에 대해 문제를 제기한다. 주로 '온라인' 저항을 동반하는 '오프라인' 행동의 중요성을 주장하지만, Sylva는 예시를 들면서 '오프라인만의' 행동은 효과적이지 않다고 주장하기도 한다. 참여자들은 질문에서 제안한 (온라인 대 오프라인의) 구분을 수용하고 답변에 이 틀을 사용하기는 하지만, (질문 받은 대로) 자신들만의 사례를 소개하기도 한다. 이들은 화용적 효과를 위해 글말이라는 매체의 행동유도성을 적극적으로 이용하면서(강조를 위한 별표, 환기를 위한 인용부호), 주의 깊게 생각한 뒤에 답변을 작성한 것으로 보인다. 또한 거의 대부분 비표준적 언어 사용이나 오타를 보이지 않으며, 일부는 기술적이거나 학술적인 영역의 언어를 사용하기도 한다("양상", "가상에서 의사소통하는"). 데이터를 수집할 당시, 참여자들 모두가 대학생이거나 대학의 교직원이었다는 점에서 이는 놀랄 만한 일은 아니다.

답변에서 "(X에) 동의합니다"와 같은 상호작용적 특질 또한 주목할 필요가 있다. 답변 중 일부는 (Lisa-Maria처럼 스스로를 언급하거나, Annamária처럼 다른 이들에게 반응하는 방식으로) 이전 답변과 명시적으로 연관되는 반면, 각각의 답변은 적어도 3주의 간격을 두고 게시되었으며 가장 마지막에 달린 두 개의 답변 사이에는 3달의 간격이 있다. 그렇기 때문에 본 연구에서의 대화와 상호작용의 가능성은 필수적으로 시간에 매이는 것은 아니다. 많은 연구자들이 지적한 바와 같이(예를 들어 Darics 2014를 보라), 소셜미디어 데이터에 있어서 동시성과 비동시성의 문제는 간단치 않은데, 이는 디지털로 매개된 표적 집단에 대한 비판적 분석이나 연구에 상당한 잠재력을 가져다준다. 표적 집단을 구성하는 데 있어 주요한 문제 중 하나는 동시에 같은 물리적 장소로 사람들을 모으는 일의 실현 가능성이기 때문이다. 그런데 상호작용에 영향을 줄 수 있는 것 중 하나로 페이스북 같은 소셜네트워킹사이트에서 나타나는 정체성 수행의 유동성을 들 수 있다. 이는 한 참여자가 다른 사람이 이전에 게시한 글에 답변한 내용을 통해 설명될 수 있다. 답변에서는 처음 게시자의 이름이 사용되는데, 그 후에 이 이름이 바뀌게 된다. 따라서 글을 작성하는 시점에 이 사이트를 보는 사람은 그 글이 누구의 게시글에 대한 반응인지 알 수 없으며 그렇기 때문에 이들의 연결고리는 끊어진다. 게다가 이것은 그 이상의 윤리적인 문제를 낳는다. 참여자가 페이스북에서 이름을 바꾸었을 때, 어떤 방식으로든 이전 이름을 '밝혀서' 사용하는 것은 참여자를 잠재적인 위험에 빠지게 할 수 있기 때문이다.

데이터 수집의 초기에 답변한 참여자들은 매우 풍부하고 유의미한 답변을 주었다. 예를 들어, 심지어 7번 질문에 대한 답변에서는 페이스북 표적 집단에 참여하는 과정에 대한 생각을 드러내기도 했다(유도된 답이 아님).

> Annamária: ⋯ 오 년, 십 년 전만 해도 온라인에서의 정치 저항을 질적으로 연구하기 위해 페이스북을 사용할 것이라고 누가 생각이나 했겠습니까?

이는 모든 참여자가 풍부한 데이터를 제공해야 한다고 말하려는 것이 아니다. (더 많은 논쟁을 일으킬 수 있는) 다른 질문들이 주어졌다면 열띤 토론이 전개되거나 '불꽃' 같은 토론으로 번졌을 수도 있다. 그게 아니라면 어떠한 동기나 보상도 없어서 아무 답변도 얻지 못했을 수도 있다. 그러나 위의 답변은 이러한 데이터 수집 방법에 상당한 잠재력이 존재한다는 사실을 보여 준다. 비판적 담화 연구자들에게 가치 있는 표적 집단을 만드는 몇 가지 특질들도 드러나는데, 특히 주제와 관련된 입장 취하기, 담화의 부차적인 주제 도입하기, (이 연구의 표적 집단에서는 제한적일지라도) 참여자 간 상호작용을 통한 의미 협상이 이에 해당한다. 디지털로 매개된 정치적 저항의 실천에 대한 학술 연구와 이론들, 그리고 이상의 논의는 두 번째 사례 연구에서 다룰 디지털 매개 시위 연구를 위한 귀추적 기반을 제공한다. 아래 연구에서는 소셜미디어를 통해 이루어지는 정치 시위 관련 미디어의 생산과 소비라는 더 '거시적'인 쟁점에 초점을 맞출 것이다.

6. 사례 연구 2: 디지털 매개 시위에서 과학기술과 다언어 사용의 역할

사례 연구 개요

개괄적 연구 질문: 디지털 매개 과학기술은 어떤 방식으로 시위자들에 의한, 시위자들과의, 시위자들 간의 의사소통을 일으키거나 촉진시키는 가? 또 복잡하게 하거나 방해하는가?

데이터 출처: 시위자와 저널리스트들이 특정 시위운동과 관련된 물리적 장소에서 찍은 팻말이나 플래카드 이미지

데이터 수집 및 분석 방법: 특정 검색어를 사용하여 구글(Google) 이미지 에서 검색한다. 이미지, 그리고 특히 이미지 내부 텍스트에 대한 내용 분 석을 체계적으로 수행한다. 시위, 사회 운동, 세계화와 관련된 이론과 데 이터를 귀추적으로 관련시킨다.

연구의 첫 단계에서 우리가 실제로 관심을 갖는 것이 무엇인지 논의 하는 것으로 시작하겠다. 중동과 북아프리카 지역에서, 이른바 '아랍 의 봄'이라고 불리는 시위와 봉기가 발생하고, 런던을 비롯한 풍요로 운 여러 도시에서 긴축 정책에 대항하여 다양한 '점거' 운동과 시위가 벌어졌다. 그 후로 정치, 미디어 연구, 사회와 관련된 다양한 학문 분야의 학자들은 이러한 맥락에서 소셜미디어의 역할이 무엇인지를 풀어내려 하였다. 우리가 특히 관심을 가져온 것은 이와 같은 세계적 인 운동과 혁명들이다. 이것들은 일부 정치 체제에 변화를 가져왔을 뿐만 아니라 정치 체제의 변화를 위해 토론하고 분석하는 방식을 근 본적으로 변화시킨 것으로 보인다. 두 번째 분석에서는 정치적 저항 의 실행, 특히 디지털 미디어와 관련된 실행에서의 변화를 탐구할 것이다. 이에 따라 저항에서 매개된 과학기술을 고찰하고, 시위자들

에 의한, 시위자들과의, 시위자들 간의 의사소통을 일으키거나 촉진시키는, 또 복잡하게 하거나 방해하는 방식들을 살펴볼 것이다.

'아랍의 봄'과 '점거' 같은 다른 시위운동을 다룬 언론 보도는 대부분 대도시의 공공장소에서 발생한 사건의 사진과 영상을 포함하며, 이들 중 대부분은 시위자들이 자신의 카메라나 스마트폰을 사용하여 찍어서 제공한 것이다. 그러나 타흐리르 광장이나 런던 증권 거래소 계단에 있던 사람들이 촬영기기를 들고 있지 않았다 해도 그들의 물리적 현실은 소셜미디어에 의해 어떤 방식으로든 중개되었을 것이다. Tufekci & Wilson(2012: 3)은 "소셜미디어가 집단행동의 핵심 원리를 바꾸고 […] 그렇게 함으로써 가장 견고한 권위주의적 정권에서조차 새로운 취약점이 드러나게 한다."라고 언급한다. 이들이 종합적으로 내린 결론은 소셜미디어가 그러한 현상을 가속화시키긴 하였으나 (당시 서구의 일부 주류 미디어가 그렇게 믿도록 만든 것처럼) 정권의 취약성을 드러내는 전적인 원인은 되지 않는다는 것이다. 〈그림 9.2〉는 이집

〈그림 9.2〉 타흐리르 광장의 반(反)Mubarak 팻말
(출처: 알자지라(Al Jazeera) 영어판, 저작자표시-동일조건변경허락)

트 대통령 Hosni Mubarak에 저항했던 타흐리르 광장 시위 때의 팻말 이미지이다. Mubarak는 이집트 전역, 특히 타흐리르 광장에서의 대규모 시위 이후 2011년에 퇴진하면서 이 시위는 '아랍의 봄'의 핵심적 사건이 되었다.

물리적으로 같은 장소에 있던 수천 명의 사람들이 이 팻말을 (아마 그곳에 배치되었던 대로, 또는 사진 촬영 전후에 따로따로) 봤을 것이다. 그러나 수천 명 또는 수십만 명이 소셜미디어나 전통적인 뉴스 미디어 관련 웹사이트를 통해 인터넷상에 유포된 이미지를 봤을 것이다. 이미지 자체(예를 들어 Kress & van Leeuwen(2006)에 따른 다양한 텍스트, 사용된 언어와 그 다양한 형태들, 기호적 요소의 배치, 그리고 이것들의 시각적 기호 현상의 문법)에 대한 분석은 중요한 단계이지만 이 사례 연구에서는 보다 전체적인 모습에 초점을 두려고 한다. 즉, 이러한 이미지가 광범위한 미디어 생태계 및 세계적인 사회정치적 변화와 어떤 관계를 갖는지에 주목할 것이다. 노력을 조금만 들이면 미디어와 관련된 몇 가지 맥락 정보를 검색할 수 있다. 구글에서 '타흐리르 광장 팻말'의 이미지를 검색했을 때 첫 번째 페이지에 표시된다는 것은 구글의 알고리즘이 이를 상위 순위로 평가했음을 뜻한다(〈그림 9.3〉을 보라). 이는 해당 이미지가 널리 공유되었거나 클릭 수가 높거나 하는 등, 구글 알고리즘이 주목할 만한 가치가 있다고 판단한 다양한 이유가 있기 때문이다. 이미지와 함께 메타데이터 또한 문제 해결의 단서를 제공한다. 이 글을 쓰는 시점에서, 해당 이미지는 원 출처인 알자지라의 영어판 플리커 페이지에서 약 2,500회의 조회 수를 기록하였는데 이는 큰 숫자는 아니다. 그것은 플리커뿐만 아니라 이 장을 기술하기 위해 검색한 위키미디어 재단(Wikimedia Foundation) 페이지에서도 볼 수 있다. 이 이미지에 링크된 위키피디아 페이지는 없지만 구글의 이미지 검색 결과는 이 사진이 온라인 뉴스 사이트들에서 많이 사용되었음을 보여 준다. 플리커 페이지 또한 이 이미지에 대한 많은 정보를 제공한다. 이를테면, 이 사진이 핸드폰이나 전문가 수준의 카메라로 찍은 것이 아니라, 취미로 사진을 찍는 사람 또는 프리랜서 기자가 사용하는 특정 카메라(입문용 SLR 카메라)로 찍었음을 알 수 있다. 그러나 이미지가 알자지라의 공식 플리커 페이지에서 검색된다는 사실은 해당 이미지를 이 미디어 기업과 관련된 기자가 찍었거나 사전에 제휴를 맺지 않은 누군가가 찍은 것을 이 사이트에서 구입했음을 의미한다. 이 모든 것은 미디어/제도적 맥락을 분석할 때 의미 있는 정보이며 디지털 매개 이미지의 생산과 소비에 대한 단서를 제공한다. 물론 CDS 분석자가 원하는 모든 정보, 또는 민족지학적 연구나 이미지 생산자(들)과의 접촉을 통해 밝힐 수 있는 정보를 모두 얻을 수 있는 것은 아니다(이를테면 Androutsopoulos의 연구, 위를 보라).

시위와 관련된 사건들이 발생하는 물리적 공간에서 민족지학적 연구를 수행하는 것은 의미가 있다. 언어적, 정치적 행동에 대하여 더 배우고, 우리가 의지하는 학문적 전통을 따르는 작업은 매우 중요할 것이다. 우리는 '현장에서의' 민족지학 연구를 통해 세계적인 운동들에 대한 지역 (또는 글로컬?) 차원의 표상(때로는 잘못된 표상?)에 접근할 수 있다. 그러나 세계적 미디어가 지역의 목소리를 어떻게 (잘못) 표상하는지 파악하기 위해서는 이러한 미디어로부터 얻은 텍스트들을 분석에 포함시킬 필요가 있다. 이에 해당하는 좋은 예는 '점거' 운동 참여자 모집을 위한 페이스북 페이지를 분석한 Gaby & Caren(2012)의 연구이다. 흥미롭게도 이들은 이미지와 비디오가 페이스북 그룹의 새로운 구성원을 모집하는 데 매우 효과적이기는 하지만, 시위가 발생한 물리적 장소에서 발생한 사건을 반드시 나타내야 하는 것은 아니라고 하였다. 이미지나 비디오의 상당수는 유머러스하거나 역사적, 문화적으로 두드러지는 특징을 지니는 밈들(memes)이었다.

더욱이, 이러한 운동들은 대부분 세계적인 문제가 아닌 지역적 (또는 최소한 국가적) 문제이거나 세계적인 문제가 지역적으로 발현된 것들이다. (비록 사진과 영상으로 촬영되고 블로그와 트위터에 게시되면서 세계적인 맥락에서 재생산되고 재맥락화되었지만) 2011년 이후의 다양한 시위들과 관련된 가장 영향력 있는 행동과 이미지들은 대부분 지역적 차원의 목표를 성취하는 데 관심이 있었다. 많은 활동가들은 다양한 운동들 사이의 관련성과 유사성을 강조하기 위해 상호텍스트적 참조를 사용하고, 현 문제에 관한 시각적이고 언어적인 논거를 제시하기 위해 이전의 좋은 사례(예: 튀니지)를 활용하는 데 있어 성공적이었다. 따라서 우리는 이 같은 운동들의 대부분이 반드시 세계 무역이나 기후 변화와 같은 진정한 의미의 세계 문제를 다루는 것은 아니기 때문에 기껏해야 준세계적인 것이라고 본다. 여기서 준세계적 경향을 보이는 지역 차원의 시위가 특정 장소와 특정 시기에 발생하는 이유에 대해 질문할 수 있다. 우리는 Kitschelt(1986: 58)의 정치적 기회 구조라는 개념을 사용하는데, 이 구조는 "사회적 동원을 위한 자원의 특정 배치, 제도적 장치, 역사적 선례로 구성되며 시위운동을 촉진하기도 하고 반대로 이를 제한하기도 한다". 이 개념은 대부분의 비판적 담화 연구자들이 지지하는, 의사소통의 사회정치적 맥락에 대한 설명이 될 뿐 아니라 제도에 대한 맥락 의존적 분석에도 상당히 부합한다(〈그림 9.1〉을 보라). 이번 사례 연구에서 다루는 '아랍의 봄'을 초래한 조건들은 소셜미디어가 출현하기 훨씬 이전부터 존재했다. 탄압 정치나 군사 정권, 자유로운 의사소통의 제한, 빈곤과 폭력, 압제적 감시 활동, 그리고 다른 많은 요인들이 원인을 제공하였다. 그러나 Tufekci

& Wilson(2012)에서 주장한 바와 같이, 소셜미디어의 출현은 다양한 종류의 의사소통을 촉진하고 가속화시키는 데 기여했으며 이에 따라 SNS는 정치적 기회 구조의 한 요소로 간주되어야 한다.

앞서 언급한 바와 같이, 이 사례에서 우리는 특히 구체적인 '시위의 기술(technologies of protest)'에 관심이 있다. 이는 전기로 작동되는 기계라는 뜻에서의 과학기술만을 의미하지 않는다. 정확히 말하면 의도를 지닌 모든 기호적 행위는, 심지어 사람의 목소리조차 기술을 사용한다. 시위자들은 어떤 맥락에서든 자신들에게 유효한 기술들을 사용할 것이고, 그 기술의 행동유도성 범위 안에서 이를 최대한 활용할 것이다. 특히 흥미로운 기술은 (대개 손으로 썼거나 그린) 배너, 포스터, 플래카드의 사용으로, 이 팻말들은 소셜미디어를 통해 공유된 이미지에 등장한다. 물론 이러한 종류의 팻말들은 새롭지 않으며, 주류 언론에서도 이를 오랫동안 촬영해 왔다. 그런데 비교적 새로운 것은 이러한 팻말 이미지가 물리적으로는 함께하지 않는 시청자들에게 다양한 소셜미디어 플랫폼을 통해 공유되고 재맥락화되는 확산의 속도이다. 따라서 이는 디지털 매개 텍스트를 해당 맥락에서 연구해야 하는 설득력 있는 이유가 된다. 시위가 이루어지는 물리적 장소의 특정 이미지가 소셜미디어와 전통 미디어를 통해 전략적으로 (때로는 아마 우연히) 배포되는 것은 사회 운동 내부적으로, 그리고 이들 운동들 간에 중요한 연결고리로 기능한다. 그런데 시위자들이 자신의 메시지를 전하고 더 많은 지지를 끌어 모으며 해외로부터 도움을 얻고자 힘쓰고 있는 바로 그때, 그들은 무보수로 소셜미디어 기업과 광고 수익 창출을 위해 일하는 것이 된다.

다양한 맥락에서의 팻말들은 서로 강력한 상호텍스트적, 상호담화적 관련성을 지니는데, 이에 대해서는 더 자세한 관찰이 필요하다.

예를 들어, 2011년 2월 타흐리르 광장에서 촬영된 손팻말 중 하나에는 "이집트는 위스콘신 노동자들을 지지합니다. 세계는 하나, 고통도 하나"라는 슬로건이 적혀 있었다. 이는 당시 고용의 권리와 연금 제도를 위협하는 법안이 발의된 것에 항의하던 미국 위스콘신주 노동자들을 지지한다는 뜻을 표현했던 것이다(http://crooksandliars.com/scarce/sign-tahrir-square을 보라). 이러한 상호텍스트성의 전체 범위는 디지털 매개 텍스트가 시위가 벌어지는 물리적 환경으로 옮겨질 때 분명해진다. 이를테면 페이스북의 '좋아요' 아이콘이나 트위터의 해시태그를 보여 주는 포스터를 예로 들 수 있는데, 이것들은 촬영되어 소셜미디어를 통해 게시되고 공유됨으로써 다시 매개된다. 게다가 서로 다른 사건들을 연결하는 것(예를 들면 이집트 봉기에서 튀니지 혁명을 언급하는 것)은 물론, 지배적인 이데올로기에 도전하는 다양한 방식들(예를 들면 반(反)자본주의를 지지하거나 정치적 자유를 요구하는 것) 역시 서로 다르지만 어느 정도 관련성 있게 매개된 맥락들을 상호텍스트적으로 이어 주는 역할을 한다.

여기서 우리는 디지털 미디어와 소셜미디어의 출현이 처음부터 서로 다른 저항 운동들을 상호텍스트적으로 긴밀하게 연결시켜 왔는지에 대해 질문할 수 있다. 과학기술이 저항을 초래했다고 말하는 것은 아니지만, 정치적 기회 구조의 일부라는 점은 분명하다. 그러나 수평적 계층 구조, 의사 결정의 공유, 지도자의 부재와 같이 '점거' 등의 운동을 특징짓는 저항의 새로운 구조는 의사소통 구조의 변화를 통해서 가능해진 것일 수 있다. 달리 말하면, Graham(2006, 위를 보라)이 예측한 것처럼 의사소통 구조의 변화가 이에 영향을 받은 개인과 집단 간의 관계를 근본적으로 바꿨을 가능성이 있다. 스페인 5월 시위에서의 트위터 사용을 분석한 González-Bailón et al.(2011: 5~6)의 연구가 이를 뒷받침한다. 연구자들은 트위터 의사소통이 다음의 내용을 포함한다고 하였다.

세계적 연결망(잘 연결된 사용자들에 의해 관리됨)과 지역적 네트워크가 균형을 이룬다. 전자는 정보 전달에 효과적이고 후자는 행동 전파에 효과적이다. 이는 오늘날의 많은 저항과 동원에 있어 트위터가 중요하게 작동해 온 이유 중 하나이다. 메시지를 송출하는 이들이 가지고 있는 세계적인 영향력을 지역적이고 개인적인 관계들과 연결시키기 때문이다.

그러나 중요한 것은 전 세계적으로 일어나는 저항 운동의 관계들이 대부분 세계어(특히 영어)가 지배하는 언어 공동체들 간의 관계와 다르지 않다는 것이다. 또한 세계 경제 체제에서 발견되는 헤게모니적 권력 구조는 과학기술과 텍스트가 저항들 사이로 침투하면서 부분적으로 재생산되는데, 이는 영어로 된 '서구' 출판물이 더 명망 있고 바람직한 것으로 여겨지는 학술 출판계의 경우와 비슷하다(예를 들어 Meriläinen et al. 2008을 보라). 우리는 두 가지 이유에서 이를 주장한다. 첫째, 타흐리르 광장에서 볼 수 있었던 다언어적이고 상호텍스트적인 팻말들을 몇몇 연구들이 지적한 것(예: Aboelezz 2014)과는 대조적으로, 월가 점거 운동이나 런던 시위에서 이와 유사한 방식으로 여러 언어가 사용되었다는 증거는 거의 발견되지 않았다. 월가나 런던에서의 운동들은 매우 강한 상호텍스트성을 보였지만, 다른 세계적 저항 운동들과의 연대가 부재한다는 점이 눈에 띄었다. 이는 '타흐리르 광장 팻말'과 '월가 점거 팻말'을 검색하면 나오는 가장 인기 있는 이미지들의 내용과 구조를 체계적으로 분석해 보면 쉽게 뒷받침할 수 있다.

이들 이미지 중 일부는 〈그림 9.3〉과 〈그림 9.4〉에서, 그리고 텀블러 (Tumblr)의 'wearethe99percent' 같은 이미지 블로그에서 볼 수 있다. 분석의 세부 내용을 언급하는 것은 이 사례 연구의 범위를 벗어나지만 간략히 언급하자면, 이 분석에는 각각의 이미지를 팻말에 사용된

〈그림 9.3〉 '타흐리르 광장 팻말' 구글 검색 결과(2014. 10. 8. 기준)
수정 후 재사용 가능 이미지에 한함.

〈그림 9.4〉 '월가 점거 팻말' 구글 검색 결과(2014. 10. 8. 기준)
수정 후 재사용 가능 이미지에 한함.

언어(들)와 그 다양한 형태(들), 팻말의 메시지 자체와 관련된 구체적 범주(예: 정권 비판, 반어, 상호텍스트적 참조)에 따라 분류하는 것이 포함되었다.

이처럼 저항에 사용된 언어의 차이, 시위 장소를 서로 언급하거나 이것이 언급되는 양상의 차이는 데이터로 수집된 시위 관련 그림이나 묘사가 이미 뉴스 보도기관, 블로거, 트위터 사용자를 거친 것이기 때문일 수도 있다. '서구' 보도에 대해 이야기하는 경우라면, 이들은 전 세계가 접근할 수 있는 데이터, 즉 영어로 된 데이터로 자연스레 초점을 맞출 것이다. 한편, 앞서 언급한 바와 같이 세계적으로 접근 가능한 이미지와 보도는 여러 저항 운동들의 연결을 가속화시키는 잠재력이 있다. 상징적 이미지가 나타나 반복적으로 공유되고 링크됨에 따라 이들은 검색 결과에서 더 두드러지게 제시되며, 그 결과 재사용될 가능성이 높아진다. 가장 인기 있는 이미지(링크되고 재생산되며 재맥락되는 이미지)는 저항 운동에 대한 전 세계적 담화를 구성한다. 따라서 이들은 그 자체로 연구하기에 적합하며, 미디어의 생산, 소비, '프로섬션'의 세계적 흐름을 고려할 때 데이터 출처와 동일하거나 더 높은 '실제성'을 지닌다. 물론 '점거' 운동 참여자와 심지어 영국 폭도들과의 인터뷰에서도 '아랍의 봄'은 언급되었다. 사실, 월가를 점거하라는 애드버스터스(Adbusters)[7]의 외침을 점거 운동의 시작점으로 본다면 타흐리르는 점거 운동의 구심점이라 할 수 있다. 이 외침의 내용은 "타흐리르의 순간을 맞이할 준비가 됐는가? 9월 17일, 맨하탄 남쪽에서 모이자, 텐트와 취사장과 평화로운 바리케이드를 설치하고 월가를

---

7) (옮긴이) 애드버스터스는 캐나다에 기반을 둔 미디어 재단이며 친환경적 가치를 추구하는 비영리 기구이다.

점거하라."이다. 그러나 우리는 점거자들이 만든 팻말과 텍스트들에서 이 언급이 주로 두 가지 방식으로 도구화된다는 사실을 발견하였다. 첫 번째는 저항의 권리를 주장하는 논증에서 정부가 해외 시위대는 지지하면서 국내 시위자들은 억압한다는 위선을 강조한다. 그리고 두 번째는 이 운동의 세계성을 상징을 통해 주장한다. 그러나 이것이 점거 운동의 시위자들과 다른 세계적 저항 운동의 참여자들이 서로 직접적인 관계나 연결고리를 지닌다는 것을 뜻하지는 않는다.

우리가 세계적 차원의 헤게모니 침투를 주장하는 두 번째 근거는, 물리적 저항을 강화하는 소셜미디어 플랫폼과 디지털 기기를 위한 많은 인프라가 미국이나 다른 '서구' 국가들에 기반을 두며, 그 대부분을 투자 수익을 바라는 주주들의 소유 기업이 운영한다는 점이다. 이는 위에서 제시한 바와 같이, 시위자들이 저항을 조직하기 위해 소셜미디어를 사용하는 것만큼이나 정부 또한 시위자들을 조사하기 위해 소셜미디어를 효과적으로 사용할 수 있음을 의미한다(Morozov 2011에서 이 요점을 잘 보여줌). 더욱이 이는 '서구' 미디어가 '트위터 혁명' 또는 '페이스북 혁명'과 같은 이름을 붙여 저항을 제시하는 내러티브들에서 중요한 부분이었다. 주류 영어 미디어는 "'서구' 과학기술에 기인한 해방, 민주화, 사회 변화"라는 설득력 있는 내러티브를 제시해 왔지만, 대개 현실은 더욱 복합적이다.

우리는 의사소통에 사용된 언어 형식보다는 언어적 실행의 측면에서 특히 의사소통 채널과 모드의 두드러진 변화에 주목한다. 그러나 이러한 변화는 사회적 투쟁에만 국한된 것이 아니라, 공공 영역에서 디지털 의사소통의 여러 형태로 공히 나타난다. (Tufekci & Wilson 2012가 제시했듯이) 소셜미디어와 디지털 미디어는 시위를 조직하고, 시위대의 견해를 대중에게 알리며, 공인에게 책임을 묻는 데 있어 중요한 역할을 하였다. 시위자들에게 이러한 역할이 가치 있는 이유는 지역적 문제에 대해 세계가 관심을 갖게 하고, 국가의 통제나 상업적 이익에 따라 제약 받는 전통적 미디어 시장을 탈피하게 한 것에 있다. 그럼에도 불구하고 이들 역시 그 자체로 국가나 상업적 통제에 영향을 쉽게 받기 때문에 그 역할에 대하여 지나치게 이상적으로 접근해서는 안 된다. 다언어 사용과 관련된 양상은 복합적이다. 국제 비즈니스와 정치에서와 마찬가지로, 영어는 저항하고 있는 사안에 대한 세계적 의사소통에서 헤게모니를 갖고 있다. 다언어 사용은 종종 상징적인 것으로 제시되고, 지역적 시위가 추구하는 목표의 일환으로서 상당히 도구화되며 심지어 상품화되는 것으로 보인다.

7. 요약

지금까지의 논의에서, CDS의 폭넓은 연구 프로그램이 정밀한 이론과 방법론을 통해 소셜미디어를 포함할 수 있(고 포함해야 함)을 보여 주었기를 바란다. CDS의 이론적 핵심 원리, 즉 문제 지향적이며 언어적/담화적 자질에 초점을 두고 귀추적으로 추론하는 것은 여전히 담화적 실행에 대한 새로운 공간에서도 유효하다. 소셜미디어에는 매우 의미 있는 담화적 실행과 의사소통의 집중 현상이 존재하며, 이는 참여형 웹이 사회에 대한 권력과 영향력을 지닌 새로운 공간이 되게 하였다. 따라서 권력에 대한 역동적인 비판은 이와 같이 디지털로 매개된 공간에서의 의사소통에도 적용된다. 또한 이곳에서의 언어 사용은 직접적인 온라인 맥락과 사회정치적 맥락 모두의 측면에서, 청중의 사회정치적 맥락 및 적절한 담화 네트워크에 기반하여 맥락화될 필요가 있다. CDS 학자들은 사회에서의 실제 언어 사용에 관심이 있다. 그리고 엄밀한 의미에서 볼 때, 사회정치적 담화의 측면에서 주류 매스미디어가 여전히 영향력 있는 영역이기는 하지만, 일상 언어와 시각적 의사소통의 대부분이 다양한 참여형 웹 플랫폼으로 옮겨왔으며 이러한 패러다임의 대전환이 계속 진행되고 있음을 보여 주는 증거는 계속 늘어나고 있다.

CDA는 사회에 기여하는 접근법으로서, 이러한 의사소통 형식에 관여하고 그것을 설명할 필요가 있는데, 이는 의사소통이 사회나 지배적인 담화에 영향을 미칠 수밖에 없기 때문이다. 더욱이, '누가 누구와, 어떤 조건에서, 어떻게, 무슨 목적으로 의사소통하는가'와 같은 CDS의 핵심 질문은 소셜미디어를 다루는 CDS 접근법의 초점이 되어야 한다. 이는 연구자들이 제도적 맥락과 미디어 생태계라는 '거시적' 사안뿐 아니라 구체적인 의사소통에서 드러나는 행동유도성의 '미시적' 역학 관계를 설명할 수 있게 만들어 주기 때문이다. 컴퓨터 매개 담화 분석이나 담화 중심 온라인 민족지학과 같은 컴퓨터 매개 담화를 대상으로 특별히 개발된 접근법은 미시적 층위에서 많은 기여를 할 수 있다. 더욱이 연구의 패러다임이 다중모드 분석으로 전환됨에 따라 분석가들이 소셜미디어의 다양한 행동유도성을 더 철저하고 체계적으로 탐구할 수 있게 되었다. 미디어, 커뮤니케이션, 문화 연구, 정치학, 사회학 등에서 비롯된 이론적 체제는 그 자체로 변화하는 미디어 생태계에 반응하면서 변형되는 동시에, 소셜미디어, 그리고 더 넓은 의미의 디지털 매개 의사소통을 철저히 이해하는 데 있어 필수적으로 기능한다. 사실상 우리가 이 장에서 개괄한 소셜미디어 관련 CDS 접근법은 초점을 텍스트의 유통 과정과 담화적 실행에 좀 더 두면서 CDS의 핵심인 학제성을 (재)강조한 것이다. 다시 말해, 앞선 시기 CDS의 학제성은 담화 분석에서 설명적 단계의 질을 높이기 위함이었다. 즉 왜 해당 담화가 그런 방식으로 존재하는지, 그리고 연구 결과는 더 넓은 거시구조의 의미에서 어떻게 설명될 수 있는지에 대한 사회학적, 정치적, 심리적, 역사적 설명을 제공하고자 하였다. 그러나 우리는 소셜미디어의 맥락을 고려하면서 미디어 과학기술 접근법에서의 통찰력이 포함된 학제성에 특별한 주안점을 두고 이를 중시한다. 정보 과학, 컴퓨터 사용, 그리고 가장 포괄적 의미에서 다른 종류의 인터넷 연구에 대한 이해가 이에 해당한다. 그러나 CDS의 방법론적 정신은 과학기술 그 자체가 아니라 여전히 담화에 초점을 둘 것이다.

기존의 CDS 접근법들은 관찰 연구를 기꺼이 받아들이고 포함한다고 주장하지만 일부를 제외하고는, 그리고 특히 담화-역사적 접근법에서는 여전히, 일반적으로 소수의 영향력 있는 텍스트를 분석하는 일에 초점을 둔다. 텍스트는 생산된 다음에 분석되고 그 다음에 다시 텍스트의 맥락과 연결되어 해석되지만, 소셜미디어 텍스트의 유동적이고 역동적인 특성은 이를 더 어렵게 만든다. 따라서 참여형 웹에 대해 설명하고자 한다면 Androutsopoulos가 지지하는 관찰 접근법과 Herring이 제안한 것과 같은 민족방법론에서 영감을 받은 범주(위를 보라)는 CDS에서 더욱 핵심이 되어야 한다. 디지털 미디어 데이터는 시간적으로 고정된 것이 아니며 변화되는 상황에서 대부분 매우 빠르게 (링크, 공유 등을 통해) 재맥락화된다. 그러므로 이전보다 더 집중적으로 텍스트와 의사소통의 생산, 유통, 소비 실행에 접근해야만 한다. 이와 같은 실행들에 초점을 두는 것은 리터러시 연구의 업적에서도 영감을 받았다. 리터러시 연구는 상당 기간 동안 CDS의 주변부에 있었으나 이제는 미디어 연구에서 좀 더 민족지학적이고 인류학적인 다른 접근법들(설문, 인터뷰, 관찰)과 함께 더 중시되어야 한다. 많은 소셜미디어 텍스트의 다중모드적 특성은 다중모드 분석을 위한 새로운 체제를 필요로 하는데, 이 역시 오랜 동안 CDS의 일부였으나 텍스트 기반 연구에 통합되기 어렵다는 이유로 도외시되고는 한다. 끝으로, 전통적인 CDS 접근법이 특정 입장에 얽매이지 않고 폭넓은 관점을 취하는 것은 새로운 소셜미디어 데이터를 다룰 때 필요한 가장 핵심적인 태도이다. 그러나 이는 반드시 데이터의 새로운 출처와 장르에 접근하는 것 그 이상이 되어야 하며(물론 이 역시 매우 유용하고 중요하지만), 관련 미디어와 과학기술, (그리고 다른) 이론들에 기댄 학제적이고 귀추적인 접근법을 계속해서 발전시키는 데 활용되어야 한다. 이러한 맥락에서 우리는, 위에서 기술한 추가적인 개념 및 방법들과 함께 이 책의 다른 장에서 개괄한 다양한 접근법들을 적용함으로써 오늘날 매우 디지털화된 세계에서 CDS가 여전히 유의미한 접근법이 되기를 바라마지 않는다.

더 읽을거리

Fuchs, Christian(2014) *Social Media: A Critical Introduction*. London: Sage.
이 책은 소셜미디어에 대한 개론서로, Fuchs는 비판 이론의 시각을 통해 디지털화된 참여 문화의 다양한 양상들을 고찰한다. 그는 소셜미디어를 사용하는 것은 언제나 정치적이라고 하면서 좁은 의미의 '정치'와 관련이 없을 때조차 정치적이라는 사실을 구명한다. 이 책은 소셜미디어 텍스트에 대한 언어적 분석에는 어느 정도 익숙하지만 더 넓은 사회정치적 맥락은 아직 다뤄보지 않은 연구자들에게 도움이 될 것이다.

KhosraviNik, M.(2016, 근간) Social Media Critical Discourse Studies (SM-CDS). In: J. Flowerdew and J. E. Richardson (eds.), *Handbook of Critical Discourse Analysis*. London: Routledge.
해당 장은 소셜미디어의 맥락에서 CDA의 가능성과 과제를 개괄한다. 여기에서는 최근에 등장한 소셜미디어 비판적 담화 연구(SM-CDS)에 통합할 수 있는 이론적, 방법론적 발전에 대해 다루며, 참여형 웹에 적절한 CDS를 실제로 적용하기 위한 여러 고려 사항들을 논의한다.

KhosraviNlk, M. and Zia, M.(2014) Persian nationalism, identity and anti-Arab sentiments in Iranian Facebook discourses: Critical Discourse Analysis and social media communication. *Journal of Language and Politics*,

13(4): 755~780.

이 논문은 중동의 공공 영역에서 소셜미디어 커뮤니케이션이 수행하는 기능에 대해 고찰한다. 소셜커뮤니케이션(이 연구에서는 페이스북)을 통해 얻을 수 있는, 사회적으로 생성된 텍스트/언어 자료의 급증에 대해 이야기하며, 공식적인 커뮤니케이션 플랫폼, 즉 매스미디어에 접근하는 것이 제한된 평범한 이란인들의 국민주의 담화를 비판적으로 분석한다.

Page, R., Barton, D., Unger, J. W. and Zappavigna, M.(2014) *Researching Language in Social Media*. London: Routledge.

이 교재에서 저자들은 소셜미디어 맥락에서 언어 연구를 하는 데 있어 고려해야 할 몇 가지 주요 쟁점에 대해 개괄한다. 각 장들은 윤리, 연구 설계, 질적·민족지학적 연구, 양적 접근법에 대해 논의한다. 이전에 소셜미디어의 맥락이나 데이터를 다룬 적이 없는 연구자들에게 유용한 출발점이 될 것이다.

Thurlow, C. and Mroczek, K. R.(2011) *Digital Discourse: Language in the New Media*. Oxford: Oxford University Press.

이 선집은 (보다 넓은 의미의) 디지털 미디어에 대한 주요 사회언어학적 문제들을 개괄한다. 디지털 미디어 언어에 대한 메타 담화, 장르, 입장, 방법론에 대한 부문으로 구분되며 각 부문은 여러 개의 장으로 구성되어 있다. 각 장은 연구자가 분석할 수 있는 특정 언어적·담화적 자질들의 수많은 예시를 제공하며 적절한 분석 방법을 제안하기도 한다.

과 제

(주의사항: 당신의 현재 상황에서 법적인 문제뿐만 아니라 윤리적인 문제를 고려하기 바란다. 그것은 이 과제를 수행하는 데 영향을 줄 수 있다.)

1. 관심이 있는 특정한 사회 문제나 부정을 선정한다. 이 사회 문제를 둘러싼 쟁점들을 개략적으로 알아 보기 위해 다양한 디지털 도구 (예: 검색 엔진, 논문 데이터베이스)를 사용하고, 이 문제에 대해 이야기하거나 문제를 지속되게 하거나 문제를 야기한 상황에 이의를 제기하는 소셜미디어 텍스트가 있는지 살펴본다.

2. 소셜미디어 플랫폼에 표상된 집단적이고 문화적인, 사회적이거나 정치적인 정체성이 무엇인지 탐구하라. 이 정체성이 무엇인지, 텍스트적으로나 시각적으로, 또 다른 양상들로 어떻게 표상되는지, 그리고 왜 그러한지를 기술한다(즉, 사람들이 왜 그렇게 행동하는가, 이는 어떤 종류의 사회적, 정치적 영향을 가져올 수 있는가, 그리고 이에 대해 어떤 비판을 제기할 수 있는가).

3. 여러분에게 익숙한 문제나 쟁점에 주목하여, 참여형 토론 포럼이나 그룹이 어떻게 지역 이슈에 대한 숙의에 기여할 수 있는가를 탐구한다. 플랫폼의 새롭거나 독특한 행동유도성을 살펴보고, 내용을 분석하며, 디지털로 매개하는 것이 사회 문제에 어떤 영향을 미칠 수 있는지 논의한다.

4. 페이스북을 사용한다면 '정치적 저항 온라인 연구 프로젝트'의 페

이스북 그룹(http://tinyurl.com/PRORP-FB)을 방문하여 정치적 저항에 대한 토론에 의견을 남긴다.

강화 또는 완화(intensification or mitigation): 발화의 발화수반력을 조정(강화 또는 약화)하고 그리하여 인식이나 의무의 정도를 조정하는 것.

관점화(perspectivization): 말하는 이나 쓰는 이가 관점을 설정하여 관여나 거리를 표현하는 것.

논증(argumentations): 논증은 문제 해결의 언어적이고 인지적인 패턴으로서 순차적이고 일관된 화행의 네트워크로 나타난다. 논증은 진리(truth)나 규범적 옳음 (normative rightness) 같은 타당성 주장에 도전하거나 그것을 정당화하는 역할을 한다. 논증의 목적은 설득이다. 진리에 대한 타당성 주장은 지식, 확실성, 이론적 통찰에 대한 질문과 연관된다. 규범적 옳음에 대한 타당성 주장은 해야 할 일이나 하지 말아야 할 일, 또는 안 하는 게 낫다고 생각되는 일에 대한 질문과 연관된다.

다중모드성(multimodality): 다중모드성이라는 용어는 우리의 의사소통 대부분이 단일한 모드를 갖고 있지 않으며 복수의 모드를 사용한다는 사실을 나타낸다. 따라서 다중모드적 담화 분석은, 사람들이 각각 다른 물질과 의미 자원을 동시에 또/또는 다른 목적으로 사용한다는 점을 전제한다. 그리고 이러한 모드 각각의 다양한 기능들, 그것의 구성과 통합, 의미 (재)구성에 기여하는 바에 초점을 맞춘다.

대표성(representativeness): 해당 장르나 연관된 사회적 영역에서 텍스트의 전체성을 적절히 반영할 수 있는 텍스트가 선택될 경우 이 말뭉치는 대표적인 것으로 여겨진다.

디지털 미디어, 디지털 매개 텍스트, 컴퓨터 매개 의사소통(digital media, digitally mediated texts, computer-mediated communication): 컴퓨터와 모바일 기기들, 예를 들어 태블릿과 스마트폰 등의 디지털 기술을 이용해 사람들 사이에서 (또는 집단 내에서) 공유되는 텍스트와 그밖의 기호적 자원들.

맥락(context): 이 용어는 '섞어 짜다(interweave)', '함께 엮다(tie together)'라는 의미 의 라틴어 *contextere*에서 유래한 것이다. '맥락'은 언어/담화와 사회가 항상 엮여 있다는 것, 그리고 특정한 발화가 다른 발화, 텍스트, 담화의 부분들과 연관되어 있다는 것을 전제한다. 그리고 '맥락'의 개념은 구체적으로 (1) 사용된 언어 또는 텍스트 내부의 텍스트 문맥(co-text)과 담화 문맥(co-discourse), (2) 발화, 텍스 트, 장르, 담화들 사이의 상호텍스트적(intertextual), 상호담화적(interdiscursive) 인 관계, (3) 특정한 '상황 맥락'의 제도적 틀과 사회적 변수들, (4) (행위의 장들 을 포함하여) 담화적 실행으로 연관되는 더 넓은 사회정치적이고 역사적인 맥 락을 가리킨다.

명명(nomination): 이름, 명사, 동사, 직시, 비유 등 이름 붙이기의 기호학적 수단 을 통해 사회적 행위자, 대상, 사건, 과정, 행위 등을 담화적으로 구성하는 것.

모드(mode): 모드는 의미를 구성하는 데에 문화적으로 유용한 자원으로 정의된다. 의사소통에 이용되는 어떤 것이 바로 모드라는 뜻이다. 모드를 포괄하는 총목록 이라는 것은 없으나, 가장 일반적인 것은 언어적 텍스트, 시각적인 것, 제스처, 공간적 레이아웃/디자인과 소리이다. 사회적 상황에서 어떤 모드가 유효한가 그리고 특정한 모드에서 어떤 종류의 의미가 표현될 수 있는가는 대체로 의사소 통이 일어나게 되는 특수한 제도적, 문화적 맥락의 영향을 받는다.

방법론적 다각화(methodological triangulation): 방법론적 다각화는 같은 현상을 살펴 보기 위해 하나 이상의 방법론, 하나 이상의 자료를 사용하는 것을 일컫는다.

사회적 인지(social cognition): 모든 담화와 인간의 의사소통 그리고 상호작용 일반에 전제되어 있는 지식, 태도, 이데올로기와 같은, 사회집단이나 공동체 구성원들 에 의해 공유되는 정신적 표상.

색인 프로그램(concordancer): 색인 프로그램은 검색한 단어가 텍스트 환경 내에, 보통은 그 열의 가운데 부분(맥락 내 키워드, keyword-in-context 또는 KWIC라고도 함)에 보이는 방식으로 텍스트 데이터를 제시하는 컴퓨터 프로그램의 일종이다. 색인 프로그램은 빈도를 산출하여 다양하고 다른 통계적 측정치들을 계산해 낸다. 현재 가장 잘 알려진 것 중에는 워드스미스(Wordsmith), 앤트콩크(AntConc), 모노콩크 프로(Monoconc Pro.) 등이 있다.

서술(predication): 형용사, 전치사구, 관계절, 접속절, 부정사절, 분사절 등 속성과 자질을 부여하는 기호학적 수단에 의해 사회적 행위자, 대상, 사건, 과정, 행위 등에 담화적으로 속성을 부여하는 것.

소셜네트워킹 사이트(social networking sites): 종종 '친구' 또는 '팔로워'와 같이 네트워크 내에 있는 사용자들 사이의 의사소통을 위해 특별히 고안된 소셜미디어 플랫폼들. 페이스북(Facebook), 웨이보(Weibo), 구글플러스(Google+) 등이 있다.

소셜미디어 (플랫폼)(social media (platforms)): 개인 또는 집단 간의 의사소통을 가능하게 하는 모든 사이트 또는 서비스로, 일대일(예: 인스턴트 메시지 프로그램, 스카이프(Skype)), 일대다(예: 트위터(Twitter), 웨이보(Weibo)) 또는 다대일(예: 신청 사이트, 팬 페이지)로 되어 있다. 어떤 플랫폼은 여러 다른 요소들(예: 페이스북(Facebook)의 경우 상태 메시지, 개인 메시지, 사진 공유, 팬 페이지 등)을 결합하기도 한다. 웹이나 인터넷을 통해 작동하는 것에만 국한되지 않으며, 단문 메시지 서비스(SMS)를 포함해 와츠앱(WhatsApp)이나 이메일도 소셜미디어 플랫폼으로 간주된다.

시각(visual): 시각 모드는 기본적으로 시각이라는 감각을 통해 주로 경험하는 의미의 자원을 가리킨다. 연속성과 선조성(linearity)의 원리에 따라 움직이는 구두 언어와 대조적으로, 시각적 구조는 주로 즉시성과 공간적 배열을 통해 의미를 창출한다. 시각은 사회적으로 구성/통제되기도 한다(즉, 사회적 규칙과 관습은 우리가 '볼' 수 있고 '볼' 수 있게 허용되는 것에 영향을 미친다). 시각의 범위는 아주 다양하며 여러 다른 형태와 인공물들을 아우른다. 사진, 그림, 회화, 드로잉, 스케치 같은 좀 더 '실체적'인 장르뿐 아니라 도표, 도해, 모형, 타이포그래피 같은 '비실체적'인 것도 포함한다. 물론 시각 모드는 이미지뿐 아니라 영상으로도 이루어진다.

연어 관계(collocation): 만일 어휘 항목이 습관적으로 함께 나타난다면 서로 연어적 관련성을 지닌다고 할 수 있으며 이 현상을 연어 관계라고 한다. 전형적으로

노드(node word)(즉, 당신이 검색한 단어) 가까이서 발견되는 그 항목이 그것의 연어(collocates)이다. 이는 또한 단어들이 연어적 행태를 지니고 있음을 잘 보여준다.

의미적 선호(semantic preference): 어떤 단어가, 공통적 의미 자질을 지닌 범주의 단어들과 공기 관계의 패턴을 이룰 때, 그 단어는 특별한 의미적 선호를 지닌다고 한다.

의미적 운율(semantic prosody): 언어적 항목에 의해 실리는 긍정적이거나 부정적인 평가의 무게.

장치(dispositive): 언어적 실행(즉 생각하기, 말하기, 쓰기), 비언어적 실행(일반적으로 '무엇을 행하는 것'), 그리고 물질화(즉, 자연물과 생산물) 등에 내장되어 있는, 지속적으로 발전하는 지식의 총합.

재맥락화(recontextualization): 특정한 사회적 실행(의사소통적 실행 포함)이 또 다른 사회적 실행의 맥락 속에 재현되는 방식을 나타내는 용어이다. 이때 그렇게 특정한 사회적 실행으로 재맥락화될 필요가 있었던 그 실행 또는 일부에는 그럴 만한 동기(평가, 정당화, 또는 부당성을 밝히는 목적 포함)가 더해지며 재현은 선택적으로 이루어진다.

    탈행위화(deactivation)는 명명, 과정명사, 환유 등의 수단을 통한 대상화, 또는 사회적 행위자의 상대적으로 지속적인 특징이라 여겨지는 것을 거론하는 묘사화('그는 진실을 말한다' 대신에 '그는 정직하다') 등을 통해 사회적 행위를 재맥락화한다.

    탈행위주화(de-agentialization)는 사회적 행위를, 자연적 힘이나 무의식적 과정처럼 인간의 행위성이 작용하지 않은 요인들에 의해 야기된 것으로 재맥락화한다.

    일반화(generalization)는 사회적 실행이나 그 일부인 일화를 구성하는 특정한 행위를 추상화함으로써, 그리고 그 실행에 표지를 붙이거나 일화를 전체로 대체함으로써 사회적 행위를 재맥락화한다.

    추상화(abstraction)는 주로 정당화의 목적을 위해(예를 들어 '유대감을 형성하는 것'이나 '장애물을 제거하는 것') 주어진 맥락에서 특별히 관련성을 지닌 속성을 추출해 냄으로써 사회적 행위를 재맥락화한다.

전략(strategy): 전략은 사회적, 정치적, 심리적, 언어적 목표를 이루기 위해 적용하는 실행 계획(담화적 실행 포함)이다. 담화 전략은 각기 다른 언어적 조직과 복잡성의 단계로 나타난다. 담화-역사적 접근은 명명, 서술, 논증, 관점화, 그리고 강화나 완화의 담화 전략을 구분한다.

정신 모형(mental models): 일화 기억, 장기 기억의 자전적 부분 속에 인간의 경험이 주관적으로 표상된 것. 의미적 정신 모형은 우리가 참여하고, 관찰하고, 그것에 대해 생각하거나 의사소통하는 특정한 상황, 사건, 행위를 표상한다. 화용적 상황 모형 또는 맥락 모형은 담화의 적절성을 규정하고, 의사소통적 상황 즉 시공간적 배경, 참여자(그리고 그들의 정체성, 역할, 관계), 사회적 행위, 목표, 그리고 공유된 지식 등의 연관성을 표상한다.

주체(subjects): 어떠한 방식으로 느끼고, 생각하고, 행동하는 개인 또는 단체(예: 조직, 국가)의 사회적 구성체. 중복되는 개념은 '행위자(actors)'이다.

지식(knowledge): 사회인지적 관점에서 지식은 장기 기억에 표상된 인식 공동체 구성원들의 공유된 믿음으로 정의된다. 그것은 공동체의 인식 기준, 예를 들어 신뢰할 만한 관찰, 담화, 추론 등 일반적으로 그 공동체의 공적 담화에 전제되어 있으며, 담화와 상호작용의 정신 모형 구축에도 적용된다.

참여형 웹(participatory web): 많은 수의 사용자들이 콘텐츠를 생산하고 참여하도록 돕는 소셜미디어 플랫폼으로서, 결과적으로 사용자들에 의해 형태를 갖추게 된다. 백과사전 위키피디아(Wikipedia), 리뷰 사이트 트립어드바이저(TripAdvisor), 내비게이션 앱 웨이즈(Waze)(사용자들이 지도의 오류를 수정할 수 있음), 경매 사이트 이베이(eBay), 사진 공유 사이트 플리커(Flickr) 등이 포함된다. 종종 '웹 2.0'이라고 불리기도 한다. 이와 대조적으로 참여형 이전의 웹에서는 콘텐츠가 주로 '전문가들'과 제도적 기관에 의해 생산, 기획되었으며, '일반적인' 사용자들과 상호작용할 가능성이 제한되어 있었다.

참조 코퍼스(reference corpus): 비교의 기준으로 사용되는 대규모 말뭉치.

키워드(keyword): 주어진 코퍼스에서 한 단어의 빈도가 다른 단어들과 유의미하게 다를 경우에 이를 키워드로 본다.

토포스(topos): 토포스는 논거를 결론과 연관시키는, 형식적 또는 내용적으로 연관된 도출 규칙이다. 논거를 주장으로 옮겨 놓을 수 있게 하는 것은 전제이다. 토포스는 사회적으로 관례화되고 습관화된다. 그것은 항상 명시적으로 표현되는 것은 아니지만 언제든지 '만일 x라면 y' 또는 'y, 왜냐하면 x' 같은 조건적이거나 일상적인 표현으로 나타날 수 있다.

행동유도성(affordances): 기술을 통해 가능하게 된 것(Ryder & Wilson 1996을 보라). 물론 이 기술에는 문서나 음성 같은 비디지털 기술도 포함되나 여기에서는 주로 소셜미디어 플랫폼이 사용자들에게 할 수 있게 허용하는(또는 하지 못하게 막는) 것을 가리킨다.

참고문헌

Aboelezz, M. (2014) The geosemiotics of Tahrir Square: A study of the relationship between discourse and space. *Journal of Language and Politics*, 13: 599–622.

Agar, M. (2002) *The Professional Stranger*. San Diego, CA: Academic Press.

Aker, J. C. and Mbiti, I. M. (2010) Mobile phones and economic development in Africa. *The Journal of Economic Perspectives*, 24 (3): 207–32.

Altheide, D. L. and Snow, R. P. (1979) *Media Logic*. Beverly Hills, CA: Sage.

Althusser, L. (2006) Ideology and ideological state apparatuses (notes towards an investigation). In: M. G. Durham and D. M. Kellner (eds), *Media and Cultural Studies*. Malden, MA: Blackwell Publishing. pp. 79–87.

Androutsopoulos, J. (2008) Potentials and limitations of discourse-centred online ethnography. *Language@Internet* 5.

Androutsopoulos, J. and Beißwenger, M. (2008) Introduction: Data and methods in computer-mediated discourse analysis. *Language@Internet* 5.

Angermueller, J., Maingueneau, D. and Wodak, R. (2014) The Discourse Studies Reader: An Introduction. In: J. Angermueller, D. Maingueneau and R. Wodak (eds), *The Discourse Studies Reader: Main Currents in Theory and Analysis*. Amsterdam/Philadelphia: John Benjamins. pp. 1–14.

Angouri, J. and Wodak, R. (2014) They became big in the shadow of the crisis: The Greek success story and the rise of the far right. *Discourse & Society*, 25: 540–65.

Anthonissen, C. (2001) On the effectivity of media censorship: An analysis of linguistic, paralinguistic and other communicative devices used to defy media restrictions. PhD thesis, University of Vienna.

Aries, P. (1962) *Centuries of Childhood: A Social History of Family Life*. New York: Vintage Books.

Bachrach, P. and Baratz, M. S. (1962) Two faces of power. *American Political Science Review*, 56: 947–52.

Baker, P. (2006) *Using Corpora in Discourse Analysis*. London, New York: Continuum.

Baker, P. and McEnery, T. (2005) A corpus-based approach to discourses of refugees and asylum seekers in UN and newspaper texts. *Journal of Language and Politics*, 4: 197–226.

Baker, P., Gabrielatos, C., Khosravinik, M., Krzyanowski, M., McEnery, T. and Wodak, R. (2008) A useful methodological synergy? Combining critical discourse analysis and corpus linguistics to examine discourses of refugees and asylum seekers in the UK press. *Discourse & Society*, 19: 273–305.

Baker, P., McEnery, T. and Gabrielatos, C. (2007) Using collocation analysis to reveal the construction of minority groups. The case of refugees, asylum seekers and immigrants in the UK press. Paper presented at Corpus Linguistics 2007.

Balke, F. (1998) Was zu denken zwingt. Gilles Deleuze, Felxi Guattari und das Außen der Philosophie. In: J. Jurt (ed.), *Zeitgenössische Französische Denker: Eine Bilanz*. Freiburg im Bresgau: Rombach Litterae. pp. 187–210.

Barton, D. and Lee, C. (2013) *Language Online: Investigating Digital Texts and Practices*. Abingdon: Routledge.

Bauer, M. W. and Aarts, B. (2000) Corpus construction: A principle for qualitative data collection. In: M. W. Bauer and G. Gaskell (eds), *Qualitative Researching with Text, Image and Sound*. London: Sage. pp. 19–37.

Bednarek, M. and Caple, H. (2014) Why do news values matter? Towards a new methodological framework for analysing news discourse in Critical Discourse Analysis and beyond. *Discourse & Society*, 25: 135–58.

Bell, A. (1994) Climate of opinion: public and media discourse on the global environment. *Discourse & Society*, 5: 33–64.

Bell, E. (2012) Ways of seeing organisational death: A critical semiotic analysis of organisational memorialisation. *Visual Studies*, 27: 4–17.

Berger, P. L. and Luckmann, T. (1966/1967) *The Social Construction of Reality*. Harmondsworth: Penguin.

Berglez, P. (2008) What is global journalism? Theoretical and empirical conceptualizations. *Journalism Studies*, 9: 845–58.

Bernstein, B. B. (1981) Codes, modalities, and the process of cultural reproduction: A model. *Language in Society*, 10: 327–63.

Bernstein, B. B. (1986) On pedagogic discourse. In: J. G. Richardson (ed.), *Handbook for Theory and Research in the Sociology of Education*. Westport, CT: Greenwood Press. pp. 205–40.

Bhaskar, R. (1986) *Scientific Realism and Human Emancipation*. London: Verso.

Billig, M. (2008) Nominalizing and de-nominalizing: a reply. *Discourse & Society*, 19: 829–841.

Blau, P. M. (1964) *Exchange and Power in Social Life*. New York: Wiley.

Blommaert, J. (2005) *Discourse: A Critical Introduction*. Cambridge: Cambridge University Press.

Bohnsack, R. (2007) Die dokumentarische Methode in der Bild- und Fotointerpretation. In: R. Bohnsack, I. Nentwig-Gesemann and A-M. Nohl (eds), *Die dokumentarische Methode und ihre Forschungspraxis*. Wiesbaden: VS Verlag. pp. 69–91.

Boukala, S. (2013) The Greek media discourse and the construction of European identity: Supranational identity, Fortress Europe and Islam as radical otherness. PhD thesis, Lancaster University.

Bourdieu, P. (1977) *Outline of a Theory of Practice*. Cambridge, MA: Cambridge University Press.

Bourdieu, P. (1980) *The Logic of Practice*. Cambridge: Polity Press.

Bourdieu, P. (1982) *Ce que parler veut dire: L'economie des échanges linguistiques*. Paris: Librairie Arthème Fayard.

Bourdieu, P. (1984) *Homo academicus*. Paris: Les Éditions de Minuit.

Bourdieu, P. (1986) The forms of capital. In: J. G. Richardson (ed.), *Handbook of Theory and Research for the Sociology of Education*. New York: Greenwood. pp. 241–58.

Bourdieu, P. (1987) What makes a social class? On the theoretical and practical existence of groups. *Berkeley Journal of Sociology*, 32: 1–18.

Bourdieu, P. (1989) *La Noblesse d'etat. Grands écoles et esprit de corps*. Paris: Edition de Minuit.

Bourdieu, P. (1990) *In Other Words: Essays Towards a Reflexive Sociology*. Cambridge: Polity Press.

Bourdieu, P. (1991) *Language and Symbolic Power*. Cambridge: Polity Press.

Bourdieu, P. and Passeron, J.-C. (1977) *Reproduction in Education, Society, and Culture*. London: Sage.

Bourdieu, P. and Wacquant, L. J. D. (1992) *An Invitation to Reflexive Sociology*. Chicago, IL: University of Chicago Press.

Boykoff, M. T. (2011) *Who Speaks for the Climate? Making Sense of Media Reporting on Climate Change*. Cambridge: Cambridge University Press.

Boykoff, M. T. and Boykoff, J. M. (2004) Balance as bias: global warming and the US prestige press. *Global Environmental Change*, 14: 125–36.

Brown, G. and Yule, G. (1983) *Discourse Analysis*. Cambridge: Cambridge University Press.

Brown, M. B. and Coates, K. (1996) *The Blair Revelation: Deliverance for Whom?* Nottingham: Spokesman.

Bublitz, H. (1999) *Foucaults Archäologie des kulturellen Unbewußten: Zum Wissensarchiv und Wissensbegehren moderner Gesellschaften*. Frankfurt am Main: Campus.

Bublitz, H. (2011) Differenz und Integration. Zur diskursanalytischen Rekonstruktion der Regelstrukturen sozialer Wirklichkeit. In: R. Keller, A. Hirseland, W. Schneider and W. Viehöver (eds), *Handbuch Sozialwissenschaftliche Diskursanalyse. Band 1: Theorien und Methoden*. Wiesbaden: VS Verlag. pp. 245–82.

Burr, V. (2003) *Social Constructionism*. Hove: Routledge.

Caborn, J. (1999) Die Presse und die, Hauptstadtdebatte': Konstrukte der deutschen Einheit. In: U. Kreft, H. Uske and S. Jäger (eds), *Kassensturz: Politische Hypotheken der Berliner Republik*. Duisurg: DISS. pp. 61–84.

Caborn, J. (2006) *Schleichende Wende: Diskurse von Nation und Erinnerung bei der Konstituierung der Berliner Republik*. Münster: Unrast-Verlag.

Carter, S. and Little, M. (2007) Justifying knowledge, justifying method, taking action: epistemologies, methodologies, and methods in qualitative research. *Qualitative Health Research*, 17: 1316–28.

Carvalho, A. (2005) Representing the politics of the greenhouse effect: discursive strategies in the British media. *Critical Discourse Studies*, 2: 1–29.

Carvalho, A. (2008) Media(ted) discourse and society: rethinking the framework of critical discourse analysis. *Journalism Studies*, 9: 161–77.

Carvalho, A. and Burgess, J. (2005) Cultural circuits of climate change in UK broadsheet newspapers, 1985–2003. *Risk Analysis*, 25: 1457–69.

Castells, M. (1996) *The Rise of the Network Society*. Oxford: Blackwell.

Castells, M. (2009) *Communication Power*. Oxford: Oxford University Press.

Chilton, P. (2004) *Analysing Political Discourse: Theory and Practice*. London: Routledge.

Chilton, P. (2005) Missing links in mainstream CDA: modules, blends and the critical instinct. In: R. Wodak and P. Chilton (eds), *A New Research Agenda in Critical Discourse Analysis: Theory and Interdisciplinarity*. Lancaster: John Benjamins. pp. 19–52.

Chilton, P. (2008) Critical Discourse Analysis. In: *Cambridge Encyclopedia of the Language Sciences*. Cambridge: Cambridge University Press.

Chilton, P., Tian, H. and Wodak. R. (2010) Reflections on discourse and critique in China and the West. *Journal of Language and Politics*, 9: 489–507.

Chouliaraki, L. (1995) Regulation and heteroglossia in one institutional context: The case of a 'progressivist' English classroom. PhD thesis, University of Lancaster.

Chouliaraki, L. and Fairclough, N. (1999) *Discourse in Late Modernity*. Edinburgh: Edinburgh University Press.

Chouliaraki, L. and Fairclough, N. (2010) Critical discourse analysis in organizational studies: Towards an integrationist methodology. *Journal of Management Studies*, 47: 1213–18.

Church, K. and Hanks, P. (1990) Word association norms: mutual information, and lexicography. *Computational Linguistics*, 16: 22–9.

Clarke, J. and Newman, J. (1998) *A Modern British People? New Labour and the Reconstruction of Social Welfare*. Copenhagen: Department of Intercultural Communication and Management, Copenhagen Business School.

Clear, J. (1993) From Firth principles: Computational tools for the study of collocation. In: M. Baker, G. Francis and E. Tognini-Bonelli (eds), *Text and Technology: In Honour of John Sinclair*. Amsterdam/Philadelphia: John Benjamins. pp. 271–92.

Cole, J. I., Suman, M., Schramm, P., Zhou, L., Reyes-Sepulveda E. and Lebo, H. (2013) *The World Internet Project*. www.worldinternetproject.net/_files/_/307_2013worldinternetreport.pdf, accessed 24 August 2015.

Connolly, W. E. (1991) *Identity/Difference*. Ithaca. NY: Cornell University Press.

Cook, G. (2001) *The Discourse of Advertising*. London: Routledge.

Cook, T. E. (1998) *Governing with the News. The News Media as Political Institution*. Chicago, IL: University of Chicago Press.

Cotterill, J. (2001) Domestic discord, rocky relationships: semantic prosodies in representations of marital violence in the O.J. Simpson trial. *Discourse & Society*, 12: 291–312.

Cottle, S. (2011) Media and the Arab uprisings of 201: Research notes. *Journalism*, 12: 647–59.

Creswell, J. W. and Miller, D. L. (2010) Determining validity in qualitative inquiry. *Theory Into Practice*, 39: 124–30.

Czarniawska, B. (2004) *Narratives in Social Science Research*. London: Sage.

Dahlgren, P. (2009) *Media and Political Engagement: Citizens, Communication, and Democracy*. Cambridge: Cambridge University Press.

Darics, E. (2014) The blurring boundaries between synchronicity and asynchronicity: New communicative situations in work-related instant messaging. *International Journal of Business Communication*, 51: 337–58.

de Beaugrande, R. (1997) The story of discourse analysis. In: T. A. van Dijk (ed.), *Discourse as Structure and Process*. London: Sage. pp. 35–62.

de Cock, C., Baker, M. and Volkmann, C. (2011) Financial phantasmagoria: Corporate image-work in times of crisis. *Organization*, 18: 153–72.

Deleuze, G. (1988) *Foucault*. Minneapolis, MN: University of Minnesota Press.

Döring, H. and Hirschauer, S. (1997) Die Biographie der Dinge: Eine Ethnographie musealer Representation. In: S. Hirschauer and K. Amann (eds), *Die Befremdung der eigenen Kultur*. Frankfurt am Main: Suhrkamp. pp. 267–97.

Dorostkar, N. and Preisinger, A. (2012) CDA 2.0 – Leserkommentarforen aus kritisch-diskursanalytischer Perspektive: Eine explorative Studie am Beispiel der Online-Zeitung der Standard. at. *Wiener Linguistische Gazette*, 7: 1–47.

Dorostkar, N. and Preisinger, A. (2013) Kritische Online-Diskursanalyse: Medienlinguistische und diskurshistorische Ansätze zur Untersuchung von Leserkommentarforen. In: C. Fraas, S. Meier and C. Pentzold (eds), *Online-Diskurse. Theorien und Methoden transmedialer Online-Diskursforschung*. Cologne: Halem. pp. 313–45.

Drews, A., Gerhard, U. and Link, J. (1985) Moderne Kollektivsymbolik: Eine diskurstheoretisch orientierte Einführung mit Auswahlbiographie. *Internationales Archiv für Sozialgeschichte der deutschen Literatur (IASL)*, 1. Sonderheft Forschungsreferate, Tübingen. pp. 256–375.

Dreyfus, H. L. and Rabinow, P. (1982) *Michel Foucault: Beyond Structuralism and Hermeneutics*. Sussex: The Harvester Press.

Drori, G. S., Meyer, J. W. and Hwang, H. (eds) (2006) *Globalization and Organization: World Society and Organizational Change*. Oxford: Oxford University Press.

Duggan, M. and Smith, A. (2013) Pew Internet and American Life Project. In: *Social Media Update 2013*. http://www.pewinternet.org/2013/12/30/social-media-update-2013, accessed 24 August 2015.

Durkheim, E. (1933) *The Division of Labor in Society*. New York: The Free Press.

Durkheim, E. (1976) *The Elementary Forms of Religious Life*. London: Allen and Unwin.

Durkheim, E. and Mauss, M. (1963) *Primitive Classification*. London: Cohen and West.

Ehlich, K. (1983) *Text und sprachliches Handeln. Die Entstehung von Texten aus dem Bedürfnis nach Überlieferung*. Munich: Fink.

Emerson, R. M. (1962) Power-dependence relations. *American Sociological Review*, 27: 31–41.

Emerson, R. M. (1975) Social exchange theory. *Annual Review of Sociology*, 2: 335–62.

Emerson, R. M., Fretz, R. I. and Shaw, L. L. (1995) *Writing Ethnographic Fieldnotes*. Chicago, IL: University of Chicago Press.

Evison, J. (2010) What are the basics of analysing a corpus? In: A. O'Keefe and M. McCarthy (eds), *The Routledge Handbook of Corpus Linguistics*. Abingdon, New York: Routledge. pp. 122–35.

Fahmy, S. (2010) Contrasting visual frames of our times: A framing analysis of English- and Arabic-language press coverage of war and terrorism. *International Communication Gazette*, 72: 695–717.

Fairclough, N. (1991) *Language and Power*. London: Longman.

Fairclough, N. (1992a) *Critical Language Awareness*. London: Longman.

Fairclough, N. (1992b) *Discourse and Social Change*. Cambridge: Polity Press.

Fairclough, N. (1993) Critical discourse analysis and the marketization of public discourse: The universities. *Discourse & Society*, 4: 133–68.

Fairclough, N. (1995a) *Critical Discourse Analysis*. London: Longman.

Fairclough, N. (1995b) *Media Discourse*. London: Edward Arnold.

Fairclough, N. (1996) A reply to Henry Widdowson's 'Discourse analysis: a critical view'. *Language and Literature*, 5: 49–56.

Fairclough, N. (2000a) *New Labour, New Language?* London: Routledge.

Fairclough, N. (2000b) Represenciones del cambio en discurso neoliberal. *Cuadernos de Relaciones Laborales*, 16: 13–36.

Fairclough, N. (2003) *Analysing Discourse: Text Analysis for Social Research*. London: Routledge.

Fairclough, N. (2005) Critical discourse analysis in transdisciplinary research. In: R. Wodak and P. Chilton (eds), *A New Agenda in (Critical) Discourse Analysis*. Amsterdam/Philadelphia: John Benjamins. pp. 53–70.

Fairclough, N. (2006) *Language and Globalization*. London: Routledge.

Fairclough, N. (2010) *Critical Discourse Analysis: The Critical Study of Language*. London: Routledge.

Fairclough, N., Jessop, B. and Sayer, A. (2004) Critical realism and semiosis. In: J. Joseph and J. M. Roberts (eds), *Realism, Discourse and Deconstruction*. London: Routledge. pp. 23–42.

Fairclough, N. and Wodak, R. (1997) Critical discourse analysis. In: T. van Dijk (ed.), *Discourse as Social Interaction*. London: Sage. pp. 258–84.

Fay, B. (1987) *Critical Social Science*. Cambridge: Polity Press.

Firth, J. R. (1935 [1957]) The technique of semantics. In: *Papers in Linguistics*. London: Oxford University Press. pp. 7–33.

Flick, U. (2004) *Triangulation. Eine Einführung*. Wiesbaden: VS Verlag für Sozialwissenschaften.

Flowerdew, J. (ed.) (2014) *Discourse in Context*. London: Bloomsbury.

Forchtner, B. and Tominc, A. (2012) Critique and argumentation: On the relation between the discourse-historical approach and pragma-dialectics. *Journal of Language and Politics*, 11: 31–50.

Foucault, M. (1963) *Naissance de la clinique. Une archéologie du retard medical*. Paris: P.U.F.

Foucault, M. (1972) *The Archaeology of Knowledge*. New York: Pantheon Books.

Foucault, M. (1975) *Surveiller et punir: Naissance de la prison*. Paris: Gallimard.

Foucault, M. (1977) *Language, Counter-Memory, Practice: Selected Essays and Interviews*. Ithaca, NY: Cornell University Press.

Foucault, M. (1979) *Discipline and Punish: The Birth of the Prison*. Harmondsworth: Penguin Books.

Foucault, M. (1980a) The Confession of the Flesh. In: C. Gordon (ed.), *Power/Knowledge: Selected Interviews and Other Writings 1972–1977 by Michel Foucault*. New York: Pantheon Books. pp. 194–228.

Foucault, M. (1980b) Truth and power. In: C. Gordon (ed.), *Power/Knowledge: Selected Interviews and Other Writings 1972–1977 by Michel Foucault*. New York: Pantheon Books. 107–33.

Foucault, M. (1982) The subject and power. *Critical Inquiry*: 777–95.

Foucault, M. (1983) *Der Wille zum Wissen: Sexualität und Wahrheit 1*. Frankfurt am Main: Suhrkamp.

Foucault, M. (1990) *Was ist Kritik?* Berlin: Merve.

Foucault, M. (1991) *Remarks on Marx: Conversations with Duccio Trombadori*. New York: Semiotext(e).

Foucault, M. (1996) What is critique? In: J. Schmidt (ed.), *What Is Enlightenment? Eighteenth-Century Answers and Twentieth-Century Questions*. Berkeley, CA: University of California Press. pp. 382–98.

Foucault, M. (2001) *Fearless Speech*. Los Angeles, CA: Semiotext(e).

Foucault, M. (2002) *The Archaeology of Knowledge*. London: Routledge.

Foucault, M. (2004) *Sécurité, Territoire et Population*. Paris: Éditions Gallimard/Édition du Seuil.

Fowler, R., Hodge, R., Kress, G. and Trew, T. (eds) (1979) *Language and Control*. London: Routledge.

French, J. R. P. and Raven, B. (1959) The bases of social power. In: D. Cartwright (ed.), *Studies in Social Power*. Ann Arbor, MI: Institute for Social Research, University of Michigan. pp. 150–67.

Froschauer, U. (2002) Artefaktanalyse. In: S. Kühl and P. Strodtholz (eds), *Methoden der Organisationsforschung*. Reinbek: rororo. pp. 361–95.

Fuchs, C. (2014) *Social Media: A Critical Introduction*. London: Sage.

Fuchs, C. and Sevignani, S. (2013) What is digital labour? What is digital work? What's their difference? And why do these questions matter for understanding social media? *tripleC*, 11: 237–93.

Gaby, S. and Caren, N. (2012) Occupy online: How cute old men and Malcolm X recruited 400,000 US users to OWS on Facebook. *Social Movement Studies*, 11: 367–74.

Gamson, W. A. and Modigliani, A. (1989) Media discourse and public opinion on nuclear power: A constructionist approach. *American Journal of Sociology*, 95: 1–37.

Gee, J. (2004) *Discourse Analysis: Theory and Method*. London: Routledge.

Giddens, A. (1984) *The Constitution of Society. Outline of the Theory of Structuration*. Cambridge: Polity Press.

Gilbert, N. G. (2008) Research, theory and method. In: N. G. Gilbert (ed.), *Researching Social Life*. London: Sage. pp. 21–40.

Girnth, H. (1996) Texte im politischen Diskurs. Ein Vorschlag zur diskursorientierten Beschreibung von Textsorten. *Muttersprache*, 106: 66–80.

Glaser, B. and Strauss, A. L. (1967) *The Discovery of Grounded Theory: Strategies for Qualitative Research*. Chicago, IL: Chicago University Press.

Gleason, H. A., Jr. (1973) Contrastive analysis in discourse structure. In: Á. Makkai and D. G. Lockwood (eds), *Readings in Stratificational Linguistics*. Tuscaloosa, AL: University of Alabama Press.

Goffman, E. (1979) Footing. *Semiotica*, 25: 1–30.

González-Bailón, S., Borge-Holthoefer, J., Rivero, A., Moreno, Y. (2011) The dynamics of protest recruitment through an online network. *Scientific Reports*, 1: 1–7.

Gore, A. (2007) *Wege zum Gleichgewicht: Ein Marshallplan für die Erde* (trans. F. Hörmann and W. Brumm). Hamburg: Fischer-Rowohlt.

Graham, P. (2006) *Hypercapitalism: New Media, Language, and Social Perceptions of Value*. New York: Peter Lang.

Graham, P. W. and Paulsen, N. (2002) Third-sector discourses and the future of (un)employment: Skilled labor, new technologies, and the meaning of work. *Text*, 22: 443–67.

Graves, O. F., Flesher, D. L. and Jordan, R. E. (1996) Pictures and the bottom line: The television epistemology of U.S. annual reports. *Accounting, Organizations and Society*, 21: 57–88.

Gray, B. and Biber, D. (2011) Corpus approaches to the study of discourse. In: K. Hyland and B. Paltridge (eds), *Continuum Companion to Discourse Analysis*. London, New York: Continuum. pp. 138–52.

Gretzel, U., Yuan, Y.-L. and Fesenmaier, D. R. (2000) Preparing for the new economy: Advertising strategies and change in destination marketing organizations. *Journal of Travel Research*, 39: 146–56.

Grimes, J. E. (1975) *The Thread of Discourse*. The Hague: Mouton.

Habermas, J. (1967) *Erkenntnis und Interesse*. Frankfurt am Main: Suhrkamp.

Habermas, J. (1972) *Knowledge and Human Interests*. London: Heinemann.

Habermas, J. (1996) *Die Einbeziehung des Anderen: Studien zur politischen Theorie*. Frankfurt am Main: Suhrkamp.

Hall, S. (1992) The West and the rest: Discourse and power. In: S. Hall and B. Gieben (eds), *Formations of Modernity*. Oxford: Polity in Association with Open University. pp. 275–332.

Halliday, M. A. K. (1978) *Language as Social Semiotic*. London: Arnold.

Halliday, M. A. K. (1985) *Introduction to Functional Grammar*. London: Arnold.

Halliday, M. A. K. (1994) *An Introduction to Functional Grammar*. London: Arnold.

Hammersley, M. and Atkinson, P. (2007) *Ethnography: Principles in Practice*. London: Routledge.

Hardt-Mautner, G. (1995) Only connect: Critical discourse analysis and corpus linguistics. *UCREL Technical Paper 6*.

Hardy, C. and Phillips, N. (1999) No joking matter: Discursive struggle in the Canadian refugee system. *Organization Studies*, 20: 1–24.

Hart, C. and Cap, P. (eds) (2014) *Contemporary Critical Discourse Studies*. London: Bloomsbury.

Harvey, D. (1996) *Justice, Nature and the Geography of Difference*. Oxford: Blackwell.

Harvey, D. (2003) *The New Imperialism*. Oxford: Oxford University Press.

Hassan, R. and Purser, R. E. (eds) (2007) *24/7: Time and Temporality in the Network Society*. Stanford, CA: Stanford University Press.

Hay, C. (2007) *Why We Hate Politics*. Cambridge: Polity.

Heer, H., Manoschek, W. Pollak, A. and Wodak, R. (eds) (2008) *The Discursive Construction of History: Remembering the Wehrmacht's War of Annihilation*. London: Palgrave.

Herring, S. C. (2004) Computer-mediated discourse analysis: An approach to researching online behavior. In: S. Barab, R. Kling and J. Gray (eds), *Designing for Virtual Communities in the Service of Learning*. Cambridge: Cambridge University Press. pp. 338–76.

Herring, S. C. (2007) A faceted classification scheme for computer-mediated discourse. *Language@Internet*, 4.

Herring, S. C. (2013) Discourse in Web 2.0: Familiar, reconfigured, and emergent. In: D. Tannen and A. M. Trester (eds), *Discourse 2.0: Language and New Media*. Washington, DC: Georgetown University Press. pp. 1–25.

Hitzler, R. and A. Honer (eds) (1997) *Sozialwissenschaftliche Hermeneutik. Eine Einführung*. Opladen: UTB.

Hitzler, R., Reichertz, J. and Schröer, N. (eds) (1999) *Hermeneutische Wissenssoziologie. Standpunkte zur Theorie der Interpretation*. Konstanz: UVK Universitäts-Verlag.

Holcomb, J., Gottfried, J. and Mitchell, A. (2013) *Pew Research Journalism Project*. In: *News use across social media platforms*. www.journalism.org/2013/11/14/news-use-across-social-media-platforms, accessed 24 August 2015.

Höllerer, M. A. (2013) From taken-for-granted to explicit commitment: The rise of CSR in a corporatist country. *Journal of Management Studies*, 50: 573–606.

Höllerer, M. A., Jancsary, D. and Grafström, M. (2014) 'A picture is worth a thousand words': Visually assigned meaning and meta-narratives of the global financial crisis. Working Paper, WU Vienna.

Höllerer, M. A., Jancsary, D., Meyer, R. E. and Vettori, O. (2013) Imageries of corporate social responsibility: Visual re-contextualization and field-level meaning. In: M. Lounsbury and E. Boxenbaum (eds), *Institutional Logics in Action, Part B (Research in the Sociology of Organizations, Vol. 39B)*. Bingley: Emerald. pp. 139–74.

Holzscheiter, A. (2005) Discourse as capability. *Millenium: Journal of International Studies*, 33: 723–46.

Holzscheiter, A. (2012) *Children's Rights in International Politics. The Transformative Power of Discourse*. Basingstoke: Palgrave Macmillan.

Horkheimer, M. (1937) Traditionelle und kritische Theorie. *Zeitschrift für Sozialforschung* 6 / 2, 245–92.

Horkheimer, M. and Adorno, T. W. (1991 [1969, 1974]) *Dialektik der Aufklärung*. Frankfurt am Main: Fischer.

Hundt, M., Nesselhauf, N. and Biewer, C. (2007) *Corpus Linguistics and the Web*. Cambridge: Cambridge University Press.

Hunston, S. (2002) *Corpora in Applied Linguistics*. Cambridge: Cambridge University Press.

Hunston, S. (2004) Counting the uncountable: Problems of identifying evaluation in a text and in a corpus. In: A. Partington, J. Morley and L. Haarman (eds), *Corpora and Discourse*. Berne: Peter Lang. pp. 157–88.

Iedema, R. (1997) Interactional dynamics and social change: Planning as morphogenesis. PhD thesis, University of Sydney.

Iedema, R. and Wodak, R. (1999) Introduction: Organizational discourse and practices. *Discourse & Society* 10: 5–19.

Ieţcu, I. (2006) *Discourse Analysis and Argumentation Theory*. Bucharest: Editura Universităţii din Bucureşti.

IPCC (2013) Intergovernmental Panel on Climate Change Report 2013. www.ipcc.ch/report. ar5/wg1, accessed 5 November 2014.

Jäger, M. (1996) *Fatale Effekte: Die Kritik am Patriarchat im Einwanderungsdiskurs*. Duisburg: Unrast-Verlag.

Jäger, M. and Jäger, S. (2007) *Deutungskämpfe: Theorie und Praxis Kritischer Diskursanalyse*. Wiesbaden: VS Verlag.

Jäger, S. (2004) *Kritische Diskursanalse. Eine Einführung*. Münster: Unrast-Verlag.

Jäger, S. (2012) *Kritische Diskursanalse. Eine Einführung*. Münster: Unrast-Verlag.

Jäger, S. and Maier, F. (2009) Theoretical and methodological aspects of Foucauldian critical discourse analysis and dispositive analysis. In: R. Wodak and M. Meyer (eds), *Methods of Critical Discourse Analysis*. London: Sage. pp. 34–61.

Jancsary, D. (2013) *Die rhetorische Konstruktion von Führung und Steuerung: Eine argumentationstheoretische Untersuchung deutschsprachiger Führungsgrundsätze*. Frankfurt am Main: Peter Lang.

Jessop, B. (2002) *The Future of the Capitalist State*. Cambridge: Polity Press.

Jessop, B. (2004) Critical semiotic analysis and cultural political economy. *Critical Discourse Studies*, 1: 159–74.

Jessop, B. (2008) The cultural political economy of the knowledge-based economy and its implications for higher education. In: N. Fairclough, B. Jessop and R. Wodak (eds), *Education and the Knowledge-Based Economy in Europe*. Amsterdam: Sense Publishers.

Jewitt, C. (ed.) (2009) *The Routledge Handbook of Multimodal Analysis*. Abingdon: Routledge.

Jurgenson, N. (2012) When atoms meet bits: Social media, the mobile web and augmented revolution. *Future Internet*, 4: 83–91.

Kahn, R. and Kellner, D. (2004) New media and internet activism: From the 'Battle of Seattle' to blogging. *New Media & Society*, 6: 87–95.

Katz, E. and Lazarsfeld, P. F. (1955) *Personal Influence*. Glencoe, IL: Free Press.

Keller, R. (2008) *Wissenssoziologische Diskursanalyse. Grundlegung eines Forschungsprogramms*. Wiesbaden: VS Verlag.

Kelsey, D. and Bennett, L. (2014) Discipline and resistance on social media: Discourse, power and context in the Paul Chambers Twitter Joke Trial. *Discourse, Context & Media*, 3: 37–45.

KhosraviNik, M. (2010) Actor descriptions, action attributions, and argumentation: towards a systematization of CDA analytical categories in the representation of social groups. *Critical Discourse Studies*, 7 (1): 55–72.

KhosraviNik, M. (2014) Critical discourse analysis, power and new media discourse: issues and debates. In: Y. Kalyango and M. W. Kopytowska (eds), *Why Discourse Matters: Negotiating Identity in the Mediatized World*. New York: Peter Lang. pp. 287–305.

KhosraviNik, M. (**2015** forthcoming) *Discourse, Identity and Legitimacy: Self and Other in Representations of Iran's Nuclear Programme*. Amsterdam/Philadelphia: John Benjamins.

KhosraviNik, M. and Zia, M. (2014) Persian identity and anti-Arab sentiments in Iranian Facebook discourses: critical discourse analysis and social media communication. *Journal of Language and Politics*, 13: 755–780.

KhosraviNik, M. (**2016** forthcoming) Social Media Critical Discourse Studies (SM-CDS): towards a CDS understanding of discourse analysis on participatory web. In: J. Flowerdew and J. E. Richardson (eds), *Handbook of Critical Discourse Analysis*. London: Routledge.

Kienpointner, M. (1992) *Alltagslogik. Struktur und Funktion von Argumentationsmustern*. Stuttgart-Bad Cannstatt: Frommann-holzboog.

Kienpointner, M. (1996) *Vernünftig argumentieren*. Hamburg: Rowohlt.

Kienpointner, M. and Kindt, W. (1997) On the problem of bias in political argumentation: An investigation into discussions about political asylum in Germany and Austria. *Journal of Pragmatics*, 27: 555–85.

Kindt, W. (1992) Argumentation und Konfliktaustragung in Äußerungen über den Golfkrieg. *Zeitschrift für Sprachwissenschaft*, 11: 189–215.

Kitschelt, H. P. (1986) Political opportunity structures and political protest: Anti-nuclear movements in four democracies. *British Journal of Political Science*, 16: 57–85.

Klaus, V. (2007) *Blauer Planet in günen Fesseln! Was ist bedroht: Klima oder Freiheit?* Vienna: Carl Gerold's Sohn Verlagsbuchhandlung.

Klemperer, V. (2000) *Language of the Third Reich*. London: Continuum.

Klemperer, V. (2001) *I Will Bear Witness: A Diary of the Nazi Years*. New York: Modern Library.

Klemperer, V. (2006) *The Language of the Third Reich: LTI – Lingua Tertii Imperii: A Philologist's Notebook*. London: Continuum.

Knight, K. (2006) Transformations of the concept of ideology in the twentieth century. *American Political Science Review*, 100: 619–26.

Knox, J. (2007) Visual-verbal communication on online newspaper home pages. *Visual Communication*, 6: 19–53.

Knox, J. (2009) Punctuating the home page: Image as language in an online newspaper. *Discourse & Communication*, 3: 145–72.

Koester, A. (2010) Building small specialised corpora. In: A. O'Keefe and M. McCarthy (eds), *The Routledge Handbook of Corpus Linguistics*. Abingdon: Routledge. pp. 66–79.

Koller, V. and Mautner, G. (2004) Computer applications in Critical Discourse Analysis. In: A. Hewings, C. Coffin and K. O'Halloran (eds), *Applying English Grammar*. London: Arnold. pp. 216–28.

Kopperschmidt, J. (2000) *Argumentationstheorie zur Einführung*. Hamburg: Junius.

Koteyko, N. (2010) Mining the Internet for linguistic and social data: an analysis of carbon compounds in web feeds. *Discourse & Society*, 21: 655–74.

Kovács, A. and Wodak, R. (eds) (2003) *Nato, Neutrality and National Identity: The Case of Austria and Hungary*. Vienna: Böhlau.

Kress, G. (2010) *Multimodality. A Social Semiotic Approach to Contemporary Communication*. Abingdon: Routledge.

Kress, G. and Hodge, R. (1979) *Language as Ideology*. London: Routledge.

Kress, G. and van Leeuwen, T. (2001) *Multimodal Discourse: The Modes and Media of Contemporary Communication*. London: Hodder Education.

Kress, G. and van Leeuwen, T. (2006) *Reading Images: The Grammar of Visual Design*. London: Routledge.

Krishnamurthy, R. (1996) Ethnic, racial, tribal: The language of racism? In: C. R. Caldas-Coulthard and M. Coulthard (eds), *Texts and Practices: Readings in Critical Discourse Analysis*. London: Routledge. pp. 129–49.

Krzyzanowski, M. (2008) Analyzing focus group discussions. In: *Qualitative Discourse Analysis in the Social Sciences*. Basingstoke: Palgrave Macmillan. pp. 162–81.

Laclau, E. (1980) Populist rupture and discourse. *Screen Education* 34: 87–93.

Lakoff, G. (1987) *Women, Fire and Dangerous Things*. Chicago, IL: University of Chicago Press.

Lakoff, G. and Johnson, M. (1980) *Metaphors We Live By*. Chicago, IL: University of Chicago Press.

Lakoff, G. and Johnson, M. (1999) *Philosophy in the Flesh*. New York: Basic Books.

Latif, M. (2012) *Globale Erwärmung*. Stuttgart: Ulmer.

Latour, B. (2005) *Reassembling the Social: An Introduction to Actor-Network-Theory*. Oxford: Oxford University Press.

Leitch, S. and Palmer, I. (2010) Analysing texts in context: Current practices and new protocols for critical discourse analysis in organization studies. *Journal of Management Studies*, 47: 1194–212.

Lemke, J. L. (1995) *Textual Politics*. London: Taylor & Francis.

Lemke, J. L. (2002) Travels in hypermodality. *Visual Communication* 1: 299–325.

Lenhart, A. (2012) Teens, smartphones and texting. *Pew Internet and American Life Project*. www.away.gr/wp-content/uploads/2012/03/PIP_Teens_Smartphones_and_Texting.pdf, accessed 24 August 2015.

Lévi-Strauss, C. (1964) *Totemism*. Harmondsworth: Penguin.

LeVine, P. and Scollon. R. (eds) (2004) *Discourse and Technology. Multimodal Discourse Analysis*. Washington, DC: Georgetown University Press.

Levinson, S. C. (1983) *Pragmatics*. Cambridge Cambridge University Press.

Link, J. (1982) Kollektivsymbolik und Mediendiskurse. *kulturRRevolution*, 1: 6–21.

Link, J. (1983) Was ist und was bringt Diskurstaktik. *kulturRRevolution*, 2: 60–6.

Link, J. (1988) Literaturanalyse als Interdiskursanalyse. In: J. Fohrmann and H. Müller (eds), *Diskurstheorien und Literaturwissenschaft*. Frankfurt am Main: Suhrkamp.

Link, J. (1992) Die Analyse der symbolischen Komponente realer Ereignisse: Ein Beitrag der Diskurstheorie zur Analyse neorassistischer Äußerungen. In: S. Jäger and F. Januschek (eds), *Der Diskurs des Rassismus*. Oldenburg: Osnabrücker Beiträge zur Sprachtheorie 46. pp. 37–52.

Link, J. (1997) *Versuch über den Normalismus. Wie Normalität produziert wird*. Opladen: Westdeutscher Verlag.

Link, J. and Link-Heer, U. (1990) Diskurs/Interdiskurs und Literaturanalyse. *Zeitschrift für Linguistik und Literaturwissenschaft (LiLi)*, 77: 88–99.

Louw, B. (1993) Irony in the text or insincerity in the writer? The diagnostic potential of semantic prosodies. In: M. Baker, G. Francis and E. Tognini-Bonelli (eds), *Text and Technology: In Honour of John Sinclair*. Amsterdam/Philadelphia: John Benjamins. pp. 157–76.

Luckmann, T. (1983) *Life-world and Social Realities*. London: Heinemann.

Lueger, M. (2004) *Grundlagen qualitativer Feldforschung*. Vienna: WU.

Luhmann, N. (1975) *Macht*. Stuttgart: Enke.

Lukes, S. M. (1974) *Power: A Radical View*. London: Macmillan.

Lukes, S. M. (2005) *Power – A Radical View: The Original Text with two major new chapters*. London: Palgrave Macmillan.

Machin, D. and Mayr, A. (2012) *How to Do Critical Discourse Analysis: A Multimodal Introduction*. London: Sage.

Machin, D. and van Leeuwen, T. (2007) *Global Media Discourse: A Critical Introduction*. London: Routledge.

Maier, F. (2009) Doing hair – doing age: Perspectives of emancipated ageing. In: M. Beisheim et al. (eds), *Perspectives of Women's Age at the Work Place*. Berne: Peter Lang Europäischer Verlag der Wissenschaften. pp. 119–36.

Malinowski, B. (1923) The problem of meaning in primitive languages. In: C. K. Ogden and I. Armstrong Richards (eds), *The Meaning of Meaning*. London: Routledge and Kegan Paul. pp. 296–336.

Malinowski, B. (1935) *Coral Gardens and Their Magic*. London: Allen & Unwin.

Martin, J. R. (1984) Lexical cohesion, field and genre: parceling experience and discourse goals. In: J. E. Copeland (ed.), *Linguistics and Semiotics: Text Semantics and Discourse Semantics*. Houston, TX: Rice University Press.

Martin, J. R. (1992) *English Text: System and Structure*. Amsterdam/Philadelphia: John Benjamins.

Matouschek, B., Wodak, R. and Januschek, F. (1995) *Notwendige Maßnahmen gegen Fremde? Genese und Formen von rassistischen Diskursen der Differenz*. Vienna: Passagen Verlag.

Matsumoto, Y. (2003) Lexical knowledge acquisition. In: R. Mitkov (ed.), *The Oxford Handbook of Computational Linguistics*. Oxford: Oxford University Press. pp. 395–413.

Mautner, G. (2005) Time to get wired: Using web-based corpora in critical discourse analysis. *Discourse & Society*, 16: 809–28.

Mautner, G. (2007) Mining large corpora for social information: The case of 'elderly'. *Language in Society*, 36: 51–72.

Mautner, G. (2008) Analysing newspapers, magazines and other print media. In: R. Wodak and M. Krzyzanowski (eds), *Qualitative Discourse Analysis in the Social Sciences*. Basingstoke: Palgrave Macmillan. pp. 30–53.

Mautner, G. (2010) *Language and the Market Society: Critical Reflections on Discourse and Dominance*. London: Routledge.

McEnery, T. and Hardie, A. (2012) *Corpus Linguistics: Method, Theory and Practice*. Cambridge: Cambridge University Press.

McEnery, T. and Wilson, A. (2001) *Corpus Linguistics: An Introduction*. Edinburgh: Edinburgh University Press.

McEnery, T., Xiao, R. and Tono, Y. (2006) *Corpus-Based Language Studies. An Advanced Resource Book*. London: Routledge.

McQuarrie, E. F. and Phillips, B. J. (2005) Indirect persuasion in advertising: How consumers process metaphors presented in pictures and words. *Journal of Advertising*, 34: 7–20.

Meriläinen, S., Tienari, J., Thomas, R. and Davies, A. (2008) Hegemonic academic practices: Experiences of publishing from the periphery. *Organization*, 15: 584–97.

Merton, R. K. (1967) *On Theoretical Sociology*. New York: Free Press.

Meuser, M. and Sackmann, R. (eds) (1991) *Analyse sozialer Deutungsmuster. Beiträge zur empirischen Wissenssoziologie*. Pfaffenweiler: Centaurus.

Meyer, J. W. (2009) *World Society: The Writings of John W. Meyer*. Oxford: Oxford University Press.

Meyer, J. W. and Jepperson, R. L. (2000) The 'actors' of modern society: The cultural construction of social agency. *Sociological Theory*, 18: 100–20.

Meyer, M., Buber, R. and Aghamanoukjan, A. (2013) In search of legitimacy: managerialism and legitimation in civil society organizations. *Voluntas: International Journal of Voluntary and Nonprofit Organizations*, 24: 167–93.

Meyer, R. E. (2004) *Globale Managementkonzepte und lokaler Kontext. Organisationale Wertorientierung im österreichischen öffentlichen Diskurs*. Vienna: WU.

Meyer, R. E. and Lefsrud, L. M. (2012) Science or science fiction? Professionals' discursive construction of climate change. *Organization Studies*, 33: 1477–506.

Meyer, R. E. and Höllerer, M. A. (2010) Meaning structures in a contested issue field: A topographic map of shareholder value in Austria. *Academy of Management Journal*, 53: 1241–62.

Meyer, R. E.,. Höllerer, M. A., Jancsary, D. and van Leeuwen, T. (2013) The visual dimension in organizing, organization, and organization research: Core ideas, current developments, and promising avenues. *Academy of Management Annals*, 7: 487–553.

Mitchell, W. J. T. (1994) *Picture Theory. Essays on Verbal and Visual Representation*. Chicago, IL: University of Chicago Press.

Morozov, E. (2011) *The Net Delusion: How Not to Liberate the World*. London: Allen Lane.

Moscovici, S. (2000) *Social Representations*. Cambridge: Polity Press.

Mouffe, C. (2005) *On the Political*. London: Routledge.

Mulderrig, J. (2006) The governance of education: A corpus-based critical discourse analysis of UK education policy texts 1972 to 2005. PhD thesis, Lancaster University.

Müller-Doohm, S. (1997) Bildinterpretation als struktural-hermeneutische Symbolanalyse. In: R. Hitzler and A. Honer (eds), *Sozialwissenschaftliche Hermeneutik: Eine Einführung*. Opladen: Leske + Budrich. pp. 81–108.

Mullins, W. E. (1972) On the concept of ideology in political science. *American Political Science Review*, 66: 498–510.

Muntigl, P. (2002a) Policy, politics, and social control: A systemic-functional linguistic analysis of EU employment policy. *Text*, 22: 393–441.

Muntigl, P. (2002b) Politicization and depoliticization: Employment policy in the European Union. In: P. Chilton and C. Schäffner (eds), *Politics as Text and Talk*. Amsterdam/Philadelphia: John Benjamins. pp. 45–79.

Muntigl, P., Weiss, G. and Wodak, R. (2000) *European Union Discourses on Unemployment: An Interdisciplinary Approach to Employment Policy-Making and Organizational Change*. Amsterdam/Philadelphia: John Benjamins.

Nelson, M. (2005) Semantic associations in Business English: A corpus-based analysis. *English for Specific Purposes*, 25: 217–34.

NN (2013) Climate Change 2013: The Physical Science Basis. Contribution of Working Group I to the Fifth Assessment Report of the Intergovernmental Panel on Climate Change. Paper presented at IPCC (Intergovernmental Panel on Climate Change). Cambridge: Cambridge University Press.

O'Halloran, K. L. (ed.) (2004) *Multimodal Discourse Analysis*. London: Continuum.

O'Halloran, K. (2012) Electronic deconstruction: Revealing tensions in the cohesive structure of persuasion texts. *International Journal of Corpus Linguistics*, 17: 91–124.

O'Halloran, K. (2014) Digital argument deconstruction: A practical and ethical software-assisted critical discourse analysis for highlighting where arguments fall apart. In: C. Hart and P. Cap (eds), *Contemporary Critical Discourse Studies*. London: Bloomsbury Continuum. pp. 237–280.

O'Halloran, K. and Coffin, C. (2004) Checking overinterpretation and underinterpretation: Help from corpora in critical linguistics. In: A. Hewings, C. Coffin and K. O'Halloran (eds), *Applying English Grammar*. London: Arnold. pp. 275–97.

O'Reilly, T. (2007) What is Web 2.0: Design patterns and business models for the next generation of software. *Communications and Strategies*, 65: 17–37.

Oevermann, U. (2001) Die Struktur sozialer Deutungsmuster – Versuch einer Aktualisierung. *Sozialer Sinn* Heft, 1: 35–81.

Oevermann, U., Allert, T., Konau, E. and Krambeck, J. (1979) Die Methodologie einer 'objektiven Hermeneutik' und ihre allgemeine forschungslogische Bedeutung in den Sozialwissenschaften. In: H-G. Soeffner (ed.), *Interpretative Verfahren in den Sozial- und Textwissenschaften*. Stuttgart: Metzler. pp. 352–434.

Oreskes, N. (2004) Beyond the ivory tower: The scientific consensus on climate change. *Science*, 306.

Oreskes, N. and Conway, Erik M. (2010) *Merchants of Doubt. How a Handful of Scientists Obscured the Truth on Issues from Tobacco Smoke to Global Warming*. New York: Bloomsbury Press.

Orpin, D. (2005) Corpus linguistics and critical discourse analysis: Examining the ideology of sleaze. *International Journal of Corpus Linguistics*, 10: 37–61.

Page, R., Barton, D., Unger, J. W. and Zappavigna, M. (2014) *Researching Language and Social Media*. London: Routledge.

Palonen, K. (1993) Introduction: From policy and polity to politicking and politicization. In: K. Paolonen and T. Parvikko (eds), *Reading the Political: Exploring the Margins of Politics*. Helsinki: FPSA. pp. 6–16.

Pariser, E. (2011) *The Filter Bubble: What the Internet Is Hiding from You*. New York: Penguin Press.

Parsons, T. (1977) *The Structure of Social Action*. Chicago, IL: Free Press.

Parsons, T. and Shils, E. A. (eds) (1951) *Towards a General Theory of Action*. Cambridge, MA: Harvard University Press.

Partington, A. (2004) Utterly content in each other's company: Semantic prosody and semantic preference. *International Journal of Corpus Linguistics*, 9: 131–56.

Partington, A. (2014) Mind the gaps: The role of corpus linguistics in researching absences. *International Journal of Corpus Linguistics*, 19: 118–46.

Philipps, A. (2012) Visual protest material as empirical data. *Visual Communication*, 11: 3–21.

Pieterse, J. N. (2004) *Globalization or Empire?* London: Routledge.

Pinch, T. and Bijsterveld, K. (eds) (2012) *The Oxford Handbook of Sound Studies*. New York: Oxford University Press.

Popitz, H. (1992) *Phänomene der Macht*. Tübingen: Mohr.

Potts, A. (2013) *At Arm's Length: Methods of Investigating Constructions of the 'Other' in American Disaster and Disease Reporting*. Lancaster: Lancaster University.

Preston, A. M., Wright, C. and Young, J. J. (1996) Imag[in]ing annual reports. *Accounting, Organizations and Society*, 21: 113–37.

Purvis, T. and Hunt, A. (1993) Discourse, ideology, ideology, discourse, ideology ... *British Journal of Sociology*, 44: 473–99.

Rahmstorf, S. and Schellnhuber, H.-J. (2012) *Der Klimawandel – Diagnose, Prognose, Therapie*. Munich: Beck.

Rancière, J. (1995) *On the Shores of Politics*. London: Verso.

Rancière, J. (2006) *Hatred of Democracy*. London: Verso.

Reeves, F. (1983) *British Racial Discourse: A Study of British Political Discourse about Race and Related Matters*. Cambridge: Cambridge University Press.

Reisigl, M. (2003) *Wie man eine Nation herbeiredet: Eine diskursanalytische Untersuchung zur sprachlichen Konstruktion der östereichischen Identität in politischen Gedenkreden*. Vienna: WU.

Reisigl, M. (2007) *Nationale Rhetorik in Gedenk – und Festreden*. Tubingen: Stauffenberg.

Reisigl, M. (2011) Grundzüge der Wiener Kritischen Diskursanalyse. In: R. Keller, A. Hirseland, W. Schneider and W. Viehöver et al. (eds), *Handbuch Sozialwissenschaftliche Diskursanalyse. Band 1: Theorien und Methoden*. Wiesbaden: VS Verlag für Sozialwissenschaften. pp. 459–97.

Reisigl, M. (2014) Argumentation analysis and the Discourse-Historical Approach: A methodological framework. In: C. Hart and P. Cap (eds), *Contemporary Critical Discourse Studies*. London: Bloomsbury. pp. 69–98.

Reisigl, M. and Wodak, R. (2001) *Discourse and Discrimination. Rhetorics of Racism and Antisemitism*. London: Routledge.

Renkema, J. (ed.) (2004) *Introduction to Discourse Studies*. Amsterdam/Philadelphia: John Benjamins.

Richardson, J. E., Krzyzanowski, M., Machin, D. and Wodak, R. (eds) (2013) *Advances in Critical Discourse Studies*. London: Routledge.

Ritzer, G. and Jurgenson, N. (2010) Production, consumption, prosumption: The nature of capitalism in the age of the digital prosumer. *Journal of Consumer Culture*, 10: 13–36.

Rowlinson, M., Casey, A., Hansen, P. H. and Mills, A. J. (2014) Narratives and memory in organizations. *Organization*, 21: 441–6.

Royce, T. D. and Bowcher, W. L. (eds) (2007) *New Directions in the Analysis of Multimodal Discourse*. Mahwah, NJ: Lawrence Erlbaum.

Rubinelli, S. (2009) *Ars Topica: The Classical Technique of Constructing Arguments from Aristotle to Cicero*. Dordrecht/Cambridge: Springer.

Ryder, M. and Wilson, B. (1996) Affordances and constraints of the internet for learning and instruction. Paper presented to a joint session of the Association for Educational Communications Technology, Indianapolis.

Sauvêtre, P. (2009) Michel Foucault: problématisation et transformation des institutions. *Tracés: Revue de Sciences humaines*, 17: 165–77.

Sayer, A. (2009) Who's afraid of critical social science? *Current Sociology*, 57: 767–86.

Schank, R. C. and Abelson, R. B. (1977) *Scripts, Plans, Goals and Understanding*. Hillsdale, NJ: Lawrence Erlbaum.

Schiffrin, D. (1994) *Approaches to Discourse* Oxford: Basil Blackwell.

Schroeder, J. E. and Zwick, D. (2004) Mirrors of masculinity: Representation and identity in advertising images. *Consumption Markets & Culture*, 7: 21–52.

Scollon, R. and Scollon, S. W. (2004) *Nexus Analysis: Discourse and the Emerging Internet*. London: Routledge.

Scott, M. (2010) What can corpus software do? In: A. O'Keefe and M. McCarthy (eds), *The Routledge Handbook of Corpus Linguistics*. Abingdon: Routledge. pp. 122–35.

Seargeant, P. and Tagg, C. (2014) *The Language of Social Media: Identity and Community on the Internet*. London: Palgrave Macmillan.

Sedlaczek, A. (2012) Die visuelle repräsentation des klimawandels in dokumentarfilmen: Eine multimodale kritische diskursanalyse. MA dissertation, University of Vienna.

Sedlaczek, A. (2014) Multimodale Repräsentation von Klimawandel und Klimaschutz. *Wiener Linguistische Gazette*, 78a: 14–33.

Siles, I. and Boczkowski, P. J. (2012) Making sense of the newspaper crisis: A critical assessment of existing research and an agenda for future work. *New Media & Society*, 14: 1375–94.

Slutskaya, N., Simpson, A. and Hughes, J. (2012) Lessons from photoelicitation: Encouraging working men to speak. *Qualitative Research in Organizations and Management: An International Journal*, 7: 16–33.

Snelling, D. (2014) *END OF THE WORLD Top scientist reveals "We're f*****!"*. In: *Daily Star (digital version)*, 8 August 2014. www.dailystar.co.uk/tech/393400/END-OF-THE-WORLD-Top-global-warming-scientist-reveals-We-re-f-ked, accessed 24 August 2015.

Sondermann, K. (1997) Reading politically: national anthems as textual Icons. In: T. Carver and M. Hyvärinen (eds), *Interpreting the Political: New Methodologies*. London: Routledge. pp. 128–42.

Spradley, J. P. (1979) *The Ethnographic Interview*. New York: Holt, Rinehart and Winston.

Spradley, J. P. (1980) *Participant Observation*. Fort Worth. TX: Harcourt Brace Jovanovich College Publishers.

Strauss, A. (1987) *Qualitative Analysis for Social Scientists*. Cambridge: Cambridge University Press.

Strauss, A. and Corbin, J. (1990) *Basics of Qualitative Research*. Newbury Park, CA: Sage.

Street, J. (2001) *Mass Media, Politics, and Democracy*. Basingstoke: Palgrave.

Stubbs, M. (1997) Whorf's children: Critical comments on critical discourse analysis. In: A. Ryan and A. Wray (eds), *Evolving Models of Language*. Clevedon: Multilingual Matters. pp. 100–16.

Stubbs, M. (2001) *Words and Phrases: Corpus Studies of Lexical Semantics*. Oxford/Cambridge, MA: Blackwell.

Styhre, A. (2010) *Visual Culture in Organizations: Theory and Cases*. London: Routledge.

Talbot, M. R. (2003) *Language and Power in the Modern World*. Edinburgh: Edinburgh University Press.

Teubert, W. (1999) Zum Verlust von Pluralität im politisch-gesellschaftlichen Diskurs: Das Beispiel Besitzstände. In: U. Kreft, H. Uske and S. Jäger (eds), *Kassensturz: Politische Hypotheken der Berliner Republik*. Duisburg: DISS. pp. 29–48.

Teubert, W. and Cermakova, A. (2004) *Corpus Linguistics. A Short Introduction*. London/New York: Continuum.

Thompson, J. B. (1988) *Critical Hermeneutics*. Cambridge: Cambridge University Press.

Thompson, J. B. (1990) *Ideology and Modern Culture*. Cambridge: Cambridge University Press.

Thurlow, C. (2012) Fakebook: synthetic media, pseudo-sociality and the rhetorics of Web 2.0. In: D. Tannen and A. M. Trester (eds), *Discourse 2.0: Language and New Media*. Washington, DC: Georgetown University Press. pp. 225–49.

Thurlow, C. and Mroczek, K. R. (2011) *Digital Discourse: Language in the New Media*. Oxford: Oxford University Press.

Titscher, S., Meyer, M. and Mayrhofer, W. (2008) *Organisationsanalyse: Konzepte und Methoden*. UTB Facultas.

Titscher, S., Meyer, M., Wodak, R. and Vetter, E. (2000) *Methods of Text and Discourse Analysis*. London: Sage.

Tognini-Bonelli, E. (2001) *Corpus Linguistics at Work*. Amsterdam/Philadelphia: John Benjamins.

Toolan, M. J. (ed.) (2002) *Critical Discourse Analysis: Critical Concepts in Linguistics*. London: Routledge.

Tuchmann, G. (1973) Making news by doing work: Routinizing the unexpected. *American Journal of Sociology*, 79: 110–31.

Tufekci, Z. and Wilson, C. (2012) Social media and the decision to participate in political protest: Observations from Tahrir Square. *Journal of Communication*, 62: 363–79.

Unger, J. W. (2013) *The Discursive Construction of the Scots Language: Education, Politics and Everyday Life*. Amsterdam/Philadelphia: John Benjamins.

Unsworth, L. and Cléirigh, C. (2009) Multimodality and reading: The construction of meaning through image-text interaction. In: C. Jewitt (ed.), *The Routledge Handbook of Multimodal Analysis*. Abingdon: Routledge. pp. 151–63.

Vaara, E. and Monin, P. (2010) A recursive perspective on discursive legitimation and organizational action in mergers and acquisitions. *Organization Science*, 21: 3–22.

van Dijk, T. A. (1980) *Macrostructures: An Interdisciplinary Study of Global Structures in Discourse, Interaction, and Cognition*. Hillsdale, NJ: Lawrence Erlbaum.

van Dijk, T. A. (1984) *Prejudice in Discourse*. Amsterdam/Philadelphia: John Benjamins.

van Dijk, T. A. (1988) *News as Discourse*. Hillsdale, NJ: Lawrence Erlbaum.

van Dijk, T. A. (1993) Principles of critical discourse analysis. *Discourse & Society*, 4: 249–83.

van Dijk, T. A. (ed.) (1997) *Discourse as Structure and Process*. London: Sage.

van Dijk, T. A. (1998) *Ideology: A Multidisciplinary Approach*. London: Sage.

van Dijk, T. A. (ed.) (2007) *Discourse Studies*. London: Sage.

van Dijk, T. A. (2008) *Discourse and Context: A Sociocognitive Approach*. Cambridge: Cambridge University Press.

van Dijk, T. (2013) *CDA is NOT a method of critical discourse analysis*. In: *EDISO Debate – Asociacion de Estudios Sobre Discurso y Sociedad*. www.edisoportal.org/debate/115–cda-not-method-critical-discourse-analysis, accessed 24 August 2015.

van Eemeren, F. H. and Grootendorst, R. (1992) *Argumentation, Communication and Fallacies. A Pragma-Dialectical Perspective*. Hillsdale, NJ: Lawrence Erlbaum.

van Eemeren, F. H., Garssen, B. and Meuffels, B. (2009) *Fallacies and Judgments of Reasonableness: Empirical Research Concerning the Pragma-Dialectical Discussion Rules*. Dordrecht: Springer.

van Leeuwen, T. (2005) *Introducing Social Semiotics*. London: Routledge.

van Leeuwen, T. (2006) *Critical Discourse Analysis*. In: K. Brown (ed.), *Encyclopedia of Language and Linguistics*. Oxford: Elsevier. pp. 290–4.

van Leeuwen, T. (2007) Legitimation in discourse and communication. *Discourse & Communication*, 1: 91–112.

van Leeuwen, T. (2008) *Discourse and Practice: New Tools for Critical Discourse Analysis*. New York: Oxford University Press.

van Leeuwen, T. and Wodak, R. (1999) Legitimizing immigration control: a discourse-historical analysis. *Discourse Studies*, 1: 83–118.

Viehöver, W. (2003/2010) Die Wissenschaft und die Wiederverzauberung des sublunaren Raumes: Der Klimadiskurs im Licht der narrativen Diskursanalyse. In: R. Keller, A. Hirseland, W. Schneider and W. Viehöver (eds), *Handbuch Sozialwissenschaftliche Diskursanalyse*. Wiesbaden: VS. pp. 233–70.

Wacquant, L. (2004) *Body & Soul: Notebooks of an Apprentice Boxer*. Oxford: Oxford University Press.

Waldenfels, B. (1991) Ordnung in Diskursen. In: F. Ewald and B. Waldenfels (eds), *Spiele der Wahrheit: Michel Foucaults Denken*. Frankfurt am Main: Suhrkamp. pp. 277–97.

Warren, S. (2002) 'Show me how it feels to work here': Using photography to research organizational aesthetics. *ephemera*, 2: 224–45.

Warren, S. (2005) Photography and voice in critical qualitative management research. *Accounting, Auditing & Accountability Journal*, 18: 861–82.

Webb, E. J, Campbell, D. T., Schwartz, R. D. and Sechrest, L. (1966) *Unobstrusive Measures. Nonreactive Research in the Social Sciences*. Chicago, IL: Rand–McNally.

Weber, M. (1980) *Wirtschaft und Gesellschaft*. Tübingen: Mohr.

Weick, K. E. (1974) Middle range theories of social systems. *Behavioral Science*, 357–67.

Weingart, P., Engels, A. and Pansegrau, P. (2008) *Von der Hypothese zur Katastrophe: Der anthropogene Klimawandel im Diskurs zwischen Wissenschaft, Politik und Massenmedien*. Opladen: Leske and Budrich.

Wengeler, M. (2003) *Topos und Diskurs. Begründung einer argumentationsanalytischen Methode und ihre Anwendung auf den Migrationsdiskurs (1960-1985)*. Tübingen: Niemeyer.

Wetherell, M., Taylor, S. and Simeon, Y. (eds) (2001) *Discourse as Data*. London: Sage.

Whorf, B. L. (1956) *Language, Thought and Reality*. Cambridge, MA: MIT Press.

Widdowson, H. G. (1995) Discourse analysis: A critical view. *Language and Literature*, 4: 157–72.

Widdowson, H. G. (2004a) Text, context, pretext. *International Journal of Applied Linguistics*, 15: 421–4.

Widdowson, H. G. (2004b) *Text, Context, Pretext: Critical Issues in Critical Discourse Analysis*. Oxford: Blackwell.

Wittgenstein, L. (1989 [1952]) Philosophischen Untersuchungen. In: L. Wittgenstein (ed.), *Werkausgabe Band 1: Tractatus logico-philosophicus – Tagebücher 1914–1916 – Philosophische Untersuchungen*. Frankfurt am Main: Suhrkamp. pp. 224–580.

Wodak, R. (ed.) (1989) *Language, Power and Ideology*. Amsterdam/Philadelphia: John Benjamins.

Wodak, R. (1996) *Disorders in Discourse*. London: Longman.

Wodak, R. (2001) What CDA is about – a summary of its history, important concepts and its developments. In: R. Wodak and M. Meyer (eds), *Methods of Critical Discourse Analysis*. London: Sage. pp. 1–13.

Wodak, R. (2004) Critical discourse analysis. In: C. Seale, G. Gobo, J. F. Gubrium and D. Silverman (eds), *Qualitative Research Practice*. London: Sage. pp. 197–213.

Wodak, R. (2006a) Dilemmas of discourse (analysis). *Language in Society*, 35: 595–611.

Wodak, R. (2006b) Critical linguistics and critical discourse analysis. In: J.-O. Östman and J. Verschueren (eds), *Handbook of Pragmatics*. Amsterdam/Philadelphia: John Benjamins. pp. 1–24.

Wodak, R. (2007) Pragmatics and Critical Discourse Analysis. *Pragmatics and Cognition*, 15: 203–25.

Wodak, R. (2011a) Critical discourse analysis. In: K. Hyland and B. Paltridge (eds), *The Continuum Companion to Discourse Analysis*. London: Continuum. pp. 38–53.

Wodak, R. (2011b) *The Discourse of Politics in Action: Politics as Usual*, 2nd rev. edn. Basingstoke: Palgrave Macmillan.

Wodak, R. (ed.) (2012a) *Critical Discourse Analysis* (Sage Major Works, 4 volumes). London: Sage.

Wodak, R. (2012b) Critical Discourse Analysis: overview, challenges, and perspectives. In: G. Ajimer and K. Andersen (eds), *Pragmatics of Society*. Berlin: De Gruyter.

Wodak, R. (2012c) Editor's Introduction: Critical Discourse Analysis – challenges and perspectives. In: R. Wodak (ed.), *Critical Discourse Analysis*. London: Sage. pp. xix–xliii.

Wodak, R. (2014) Political discourse analysis – Distinguishing frontstage and backstage contexts. A discourse-historical approach. In: J. Flowerdew (ed.) *Discourse in Context*. London: Bloomsbury. pp. 522–49.

Wodak, R. (2015a) *The Politics of Fear: Understanding the Meanings of Right-wing Populist Discourses* London: Sage.

Wodak, R. (2015b, in press) Argumentation, political. In: *International Encyclopedia of Political Communication*. Oxford: Elsevier.

Wodak, R. and Chilton, P. (eds) (2005) *A New Agenda in (Critical) Discourse Analysis*. Amsterdam: John Benjamins.

Wodak, R. and Krzyzanowski, M. (2008) *Qualitative Discourse Analysis in the Social Sciences*. Basingstoke: Palgrave Macmillan.

Wodak, R. and van Leeuwen, T. (2002) Discourse of un/employment in Europe: The Austrian case. *Text*, 22: 345–67.

Wodak, R. and Wright, S. (2006) The European Union in cyberspace: multilingual democratic participation in a virtual public sphere? *Journal of Language and Politics*, 5: 251–75.

Wodak, R., De Cillia, R., Reisigl, M. and Liebhart, K. (1998) *Zur diskursiven Konstruktion nationaler Identität*. Berlin: Suhrkamp.

Wodak, R., De Cillia, R., Reisigl, M. and Liebhart, K. (1999) *The Discursive Construction of National Identity*. Edinburgh: Edinburgh University Press.

Wodak, R., De Cillia, R., Reisigl, M. and Liebhart, K. (2009) *The Discursive Construction of National Identity*, 2nd rev. edn. Edinburgh: Edinburgh University Press.

Wodak, R., Nowak, P., Pelikan, J., Gruber, H., de Cillia, R. and Mitten, R. (1990) '*Wir sind alle unschuldige Täter*'. *Diskurshistorische Studien zum Nachkriegsantisemitismus*. Frankfurt: Suhrkamp.

Wright, W. (1975) *Sixguns and Society – A Structural Study of the Western*. Berkeley and Los Angeles, CA: University of California Press.

Yates, J. and Orlikowski, W. J. (1992) Genres of organizational communication: A structurational approach to studying communication and media. *Academy of Management Review*, 17: 299–326.

Young, L. and Fitzgerald, B. (2006) *The Power of Language: How Discourse Influences Society*. London: Equinox.

Norman Fairclough는 영국 랭카스터대학교(Lancaster University) 사회생활에서의 언어(Language in Social Life) 연구소의 명예 교수이다. 그는 비판적 담화 분석 분야에서 광범위한 저술 작업을 해 왔다. 그가 발간한 주요 저서로는 *Language and Power*(1989), *Discourse and Social Change*(1992), *Media Discourse*(1995), *Critical Discourse Analysis* (1995), *Discourse in Late Modernity*(1990, Lilie Chaouliaraki와 공저), *New Labour, New Language?*(2000) 등이 있다. 그의 주요 관심사는 '세계화', '신자유주의', '새로운 자본주의', '지식 기업' 등으로 불리는 당대 사회 변화의 구성 요소 중 하나인 언어(담화)이다.
Email: n.fairclough@lancaster.ac.uk

Markus Höllerer는 오스트리아 비엔나경제경영대학교(WU, Vienna University of Economics and Business) 공공 관리(Public Management and Governance) 전공 교수이자 호주 뉴사우스웨일스대학교(UNSW) 경영대학원의 조직 이론 전공 선임 연구원이다. 그의 연구 관심사는 조직 제도주의(organizational institutionalism)에 있으며, 그의 연구는 다양한 경험적 현상과 상황에 걸쳐 있다. 좀 더 세부적으로는 전지구적 사상의 전파와 지역적 적용, 특히 의미에서의 다차원적 이론화와 지역적 변이에 관심이 있다. 그리고 공공 부문과 민간 부문에서 일단의 서로 다른 경영 개념들과 그 기저에 있는 거버넌스 및 경영 모델들 간에 형성되는 관련성에도 관심이 있다. 최근 연구는 담화적 프레이밍뿐만 아니라 시각적, 다중모드적 수사학과 관련되어 있다. Markus의 연구는 *Academy of Management Annals*, *Academy of Management Journal*, *Journal of Management Studies*, *Public Administration and Research in the Sociology of Organizations* 등과 같은 학술지에 게재되었고, 여러 저서와 편저에도 실려 있다.

Email: markus.hoellererL@wu.ac.at

Siegfried Jäger는 1972년부터 독일 뒤스부르크-에센대학교(University of Duisburg/Essen) 독일어 전공 교수로 있으며, 1987년부터는 뒤스부르크 언어와 사회 연구소(Duisburg Institute of Linguistic and Social Research)의 소장을 맡고 있다. 그의 주요 연구 영역은 미셸 푸코의 이론에 기반한 담화 이론과 비판적 담화 분석이다. 그는 언어 장벽, 우익 극단주의, 매스미디어와 일상 대화에서의 이주와 인종주의, 범죄에 대한 미디어 보도, 19세기 유대인 출판물, 독일과 폴란드 매스미디어에서의 기독교 근본주의와 반유대주의 등과 같은 광범위한 주제를 다루는 여러 프로젝트를 수행했다. 그의 출판물에 대해서는 diss-duisburg.de.를 보라.

Email: s.iaeger@diss-duisburg.de

Dennis Jancsary는 오스트리아 비엔나경제경영대학교 조직연구소(Institute for Organization Studies)와 덴마크 코펜하겐경영대학원(Copenhagen Business School) 조직학과(Department of Organization)의 박사 후 연구원이다. 그의 연구는 제도와 지식의 출현, 확산, 변화에서의 수사학과 언어 사용에 집중되어 있다. 최근의 논의는 권력, 권한, 합법성을 생산하거나 (재)구성하는 과정에서, 특히 논거와 설득을 사용하는 과정에서 나타나는 언어적이고 시각적인 수사학을 분석하는 질적이고 해석적인 연구 전략을 중심으로 이루어지고 있다.

Email: dennis.iancsary@wu.ac.at

Majid KhosraviNik는 영국 뉴캐슬대학교(Newcastle University) 미디어와 담화 연구 전공 강사이다. 그는 담화와 (국민/민족/집단) 정체성의 교차점을 포함하는 다양한 주제와 미디어 담화에 대한 비판적 담화 연구의 이론, 방법, 적용에 관심이 있다. 이전에는 매스미디어에서의 이주 정체성 담화에 대해 발표한 바 있고, 최근 몇 년은 소셜미디어와 같은 디지털 참여 환경에 대한 CDA의 이론과 적용을 연구해 왔다. 그는 *Critical Discourse Studies, Journal of Language and Politics* 등을 포함하는 다수의 국제 학술지의 편집위원으로 있으며, 뉴캐슬 담화 그룹(Newcastle Discourse Group)의 공동 창립자이기도 하다. 그가 Ruth Wodak, Brigitte Mral과 공동으로 편한 책 *Right-Wing Populism in Europe: Politics and Discourse*가 2013년 Bloomsbury Academic 출판사에서 발간되었다. 그는 현재 이란의 핵 프로그램에 관한 이란과 영국의 언론 담화를 다룬 원고를 마무리하는 중인데, 이는 John Benjamins Publishing Company의 DAPSAC(Discourse Approaches to Politics, Society and Culture) 총서로 발간 예정이다.

Email: majid.khosravinik@newcastle.ac.uk

Florentine Maier는 오스트리아 비엔나경제경영대학교의 조교수이다. 그녀는 비영리 경영에 관해 연구하고 교육하고 있다. 그녀의 연구는 사업적 아이디어와 방법을 비영리 부문으로 확산되는 것과 더 민주적이고 평등한 대안적 조직 형태를 모색하는 것에 초점을 맞추고 있다. 그녀는 이러한 맥락에서 문제를 조사하기 위해 담화 분석적 방법을 적용하곤 한다.

Email: florentine-maier@wu.ac.at

Gerlinde Mautner는 오스트리아 비엔나경제경영대학교 영어 비즈니스 커뮤니케이션 전공 교수이자 영국 런던시립대학교(City University London) 카스경영대학원(Cass Business School) 명예 객원 교수이다. 그녀는 언어, 사회, 비즈니스의 접점에 위치하는 연구에 지속적인 관심이 있다. 또한, 그녀의 연구는 (예를 들어, 비판적 담화 분석과 비판적 경영/관리 연구 간, 비판적 담화 분석과 코퍼스언어학 간 등의) 학제 간 협력이 가져오는 기회와 그 도전을 탐구하면서, 방법론적 문제들에 초점을 맞춘다. 최근의 프로젝트에서 그녀는 시장화된 언어가 다양한 생활세계로 유입되는 것, 경영 교과서에서의 언어 사용, 그리고 담화, 공간, 법률 사이의 상호연관성 등을 연구했다.

Email: gerlinde.mautner@wu.ac.at

Michael Meyer는 오스트리아 비엔나경제경영대학교 경영학과 교수로 일하고 있다. 그는 비영리 경영 연구소의 소장이다. 그의 연구는 관리주의 (managerialism)와 비영리 조직에의 관리 수단 보급에 초점을 맞추고 있다. 또한, 그의 관심사는 경력, 비영리 거버넌스, (자원봉사, 기부 등의) 시민 참여, 사회적 기업가정신 등을 포함한다.

Email: michael.meyer@wu.ac.at

Renate Meyer는 오스트리아 비엔나경제경영대학교 조직 연구 전공 교수이자 덴마크 코펜하겐경영대학원 조직학과의 종신 객원 교수이다. 그녀는 2008년부터 유럽조직연구그룹(EGOS, European Group for Organization Studies)의 집행위원으로 활동해 왔다. 그녀는 주로 현상학적 관점에서 제도기관을 연구하며, 최근에는 프레이밍과 정당화 전략, 시각적 수사학, 정체성, 새로운 조직 형태 등에 연구의 초점을 맞추고 있다. Renate는 그녀의 연구를 *Academy of Managemeflt loumal,*

Academy of Management Annals, Organization Studies, Journal of Management Studies, Critical Perspectives on Accounting, Research in the Sociology of Organizations, Journal of Management Inquiry, Organization, Public *Administration* 등과 같은 학술지들에 게재했고, 몇몇 저서의 공저자이거나 그 저서의 한 장을 집필한 저자이기도 하다.

Email: renate.meyer@wu.ac.at

Martin Reisigl은 응용언어학 박사를 취득하고 현재 스위스 베른대학교 (University of Bern) 독일학연구소의 사회언어학 전공 조교수이다. 2009년 10월부터 2010년 9월까지 함부르크대학교(University of Hamburg) 독일어학 전공 대체 교수(Substitute Professor)였다. 2009년부터 2011 년 사이에 헝가리 부다페스트에 있는 중앙유럽대학교(CEU, Central European University)의 방문 교수(국민주의 연구)이기도 했다. 그는 여러 해 동안 오스트리아 비엔나대학교(University of Vienna)에서 응용언어학 전공 강사로 있었다. 2006년 5월부터 2007년 2월까지는 이탈리아 로마에 있는 라사피엔자대학교(University 'La Sapienza')의 객원 교수였다. 2007년 2월부터 6월까지는 오스트리아 비엔나에 있는 인문과학연구소(IWM, Institute for Human Sciences)에서 객원 연구원으로 있었다. 그의 연구 관심사는 (비판적) 담화 분석과 담화 이론, 텍스트 언어학, 사회언어학, 화용론, 정치언어학, 수사학, 언어와 역사, 언어학과 문학, 논증 분석, 기호학 등을 포함한다.

Email: martin.reisigl@germ.unibe.ch

Johann W. Unger는 영국 랭카스터대학교 언어학 및 영어학과의 강사이자 여름 프로그램의 책임자이다. 그는 주로 비판적 담화 연구의 관점에서 언어 정책과 디지털 매개 정치학(digitally mediated politics)을 연구한다. 그의 최근 논저로는 *Journal of Language and Politics*에 실린 논문

"Rebranding the Scottish Executive", 저서 *The Discursive Construction of Scots: Education, Politics and Everyday Life*, 공동 편저 *Multilingual Encounters in Europe's Institutional Spaces*, 공저 교재 *Researching Language and Social Media: A Student Guide* 등이 있다. 그는 Discourse Approaches to Politics, Society and Culture 총서의 편집인이다.

Email: J.unger@lancaster.ac.uk

Teun A. van Dijk는 1999년부터 스페인 바르셀로나 폼페우파브라대학교 (Universitat Pompeu Fabra)에서, 그리고 2004년까지 네덜란드 암스테르담대학교(University of Amsterdam)에서 담화 연구 전공 교수였다. 초기에는 생성 시학, 텍스트 문법, 텍스트 처리의 심리학 등에 대해 연구했고, 1980년부터 그의 연구는 더 비판적인 관점을 취하면서 담화적 인종주의, 언론에서의 뉴스, 이데올로기, 지식과 맥락 등을 다루고 있다. 그는 이 분야들 대부분에서 여러 권의 책을 저술했고 6개의 국제적 학술지를 창간하고 편집했다. 지금도 *Discourse & Society, Discourse Studies, Discourse & Communication*와 전자 학술지 *Discurso & Sociedad* (www.dissoc.org) 등의 4개 학술지를 편집하고 있다. 그는 세 개의 명예박사 학위를 가지고 있으며, 1995년에 Adriana Bolivar와 함께 라틴아메리카 담화 연구 협회(ALED, Asociación Latino-americana de Estudios del Discurso)를 창립했다. 영어로 된 그의 최근 논저로는 *Ideology*(1998), *Racism and Discourse in Spain and Latin America* (2005), *Discourse and Power*(2008), *Discourse and Context*(2008), *Society and Discourse*(2009), *Discourse and Knowledge*(2014) 등이 있다. 그의 출판물에 대한 전체 목록은 www.discourses.org을 보라.

Email: vandijk@discourses.org

Theo van Leeuwen은 호주 시드니공과대학교(University of Technology, Sydney)의 명예 교수이자 덴마크남부대학교(University of Southern Denmark)의 언어와 커뮤니케이션 전공 교수이다. 그는 비판적 담화 분석, 다중모드성, 시각적 기호학 등의 분야에서 폭넓은 저술 활동을 해 왔다. 그의 저서로는 (Gunther Kress와 공동 저술한) *Reading Images* 와 *Discourse and Practice* 등이 있다. 그는 학술지 *Visual Communication* 의 창립 편집인이다.

Email: theodoorjacob@gmail.com

Ruth Wodak은 영국 랭카스터대학교의 담화 연구 전공 석좌 교수이다. 그녀 의 연구 관심사는 담화 연구, 정체성 정치학, 언어와 정치학, 정치학 내의 언어, 편견, 차별 등에 집중되어 있다. 그녀는 학술지 *Discourse & Society*, *Critical Discourse Studies*, *Language and Politics* 등의 공동 편집인이다. 최근 논저로는 *The Politics of Fear: what Right-Wing Populist Discourses Mean*(SAGE, 2015), Analysing Fascist Discourse: European Fascism in Talk and Text(John Richardson과 공저, Routledge, 2013), *Right Wing Populism in Europe: Politics and Discourse*(Majid KhosraviNik 및 Brigitte Mral과 공저, Bloomsbury Academic, 2013), *The Discourse of Politics in Action: Politics as Usual*(Palgrave, 2011) 등이 있다.

Email: r.wodak@lancaster.ac.uk

김현강(金賢康, Hyun-Gang Kim)

홍익대학교 교양교육원 초빙교수, 담화분석/사회언어학 전공.

주요 논저: 『정치담화분석』(2015, 공역), "언론의 공정성 개념"(2016),

『제스처』(2017) 등.

신유리(申有利, Yu-Ri Shin)

연세대학교-용운장학재단 국어학 박사후연구원, 사회언어학/담화

분석 전공.

주요 논저: 『정치담화분석』(2015, 공역), "혼합 장르로서의 정치토크

쇼 연구"(2019), "새로운 의사소통 방식으로서의 유튜브 담화 분

석"(2020) 등.

유희재(兪希在, Hui-Jae Yu)

연세대학교 국어국문학과 박사 수료, 사회언어학/비판적 담화 연구

전공.

주요 논저: "연인 사이에서의 호칭어와 지칭어 연구"(2019), "A social

Practice Analysis on Media Reports about Sexual Violence"(2020), "청문

회 중인 신문 과정에서 사용되는 양태 연구: '-지'와 '-잖-'을 중심으

로"(2020) 등.

김주성(金柱星, Joo-sung Gim)

연세대학교 국어국문학과 강사, 사회언어학 전공.

주요 논저: 『남북 생활 용어』(2017, 공저), "남북 언어 문제 관련 담화에 대한 비판적 연구"(2019), "코리안 표기법에 대한 사회언어학적 해석"(2020) 등.

심주희(沈珠熙, Ju-Hui Sim)

연세대학교 국어국문학과 박사과정, 사회언어학/화용론 전공.

주요 논저: "'그러니까'의 맞장구 기능 형성과 출현 양상"(2020).

공나형(孔那馨, Na-Hyung Kong)

연세대학교 국어국문학과 강사, 한국어 교육학/의미론 전공.

주요 논저: "한국인 모어 화자와 우즈베키스탄 유학생의 조언 화행 비교 연구"(2020), "'완전'의 문법 층위의 의미와 화용 층위의 의미 기능"(2020), "한국어 평가 양태 보조사 연구"(2020) 등.

박지현(朴智賢, Jihyun Park)

연세대학교 언어연구교육원 한국어학당 강사, 한국어교육 전공.

주요 논저: "다문화 배경 학생을 위한 한국어 교육과정과 교재 내용 연구"(2015), 『초등학생을 위한 표준 한국어 익힘책』(2020, 공저), 『새 연세한국어 5급 말하기와 쓰기』(2021, 공저) 등.

이주희(李周禧, Juhee Lee)

연세대학교 국어국문학과 박사과정, 사회언어학 전공.

주요 논저: "공항난민의 의사소통 문제와 언어 인권"(2020), "메타인지적 자료를 통한 도시 언어 사용 특징 연구"(2020) 등.

진산산(陳珊珊, Shanshan Chen)

연세대학교 국어국문학과 박사과정, 사회언어학 전공.

주요 논저: "의주지역어의 유음화에 대한 고찰"(2016), "연변 조선족

대학생의 언어 태도 및 언어 사용 연구"(2018).

당기(唐琪, Qi Tang)

연세대학교 국어국문학과 박사 수료, 사회언어학 전공.

주요 논저: "한국 수능 응원 표현에 대한 사회언어학적 접근"(2019), "한중 감탄문 실현양상의 대조 연구"(2020).

조태린(趙兌麟, Tae-Rin Cho)

연세대학교 국어국문학과 교수, 사회언어학/언어정책론 전공.

주요 논저: 『사회언어학: 언어와 사회, 그리고 문화』(2014, 공저), "언어와 이데올로기 연구의 쟁점과 접근 방식"(2019), "대학교수 간 호칭어 사용 변이에 대한 질적 연구"(2020) 등.

거시언어학 12: 담화·텍스트·화용 연구

비판적 담화 연구의 방법들
Methods of Critical Discourse Studies (3rd edition)

©경진출판, 2021

1판 1쇄 발행__2021년 06월 20일
1판 2쇄 발행__2021년 12월 25일

엮은이__워닥(Ruth Wodak)·메이어(Michael Meyer)
옮긴이__김현강·신유리·유희재·김주성·심주희·공나형·박지현·이주희·진산산·당기·조태린
펴낸이__양정섭

펴낸곳__경진출판
　　　　등록__제2010-000004호
　　　　이메일__mykyungjin@daum.net
　　　　블로그(홈페이지)__mykyungjin.tistory.com
　　　　사업장주소__서울특별시 금천구 시흥대로 57길(시흥동) 영광빌딩 203호
　　　　전화__070-7550-7776　팩스__02-806-7282

값 32,000원
ISBN 978-89-5996-793-3 93370